민간경비론

| 정우일 지음 |

UUP

민간경비론

■

2011년 02월 17일 **초판 인쇄** ▪ 2011년 02월 22일 **초판 발행** ▪ **지은이** 정우일 ▪ **펴낸이** 김도연
▪ **펴낸곳** **UUP**(울산대학교출판부) 680-749 울산광역시 남구 대학로 93(무거동) 울산대학교 출판부
▪ 전화 (052)259-2488 팩스 (052)277-3011 ▪ **홈페이지** http://uup.ulsan.ac.kr
▪ 출판등록 제370-1996-000001호(1996.3.13)
▪ ₩13,500

ISBN 978.89.7868.233.6 (93360)

머리말

민간경비는 고대 사람들이 공동체의 질서를 유지하고 그 구성원들의 안전을 지키기 위해 노력했던 초기 공동체사회의 자치규약적 성격의 경비형태로부터 시작해서 현재는 고급 전문인력들이 종사하고 최첨단 시스템과 전자장비를 갖춘 현대적 산업으로 자리 잡았다. 오늘날 우리의 실생활에서 경찰관보다는 경비원을 더 많이 볼 수 있는 것처럼 민간경비는 눈부신 속도로 성장하고 있다. 산업적인 측면에서의 성장만큼이나 학문적인 측면에서의 발전도 눈부시다. 종래 경찰학의 한 분야로서 연구되던 민간경비 영역이 이제는 독자적인 학문 분야로서 새롭게 발돋움할 수 있는 학문적 토대가 마련되었다.

우리나라에서 현대적 민간경비의 시작은 1950년대 이후 6·25전쟁으로 폐허가 된 상태에서 몇 개 기업들이 주한미군 군납과 미국의 경제원조와 관련된 경비용역을 수주한 데서부터가 그 출발점이라고 할 수 있다. 이 시기 민간경비는 주한미군의 주둔으로 인한 용역계약에 의한 군납형태의 경비활동과 미국의 원조에 의해 우리나라에 들어온 원조물품 경비 및 검수를 위한 경비활동이 주를 이루었다. 그러나 지금의 우리나라 민간경비는 1988년 서울올림픽과 2002년 한일월드컵 등 크고 작은 각종 국제행사를 거치면서 급성장하여, 2009년 7월말 기준으로 경비업을 영위하는 법인 수는 3,151개, 경비업종의 수는 3,762개, 경비업에 종사하는 경비인력의 수는 141,048명으로 나타났다.

우리나라의 민간경비는 경비업제도와 청원경찰제도를 두 개의 축으로 한다. 경비업제도와 청원경찰제도를 각각 규율하는 가장 기본적인 법규는 『경비업법』과 『청원경찰법』이다. 1976년 12월 31일 경비업의 육성 및 발전과 그 체계적 관리에 관하여 필요한 사항을 정함으로써 경비업의 건전한 운영에 이바지함을 목적으로 『용역경비업법』이 제정되었다. 『용역경비업법』의 제정은 그 이전 아무런 법적 근거 없이 이루어지던 민간경비 활동에 대한 법적인 규제 근거를 마련했다는데 의의가 있었다. 1999년 3월 31일 『용역경비업법』 개정을 통해 법률의 제명이 『용역경비업법』에서 『경비업법』으로 변경되었다. 그리고 2001년 4월 7일 『경비업법』전면 개정으로 인해 현재 『경비업법』의 모습을 갖추게 되었다.

1962년 4월 3일 『청원경찰법』은 중요산업시설 또는 중요사업장의 경영자와 국내 주재 외국기관의 장이 소요경비를 부담할 것을 조건으로 경찰관의 배치를 신청하는 경우에 이에 대응하여 청원경찰관을 배치함으로써 경찰 인력의 부족을 보완하고 건물 등의 경비 및 공안업무에 만전을 기하기 위한 목적으로 제정되었다. 민간경비의 중요한 한 축을 이루는 청원경찰제도는 우리나라의 특유한 민간경비라고 할 수 있다. 1950년대 한국전쟁으로 인한 폐허를 극복하고 1960년대에 이르러 경제 성장의 밑거름이 되는 국가 중요산업시설들이 건설되기 시작했다. 이에 맞추어 국가 중요산업시설들의 경비인력의 부족을 해소하기 위해 1962년 청원경찰제도가 시행되었다. 청원경찰제도는 중요산업시설 또는 중요사업장의 경영자와 국내 주재 외국기관의 장이 소요경비를 부담할 것을 조건으로 경찰관의 배치를 신청하는 경우에 경찰관을 대신하여 청원경찰관을 배치함으로써 경찰인력의 부족으로 인한 경비활동의 공백을 예방하고자 하는 취지에서 도입되었다.

저자는 이 책을 민간경비의 발전과 성장에 맞추어 그 이론적 토대를 마련하는데 부족함이 없도록 저술하고자 노력했다. 이 책의 구성은 크게 제1편 민간경비의 개관과 제2편 우리나라의 민간경비의 두 부분으로 나누어진다. 제1편 제1장에서는 민간경비의 의의, 개념 및 중요성, 제2장에서는 영국, 미국 및 우리나라의 민간경비의 성장과 발전, 제3장에서는 현재 미국 민간경비산업의 개략적인 현황 및 실태를 파악할 수 있는 경비서비스의 형태, 경비인력이 유형 및 급여, 민간경비의 규제에 대해 서술했다. 제2편 제4장에서는 우리나라 경비업제도의 의의 및 주요내용, 『경비업법』의 연혁, 경비업체의 보안관리, 제5장에서는 우리나라 청원경찰제도의 의의 및 주요내용, 『청원경찰법』의 연혁, 제6장에서는 민간경비 관계 법규인 『경찰법』 · 『경찰관직무집행법』 · 『재난및안전관리기본법』의 주요내용에 대해 서술했다.

이 책을 저술하는 과정에서 학교 연구실을 옮기게 되었고 이런 저런 바쁜 일도 많이 있었다. 외적인 환경의 변화는 연구의 집중력을 분산시키고 육체의 피곤함도 가중시켰는데 개인적으로 이 책의 저술과정은 그만큼 힘이 들었던 것 같다. 그래서인지 흰머리가 한두 개 더 늘어난 듯하다. 정말 내년이면 나이 사십 줄에 들어선다. 마음 속에는 늘 "서른 즈음에"라는 노래 가사가 맴돌고 있지만 지나는 세월은 정말 아쉽기만 하다.

마지막으로 이 책은 민간경비의 연구에 관심이 있는 학자, 실무자, 학생 및 관련 분야의 시험을 준비하고자 하는 수험생들을 위해 입문서 또는 참고문헌으로서의 가치가 있을 것으로 생각한다. 그러나 저자의 개인적인 의견과 학계 소수의 견해도 함께 기술하였기 때문에 논리적인 비약이나 기존 학자들의 견해 및 이론과 다른 부분이 있을 수 있다. 이 책에서 민간경비와 관련된 여러 가지 학문적·실무적 문제들을 자세하고 심도 있게 다루지 못한 부분들이 있다면, 그 부분에 대해서는 독자 여러분들께 이 글을 빌어 양해의 말씀을 드린다. 그리고 저자의 지식과 노력의 한계로 인해 기술하지 못한 부분들에 대해서는 추후 계속적으로 보완하겠다는 약속으로 갈음하고자 한다.

2010년 12월

울산대학교 15호관 연구실에서

저자 씀

목차

- | 부록 | -

1편

민간경비의 개관

01 들어가며

1. 민간경비의 의의

'천안함 사건'을 경험한 이후 우리 사회에서도 안전이라는 단어가 과거 어느 때보다 더 절실하게 느껴지고 있다. 2010년 3월 26일 오후 9시22분경 해군 1천200t급 초계함인 천안함이 백령도 서남방 2.5㎞ 해상에서 침몰하여 승조원 104명 가운데 58명 구조되고, 46명이 사망하는 사건이 발생했다. 6.25 전쟁 이후 지난 60여 년 동안 남북 분단과 대치 상황 하에서 일어났던 크고 작은 여러 사건들에 비해 피해규모가 크고 희생자의 수가 많았던 천안함 사건은 우리 국민의 안전에 대한 기본적인 인식과 욕구를 다시금 일깨워 준 중요한 사건이라고 볼 수 있다. 즉 천안함 침몰 초기 가해 당사자가 북한으로 의심되는 상황에서 국민들은 전쟁에 대한 불안과 공포를 떠올릴 수밖에 없었을 것이다.

인간은 누구나 안전하게 살고 싶은 욕구를 가지고 있다. 이러한 욕구는 인간으로 하여금 스스로 안전을 지키게 하거나 아니면 자신의 안전을 지켜줄 누군가에 의존하도록 만들었다. 인간의 의식 발달이 주술적인 영역으로부터 벗어나고 사회공동체가 이성에 기반을 두고 발전하면서 '사람이 안전하게 사는 것'은 신의 몫이 아닌 인간의 몫이 되었다. 즉 사람들은 상호보호를 위해 개인적인 행동의 자유를 포기하고 자신들의 안전을 지켜줄 수 있는 국가와 같은 공동체를 만들기로 뜻을 모은 것이다. 그러나 그 어떤 공동체라도 구성원 개개의 안전을 완전하게 지켜 줄 수 있다는 생각은 하나의 희구일 뿐이다. 실제에 있어서 구성원들의 안전을 완벽하게 책임져 줄 수 있는 공동체는 존재하지 않는 것이 현실이다. 공동체의 질서 유지와 그 구성원들의 안전을 책임지는 공적인 경찰력의 한계는 세월의 흐름에 따라 사적인 영역에서 민간경비(private security)의 성장과 발전으로 이어졌다.

역사적으로 볼 때 안전한 삶을 원했던 우리의 선조들은 외부로부터의 침입을 차단하고 공격에 대비하기 위해 주거지에 물리적인 방벽을 만들었다. 고대국가 시대의 방벽은 자연적인 지형지물을 이용하거나 인공적인 구조물을 설치하는 방법으로 설계되었다. 자연적인 지형지물을 이용한 방벽은 우리 주변에서 흔히 볼 수 있는 자연적인 호수나 절벽 등을 외부로부터의 침입과 공격을 차단하는데 쓰이는 방벽으로 활용하는 것이다. 예를 들어, 호상주거지(Lake dwellings)의 경우 호수의 물을 외부로부터의 침입과 공격을 차단하는 방벽으로 활용한 주거지의 한 형태로 아주 전형적인 고대 생활양식이다. 가동교 또는 돛단배에 의해서만 호상주거지의 접근이 가능했기 때문에 그 만큼 출입이 철저하게 통제되었음을 알 수 있다. 스위스의 경우만 살펴보더라도 300여 군데의 호상주거지들이 발견되었다. 몇 개의 호상주거지가 모여 하나의 집단을 형성하고 이러한 집단들이 모여 하나의 마을을 형성했다. 마을 전체적으로는 1,000명 이상의 사람들이 거주할 수 있는 정도의 규모였다. 한편, 고대 아메리카 대륙에 거주했던 인디언들은 높은 절벽 위에 있는 천연동굴에서 거주했다. 그들은 절벽을 외부로부터의 침입과 공격을 차단하는 방벽으로 활용하는 생활양식을 가지고 있었다. 절벽은 외부로부터의 접근을 차단하는데 아주 효과적이었다. 그들이 생활하는 동굴은 아주 높고 고립된 장소에 위치하고 있었기 때문에 사다리를 이용하지 않고서는 도저히 이동할 수 없었기 때문에 그 만큼 접근이 어려웠다(Healy, 1968: 1).

고대 인공적인 방벽은 인위적으로 높은 담을 쌓아 놓고 출입문을 만들고 무기를 설치하는 구조를 취했다. 중국의 만리장성은 고대시대 가장 정교한 방벽이었다고 할 수 있다. 중국 진나라의 시황제는 지금으로부터 약 2,000년 전 북방으로부터 외적들의 침입을 막기 위해 만리장성을 축조한 것으로 알려졌다. 만리장성을 쌓는 데만 약 15년의 시간이 걸렸고 무려 50여만 명의 일꾼이 동원되었다고 한다. 한편, 로마에서는 폭이 넓고 길게 뻗은 도로를 건설했다. 도로의 곳곳에는 이 도로를 통해서 외적들이 침입하는 것을 방어하기 위해 주요 지점마다 철제문과 다리를 건설하고 중무장한 경비병들을 배치했다(Hess, 2009: 5).

그러나 중국의 진나라도 무너졌고 로마도 멸망했다. 과거 고대문명 국가들이 내부요인에 의해서 붕괴된 이유는 (지배자 또는 지배계층이) 공동체의 질서와 그 구성원들의 안전을 지키는 경찰 메커니즘(police mechanism)이 붕괴되었기 때문이라고 보는 견해가 있다. 이러한 견해에 의하면 공동체의 질서 유지와 그 구성원들의 안전을 도모하기 위해 법을 집행하는 기관들이 제 기능을 하지 못하면 국가는 무정부 상태로 빠지게 되고 결국 붕괴로 이어진다는 것이다 (Reith, 1940).

고대시대에는 지배자와 그 지배자가 지휘하는 군대가 공동체 구성원들을 다스리고 보호하는 역할을 수행했다. 중세시대에는 군대를 대신하여 공적인 법집행기관이 등장하여 공동체의 질서를 유지하고 그 구성원의 안전을 지키는 역할을 담당했다. 그러나 법집행기관은 초보적인 발전단계에 머물러 있었고 그 조직의 운영이 매우 비효율적이었기 때문에 제 역할을 효과적으로 수행할 수 없었다. 이러한 공적인 법집행기관의 무능과 비생산성은 이를 대신할 사적 영역에서의 새로운 법집행기관, 즉 민간경비의 등장으로 이어졌다. 민간경비의 성장과 발전은 결국 19세기에 이르러서는 법집행기관과 민간경비가 명확하게 분리되고 민간경비가 독자적인 영역으로 성장할 수 있을 정도의 수준에까지 이르게 되었다(Reith, 1940: 105).

오늘날 세계 각국의 민간경비는 경찰 메커니즘을 보완하는데 중요한 역할을 담당하고 있다. 현대적 경찰 메커니즘은 국가의 법집행기관 뿐만이 아니라 사적인 영역의 민간경비도 공동체의 질서 유지와 그 구성원들의 안전을 책임지는 핵심적인 역할을 수행하는 특징을 가지고 있다. 즉 민간경비의 도움 없이 법집행기관만으로는 한 나라의 경찰 메커니즘이 완전하게 작동할 수 없고, 결국 불완전한 경찰 메커니즘은 무정부 상태를 야기하고, 무정부 상태는 곧 한 나라의 붕괴로 이어질 수 있다는 것이다.

현대의 민간경비는 공동체 구성원들이 스스로의 안전을 지키고자 노력했던 결과에 힘입어 산업적인 측면에서 매년 지속적인 성장세를 보이고 있다. 민간경비는 과거 고대 공동체 구성원들이 공동체의 질서를 유지하고 그 구성원들 스스로의 안전을 지키기 위해 서로 돌아가면서 경비원의 역할을 수행하던 원시적인 초기 민간경비 모형으로부터 시작해서 지금은 고급 전문인력들이 종사하고 최첨단 시스템과 전자장비를 갖춘 복합적이고 현대적인 산업으로 성장했다. 심지어 민간경비회사들은 계약을 통해 개인의 생명과 재산을 보호하는 단계를 뛰어넘어 군사작전에 관여하거나 지원하는 민간군사기업(Private Military Companies: PMCs)으로까지 발전하고 있다. 그리고 세계 여러 나라들에서 민간경비가 대학의 정규 학위과정으로 개설되면서 향후 지속적인 성장과 발전을 위한 학문적 토대 까지 갖추게 되었다.

2. 민간경비의 개념 및 중요성

1) 민간경비의 개념

지금까지 많은 학자와 연구가들이 민간경비의 개념을 규정하기 위해 노력했고 지금도 노력하고 있지만 아직까지 일반적으로 인정되는 통일적인 견해를 찾기 힘든 것이 현실이다. 기존에 소개된 민간경비의 개념 두 가지를 소개하면 다음과 같다. 먼저 민간경비란 공적인 주체가 아닌 사적인 주체들에 의해 보안(security)이 조달된다는 것을 의미하는 것으로 사적으로 조달되는 '보안관련' 재화와 서비스의 체계를 의미한다(김성언, 2005: 30-31). 다른 하나는 민간경비란 인간의 고의 또는 과실로 야기되는 범죄와 손해, 비상사태, 각종 재난 및 범죄 등을 예방하기 위하여 인적, 물적 그리고 절차적 서비스를 제공하는 영리적인 기업활동을 의미한다(Hess and Wrobleski, 1996: 318; 최선우, 2008: 23).

사람들은 누구나 안전하게 살고 싶은 욕구를 가지고 있다. 사람들은 과거에서부터 현재까지 안전(security)[1]한 삶을 추구해 왔다. 안전이란 말은 보안, 경비, 안녕, 보호, 위험과 두려움으로 부터의 자유(freedom from fear and danger) 등으로 표현되기도 한다. 사람들은 안전한 삶을 위해 또는 위험과 공포로부터의 자유를 얻기 위해 스스로를 무장했고 주거지 주변에 방벽을 쳤으며 법과 규칙을 만들었다. 연장선상에서 살펴보면, 민간경비는 이처럼 안전하게 살고 싶은 인간의 욕구에 터 잡아 발전한 것이라고 볼 수 있다.

A. Maslow는 안전의 욕구를 의식주와 같은 생리적 욕구가 충족된 이후에 나타나는 욕구로서 위험, 위협, 박탈에서 자신을 보호하고, 불안으로부터 회피하고자 하는 욕구라고 설명하고 있다.[2] 따라서 이 책에서는 인간의 욕구에 초점을 맞추어 민간경비의 개념을 각종 위험과 침해로부터 인간의 생명과 재산을 안전하게 보호하기 위해 영리적 목적으로 제공하는 민간서비스로 정의하고자 한다.

---

1) 영어의 "security"란 단어는 우리말의 "경비", "안전", "보안", "안보" 등의 개념으로 다양하게 해석되고 있다. 이 책에서는 주로 "경비"라는 표현으로 사용하였지만, 문맥에 따라서는 "안전"이나 "보안"이라는 표현으로도 사용했다.

2) Maslow의 욕구단계설은 인간의 욕구가 그 중요도에 따라 일련의 단계를 형성한다는 일종의 동기이론이다 그에 의하면 인간의 욕구는 5단계를 형성하는데 처음 생리적 욕구부터 안전 욕구, 사회적 욕구, 자존 욕구, 마지막 자아실현 욕구까지 계층적으로 구성되어 있다(윤정일 외, 2007).

2) 민간경비의 중요성

역사적으로 사회의 발전단계를 살펴보면, 처음에서는 몇몇 사람들이나 조그만 집단들이 모여 보다 큰 공동체를 형성함으로써 구성원들의 안전을 지키고 쉽게 먹을 것을 구하고 서로에게 필요한 것을 교환하기 위해 군집 생활을 시작하게 된다. 시간이 지나면서 사람들은 군집생활 속에서 법과 규칙의 필요성을 발견하게 되고, 법과 규칙을 만듦으로써 공동체의 질서를 유지하고 구성원들의 안전을 지키고자 한다. 역사적으로 볼 때, 이 시기의 사람들은 선한 규범들을 만들면 지배자의 법집행기관이 그 규범들을 잘 집행하고 이로써 자신들의 안전을 지킬 수 있다고 보았다. 그러나 시간이 흐름에 따라 사람들은 일부 공동체 구성원들이 법과 규칙을 지키지 않게 된다. 처음 일부 사람들이 법과 규칙을 지키기 않는 것에 그치지 않고 점차 사람들이 그에 동조하여 법과 규칙을 위반하게 되면 공동체의 법과 규칙은 제 기능을 할 수 없게 된다. 법과 규칙이 제 기능을 하지 못하면, 결과적으로 그 법과 규칙에 의존해 공동체를 통치하던 지배자나 권력계층은 힘을 잃게 되고 더 이상 그 공동체를 유지하는데 한계를 느끼게 된다. 공동체의 지배자나 권력계층은 법과 규범을 준수하도록 강제하는 여러 수단들이 사용하기도 하지만 대부분의 경우 별 효과를 거두지 못 하고 결국 그 공동체는 서서히 쇠락의 길을 걷게 된다(Reith, 1975).

여기서 사회의 발전단계에 따라 우리가 눈여겨보아야 할 것은 민간경비의 성장과 발전은 우리가 살아가는 공동체사회의 유지·존속에 커다란 영향을 미치는 아주 중요한 요인이라는 것이다. 한 사회의 법과 규범이 정당하게 만들어지고 그 사회의 유지·존속에 꼭 필요한 것임에도 불구하고 제 기능을 찾지 못한 채 무기력하게 침해당할 때, 이를 지키기 위한 노력은 공적인 영역에서뿐만 아니라 사적인 영역에서도 이루어져야 하는 것이다. 이때 필요한 것이 바로 민간경비라고 할 수 있다. 법과 규칙을 집행하는데 있어서 국가 경찰력의 한계는 치안서비스의 부재 상태를 가져온다. 치안서비스의 부재는 공동체사회 속에서 살아가는 구성원들을 두려움과 불안으로 이끌게 되고, 이러한 두려움과 불안은 공동체와 그 구성원들로 하여금 안전한 삶을 추구하려는 욕구를 더욱 더 자극시키게 된다. 결국 이러한 욕구는 필연적으로 민간경비의 성장과 발전으로 이어지게 되는 것이다. 따라서 민간경비는 한 사회에서 치안서비스의 부재로 인해 발생하는 사회구성원의 두려움과 불안을 해소하고 안전한 삶에 대한 욕구를 충족시켜 줌으로써 사회를 유지·존속시키는 순기능을 수행하고 있는 것이다.

경비를 필요로 하는 소비자는 개인이든 단체이든, 공공부문이든 민간부문이든 아무런 제한없이 경비서비스를 이용할 수 있다. 오늘날 우리는 흔히 지나치는 거리에서나 각종 상점이나 기업체에서, 심지어 대학교정에서까지 경비서비스를 제공받는 모습들을 쉽게 찾아 볼 수 있다. 이러한 현상은 우리 사회에서 민간경비의 필요성과 중요성이 그 만큼 증가하고 있음을 보여주는 것이다. 그러나 경찰력의 한계로 인해 또는 여러 가지 사회적·개인적 이유들로 인해 자신의 삶을 보다 안전하게 보호받고 싶은 사람들은 누구나 경비서비스를 이용할 수 있음에도 불구하고, 경비서비스의 이용여부나 제공되는 서비스 수준은 그것을 이용하는 소비자의 경제적인 능력에 따라 크게 좌우된다. 어쨌든 이 문제는 민간경비가 안고 있는 내재적인 한계인 동시에 앞으로 우리가 풀어가야 할 어려운 과제라고 할 수 있다.

02 민간경비의 발전과정

1. 영국 민간경비의 발전과정

1) 고대시대

기원 전 4세기경 중부 유럽에서 이주하여 온 켈트족[3]은 브리타니아(현재 영국의 그레이트 브리튼 섬)에 이주한 후 정착하기 시작했다. 그러나 기원 전 1세기경 가이우스 율리우스 카이사르(Gaius Iulius Caesar, 줄리어스 시저)의 침략을 받은 이후 계속해서 로마의 군사적 지배를 받았다.

409년 로마군이 철군한 이후 5-6세기경 브리타니아 남동부 지역에는 몇몇 게르만족 집단들[4]이 새롭게 이주하여 정착하기 시작했다. 이들은 과거 이지역에 먼저 이주하여 정착하고 있던 켈트족을 변방지역(지금의 아일랜드, 스코틀랜드 및 웨일즈)으로 몰아내고 7개의 게르만 왕국들[5]을 건설했다. 게르만 7개 왕국들은 흥망성쇠를 거치다 9세기 초 에식스의 왕 에그버트에 의해 통일되었다. 그는 최초의 앵글로색슨 왕조 국가인 잉글랜드를 세웠다.

당시 브리타니아에 이주한 게르만족들은 고대로부터 내려오던 전통적 자치규약성격의 10

---

3) 현재 프랑스, 아일랜드, 스코틀랜드인들의 선조로 볼 수 있다.
4) 앵글족, 색슨족, 주트족으로 앵글로색슨족의 선조가 된다.
5) 켄트, 웨식스, 서식스, 머시어, 에식스, 노드섬브리어, 이스트앵글리어.

호반(tithing/tything)제도를 대륙으로부터 함께 가져왔다. 10호반제도는 마을의 질서와 안전을 유지하고 외부로부터의 침입을 방어하기 위해 만들어진 자치적인 성격의 생활규약으로 10호반에 속한 남자들은 돌아가며 야간에 순찰을 돌고 외부로부터의 침입을 감시하는 업무를 수행하였다. 10호반이란 자연부락 중심으로 형성된 마을 단위를 의미하는 것으로, 보통 10가구를 하나로 묶어 10호반이라 칭했다.

2) 중세시대

(1) 『웨스트민스터법』의 제정

고대 앵글로색슨족의 전통적 자치규약 성격의 10호반제도는 중세의 윌리엄 1세 시대에 들어서면 한 지역의 법과 질서 유지를 위해 그 지역주민에서 집단적 연대책임을 부과하는 비공식적 사회통제제도로 변화한다. 그리고 더 나아가 에드워드 1세 시대인 1285년 『웨스트민스터법』(the Statute of Westminster)의 제정으로 10호반제도는 법규상의 의무로 자리 잡게 된다. 『웨스트민스터법』은 질서유지를 위해 경찰제도를 법제화한 것으로 오늘날 우리나라의 『경찰관직무집행법』과 『형사소송법』의 내용을 함께 포함한 것이다. 이 법은 내용 중에는 특히 범죄 예방 및 범인 체포와 관련된 세 가지 주요한 내용을 담고 있었다. 그것은 바로 주야간 순찰, 범인의 호창 및 무기소지 규정이라고 할 수 있는데, 그 내용을 간략히 살펴보면 다음과 같다.

① **주야간 순찰**(watch and ward)

주야간 순찰은 말 그대로 주간순찰(ward)과 야간순찰(watch)을 함께 이르는 말이다. 여기서 영어의 watch는 “the night watch”를 줄여 부르는 말로 야간순찰을 의미한다. 또한 ward는 “the day ward”를 줄여 부르는 말로 주간순찰을 의미한다.

『웨스트민스터법』은 종래 인구가 밀집된 도시지역에서 실시되던 경찰관(constable)의 주간순찰을 보완하기 위한 새로운 범죄예방 수단으로 야간순찰을 법제화했다. 야간순찰은 경찰관이 수행하는 것이 아니라 그 도시의 시민들 중 남자들이 실시했다. 이러한 야간순찰제도의 시행은 도시의 치안을 강화하고자 시민들에게 야간순찰 의무를 부과한 것으로 당시 도시의 발달과 인구 유입으로 범죄가 증가하고 질서가 문란해지는 상황에서 기존 경찰력만으로는 이를 감당할 수 없는 한계를 극복하기 위한 수단이었다.

야간경비원(watchman)은 일몰시부터 일출시까지 마을 성곽을 둘러 싼 출입문주변에 배치되어 순찰활동 실시했다. 야간경비원은 근무 중 수상한 사람을 발견한 경우 그를 체포하여 주간에 근무하는 경찰관에게 인계할 수 있는 권한을 부여받았다. 마을의 모든 남자들은 야간순찰 근무를 위해 순찰근무 대장에 기록되어 관리되었으며, 야간순찰 업무를 꺼리는 사람들은 농장에 배치되어 노동력을 제공하는 것으로 이를 대체할 수 있었다(Hess, 2009: 7).

② **범인의 호창**(hue and cry)

『웨스트민스터법』에서는 범인의 호창(hue and cry) 규정을 두고 있다. “hue and cry”는 범인을 체포하는 과정에서 저항하거나 도망하는 경우 호각을 불고 큰 소리로 외쳐 주위의 도움을 청하는 것(a horn and shouting)을 의미한다.

『웨스트민스터법』에 의하면, 야간경비원이 순찰 중 또는 범인체포 과정에서 호창을 한 경우, 야간경비원의 호창 소리를 들은 마을 사람들은 모두 나와 범인 체포를 돕거나 도망하는 범인을 야간경비원과 함께 추적하고 검거해야만 하는 의무를 졌다. 범인의 호창 규정은 야간경비원의 체포행위에 대해 저항하거나 도망하는 사람을 마을주민이 함께 힘을 모아 체포하거나 추적하던 고대 색슨족의 전통을 법제화한 것이다(Hess, 2009: 7).

③ **무기소지 규정**(assize of arms)

1181년 헨리 2세는 무장 조례(The Assize of Arms)를 제정했다. 이 조례는 왕에게 인정받은 특정 계층들만이 무기를 소지할 수 있었고, 무기 소지를 허가 받은 이들은 왕에게 충성을 맹세해야한다는 내용을 담고 있었다.

이후 에드워드 1세는『웨스트민스터법』을 제정하면서 이전과는 달리 무기소지 범위를 확대하는 내용을 담은 새로운 무기소지 규정(assize of arms)을 두었다. 즉 치안을 유지하는데 필요한 경우 즉시 사용할 수 있도록 15세부터 60세까지의 모든 남성들이 집안에 무기를 보관하도록 규정한 것이다(Hess, 2009: 7).

『웨스트민스터법』의 무기소지 규정은 그 이전 무기의 소지가 특정 계층만이 향유할 수 있었던 하나의 특권처럼 여겨졌던 관행을 개선하고 마을의 질서 유지, 범죄 예방 및 범인 체포와 같은 치안 목적 달성을 위해 무기 소지의 범위를 일반 시민들에게 까지 확대한 것이라는데 그 의의를 둘 수 있다.

(2) 대리인 제도

15세기에 이르러 그 동안 부를 축적한 상인들과 중산층의 『웨스트민스터법』에 대한 불만은 최고조에 이르렀다. 특히 강제적인 야간순찰 의무는 영리적인 활동과 재산의 축적을 방해하는 결과를 가져왔기 때문에 이들의 반감은 더욱 커져만 갔다. 결국 상인들과 중산층은 일정한 보수를 주고 자신들의 의무를 대행해 주는 대리인들(deputies)을 고용할 수 있도록 강력하게 요구하였고, 그 결과 점차 영국 사회에 일정한 보수를 받고 야간순찰 의무를 대신해 주는 대리인제도가 확산되어 갔다.

그러나 야간순찰 의무를 회피하기 위해 마련된 대리인제도는 결과적으로 더욱 심각한 사회적 문제들을 양산하게 되었다. 즉 야간순찰 의무를 대리하기 고용된 야간경비원들은 공동체의 질서 유지와 그 구성원의 안전을 책임질 만큼의 능력과 열의를 갖추지 못했다는데 문제의 원인이 있었다. 당시 대리인제도를 통해 야간순찰 업무를 담당하던 야간경비원들의 무능과 부패는 심각한 수준에 이르게 되었으며, 그 때문에 야간순찰제도는 전반적으로 제 기능을 상실하게 되었다. 18세기에 이르러서는 부랑자나 전과자들까지도 야간순찰 의무를 대신하는 대리인으로 고용될 정도여서 치안상황은 더욱 악화되었다. 이러한 사회적 분위기 속에서 대리인으로 고용된 야간경비원들을 신뢰할 수 없었던 일부상인들은 자신들의 생명과 재산을 지키고 도난당한 물건을 되찾을 목적으로 사적인 고용계약을 통해 경찰의 임무를 대신 수행하는 민간경찰(private police), 즉 경비원을 고용하기 시작하였다(Hess, 2009: 7). 이러한 경비원의 등장은 바로 근대적 민간경비의 출발점이라고 할 수 있다.

3) 근대시대

18세기 부랑자나 전과자들까지도 야간순찰 의무를 대신하는 대리인으로 고용될 정도여서 치안상황은 더욱 악화되었다. 따라서 당시 영국의 부유층과 일부 중산층에서 경비원을 고용하는 일은 일반적인 경향으로 자리 잡았다. 이러한 민간경비의 발전은 19세기에 이르면 공적인 영역에서의 법집행기관과 사적인 영역에서의 민간경비가 확연하게 분리되면서 민간경비이 독자적인 발전이 이루어진다. 그러나 민간경비의 발전에는 법집행기관의 영향이 컸다는 사실은 부인할 수 없다. 당시 고용주들은 자신들의 생명과 재산을 보다 더 안전하게 지키기 위해 경찰관처럼 법집행기관 근무경력이 있는 사람을 경비원으로 채용하는 것을 선호했다. 따라서 민간경비의 조직이나 활동 방식은 법집행기관의 그것들과 유사한 관련성을 가지게 되었다.

18세기 산업혁명으로 인한 생산 시스템의 기계화는 거대한 사회·경제적 변화를 가져왔다. 영국에서의 산업혁명은 가내수공업 또는 영세기업을 도시에 위치한 거대한 공장과 상점으로의 변화시켰다. 그러나 같은 시기의 농촌에서는 기근으로 인해 식량이 부족해졌기 때문에 수많은 사람들이 도시의 제분소와 공장에서 일자리를 찾기위해 농촌을 떠나게 되었다. 사람들이 일자리를 찾기 위해 농촌에서 도시로 이주함에 따라, 도시 지역은 인구집중으로 인해서 범죄와 무질서 등의 각종 사회적 문제들이 급증하게 되었으며, 도시민들 또한 안전한 삶에 대한 관심도 그 만큼 커지게 되었다. 불안한 치안 상태는 결과적으로 도시민들로 하여금 평상시 무기를 소지하고 다니도록 만들었으며, 경제적인 여유가 있는 부유층에서는 경비원을 직접 고용하는 사례들이 늘어나 경비인력의 고용 기회가 확대되기 시작했다. 또한 상인들은 동업자들 간의 안전과 재산을 지키는 활동을 목적으로 한 동업 협동체 조직을 설립하여 스스로의 경비활동을 전개했다. 한편 농촌지역에서는 농촌지역 나름대로 인구의 공동화 현상으로 인해 각종 범죄 문제들이 야기되고 있었다. 따라서 지주들은 그들의 경작지와 농작물을 보호하기 위해 개인적으로 경비원을 고용하게 되었고, 부유층은 경비원을 고용하여 그들의 사냥터와 사유지를 보호하는 현상이 일반화되어 갔다(Hess, 2009: 8).

19세기 초 영국에서는 법집행기관의 무능과 부패가 만연해 있었다. 이러한 현실은 민간부문의 기업과 단체들로 하여금 법집행기관에 의존하는 것 없이 직접 경비원을 고용하여 그들의 안전을 지키고자 하는 욕구를 증대시켰다. 이 시기 경비인력의 고용 양상을 살펴보면, 민간경비의 새로운 특징들 중에 하나는 기업이나 단체에서 단순히 경비원을 몇 명 고용하는 것이 아니라 경비대(private police force)를 창설한 후 다수의 경비원들을 고용해서 관리·감독하는 모습들이 나타나기 시작했다. 예를 들어, 철도회사는 승객과 화물의 운송을 하는 과정에서 꼭 필요한 질서 유지와 안전 문제를 해결하기 위해 자체적으로 철도경비대를 설치했다. 또한 어떤 철강회사는 사측의 지시사항을 잘 따르지 않고 집단적인 노동쟁의를 노보하는 노동자들을 통세하기 위한 수단으로 경비대를 설치하는 경우도 있었다(Hess, 2009: 9).

2. 미국 민간경비의 발전과정

1) 초기단계

식민지시대 미국에서는 영국으로부터 형사사법제도와 집단적 책임(collective responsibility)

에 기반을 둔 범죄예방체계가 상당 부분 계수되었다. 즉 범죄예방을 위해 주간에는 경찰관(constables), 야간에는 경비원(watchmen)이 순찰과 감시 업무를 수행하는 경비활동이 이루어졌다. 특히 야간에 지역주민들 중에서 선발된 경비원들에 의해 치안이 유지되는 관행은 정규직 경찰관들이 선발되어 지역의 치안을 책임지도록 하는 공식적인 범죄예방체계가 갖추어지는 19세기 중반까지 계속되었다.

1848년 미국 서부지역에서 금이 발견되면서부터 이 지역은 폭력, 강도, 살인과 같은 범죄들이 급격하게 증가하는 무법천지가 되어갔다. 그나마 서부에 비해 동부와 남부에 있는 도시들은 치안상황이 조금 더 나은 편이었다. 그럼에도 불구하고 수도 워싱턴에서 열리는 연방의회에 참석하는 의원들조차도 개인적인 안전을 위해 무기를 소지하고 다녀야 할 정도로 치안상황은 좋지 않은 편이었다. 이러한 상황에서 미국 각 지역을 오고 가는 산업 물동량은 꾸준히 증가하는 추세에 있었다. 화물의 운송과정은 항상 범죄자들로부터 피해를 당할 위험에 노출되어 있었는데, 이 틈을 이용하여 화물의 운송을 보다 안전하게 책임지는 것을 장점으로 내세우는 운송회사들이 설립되기 시작했다. 1850년 헨리 웰스(Henry Wells)와 윌리엄 조지 파고(William Fargo)는 함께 아메리칸 익스프레스(American Express)를 설립하여, 미주리 강 동부지역에서 영업을 시작했다. 1852년 웰스 파고 앤드 컴퍼니(Wells Fargo and Company)가 설립되어, 미주리 주 서쪽 지역에서 화물운송 사업을 실시했다. 새롭게 설립된 운송회사들은 위탁된 화물들을 안전하게 운송하기 위해 회사 자체적으로 무장경비원들과 민간조사관들을 고용하게 되었다(Hess, 2009: 9-10).

남북전쟁(1861~1865년) 이후, 서부지역은 치안상태가 더욱 악화되어 한마디로 범죄가 만연한 상태였다. 예를 들면, 제임스 갱(the James Gangs)[6]이나 와일드 번치(the Wild Bunch)[7] 같은 범죄조직들이 아무 거리낌 없이 활개를 치고 다니던 시대였다. 우편물, 화폐 등의 화물과 승객을 운송하던 역마차는 이 조직들의 주된 약탈 대상이 되었다. 역마차 회사들은 역마차를 노리는 강도들에게 맞서기 위해 초기에는 총기 사용에 능한 전문가들을 고용했다. 고용된 전문가들은 무장을 한 채 역마차를 호위하고 다니는 역할을 수행했다. 이후 역마차 회사들은 회사 소속의 자체 경비대를 창설하여 소속 경비원으로 하여금 역마차를 호위하는 임무를 부여했다. 또한 역마차 강도들을 추적하기 위해 민간조사관[8]을 고용하기도 했다. 한편 탄광산

---

6) 제임스 형제들이 주축이 된 범죄조직으로 1860-1880년대 미주리, 켄터키, 아이오와, 텍사스, 아칸소, 캔자스, 웨스트버지니아 등지에서 은행강도, 열차강도, 역마차강도 등의 범죄를 저질렀다.

7) 둘린-달톤 갱(the Doolin-Dalton Gang)으로 알려진 와일드 번치는 1890년대 캔자스, 미주리, 아칸소 및 오클라호마 준주 일대의 인디언 보호구역을 중심으로 활동했던 범죄조직이다. 이들은 은행강도, 상점강도, 열차강도 및 사법경찰관 살인 등의 범죄를 저질렀다.

업이나 철광산업과 같은 업종을 영위하는 기업들은 항상 파업과 같은 노동쟁의가 일어나기 쉬운 상황에 놓여 있었다. 따라서 노동쟁의로 발생하는 경제적 손실을 방지하고 회사소유의 시설물들을 보호할 목적으로 경비대를 설치하는 형상들이 나타났다(Hess, 9).

2) 철도경찰

1800년대 철도 노선의 개통과 연장은 미국 서부지역의 영토 확장에 커다란 기여를 하게 된다. 서부 개척시대 초기 사람들이 하나 둘 모여들면서 드문드문 조그만 마을들이 형성되면, 그 지역에 철도 노선을 차례로 연장하는 일들이 벌어졌다. 그러나 각 주에서는 철도 노선에 대한 사법권을 관할하는 방식이 서로 달랐기 때문에 새롭게 개척된 마을들을 지나는 철도 노선에 대해서는 각 주 법집행기관의 제대로 된 법집행이 이루어지지 않았다. 따라서 새로운 철도 노선을 이용하는 승객들과 화물들은 법집행기관으로부터 안전한 보호를 받을 수 없었기 때문에 인디언들과 범죄집단들의 손쉬운 약탈 대상이 되었다. 그들은 기차에 탑승한 승객들의 재물과 위탁된 화물을 강취했다. 또한 그들은 자신들의 범죄를 은폐하거나 추적을 회피할 목적으로 기차를 폭파하거나 철도를 손괴하는 일을 서슴지 않았다. 무법자들의 이러한 행위는 철도회사들로 하여금 엄청난 유무형의 손실을 입게 만들었다. 결국 많은 주정부들은 철도 운송의 안전을 담보하고 철도범죄를 예방하기 위해 『철도경찰법』(railway police acts)을 제정하기에 이른다. 『철도경찰법』의 제정으로 민간부문의 철도회사들은 각 회사 소속으로 철도 경찰대를 창설할 수 있게 되었다. 철도회사 소속의 철도경찰은 회사 소유의 철도 노선에서 승객과 화물을 안전하게 보호하기 위해 법집행기관과 동등한 경찰권을 행사할 수 있었다. 철도경찰은 미국의 연방 및 주 소속의 정부기관들과 법집행기관들이 설치된 후 자리를 잡을 때까지 이들 기관들을 대신하여 주민들의 생명과 안전을 책임지는 중요한 법집행기관으로서의 역할을 수행했다(Hess, 2009: 10).

1800년대 말 철도경찰 소속의 경비원(철도경비원)은 미국 서부지역에서 일어나는 다양한 상황들을 잘 반영하고 있었다. 철도경비원은 말을 잘 타고 총을 빠르게 발사하는 기술을 가지고 있었기 때문에 철도회사의 중요한 자산으로 여겨졌다. 이 기술은 당시 무법자들과의 싸움에서 꼭 필요한 능력들 중의 하나였다. 철도경비원은 달리는 기차를 노리는 열차강도 뿐만이 아니라 기차역 구내에서 활동하는 노상강도와 소매치기, 사기범, 주류 밀매사범등과 목숨을 걸고 힘겨운 싸움을 벌였다. 그러나 철도회사는 새로 채용된 철도경비원에게 흉장, 곤봉

---

8) 사립탐정이라고도 한다.

및 연발권총을 지급하는 대신 법집행과 관련된 별다른 지시사항을 교육하지 않는 것이 당시의 일반적인 관행이었다. 따라서 철도경비원은 어떻게 법집행 활동을 해야 하는지 그리고 어떻게 범죄자를 체포해야 하는지도 모른 채 그냥 일터로 내보내져서 범죄자들과 맞서 싸웠다. 그럼에도 불구하고 철도경비원은 미국 민간경비의 발전에 중요한 역할을 담당했다(Hess, 10).

앨런 핑커톤(Allen Pinkerton)은 미국 철도경찰의 발전에 커다란 기여를 한 사람으로 유명하다. 1819년 스코틀랜드에서 태어난 그는 부인과 함께 미국으로 이주하여 시카고에 정착했다. 거기서 술통을 만들어 파는 사업을 시작하게 되었다. 그는 우연한 기회에 쿡 카운티의 부보안관이 되었고, 1843년에는 시카고 최초의 사법경찰관(detective)으로 임명되었다. 1850년 사법경찰관 직을 사임한 뒤 두 개의 철도회사와 계약을 맺고 미국 최초로 철도경찰 업무를 수행했다. 그는 이듬해인 1851년 마침내 민간조사 업무를 취급하는 핑커톤 경비회사(Pinkerton National Detective Agency)를 설립했다. 핑커톤 경비회사는 미국 최초로 철도회사와 계약을 맺고 민간조사 업무와 법집행 활동을 전개하는 계약경비 업무를 시작했다. 핑커톤 경비회사는 주로 열차강도를 체포하는데 주력했고 그 과정에서 철도회사의 전반적인 경비체계를 확립하는데 기여했다. 핑커톤 경비회사가 제공하는 서비스가 고객인 철도회사들에게 꼭 필요했던 이유는 당시 공공부문의 법집행기관들이 무능했던 탓도 있지만, 대부분의 법집행기관들이 철도범죄에 대한 관할권이 명확하지 않다는 이유를 법집행 활동을 기피했기 때문이다. 1860-70년대를 거치면서 핑커톤 경비회사는 수많은 열차강도들과 각종 범죄자들을 체포하는 실적을 거두게 된다. 대표적인 사례로 은행강도 및 살인 등의 범죄를 저지르고 도망 다니던 달톤 형제들과 제시 제임스와 같은 흉악범을 체포한 일이다. 이러한 활동으로 인해 핑커톤 경비회사의 이름이 전국적으로 알려졌으며 회사의 위상은 한층 높아지게 되었다(Hess, 2009: 10-12).

3) 경비산업의 성장

1853년 어거스트 포프(August Pope)는 최초로 전자 도난방지 경보시스템의 특허를 받았다. 전자 도난방지 경보시스템은 출입문과 창문에 설치된 전자석에 배터리와 벨을 전선으로 연결한 것이었다. 어거스트 포프는 자신의 발명 특허를 에드윈 홈즈(Edwin Homes)에게 판매했다. 포프로부터 전자 도난방지 경보시스템의 발명 특허를 사들인 홈즈는 뉴욕으로 가서 대저택을 소유한 부유층에게 전자 도난방지 경보시스템 판매했다. 1858년 홈즈는 미국 최초로 중앙통제 방식의 도난 방지 경비시스템 서비스를 제공하는 사업을 시작했다. 이후 그는 도난방지 경비서비스를 영업 방식으로 내세운 홈즈 경비회사(Holmes Protection, Inc.)를 설립했다(Kaye, 1987: 243).

1870-80년대에 들어 대저택과 각종 상점들은 열감지기를 통해 화재를 예방하는 시스템을 갖추기 시작했다. 윌리엄 왓킨스(William Watkins)는 AFA Protection이라는 경비회사를 설립하여, 최초로 중앙 모니터링 시스템을 통해 열감지기를 통제하는 방식을 도입한 경비서비스를 제공했다. 이후 중앙통제식 열감지기를 활용한 화재예방시스템은 감지된 정보를 전기신호로 바꾸어 전선으로 전달하는 전신기술이 발명되면서 도난방지 시스템과의 결합할 수 있게 되었다. 이로 인해 과거 경비시스템보다 훨씬 더 안전하게 경비서비스를 제공할 수 있는 여건이 마련했다. 1889년에 이르러 이러한 경비시스템의 변화는 일반적인 경비서비스의 양상으로 자리 잡았다. 1901년 웨스턴 유니언(Western Union)은 당시 이러한 경비서비스를 제공하고 있던 중소규모의 몇몇 지역 경비회사들을 인수·합병하여 경비회사인 ADT (American District Telegraph Company)를 설립했다(Kaye, 243).

1858년 워싱턴 페리 브링크(Washington Perry Brink)는 시카고에서 화물 운송과 소포 배달 서비스를 주된 업무로 하는 브링크스 주식회사(Brink's, Inc.)를 설립했다. 처음에 그는 말 한 마리가 끄는 심마차를 이용해서 시카고를 지나는 여행객들의 화물과 소포를 배달하는 소규모의 운송사업을 시작했다. 당시 미국에서는 보통법(common law)의 영향으로 사용자는 고용인의 위법행위가 발생한 경우 부주의에 인한 감독책임을 지는 것이 일반적이었다. 예를 들어, 사용자가 고용인을 채용하여 재물의 관리·보관·운송 등의 업무를 맡긴 경우, 만약 고용인이 재물을 횡령하거나 그 재물을 가지고 도주한 사건이 발생했다면 부주의에 의한 사용자의 감독책임을 상당 부분 인정하고 있었다. 이러한 법관습은 회사의 급여 운송과 같은 현금호송 업무의 발전에 커다란 영향을 끼쳤다. 즉 사용자는 현금 호송업무를 고용인에 맡겼을 경우 발생할 수 있는 위험을 최소화하기 위한 대안으로 전문적인 운송회사와 계약을 체결하여 현금을 호송하는 방식을 선호하게 되었다. 물론 계약 내용은 현금 호송과정에서 발생한 손해는 당연히 운송회사가 책임을 지는 조건이었다. 1891년 브링크스 주식회사는 웨스턴 일렉트릭사의 급여에 쓰일 현금을 운송하는 것을 시작으로 현금 호송업무를 시작했다. 현금 호송업무를 시작하던 초기 브링크스 주식회사는 일반마차 안에 신문지나 작업복으로 현금 다발을 감싸 다른 사람들의 눈에 띄지 않게 운송하는 아주 초보적인 현금 호송방법을 사용했다. 그러나 1917년 갱단에 의해 일어난 현금 강취사건으로 호송업무를 수행 중이던 직원 두명이 사망하는 사건이 발생함에 따라 이 회사는 최초로 무장 호송차량을 현금 호송업무에 도입하게 되었다(Hess, 2009: 12-13).

1909년 전 재무성 비밀조사국(Secret Service) 수사관 출신으로 FBI의 전신인 법무성 수사국(Bureau of Investigation)의 국장을 지냈던 윌리엄 제이 번스(William J. Burns)는 그의 이름을

딴 민간조사기관인 번스 민간조사회사(Burns' Detective Agency)를 설립했다. 당시 번스 민간조사회사는 미국 금융협회와 계약을 통해 계약경비 서비스를 제공하던 유일한 민간조사기관이었다. 미국 금융협회와 계약을 통해 안정적인 수익을 창출할 수 있었던 이 회사는 나중에 경비업무와 민간조사업무를 동시에 제공하는 미국에서 두 번째로 큰 경비회사로 성장했다. 1924년 미국 FBI가 설립되기 전까지 핑커톤의 민간경비회사와 번스 민간조사회사는 연방정부의 법집행기관을 대신해서 전국적인 범죄조사와 범죄자 체포 능력을 가진 민간경비회사로 성장했다(Hess, 2009: 13).

4) 세계대전 이후

미국의 산업계는 제1차 세계대전 이전부터 사업장에서 일어나는 사보타주와 스파이활동에 대한 대응책의 일환으로 민간경비의 중요성을 인식하고 있었다. 당시 고용된 경비원들은 전시 산업시설을 보호하고 생산기반을 외부의 공격으로부터 방어하는 임무를 수행했다. 민간경비는 제1차 세계대전 중 늘어나는 새로운 경비 수요를 충족시키는 과정에서 계속적인 성장을 거듭했다. 그러나 전쟁이 끝난 뒤에는 경기 침체로 인해 민간경비의 수요는 감소하였고 그 동안의 성장세도 멈추게 되었다. 이후 또 한 번의 세계대전, 즉 제2차 세계대전은 민간경비의 성장에 새로운 동력을 제공하였다. 미국 정부로부터 군수물자 생산을 요청받은 군수산업체들은 노동자들의 사보타주와 내외부의 스파이활동으로부터 보다 엄격하고 세밀하게 그들의 시설물과 비밀을 보호하기 위해서 민간경비를 필요로 했다. 또한 군수물자의 안정적인 공급이 필요했던 미국 정부도 군수산업체들과 같은 입장에서 군수산업에 대한 민간경비 강화의 필요성을 인식하게 되었다. 이러한 분위기는 민간경비 시스템을 한층 더 발전하는 계기를 마련하였다. 이와 관련된 대표적인 사례를 살펴보면, 당시 군수산업체의 경비원들은 FBI가 마련한 경비 프로그램에 의해 경비업무를 수행하였다. 또한 전시상황이라는 특수성 때문에 군수산업시설을 지키는 경비원들은 그 시설 범위 내에서 헌병의 역할을 수행하기도 했으며, 군수산업체 경비원들의 교육과 훈련은 각 지방의 법집행기관들이 담당했다(Hess, 13).

제2차 세계대전 이후 정부 규제의 증가와 경찰 등 법집행기관의 인적·물적 자원의 한계 및 무능력한 법집행 활동은 민간경비가 산업적인 측면에서 계속해서 성장할 수 있는 바탕이 되었다. 1950년대 중반에 이르면 미국의 거의 모든 부문에서 경비서비스를 이용하고 있을 정도로 민간경비의 시장 규모가 확대되었다. 민간경비의 성장과 발전은 1955년 미국 산업경비협회(American Society for Industrial Security: ASIS)의 공식적인 출범으로 이어졌다. 미국 산업경비협회 설립자 257명은 윤리규범을 제정하고 협회 소속 회원사들을 결속시키고 공동의 이익을 추구하는 노력을 기울였다. 설립 초기 ASIS는 미국을 7개의 권역으로 나누고 각 권역에는 산업경비협회의 지부를 두었다. 20세기 후반에 오면, 미국 산업경비협회의 총수익은 1,700만 달러를 넘어섰고 회원사의 수도 3만을 넘었다. 1972년 뮌헨 올림픽 테러사건, 2001년 9월 11일 뉴욕 세계무역센터 테러사건 등 각종 테러리즘의 위협은 안전한 삶을 추구하고자 하는 사람들의 욕구를 자극시켜 민간경비의 필요성을 더욱 더 증대시켰다. 민간경비산업의 지속적인 성장 속에 2002년 미국 산업경비협회는 명칭을 국제 산업경비협회(American Society for Industrial Security International: ASISI)로 변경했다. 이 시기 ASISI는 소속 회원사들의 수가 3만 5천여 개에 이르는 거대한 국제적 조직으로 성장했다(Hess, 2009: 13-14).

3. 우리나라 민간경비의 발전과정

1) 민간경비의 기원

우리나라 민간경비의 역사를 처음부터 규명하기는 어렵다. 그러나 전통적 의미에서 삼국시대 이후부터 지방의 호족들이나 중앙의 세도가들이 자신의 신변을 보호하고 반대세력의 기밀탐지 및 숙청 등에 활용하기위해 사병(私兵)을 고용 것을 민간경비의 출발이라 볼 수 있다.

통일신라시대 후기 중앙의 유력한 진골 귀족들은 각자의 사병을 기반으로 치열한 왕위쟁탈전을 전개했다. 특히 진성여왕 시대 이후 중앙정부의 통제력이 급격히 약화됨에 따라 지방의 귀족이나 호족들 또한 스스로 성주(城主)나 장군(將軍)으로 칭하면서 초적, 유민 등을 모아 사병을 조직하여 중앙정부에 대항했다. 후삼국을 통일하고 고려가 건국한 이후에도 여전히 호족들은 각자의 사병을 유지하면서 독립된 세력을 형성하고 있었다. 중앙정부의 사병 폐지 노력에도 불구하고 고려시대 사병은 중앙의 유력자들이나 지방의 호족들에 의해 계속해서 유지되었다. 최씨 무신정권의 준군사적 사병조직인 삼별초(三別抄)나 경대승의 무장 숙위기관인 도방(都房)은 사병의 대표적인 사례들이라고 할 수 있다. 조선을 건국한 태조 이성계 또한 함경도 지방에서부터 거느린 사병[9]에 군사적 기반을 두고 있었다. 조선이 건국된 이후 사병

---

9) 1361년 홍건적(紅巾賊)의 침입으로 고려의 수도 개경(開京)이 함락되자, 이듬해인 1362년 사병 2,000명을 거느리고 수도 탈환전에 참가하여 제1착으로 입성하여 전공을 세움으로써 동북면병마사(東北面兵馬使)로 승진했다(http://100.naver.com/100.nhn?docid=154723/2010.9.12).

을 폐지하려는 정도전 등의 노력은 있었으나 종친과 훈신들의 반대로 실패했다. 그러나 1398년(태조 7년)과 1400년(정종 2년) 두 차례에 걸친 왕자의 난이 일어나고 정권을 장악한 태종 이방원은 국왕과 세자의 시위(侍衛)를 제외한 모든 사병을 혁파했다. 이후 중앙집권적인 정치제도를 정착시킨 조선시대에는 그 이전 시대의 사병집단과 같은 조직은 더 이상 나타나지 않게 되었다(김정환·서진석, 2009: 30-38).

우리나라에서 현대적인 민간경비는 해방이후 1950-60년대 주한미군 군납 경비활동과 미국 원조물자 미군부대 경비활동으로부터 시작되었다. 그리고 1980년대 초 일본의 민간경비 기술과 자본을 도입하면서부터 활발하게 성장하게 되는 계기가 마련되었다(서재근, 1991: 58). 다음에서는 김정환 · 서진석(2009)이 저술한 자료들을 토대로 1950년대 이후 지금까지 우리나라 민간경비의 성장과 발전과정에 대해서 간략하게 서술하고자 한다.

2) 현대적 민간경비의 발전과 성장

(1) 1950-60년대

우리나라에서 현대적 민간경비의 기원은 6·25전쟁 이후인 1950-60년대 주한미군 군납과 미국의 경제원조에 따른 경비활동에 찾을 수 있다. 즉 이 시기의 민간경비는 주한미군의 주둔으로 인한 용역계약에 의한 군납형태의 경비활동과 미국의 원조에 의해 우리나라에 들어온 원조물품 경비 및 검수를 위한 경비활동으로 구분할 수 있다. 전자의 경우 주한미군 부대, 숙소 및 각종 군사시설 등에 대한 군납형태의 용역경비활동은 1953년 용진보안공사, 1958년 영화기업(주), 1959년 신원기업(주) 등이 담당했다. 후자의 경우 1962년 범아실업공사가 경비용역 계약으로 통해 미국에서 경제원조로 보내진 석유류 제품의 인수, 저장 및 유통을 담당하는 KOSKO (Korea Storage Company)와 부두에 야적한 석유류의 경비 및 검수 등의 경비활동을, 1963년 미국 플로어사의 울산 석유공장 건설공사 현장의 경비활동을, 같은 해 미국 벡텔 인터내셔널사의 부산 감천화력발전소 건설공사 현장의 경비활동을 담당했다(김정환·서진석, 2009: 41-50).

1950년대 한국전쟁으로 인한 폐허를 극복하고 1960년대에 이르러 경제성장의 밑거름이 되는 국가 중요산업시설들이 전국적으로 차츰 건설되기 시작했고, 이로 인해 국가 중요산업시설들에 대한 경비서비스의 수요도 증가하게 되었다. 1962년 우리나라 민간경비의 중요한 하나의 축을 담당하는 청원경찰제도가 시행되었다. 청원경찰제도는 중요산업시설 또는 중요사업장의 경영자와 국내 주재 외국기관의 장이 소요경비를 부담할 것을 조건으로 경찰관의 배치를 신청하는 경우에 경찰관을 대신하여 청원경찰관을 배치함으로써 경찰인력의 부족으로 인한 경비서비스의 공백 상태를 예방하려는 취지에서 도입되었다.

그런데 한국전쟁 이후 남북 간에 형성된 적대적인 대립상황은 국가 중요산업시설들에 대한 경비를 단순한 범죄피해로부터의 예방, 즉 '방범'이 아닌 적대세력으로부터의 시설파괴에 대한 '방호'의 개념으로 인식하게 되었다. 방호의 개념은 국가가 중요산업시설들의 경비에 적극적으로 개입한다는 점을 의미한다. 하지만 우리나라에서 산업화가 계속 진행되면서 이러한 시설들은 계속 증가하였지만 경찰의 인력과 예산이 비례하여 늘어나는 것이 아니기 때문에 국가의 경찰력은 실질적으로 중요산업시설들 모두를 경비할 수는 없었다. 실제로 국가중요시설에 경찰인력이 상주하는 것이 아니라 위험상황이 발생한 경우에만 경찰인력을 배치하고 상황이 종료되면 철수하는 일들이 반복되었다. 따라서 경찰력을 대체할 수 있는 다른 경비인력이 절실히 필요로 하는 상황이 전개되었다. 그러나 정부에서는 국가중요시설 보호의 중요성 때문에 경비업무를 통제하기를 원했고, 결과적으로 당시 서서히 성장하고 있던 경비업체들을 대신하여 청원경찰제도를 도입하게 되었다(김성언, 2005: 197-198).

(2) 1970-80년대

일본에서는 1964년 도쿄올림픽과 1970년 오사카국제박람회를 계기로 민간경비의 성장을 마련할 수 있는 산업적인 기반을 마련하였다. 1972년에는 『경비업법』을 제정하여 민간경비의 제도적인 기틀을 확립하였다. 반면에 우리나라에서는 1971년 주한 미8군 소속 2개의 보병사단 중 제7사단이 철수하고 제2사단만 주둔하게 된다. 미군 제7사단의 철수는 군납 경비활동에 의존해서 성장하던 경비업체들에게 경제적으로 커다란 타격을 주었고 그 불황의 후유증은 1970년대 말까지 계속되었다. 1970년대 초에 비해 경비업체는 70여개가 감소하였고 경비원은 1,000여명이 감축되었다. 이 과정에서 경비업체들은 민간경비에 대한 사회일반의 인식을 향상시키는데 많은 노력을 기울였고, 경비업체의 조직과 체계를 효율적으로 정비하였으며, 장비를 현대화하고 교육 및 훈련의 내실화를 통해 경비원의 전문성을 향상시키고자 노력했다(김정환 · 서진석, 2009: 101-107).

1970년대에 들어서면서 건물의 출입통제, 방범 및 방재를 위한 안전관리 수요가 급증했다. 이처럼 전문화된 경비업체를 필요로 하는 사회적 수요가 늘어나게 됨에 따라, 1971년 한국보안공사(현재 ADT 캡스)가 설립되었다. 이후 경비업체에 대한 법적 규제와 관리의 필요성이 대두되어 1976년 『용역경비업법』이 제정되었다. 1977년 우리나라 대표적인 경비업체인 한국경비보장(주)이 설립되었다. 한국용역경비협회는 『용역경비업법』 제15조에 의거해서 1978년 9월 21일 내무부로부터 설립을 인가받았고, 동년 동월 29일 사단법인으로 등기를 마치었다. 당시 우리나라의 경비업체는 11개로 이 업체들 모두 한국용역경비협회의 회원이 되었다(김정환·서진석, 111-133).

경비업체의 소재지는 서울에 집중되었으나 1981년 부산에 동광공사와 (주)정호가 설립되어 지방 경비업체도 생겨나게 되었다. 1981년 경비업체의 수는 24개, 경비원은 5,800여명이었지만, 1989년 말에는 경비업체의 수가 172개(서울 117, 지방 55)로 약 6배 이상 증가했다. 1980년대 경비업체는 1982년과 1984년의 서울국제무역박람회, 1986년 서울 아시안게임, 1988년 서울올림픽 등의 행사장 경비를 담당하면서 외적 성장에 힘썼다. 1980년대 경비업 발전에 있어서 특이한 사실은 외국과의 합작을 통해 선진 무인경비 기술을 도입함으로써 본격적인 무인경비 시대를 열었다는 점이다. 1980년 한국경비보장(주)은 일본 경비업체인 세콤(SECOM)과 합작 및 기술도입 계약을 체결했다. 이를 발판으로 이듬해인 1981년 사명을 한국안전시스템(주)으로 변경하고 우리나라에서 최초로 무인기계경비(시스템경비) 영업을 개시했다. 1984년 한국보안공사는 미국 ADEMCO사와 기술제휴 계약을 체결하였고, 1985년 ADEMCO사로부터 무인경비시스템을 도입했다(김정환·서진석, 159-179).

1980년대에 들어서면서 우리나라 민간경비산업은 새로운 전환기를 맞이하게 된다. 기존 영세한 민간경비 시장에 삼성이라는 재벌그룹이 진출하면서 경제규모가 확대되었다. 삼성그룹은 계열사로 1977년 한국경비실업(주)을 설립했다. 그러나 한국경비실업(주)의 독자적인 경비전문업체로의 성장이 어렵게 되자 기존 경비업체인 한국경비보장(주)의 지분인수를 통한 경영참여로 경비시장에 본격적으로 진출했다. 이와 동시에 일본 최대의 경비업체인 세콤(SECOM)과 합작 및 기술도입 계약을 체결했다. 이 당시 한국안전시스템(주)의 지분 비율은 삼성 40%, 세콤(SECOM) 40%, 한국경비보장 20%의 형태였다. 1981년 한국경비보장(주)은 한국안전시스템(주)으로 사명을 변경했다. 1980년대 한국안전시스템(주)이 우리나라 민간경비시장에서 급성장할 수 있었던 배경은 삼성그룹 계열사의 경비수요를 적절하게 흡수할 수 있었기 때문이다(『에스원 이십년사』, 2001; 최선우, 2008: 100-101)

(3) 1990년대

1990년대에 들어서면서 민간경비는 사회 전 영역으로 확산되어 하나의 산업으로 자리 잡을 수 있는 인적·물적 토대가 형성되었다. 경비업체의 수는 1990년 294개에서 1995년 931개로 다시 1999년 말에는 1,439개로 증가했다. 특히 민간경비산업의 중심은 그 동안의 인력경비에서 기계경비로 이동하는 추세를 보였고 다양한 기계경비 시스템의 발전을 보았다. 당시 국내에서 경비업체가 담당하고 있던 경비대상 시설물은 약 12,000여 곳에 이르렀고 이 시설물을 담당하던 경비원의 수는 7,5000여명 정도였다. 그러나 이러한 숫자는 무인경비시스템에 의한 시설물을 제외한 것으로 무인경비시스템에 의한 경비대상 시설물까지 포함하면 전체 경비대상 시설물은 29만여 곳에 이르렀다.

민간경비산업이 이렇게 성장하게 된 배경에는 물론 경비업 자체의 성장요인도 있었지만 관련 용역산업, 즉 시설관리업, 위생관리업, 주택관리업, 인력파견업 등에서 수익 창출과 시장확보를 위해서 민간경비 시장에 진출한 것도 하나의 주요한 요인이라고 볼 수 있다. 한국경비협회의 자체조사 자료에 의하면, 1999년 한국경비협회에 등록된 회원업체 1,439개 중 허가기준 1년 미만인 경비업체는 314개로 약 26%를 차지하였고, 3년 미만인 경비업체는 약 40%인 495개에 이르는 것으로 나타났다(김정환·서진석, 2009: 338-339).

1990년대 경제성장과 사회발전으로 인해 국민들의 치안수요는 계속해서 늘어가는 상황에서 경찰의 인력과 장비는 일정 부분 한계에 놓여 있었기 때문에 경찰을 대신하는 민간경비산업은 계속해서 성장하고 있는 추세에 있었다. 그러나 이러한 성장 이면에는 전반적인 경비원들의 자질 부족 및 무허가 경비업체들의 난립이라는 문제점들이 자리 잡고 있었다. 따라서 이러한 문제들을 해결하기 위해 1995년 12월 30일『용역경비업법』 개정을 통해 '경비지도사제도'가 도입되었다. 경비지도사는 일반경비지도사와 기계경비지도사로 구분하는데, 이들은 경비원의 자질향상을 도모하기 위해 경비원의 지도·감독 및 교육을 전담하는 업무를 수행하고 있다. 1997년 제1회 경비지도사 시험을 통해 일반경비지도사 2,159명, 기계경비지도사 239명의 합격자가 배출되었으며, 1999년 제2회 경비지도사 시험을 통해 일반경비지도사 7,205명, 기계경비지도사 679명의 합격자가 배출되었다.

(4) 2000년대

2001년 4월 7일『경비업법』의 개정으로 특수경비원이 등장하게 되었다. 이 법 개정으로 인해 그 동안 청원경찰이 담당했던 국가중요시설의 경비를 경비원의 신분을 가진 특수경비원이 담당할 수 있게 되었다.

법 개정 이전에는 국가중요시설에 대한 경비는 기계경비와 시설경비를 병용하는 경비체계에 의해 수행되고 있었다. 기계경비 시스템의 설치와 운영은 기계경비업체에서 담당하고 있었으며, 시설경비는 해당 국가중요시설(청원주)이 자체적으로 고용한 청원경찰과 경비업체와의 계약을 통해 아웃소싱한 경비원에 의해 이원화되고 있었다. 이러한 이원적 운영체계는 소요비용이나 경비업무의 효율성 측면에서 불합리한 것이었다. 예를 들면, 2003년 김포공항에 근무하는 청원경찰의 평균 연봉은 3,200-3,300만 원 정도인데 반하여 같은 역할을 수행하는 특수경비원의 연봉은 1,800-1,900만 원 정도였다. 청원경찰은 청원주가 고용하기는 하지만 『청원경찰법』에 의해 신분이 보장되고 급여 또한 경사 이하 경찰관의 급여를 기준으로 책정되기 때문에 인력 고용이 비탄력적이어서 사업장에 장기 근속한 청원경찰이 많은 경우 그에 따른 급여와 퇴직금 등의 인건비 부담이 가중되는 상황이었다. 따라서 국가중요시설 경비의 외주화를 통해 과학적인 경비시스템의 기획, 설치 및 운영을 일원화함으로써 첨단경비시스템을 활용한 경비의 전문화와 효율화를 모색하고 경비업무에 소요되는 비용을 절감하기 위해서 도입된 것이 바로 특수경비원제도라고 할 수 있다(김성언, 2005: 235-237).

경찰청 방범국(현재 생활안전국)에서 제출한 2003년 6월 말 기준 전국 특수경비원 배치 현황을 살펴보면, 전국 14개 공항에 2,300여명의 특수경비원이 배치된 것을 비롯해 항구, 한국은행이나 산업은행과 같은 국책은행, 한국석유공사 및 소속 석유저장소, 국가 통신관련 시설, 방송국 및 송신소, 변전소, 수자원공사, 방위산업체인 조선소, 정부기관 및 국책연구소 등의 국가중요시설에 총 3,125명이 근무하고 있는 것으로 나타났다(김성언, 2005: 296).

2002년 한일월드컵 등의 각종 국제행사를 거치면서 급성장한 민간경비산업은 2005년 경비업체의 수가 2,515개, 경비원의 수는 122,327명에 이르렀다. 민간경비산업의 성장은 양적 증대뿐만 아니라 질적인 측면에서도 인력 위주의 단순 경비업무에서 첨단장비 및 기술을 활용한 복합적인 경비서비스의 형태로 발전했다. 또한 2005년까지 경비지도사 시험의 합격 인원은 13,790명으로 경비지도사의 역할은 경비원의 자질 향상에 기여한 바가 컸다볼 수 있다. 특히 2005년 실시된 제7회 경비지도사 시험에서는 합격자들 중 56.2%가 4년제 대학이상 졸업자인 것으로 나타나 이전에 비해 고학력자의 경비지도사 자격증 취득에 대한 관심도가 증가한 것으로 해석할 수 있다. 한편 경찰청에서는 급속하게 증가하는 민간경비산업을 효율적으로 관리·감독하기 위해 2003년 12월 31일 '경비업관리시스템'이라는 전산시스템을 구축했다. 경비업관리시스템은 민간경비업에 대한 체계적인 관리가 가능하고 정확한 통계를 산출할 수 있어 민간경비 분야의 학문적 연구 활성화에도 기여하고 있다(김정환·서진석, 2009: 521-522).

(5) 최근의 현황

2009년 7월말 기준으로 경비업을 영위하는 전체 법인 수는 3,151개, 경비업종 전체의 수는 3,762개로 나타났다. 이것은 한 개의 법인이 2개 이상의 업종을 겸업할 수 있기 때문에 법인 수에 비해 업종 수가 많게 나타난다. 자세한 내용은 <표 2-1>과 같다.

먼저 경비업종별로 살펴보면, 시설경비업체 3,030개, 호송경비업체 50개, 신변보호업체 467개, 기계경비업체 145개, 특수경비업체 70개로 나타났다. 지역에 따른 경비업체의 분포 현황을 살펴보면, 서울지역에 경비업체가 1,607개로 가장 많이 분포되어 있는 것으로 나타났다. 그 밖에 부산지역 283개, 대구지역 198개, 인천지역 143개, 광주지역 120개, 대전지역 127개, 울산지역 53개, 경기지역 589개, 강원지역 65개, 충북지역 70개, 충남지역 88개, 전북지역 76개, 전남지역 87개, 경북지역 103개, 경남지역 130개로 나타났다. 제주지역은 23개로 경비업체가 가장 적게 분포되어 있었다.

한편, 2009년 7월말 기준으로 경비업에 종사하는 전체 경비원의 수는 141,048명으로 나타났다. 자세한 내용은 <표 2-2>와 같다.

먼저 경비업종별로 살펴보면, 시설경비업체에는 116,457명이 종사하는 것으로 나타나 가장 많이 근무하는 것으로 나타났다. 반면에 호송경비업체에는 3,429명이 종사하여 경비원이 가장 적게 근무하고 있었다. 그 밖에 신변보호업체 10,067명, 기계경비업체 5,349명, 특수경비업체 5,746명이 종사하고 있는 것으로 나타났다. 지역별 근무현황을 살펴보면, 서울지역에 40,431명이 근무하고 있는 것으로 나타나 가장 많이 분포하고 이었으며, 반면에 제주지역은 가장 적은 인원인 1,071명이 근무하고 있는 것으로 나타났다. 그 밖에 부산지역 11,799명, 대구지역 6,174명, 인천지역 10,093명, 광주지역 3,185명, 대전지역 3,480명, 울산지역 3,223명, 경기지역 34,915명, 강원지역 2,969명, 충북지역 2,663명, 충남지역 5,077명, 전북지역 2,893명, 전남지역 2,841명, 경북지역 4,833명, 경남지역 5,401명의 경비원이 근무하는 것으로 나타났다.

〈표 2-1〉 우리나라의 경비업체 현황

(2009년 7월말 기준)

구분	법인수	허가 업종별 현황					
		업종계	시설경비	호송경비	신변보호	기계경비	특수경비
총계	3,151	3,762	3,030	50	467	145	70
서울	1,283	1,607	1,233	37	256	41	40
부산	246	283	240	2	27	10	4

대구	178	198	171	1	18	6	2
인천	121	143	116	0	18	6	3
광주	99	120	96	1	17	5	1
대전	116	127	113	0	8	5	1
울산	44	53	43	1	4	4	1
경기	496	589	468	7	72	37	5
강원	57	65	57	0	7	1	0
충북	58	70	57	0	4	9	0
충남	76	88	74	0	9	4	1
전북	66	76	64	1	5	4	2
전남	78	87	70	0	2	6	9
경북	98	103	96	0	4	2	1
경남	114	130	111	0	14	5	0
제주	21	23	21	0	2	0	0

※ 2이상의 업종을 겸업할 수 있으므로, 업종계는 법인수보다 많음.

자료: 경찰청 내부자료

〈표 2-2〉 우리나라의 경비원 현황

(2009년 7월말 기준)

구분	총 계	시설경비	호송경비	신변보호	기계경비	특수경비
총계	141,048	116,457	3,429	10,067	5,349	5,746
서울	40,431	31,024	1,474	6,146	1,078	709
부산	11,799	9,630	322	1,062	287	498
대구	6,174	5,312	284	290	253	35
인천	10,093	7,910	50	202	212	1,719
광주	3,185	2,501	169	145	223	147
대전	3,480	2,688	193	329	155	115
울산	3,223	2,702	47	110	90	274
경기	34,915	31,499	397	1,114	1,375	530
강원	2,969	2,515	98	59	178	119
충북	2,663	2,201	49	87	200	126
충남	5,077	4,506	70	41	252	208
전북	2,893	2,421	74	136	180	82
전남	2,841	2,116	15	17	206	487
경북	4,833	4,248	39	28	288	230
경남	5,401	4,609	119	245	319	109
제주	1,071	575	29	56	53	358

자료: 경찰청 내부자료

03 미국 민간경비산업의 현재

오늘날 민간경비산업(private security industry)이 가장 발달하고 선진화된 나라는 미국이라고 할 수 있다. 미국의 민간경비산업은 그 긴 역사만큼 경비서비스의 형태, 경비인력의 유형과 보수, 민간경비의 규제와 관련해서 우리나라 민간경비산업에 많은 시사점을 주고 있다. 따라서 이 장에서는 Hess(2009)의 자료를 토대로 현재 미국 민간경비산업의 근간이 되는 경비서비스의 형태, 경비인력의 유형 및 보수 그리고 민간경비의 규제에 대해서 살펴보고자 한다.

민간경비산업은 크게 두 가지 측면에서 개념적으로 접근할 수 있다. 첫째는 산업적인 측면에서의 민간경비산업의 개념이다. 산업적인 측면에서의 민간경비산업은 다양한 경비서비스를 제공하는 서비스 공급자와 그 서비스를 필요로 하는 수요자 사이의 도급계약 관계를 기초로 하고 있다. 둘째는 자위방범적 측면에서의 민간경비산업의 개념이다. 자위방범적 측면에서의 민간경비산업은 사용자가 스스로 자신의 안전을 지키기 위해 경비원을 채용하는 고용계약 관계에 기초하고 있다. 그러나 이 경우 스스로의 안전을 지키는 활동에 산업(industry)이라는 표현을 붙이는 것이 과연 적절한 것인가 하는 문제는 아직까지 논란의 여지를 남겨 두고 있다(Shearing & Stenning, 2006: 212-213). 그러나 이 장에서는 민간경비산업을 두 가지 측면의 개념을 모두 포함하는 것을 전제로 논의를 전개하고자 한다.

1. 경비서비스의 형태

개인이나 단체(이하 소비자)가 경비서비스를 제공받기 위해서는 우선 어떤 경비서비스의 형태를 이용할 것인가를 선택해야 한다. 일반적으로 경비서비스는 자체경비 서비스(proprietary services), 계약경비 서비스(contract services), 통합 서비스(hybrid services)의 세 가지 유형이 존재한다.

1) 자체경비 서비스

자체경비 서비스는 경비서비스를 필요로 하는 소비자가 고용계약[10]을 통해 직접 경비인력을 채용하여 제공받는 서비스를 의미한다. 여기서 경비서비스의 소비자는 사용자가 되고 경비인력은 근로자가 된다. 근로자인 경비인력은 자신을 고용한 사용자에게 경비서비스를 제공하고 사용자는 경비인력에 대하여 일정한 보수를 지급한다.

자체경비 서비스 소비자들은 자신들이 고용계약의 형태로 직접 채용한 경비인력을 선호하는 경향을 보인다. 자체경비 서비스의 장점을 살펴보면 다음과 같다. (a) 고용된 경비인력은 경비서비스 업무를 성실하게 수행한다. (b) 경비인력에게 승진 기회가 부여되기 때문에 의욕적으로 경비 서비스를 제공한다. (c) 경비인력도 조직의 구성원이므로 조직의 특수성을 잘 이해한다. (d) 조직 구성원들에 대한 많은 지식과 정보를 가지고 있다. 특히 VIP들을 정중하게 예우한다. 넷째, 경비인력의 훈련 및 감독이 수월하다. (e) 고용계약으로 채용된 경비인력의 이직률은 매우 낮은 편이다. (f) 사용자들 사이에서 경비인력을 직접 채용하여 경비서비스를 제공받는 것은 자신들의 위상을 보여주는 하나의 상징과도 같은 의미가 있다.

반면에 자체경비 서비스의 단점은 다음과 같다. (a) 사용자가 경비인력을 유지하는데 비용부담이 크다. (b) 경비인력의 채용이나 면직 등 인사관리의 유연성이 떨어진다. (c) 경비인력의 직무상 불법행위로 인한 사용자의 책임과 같은 관리책임이 인정된다. (d) 경비인력이 조직구성원들과 친밀한 관계를 유지하기 때문에 비효율적인 업무처리가 많고 조직원들의 부패에 물들기 쉬우며 노동조합원들과 함께 동맹파업에 참가할 우려가 있다. 따라서 이러한 단점들로 인해 많은 기업들의 경영자들은 도급의 형식으로 개인 또는 외부기관들과 계약을 맺어 아웃소싱에 의한 전문적인 경비서비스를 제공받는다.

10) 당사자 일방이 상대방을 위하여 노무(勞務)를 제공할 것을 약정하고, 그 상대방은 이에 대하여 보수를 지급할 것을 약정함으로써 성립하는 유상쌍무계약(有償雙務契約)이다. 고용은 당사자일방이 상대방에 대하여 노무를 제공할 것을 약정하고 상대방이 이에 대하여 보수를 지급할 것을 약정함으로써 그 효력이 생긴다.

2) 계약경비 서비스

계약경비 서비스는 경비서비스를 필요로 하는 소비자가 도급계약[11])을 통해 경비인력으로부터 제공받는 서비스를 의미한다. 여기서 경비서비스의 소비자는 도급인이 되고 경비서비스를 제공하는 개인, 기관 또는 법인은 수급인이 된다. 소비자는 경비서비스를 제공하는 수급인(개인, 기관 또는 법인)과 경비서비스 제공에 관한 도급을 맺고 그 계약에서 정하는 내용의 경비서비스가 완성된 경우 그 결과에 따라 보수를 지급한다.

2005년 발행된 경비책임자 소식지인 뉴스폴(newspoll)에 따르면, 미국 정부기관들 중의 68% 정도는 과거 도급계약의 방식으로 경비서비스를 이용한 경험이 있었다. 그리고 이들 중 거의 절반 정도는 지금도 이러한 경비서비스를 이용하고 있는 것으로 나타났다. 미국에 있는 다양한 기업들이 고위 임원들158명을 대상으로 한 조사에서 응답자의 83%는 경비인력을 아웃소싱하는 문제를 적극적으로 고려하고 있는 것으로 나타났다. 경비인력을 아웃소싱하려는 이유에 대해서는 비용절약(37%), 시간절약(24%), 책임감경(18%), 기타(21%) 등의 답변을 보였다 Hamilton(2006).

Somerson(2005: 73)은 자체경비 인력을 계약경비 인력으로 전환하는 것은 경비비용을 상당히 절약할 수 있는 방법이라고 주장했다. 과거 고용 위주의 경비서비스에서 점차 도급에 의한 경비서비스로 변환하는데 중요한 영향을 미친 요인들 중 하나는 바로 비용 문제라고 할 수 있다. 도급에 의해 경비인력을 아웃소싱하는데 소요되는 비용은 경비인력을 직접 고용하는데 소요되는 비용에 비해서 고정 인건비의 감소분을 제외하더라도 보험, 연금, 사회보장, 의료, 휴가(연가 및 병가), 감독, 훈련 및 관리 부분에서 20% 정도를 더 절감할 수 있다. 그러나 항상 비용 문제가 도급에 의한 경비서비스를 선호하는 주된 이유가 되는 것은 아니다. Piazza(2006: 46)는 기업의 최고 경영자들이 아웃소싱 서비스를 선택하는 주요 요인들로 서비스, 비용 및 경비능력을 제시하고 있다.

계약경비 서비스의 또 다른 장점은 고용의 유연성이다. 즉 사용자의 필요에 따라 경비인력의 충원과 감축을 유연하게 조절할 수 있다. 또한 계약경비 서비스는 인적·물적 자원의 한계로 자체경비 서비스를 통해 얻을 수 없는 전문 경비인력과 장비들을 아웃소싱함으로써 다양하고 체계적인 경비서비스를 제공받을 수 있다. 그러나 계약경비 서비스의 많은 장점들에도

11) 당사자의 일방(수급인)이 어떤 일을 완성할 것을 약정하고, 상대방(도급인)이 그 일의 결과에 대하여 보수를 지급할 것을 약정함으로써 성립하는 계약이다. 도급은 당사자일방이 어느 일을 완성할 것을 약정하고 상대방이 그 일의 결과에 대하여 보수를 지급할 것을 약정함으로써 그 효력이 생긴다. 보수는 그 완성된 목적물의 인도와 동시에 지급하여야 한다. 그러나 목적물의 인도를 요하지 아니하는 경우에는 그 일을 완성한 후 지체 없이 지급하여야 한다.

불구하고 서비스 불이행, 자사 브랜드 가치의 하락, 고객의 신뢰 상실 등의 위험 요인들도 내포하고 있다. 따라서 경비서비스를 선택하는 소비자의 입장에서는 어떤 서비스 형태가 자신에게 적합한 모형인지 꼼꼼하게 비교·분석할 필요가 있다. 자체경비 서비스와 계약경비 서비스의 장·단점은 다음의 <표 3-1>에서 정리했다.

3) 통합 서비스

통합 서비스는 위 두 가지 형태의 경비서비스를 함께 제공하는 서비스를 의미한다. 경비서비스를 이용하고자 하는 소비자는 자체경비 서비스나 계약경비 서비스 중 어느 하나만을 반드시 선택해야 하는 것은 아니다. 특히 자체경비 서비스나 계약경비 서비스의 장점들만을 취하고 싶은 경우에는 두 가지 서비스를 통합해서 이용할 수도 있다.

통합 서비스의 이용 실태를 살펴보면, 경비서비스의 관리·감독 업무는 고용된 자체경비 인력이 담당하고 현장에서 경비서비스 제공하는 업무는 도급에 의해 아웃소싱한 계약경비 인력이 담당하는 것이 일반적이다. 그러나 비용이 적게 든다는 이유로 현장 경비서비스 업무를 계약경비 인력에게 전적으로 맡기는 것은 안전한 경비서비스를 제공받는데 있어서 일정한 문제점들이 발생할 수 있다. 즉 통합 서비스를 잘못 활용하면 두 가지 서비스 유형들의 단점들만이 부각되는 부작용이 발생할 수 있는 것이다.

〈표 3-1〉 자체경비 서비스와 계약경비 서비스의 장단점 비교

구 분	자체경비 서비스	계약경비 서비스
장점	충성도가 높음	선택성이 높음
	인센티브(승진, 상여금) 제공	유연성이 높음
	조직 내부에 대한 지식	인력 대체가 용이
	신분보장(낮은 이직률)	감독(비용 부담 없음)
	내부 통제가 용이	훈련(비용 부담 없음)
	내부 감독이 용이	객관적 업무수행
	특수 업무에 적합한 훈련	비용 절감(약 20% 정도)
	회사 이미지 향상	서비스 품질이 높음
	사기가 높음	행정과 예산의 관리
	조직 구성원에 대한 예의 있는 응대	노동조합 문제가 적음
	친절한 법집행과 통지	다양한 서비스와 장비
	선별적인 채용	고용과 신원조사(비용 부담 없음)
	원활한 의사소통	지역 사정에 맞는 법집행
		전문적인 지식과 기술의 공유
단	노동조합 문제가 많음	이직(업계 전반적으로 이직률이 높음)

점	조직 구성원과의 친밀성이 높음	충성도가 낮음
	비용	부업 가능(체력과 근무의욕의 저하)
	비유연성	재배치(근무태만자의 활용)
	행정적 책임	신원조사 기준(부적절한 경우가 있음)
		보험(보장수준이 낮음)

2. 경비인력의 유형

경비서비스의 소비자는 수많은 자연적 재해, 각종 사건 및 사고, 폭력·절도·사기·배임·스파이활동, 파업과 사보타주, 불법시위 및 테러행위와 같은 인위적 위험들로부터 보호받기를 원한다. 이를 위해 경비인력은 저마다의 업무 영역에 차이가 있음에도 불구하고, 비강제적이고 비단속적인 수단을 사용하여 경비서비스를 제공한다. 즉 경비인력은 소비자의 생명, 재산 및 시설을 보호하는 활동뿐만 아니라 안전하고 편안한 환경에서 어떤 방해도 받지 않고 사생활이 보호될 수 있는 삶의 터전을 만드는 역할을 수행한다.

이처럼 민간경비의 영역이 다양하기 때문에 경비서비스의 핵심적인 역할을 담당하는 경비인력의 유형은 다양할 수밖에 없다. 따라서 다음에서는 미국 경비인력의 유형을 서비스를 제공하는데 필요한 기술과 능력의 숙련 정도를 기준으로 초급수준, 중급수준, 고급수준의 세 가지 범주로 유형화하여 설명하고자 한다.

1) 초급수준

(1) 경비원(private security guards)

일반적으로 사람들이 흔히 볼 수 있는 민간경비 분야의 경비인력은 경비원이다. 경비원은 대개 근무복을 착용하며 가끔은 무장을 하는 경우도 있다. 경비원의 근무형태는 교대방식에 의한 하루 8시간 근무가 일반적이다. 그러나 주말근무나 심야근무가 잦은 편이고 단독근무를 하는 경우도 많다.

경비원은 경비요원(security officer)[12]으로 불리기도 한다. 경비원은 담당구역 내의각종 시설 및 재산을 방화, 절도, 손괴, 테러리즘 등의 범죄로부터 보호하기 위해 순찰하고 점검하는 업

12) 최근 들어 경비원(security guard)이라는 용어를 경비요원(security officer)로 바꾸어 부르는 추세에 있다. 그러나 이 책에서는 용어의 혼선을 막기 위하여 경비원으로 용어를 통일하고자 한다.

무를 수행한다. 경비원은 각종 상황에 따라 무전기와 전화 등의 통신수단을 이용하여 경찰서, 소방서, 의료기관 등과 협조하는 일을 하거나 업무에 필요한 도움을 요청한다. 경비원은 근무시간 동안 일어난 일을 자세하게 근무일지에 기록해야 한다. 그 밖에 각종 사건 및 사고와 관련된 피해자나 증인을 인터뷰하여 보고서를 작성하기도 하고 필요한 경우 법원에 출석하여 증언을 하는 경우도 있다. 따라서 경비원의 업무를 요약하면 다음과 같다. (a) 출입 통제, (b) 범죄예방 활동, (c) 현행범체포 등 법집행활동, (d) 질서유지 및 위험방지 활동, (e) 건물 내·외부의 순찰, (f) 관제실에서의 경비카메라 모니터링 등.

일반적으로 경비원은 공통의 업무를 수행하지만 근무형태에 따라 그 수행방식이 다르다. 고정근무를 하는 경우, 경비원은 담당구역의 정해진 장소에서 정해진 시간 동안 근무를 한다. 따라서 고정근무 경비원은 경비대상과 관련된 인물들의 정보에 대해 자세히 파악하고 있어야 한다. 경비시스템과 CCTV 카메라가 비추는 화면을 자주 점검해야 한다. 반면에 순찰근무를 하는 경우, 경비원은 담당구역에서 유동적으로 순찰과 검문검색을 실시한다. 따라서 순찰근무 경비원은 담당구역에서 범죄나 각종 사건 및 사고가 발행하는 경우 현장에서 범죄자를 체포하거나 즉시 경찰서나 소방서와 같은 관계기관에 신고해야 한다.

경비원의 업무 수행방식은 사용자의 크기, 유형 및 위치에 따라 다양하다. 백화점의 경우, 경비원은 고객이나 직원들의 절도를 예방하는 활동을 하며 절도 혐의가 인정되는 용의자를 현장에서 체포하여 경찰관에게 인계한다. 쇼핑센터와 극장의 경우, 차량절도와 강도를 예방하기 위해 주차장 주변을 순찰하는 경비원을 별도로 배치하는 경우도 있다. 은행 및 병원의 경우, 경비원은 고객과 직원의 안전과 질서유지에 중점을 두고 임무를 수행한다. 공항, 항만, 철도 및 기타 운송시설의 경우, 경비원은 담당구역 내에 왕래하는 사람들, 화물 및 각종 시설과 재산을 보호하는데 중점을 둔다. 경비원은 금속탐지기와 최첨단 탐지장비를 사용하여 승객의 무기 및 폭발물 소지 여부를 확인하는 경우도 있다. 또한 비행기, 선박, 기차와 같은 운송시설 내에서 발생하는 절도나 방화와 같은 범죄를 예방하기 위해 순찰이나 감시활동을 벌인다. 박물관이나 갤러리의 경우, 경비원은 전시품이나 소장품 보호를 위해 내방객의 신체와 소지품을 검사한다. 각종 산업시설, 연구소, 정부청사 및 군부대의 경우, 경비원은 각종 정보, 제품, 비밀문서 등을 보호하기 위하여 담당구역에 오가는 사람과 차량을 검문하고 검색한다. 대학교, 공원 및 운동경기장의 경우, 경비원은 시설물을 보호하고 불법주차 단속, 교통정리, 군중의 이동 통제 등의 질서유지 업무에 중점을 둔다. 카지노, 바, 클럽 등 유흥시설의 경우, 경비원은 손님과 시설물의 안전을 지키는 활동을 한다. 또한 미성년자의 출입을 통제하거나 입장료 징수, 입장객의 질서 유지와 같은 업무를 수행하기도 한다.

한편, 어떤 경비원은 시설 및 재산보다는 사람의 생명과 신체를 보호하는데 중점을 두는 업무를 수행한다. 이러한 업무를 수행하는 경비원을 경호원(bodyguard)이라고 한다. 미국에서 부유층을 대상으로 한 유괴와 인질범죄의 증가는 1970년대 중반부터 경호서비스에 대한 수요를 폭발적으로 증가시켰다. 일부 대기업들은 최고 경영진들을 대상으로 하는 테러리즘이나 인질범죄를 예방하고 대처하기 위해 별도의 보험에 가입하거나 경호원을 고용하여 그들의 신변을 보호하는 경비서비스를 제공하기도 한다.

(2) 순찰경비원(private patrol officer)

순찰은 범죄를 예방하고 인지하는데 필요한 가장 중요한 수단이기 때문에 경찰에서 수행하는 핵심적인 활동에 해당한다. 순찰경비원은 차량순찰이나 도보순찰의 방법으로 담당구역을 순찰하기 때문에 경찰에서 순찰활동을 담당하는 경찰관과 같은 역할을 수행한다. 다만 경비서비스의 대상이 일반시민들이 아니라 특정한 인물이나 사유재산이라는데 차이점이 있다. 비록 순찰경비원의 순찰활동은 경비서비스의 대상에서 차이가 있지만 실제적으로는 경찰의 순찰활동과 맥을 같이 한다. 그 이유는 일반시민들이 경찰과 민간경비의 순찰차량을 쉽게 구분하지 못하기 때문에 순찰경비원의 순찰활동으로 인해 일반적인 범죄예방 효과를 거둘 수 있다는 점에 있다. 순찰경비원의 업무는 다음과 같다. (a) 경비대상시설의 개장시간과 마감시간 경비, (b) 경비대상시설의 내·외부 순찰, (c) 시설과 장비의 점검, (d) 경호서비스 제공, (e) 장비 또는 서류의 운반, (f) 비상경보에의 대응 등.

순찰경비원이 처음으로 등장하게 된 배경으로는 LA 상류층 거주지역에서 발생한 무장 강도사건들을 들 수 있다. 무장한 강도들은 차를 몰고 다니면서 LA에 거주하는 상류층 주민들을 대상으로 총기를 발사하고 재물을 강취하는 일들을 벌였다. 무장 강도들의 위협으로부터 생명과 재산을 지키기 위해 상류층 거주지역 주민들은 무장을 한 채 그 지역을 순찰하는 경비서비스를 필요로 하게 되었다. 순찰경비원이 등장한 이후, 거의 매주 중범죄들이 발생했던 상류층 거주지역에서는 12개월 동안 한 건의 차량강도 사건 이외에는 다른 범죄들이 발생하지 않을 정도로 결과는 매우 성공적이었다.

순찰경비원은 큰 규모의 건물 전체를 순찰하는 경우도 있고, 소유주가 다른 여러 개의 시설물들을 번갈아 가며 순찰하는 경우도 있다. 사용자가 부유한 경우, 자신의 주거지뿐만 아니라 주거지 인근지역도 함께 순찰하도록 하기 위해 순찰경비원을 고용하는 경우도 있다. 그 밖에 지역주민들이 공동으로 순찰서비스를 제공받는 경우도 있고 쇼핑센터에 입점한 시설들의 업주들이 공동으로 순찰서비스를 제공받는 경우도 있다. 이와 같은 순찰서비스의 수요를 반영하듯 미국에서는 순찰서비스를 전문적으로 제공하는 많은 수의 경비업체들이 설립되어 있다.

2) 중급수준

(1) 민간조사관(private investigator and detective)

민간조사관은 프리랜서로 일하거나 특정한 사용자 밑에서 일을 한다. 민간조사관이 주로 수행하는 업무는 신규채용 대상자, 보험가입자, 신용정보제공자, 민사소송 당사자, 보험금·산재보상금 청구인 등에 대한 신원조사 업무이다. 민간조사관은 사용자의 의뢰로 종업원들의 불법·부정행위 또는 약물남용 등을 적발하기 위해 신분을 숨긴 채 위장근무를 하기도 한다. 민간조사관은 고용관계나 수입 정도를 파악하기 위해 조사대상자의 근무지를 직접 방문하거나 전화로 사실 여부를 확인하는 경우도 있다. 민간조사관은 신규채용 전 채용예정자의 자격검증이나 과거 이력사항을 조사하는 것뿐만 아니라 아이디 도용, 협박메일, 불법 다운로드에 의한 저작권 침해 등과 같은 컴퓨터범죄도 조사한다. 또한 민간조사관은 민사상 손해배상 사건, 보험금청구 사기, 자녀양육권 소송사건, 실종자 찾기, 결혼 전 배경조사, 간통사건 입증 또는 반증자료 수집 등의 업무를 수행한다.

민간조사관은 다양한 사건 및 사고의 실체적 진실을 밝히기 위해 잠복, 감시, 수색 등과 같은 여러 가지 방법들을 활용한다. 이를 위해 대부분의 민간조사관은 물리적 감시 업무를 수행할 수 있도록 전문적인 훈련을 받는다. 민간조사관은 조사대상자의 집안과 사무실을 차량안이나 눈에 띄지 않는 장소에서 감시한다. 이러한 감시활동은 비록 시간이 오래 걸리지만 발견하고자 하는 증거를 확보할 때가지 계속 된다. 그리고 증거를 포착하는 순간 사진기, 비디오카메라, 쌍안경, 핸드폰 등 물리적 감시 장비를 이용하여 관련 증거를 확보한다. 특히 실종자 수색이나 신원조사를 하는 경우, 조사대상자에 대한 가능한 많은 정보를 수집하기 위해 주변 사람들을 직접 탐문하기도 한다. 결국 민간조사관이 수행하는 모든 업무들은 변호사, 사업주 그리고 법률적·금전적·개인적 문제를 가진 일반인을 돕는 일이라고 할 수 있다.

민간조사관은 전문적인 업무들도 수행한다. 지적재산권 도용 업무를 취급하는 민간조사관은 저작권 침해 여부를 조사한다. 이를 위해 증거자료를 수집하여 고객들의 권리를 보호할 수 있도록 도와주고 형사절차나 민사소송에 필요한 증거와 정보를 제공하는 일을 한다. 재무상황이나 자산조사 업무를 전문으로 하는 민간조사관도 있다. 이 민간조사관은 면접과 조사활동을 통해 수집한 여러 유형의 재무 및 자산관련 정보와 자료들 평가하고 종합하여 보고서를 작성·제출한다. 법률전문 민간조사관은 법무법인이나 변호사에 의해 고용되어 주로 소송사건을 전문적으로 취급한다. 이 민간조사관은 형사사건의 피의자 및 피고인의 방어에 필요한 자료 준비, 증인의 출석 협조, 증인과의 면접, 기타 소송에 필요한 여러 가지 활동들을 수행한다. 기업체에 고용된 민간조사관은 기업체와 관련된 내적 · 외적 조사업무를 수행한다. 내부조사는 기업체 내에서 근무 중 약물남용, 공금의 낭비 또는 횡령, 종업원의 재물 절취 또는 정보 유출 등을 조사하는 활동이다. 외부조사는 기업체와 관련된 외부의 범죄행위를 적발하는 활동이다. 예를 들어, 외부에서 법인에 물품을 납품하는 공급자들이 납품가격을 부당하게 높게 책정하여 법인에게 재산적 피해를 주는지 여부를 조사하는 활동을 들 수 있다. 어떤 민간조사관은 금융범죄 분야를 전문적으로 취급한다. 이 민간조사관은 공인회계사 자격증을 소지하고 있는 경우가 많다. 금융범죄 전문 민간조사관은 대규모 금융거래와 관련 있는 개인 또는 법인의 재무상황을 조사하고 자산관리사나 다른 공인회계사들과의 협조하여 사기나 횡령과 같은 범죄행위로 은닉된 재산을 찾아내는 업무를 수행한다.

(2) 무장 호송경비원(armed couriers)

대부분의 호송경비 서비스는 무장된 차량, 밴, 트럭, 기차, 항공기, 선박 등의 교통수단을 이용한다. 호송업무를 수행하는 호송경비원은 한 지역에서 다른 지역으로 금전, 물품, 서류 또는 사람을 안전하게 이동시키기 위해 무장을 하고 제복을 착용한다. 경찰은 호송 중 범죄가 일어날 가능성이 큰 경우를 제외하고 경비업체의 호송서비스에 관여하지 않는 편이다. 보통 호송경비원은 무장차량을 타고 호송목적물이 있는 장소로 이동한다. 현금이나 귀중품 같은 호송 목적물을 수령한 호송경비원은 서명을 한 후 차량으로 옮겨 싣는다. 무장차량을 운전하여 목적지까지 운송한다. 그리고 마지막으로 호송 목적물을 내려 수령자에게 전달한다. 특히 현금이나 귀중품을 옮겨 싣는 과정에서 범죄자들이 개입할 가능성이 크기 때문에 무장 호송경비원들은 주로 방탄조끼를 착용한다.

경비서비스 소비자들 중에서 법적 장치만으로 자신의 재산을 지킬 수 없다는 사실을 인식하고 보다 더 안전한 무장 호송서비스를 이용하는 경향이 늘어가고 있다. 예를 들어, 브링크스(Brink's) 같은 경비회사는 무장 호송서비스 분야의 거대기업으로 잘 짜인 영업방식을 바탕으로 호송서비스의 전문성을 갖추고 있다. 브링크스 소속의 무장 호송경비원들은 호송서비스를 통해 하루 동안에 수십억 달러를 안전하게 운송한 대기록을 가지고 있다. 그 밖에 고가의 다이아몬드, 피카소의 그림, 15톤 정도의 희귀 주화 등을 운송하기도 했다. 제2차 세계대전 중에는 맨해튼 프로젝트에 의해 원자폭탄을 만드는데 필요한 특수 재료들을 운반한 기록도 있다.

(3) 경비자문가(consultants)

민간경비가 확대되고 전문화됨에 따라 경비서비스 분야의 전문가에 대한 수요도 늘어나게 되었다. 이에 따라 보호조명, 접근통제 제어장치, 경비훈련, 전자기기를 이용한 감시 등의 컨설팅을 담당하는 전문인력인 자문가들이 등장하게 되었다. 또한 직원채용, 위기관리, 손해방지, 범죄예방시스템의 설계와 평가, 통신망 설치, 경비업 법령 적용 등에 관한 조언을 제공하는 자문가들도 등장했다.

어떤 경비자문가는 거짓말 탐지와 심리적 스트레스 검사 분야의 전문가로서 경비업체에서 일하고 있다. 1964년 일리노이 주법원에 최초로 거짓말 탐지기검사 결과가 증거로 제출된 이후, 민사소송에서의 거짓말 탐지기검사 결과를 증거로서 인정할 수 있는가에 대한 논란이 있어왔다. 그러나 1988년 제정된 『근로자 거짓말탐지기 보호법』(Employee Polygraph Protection Act)에 의해 사용자가 근로자를 채용하기 전에 거짓말탐지기 검사를 실시하는 것은 엄격하게 제한되었다. 이 법의 핵심내용은 작업장에서 폴리그래프, 심리적 스트레스 측정기, 음성인식을 통한 스트레스 분석기 등 모든 기계적 장치를 갖춘 거짓말탐지기의 사용을 금지하는 것이다. 다만, 예외적으로 경비업체의 무장호송·기계경비·인력경비업무 분야에 근무하기 위해 지원한 사람들과 제약회사의 제조·유통·판매업무 분야에 지원한 사람들에 대해서는 채용 전 거짓말탐지기 검사가 허용된다. 그리고 제한적이기는 하지만, 작업장에서의 사고로 명백한 경제적 손실이나 상해를 입힌 근로자에게 거짓말탐지기 검사를 허용하고 있다.

3) 고급수준

경비업무를 관리·감독하는 일을 수행하는 최고관리자는 민간경비 분야에서 최고 수준의 지위를 가진다. 최고관리자는 주로 예산과 인력을 관리하는 업무를 수행하며, 대부분 인구 밀도가 높은 도심지역에서 근무한다. 최고관리자는 보통 소속된 법인에 따라 손해방지전문가(loss prevention specialist), 경비책임자(security director), 위기관리자(risk manager), 최고경비관리자(chief security officer: CSO) 등으로도 불린다.

민간경비 분야의 최고관리자가 되기 위해서는 반드시 MBA 경력을 가질 필요는 없다. 특히 9·11 테러사건 이후에는 법인 이사들 상당수가 민간경비 분야의 최고관리자를 채용하는데 있어서 MBA 경력보다는 연방 법집행기관이나 군대의 정보 또는 수사 분야에서 근무한 경력을 중시하는 경향을 보이고 있다.

3. 경비인력의 급여

1) 경비인력의 평균 급여

미국 경비인력의 급여를 조사한 2007년 국제산업경비협회(ASISI)의 자료에 따르면, 2007년 전체적인 경비인력의 평균 급여(연봉)는 2006년의 그것보다 상승한 것으로 나타났다. 2006년 경비인력의 평균 급여(average compensation)는 87,900달러였으며, 2007년에는 평균 급여가 117,000달러로 나타나 전년도에 비해 33% 정도 상승했다.

2007년 경비인력의 평균 봉급(median salaries)은 전년도에 비해 6% 정도 상승한 것으로 나타났다. 2007년 까지 평균 봉급은 4년 연속으로 인상되었다. 또한 경비인력의 54% 정도는 실적에 따른 상여금(performance bonuses)을 별도로 지급받고 있는 것으로 나타났다(Moran, 2007: 67).

2) 경비인력의 유형별 평균 급여

최고관리자와 같이 고위직에 있는 경비인력을 제외한 비무장 경비원, 무장 경비원, 관제요원 및 민간조사관의 평균 연봉은 다음과 같다(Moran, 2007).

2007년 국제산업경비협회(ASISI)의 자료에 따르면, 비무장 경비원(고용계약)의 평균 연봉은 약 105,000달러, 반면에 비무장 경비원(도급계약)은 약 95,000달러로 나타나 고용계약에 의한 비무장 경비원의 평균 연봉이 높았다. 무장 경비원(고용계약)의 평균 연봉은 약 130,000달러, 반면에 무장경비원(도급계약)은 약 145,000달러로 나타나 도급계약에 의한 무장 경비원의 평균 연봉이 높게 나타났다. 경비관제실의 시설 및 장비를 운용하는 관제요원(고용계약)의 평균 연봉은 약 125,000달러, 반면에 관제요원(도급계약)은 약 120,000달러로 나타나 고용계약에 의한 관제요원의 평균 연봉이 조금 높게 나타났다. 민간조사관(고용계약)의 평균 연봉은 약 215,000달러, 반면에 민간조사관(도급계약)은 약 265,000달러로 나타나 도급계약에 의한 민간조사관의 평균 연봉이 월등히 높은 것으로 나타났다.

경비인력의 평균 연봉은 직업의 안정성처럼 직업 선택에 있어서 영향을 미치는 요인들을 배제하고 단순히 금액만 비교해 본다면, 미국 내 다른 직종의 평균 연봉에 비해 급여수준이 결코

낮은 것만은 아니다. 2007년 미국 교육계 종사자의 평균 연봉은 약 65,000달러에 불과하고, 보건의료 종사자의 평균 연봉은 약 82,000달러이고, 정부 공무원의 평균 연봉은 약 100,500달러이다. 건설업계 종사자의 평균 연봉은 약 113,000달러 정도로 다른 직종보다 높게 나타났다(Moran, 2007).

4. 민간경비의 규제

1) 규제의 필요성

민간경비는 개인의 생명 및 재산을 각종 위험으로부터 보호하기 위해 필요한 서비스를 제공하는 것이기 때문에 이러한 경비업무를 현장에서 직접 수행하는 경비원이나 경비업체는 경비서비스 소비자의 기대에 부응하여 양질의 서비스를 제공할 수 있도록 정부에서 면허제도나 등록제도 같은 공식적인 인증절차를 마련하는 것이 필요하다.

경비원의 업무수행은 경찰관의 직무집행과 유사한 측면이 있기 때문에 경비원의 복제와 차량은 경찰관의 복제와 차량으로 쉽게 오인될 수 있다. 또한 경비원은 경비서비스 제공 과정에서 체포 및 구금, 법정 증언, 무기의 사용 등과 관련하여 개인의 기본적 인권을 침해할 우려가 크다. 따라서 이처럼 경비서비스를 제공하는 과정에서 일어날 수 있는 여러 가지 문제들에 적절하게 대응할 수 있도록 정부 차원에서 민간경비에 대한 적절한 규제 장치를 마련할 필요가 있는 것이다.

2) 규제의 형태

(1) 면허와 등록

경비서비스를 제공받기 원하는 사용자들은 소속 기관의 취업규칙과 채용기준에 의해 경비원을 선발한다. 사용자들이 민간경비 분야의 인력을 채용할 때 다른 분야들과 마찬가지로 전문적인 자격요건을 채용기준으로 제시하는 경향이 늘어가고 있다. 사용자가 경비인력을 채용하는 경우 사용자가 요구하는 교육요건이나 자격요건은 각 사용자마다 차이가 있을 수 있다. 그러나 일반적으로 경비인력으로 일하기 위해서는 다음의 조건들을 충족해야 한다. (a) 대부분 고등학교 졸업 이상의 학력을 요구한다. (b) 운전이 필요한 경비서비스를 제공하는 경우는 운전면허를 가지고 있어야 한다. (c) 일부 사용자들은 헌병대 또는 경찰기관에 근무한 경력을 가진 사람들을 선호한다.

한편, 계약경비 서비스를 제공하는 법인들은 일반적으로 각 주의 법률에 의해 규제를 받는다. 마찬가지로 계약경비 서비스를 제공하는 개인들은 각 주의 법률에서 인정하는 면허를 취득해야 한다. 면허취득 요건은 각 주마다 차이가 있지만, 일반적으로 경비인력으로 일할 수 있는 면허를 취득하기 위해서는 다음의 조건들을 충족해야 한다. (a) 나이가 18세 이상이어야 한다. (b) 신원조사를 통과해야 한다. (c) 재산권, 응급구조, 범죄용의자의 체포와 관련된 과목의 수업을 이수해야 한다. (d) 종종 약물검사를 통과해야 한다. 약물검사는 수시로 무작위 방식에 의해 행해진다.

대부분의 주에서는 경비업체와 그 소속 경비인력 그리고 경비업체에 소속되지 않고 개인적으로 경비서비스를 제공하는 사람들에게 면허나 등록과 같은 일정한 법적요건을 구비하도록 요구하고 있다. 면허(licensing)란 경비업체 또는 경비인력이 도급을 통해 경비서비스를 제공할 수 있도록 관할 행정관청에서 허가를 해주는 것을 말한다.[13] 등록(registration)이란 경비업체 또는 경비인력이 경비서비스를 제공하기 전에 관할 행정관청에 신고하는 것을 말한다.

일부 주에서는 경비서비스를 제공하기 위해서는 그 주에 주소지를 두도록 하는 경우가 있다. 그리고 많은 주에서는 경비서비스 차량이나 경비원의 복제에 관한 규정을 두고 있다. 그 밖에 일부 군 또는 시에서는 경비서비스를 제공하고자 하는 경비인력에게 면허증이나 자격증 등의 각종 증명서류를 요구하기도 한다. 경비인력의 업무는 경찰관의 업무와 상당 부분 중첩되는 경우가 많기 때문에 경비인력이 경찰관 수준의 자격요건을 가지고 있음을 증명할 필요가 있다. 이 경우 경비인력이 경비서비스를 제공하기 위해서는 총기의 사용, 경찰견이나 다른 장비의 사용, 범죄자체포, 응급구조 등과 관련된 면허 또는 자격을 갖추고 있음을 입증하는 각종 증명서류를 제출해야만 한다.

2006년 한 해 동안만을 살펴보더라도 미국의 각 주 의회들은 수십여 개의 민간경비 법률들을 제정했다. 일부 주에서는 민간경비 분야의 일자리를 찾는 사람들에게 최소한의 자격요건을 요구하는 반면에, 다른 일부 주에서는 경비서비스를 제공하려는 개인이나 기업에 매우 엄격한 자격요건을 부과하고 있다. 대부분의 주에서는 경비서비스를 제공하는 과정에서 발생할 수 있는 책임의 문제를 처리하기 위해서 어느 정도 민간경비에 대한 규제가 필요하다고 보는

13) 면허취소 사유로는 면허관련 법률 위반, 허위진술, 중죄판결, 부정/사기, 경찰관 사칭, 업무상비밀 누설, 직무유기, 법정질서 침해, 허위광고 및 다른 부적격 사유 등에 해당 등이 있다.

입장이다. 따라서 면허가 있는 경비업체(법인) 또는 경비인력(개인)만이 경비서비스를 제공할 수 있도록 규제하고 있다(Anderson, 2007: 88).

(2) 민간조사관의 자격제한

미국 대부분의 주와 도시에서는 지방정부 차원에서 민간조사기관의 설립과 활동에 대해 일정 부분 규제를 하는 정책을 취한다. 반면에 일부 주들에서는 민간기업이 계약경비를 통해 민간조사기관 소속의 민간조사관과 도급계약을 체결하는 부분에 대해서만 규제하는 경우도 있다.

2006년 미국 직업전망보고서에 따르면, 민간조사관들이 대부분 학사학위를 소지하고 있음에도 불구하고 민간조사관이 되기 위해서는 공식적으로 학력조건이 필요 없다. 대부분의 주들과 수도 워싱턴 D. C.에서는 민간조사관이 되기 위해서는 면허를 취득해야만 한다. 물론 면허를 취득하기 위한 요건 또한 각 주마다 서로 다르다. 그러나 대부분의 주에서는 과거 유죄선고를 받은 중범죄자에 대해서는 민간조사관 면허를 발급하지 않는다. 또한 필수 훈련프로그램을 의무적으로 이수해야 민간조사관 면허를 발급하는 사례들이 늘어가고 있다(Occupational Outlook Handbook, 2006).

미국에서는 각 주마다 민간조사관의 면허를 취득하기 위해 필요한 자격요건과 민간조사기관을 설립하는데 필요한 자격요건을 규제하는 내용이 서로 다르다. 예를 들어, 미네소타 주의 법률은 민간조사관이 되기 위해 필요한 자격요건을 다음과 같이 제시하고 있다. (a) 5,000달러의 보증보험증권, (b) 품행이 단정한 사람임을 증명하는 추천서 5부 이상(5년 이상 친분관계를 유지하지 않고 있는 5인 이상이 작성), (c) 직접 서명한 지원서(사진 2매 및 십지지문 포함). 그러나 앨라배마, 알래스카, 콜로라도, 아이다호, 미시시피, 사우스다코타와 같은 주들은 주정부 차원에서 민간조사관이 되는데 필요한 자격요건을 법적으로 규제하고 있지 않다.

반면에 나머지 다른 주들은 민간조사관의 자격요건에 대한 엄격한 제한을 두고 있다. 예를 들어, 캘리포니아 주의 민간조사관 자격요건을 살펴보면 다음과 같다. (a) 나이는 18세 이상, (b) 경찰학, 형사소송법 또는 형사사법관련 교육을 이수, (c) 3년(6000시간)의 수사실무 경력, (d) 연방 법무부의 평가와 범죄경력을 포함한 신원조사를 통과, (e) 법령과 관련된 2시간의 필기시험 통과, (f) 무기를 사용하는 경우 별도의 허가요건을 충족해야만 한다.

2편

우리나라의 민간경비

04

경비업제도

1. 경비업제도의 의의

우리나라의 민간경비는 경비업제도와 청원경찰제도가 대표적이다. 이와 관련하여 제4장에서는 먼저 경비업제도에 대해 살펴보고, 제5장에서 청원경찰제도에 대해서 살펴보고자 한다. 경비업제도와 관련된 제반 사항들은 법령으로 규율되고 있다. 『경비업법』(법률, 이하 "법"이라 한다), 『경비업법』의 위임사항을 규정한 법규명령으로 대통령령인『경비업법시행령』(이하 "영"이라 한다)과 행정안전부령인 『경비업법시행규칙』(이하 "규칙"이라 한다)은 경비업제도의 대표적인 법적 근거에 해당한다.

경비업제도는 국가가 일정한 요건을 갖춘 법인에게 경비업을 허가해 줌으로서 국민은 그 법인과의 계약에 의해 스스로 생명, 신체 및 재산을 보호할 수 있도록 하는데 그 의의를 두고 있다. 우리나라에서는 경찰행정청이 민간경비 영역들 중에서 『경비업법』에 규정된 경비업무만을 대상으로 일정한 요건을 갖춘 법인에게 영업을 허가하고 있다.

여기서 경비업이란 경비업자가 영리를 목적으로 경비업무의 전부 또는 일부를 도급받아 행하는 영업으로 보통 『경비업법』에 규정된 다섯 가지 민간경비 분야의 업무, 즉 시설경비업무, 호송경비업무, 신변보호업무, 기계경비업무 및 특수경비업무를 의미한다. 따라서 민간경비와 경비업무를 개념적으로 구분해 보면, 민간경비는 국가나 지방자치단체의 공경비(公警備)[14] 영역에

14) 국민의 생명, 신체 및 재산을 보호하는 국가나 지방자치단체의 활동을 의미한다.

대응하는 것으로 민간부문이 주체를 담당하는 경비활동을 의미한다.[15] 반면에 경비업무는 현행 『경비업법』에서 규정하는 다섯 가지 유형의 민간경비 업무를 의미하는 것으로 이해할 수 있다.

2. 『경비업법』의 연혁

현재의 법제명인 『경비업법』은 제정 당시인 1976년 12월 31일에는 『용역경비업법』이었다. 『용역경비업법』의 제정은 그 이전 아무런 법적 근거 없이 이루어지던 민간경비활동에 대한 법적인 근거를 마련했다는데 의의가 있었다.

제정 당시『용역경비업법』에는 용역경비업은 법인만이 할 수 있도록 하고, 용역경비업을 경영하고자 하는 자는 서울특별시장, 부산시장 또는 도지사의 허가를 받도록 하는 등의 규정을 두었다. 이후 1999년 3월 31일 『용역경비업법』 제7차 개정을 통해 법률 제명(題名)이 『용역경비업법』에서 『경비업법』으로 변경되었다. 그리고 2001년 4월 7일 『경비업법』제1차 개정(전면 개정)으로 인해 현재 『경비업법』의 체계를 갖추게 되었다. 다음에서는 『경비업법』의 연혁을 간략하게 살펴보고자 한다.

1) 『용역경비업법』 제정(1976. 12. 31 법률 제2946호)

『용역경비업법』의 제정으로 그 동안 법의 규제 하에 있지 않았던 용역경비업에 대한 법적 근거를 마련했다. 용역경비업에 관한 사항을 규정하여 산업시설, 공공시설, 사무소 등 기타 경비를 필요로 하는 시설물의 경비업을 할 수 있도록 근거 규정을 마련했다. 또한 용역경비 업무의 실시에 적정을 기하는데 필요한 조항들을 규정했다. 『용역경비업법』제정 당시에 규정된 주요 내용은 다음과 같다.

(1) 용역경비업은 법인만이 할 수 있도록 함
(2) 용역경비업을 경영하고자 하는 자는 서울특별시장, 부산시장 또는 도지사의 허가를 받도록 함
(3) 파산선고를 받고 복권되지 아니한 자와 금치산자 및 한정치산자, 금고이상의 형을 받은 자 등은 용역경비업 법인의 임원이 될 수 없도록 함
(4) 경비원은 근무 중 복장과 장구를 착용하도록 함
(5) 용역경비업의 건전한 발전을 위하여 용역경비협회를 설립하도록 함

15) 민간경비의 개념은 제1장 참조.

2) 『용역경비업법』 제1차 개정(1981. 2. 14 법률 제3372호)

『용역경비업법』제1차 개정의 주된 내용은 용역경비원의 사기를 진작시키기 위해서 용역경비원이 될 수 있는 자의 연령 상한을 50세에서 55세로 연장하는 것이었다.

3) 『용역경비업법』 제2차 개정(1983. 12. 30 법률 제3678호)

『용역경비업법』제2차 개정을 통해 용역경비업자의 불필요한 신고의무를 완화하였고, 벌칙을 현실에 맞게 조정했다. 『용역경비업법』제2차 개정의 주요 내용은 다음과 같다.

(1) 용역경비업자가 경비원을 채용 또는 해임할 때에 관할 경찰서장에게 신고를 하도록 규정하던 것을 폐지함
(2) 무허가영업행위에 대한 벌칙을 1년 이하의 징역 또는 50만 원 이하의 벌금에서 1년 이하의 징역 또는 100만 원 이하의 벌금으로 조정
(3) 휴업신고의무 위반 등 경미한 위반행위에 대한 벌칙을 과태료로 완화함

4) 『용역경비업법』 제3차 개정(1989. 12. 27 법률 제4148호)

『용역경비업법』제3차 개정은 용역경비업을 육성·발전시키기 위하여 경비원의 권익을 증진하고, 경비원의 자격연령을 58세까지 연장하며, 용역경비업자의 손해배상보장제도를 개선하려는 데 중점을 두었다. 『용역경비업법』제3차 개정의 주요 내용은 다음과 같다.

(1) 용역경비업자는 불공정 계약으로 경비원의 권익을 침해하거나 용역경비업의 건전한 육성과 발전을 저해하는 행위를 해서는 안 된다는 내용을 규정함
(2) 용역경비업자는 법령이 정하는 바에 따라 경비원의 후생복지 및 교육·훈련에 필요한 비용의 지출 기타 필요한 조치를 해야만 하도록 규정함
(3) 용역경비원이 될 수 없는 연령 제한을"18세 이하이거나 55세 이상"에서 "18세 미만이거나 59세 이상"으로 완화함
(4) 용역경비협회는 용역경비업자의 손해배상책임을 보장하기 위하여 공제사업을 할 수 있도록 하고, 용역경비업자는 손해배상을 위해 현금 등을 공탁하거나 이행보증보험계약을 보험회사와 체결하는 대신에 공제에 가입할 수 있도록 함

5) 『용역경비업법』 제4차 개정(1991. 5. 31 법률 제4369호)

『용역경비업법』제4차 개정은 『경찰법』의 제정(1991. 5. 31)으로 관련 법률의 정비 차원에서 이루어졌다. 『용역경비업법』 제4차 개정의 주요 내용은 다음과 같다.

(1) 용역경비업의 허가권자를 "서울특별시장, 부산시장 또는 도지사"에서 "지방경찰청장"으로 변경. 다만, 영업구역이 2 이상의 지방경찰청 관할구역에 걸칠 때에는 "경찰청장"의 허가를 받도록 규정
(2) "내무부장관"이 아닌 "경찰청장"이 용역경비업무의 적정한 실시를 위하여 용역경비업자를 지도하며 감독상 필요한 명령을 발할 수 있도록 변경함
(3) 용역경비협회는 공제사업을 행하고자 하는 때에는 공제규정을 제정하여 "내무부장관"이 아닌 "경찰청장"의 승인을 얻도록 변경함
(4) "서울특별시장, 부산시장 또는 도지사" 대신에 "지방경찰청장"이 수시로 관내의 용역경비업자와 경비원 배치장소에 임하여 근무상황 및 교육훈련 상황 등을 감독하며 필요한 지시를 할 수 있도록 변경함

6) 『용역경비업법』 제5차 개정(1995. 12 .30 법률 제5124호)

『용역경비업법』제5차 개정은 사설경비업을 용역경비업의 한 분야로 흡수하고, 경비원의 자질향상을 도모하기 위하여 경비원의 지도·감독 및 교육을 전담하는 '경비지도사제도'를 신설하며, 현행법에 나타난 일부 미비점을 보완하는데 중점을 두었다. 『용역경비업법』제5차 개정 내용 중 주요 내용은 다음과 같다.

(1) 개인의 신변을 보호하고 위해발생을 방지하는 신변보호업무를 용역경비업의 한 분야로 추가하여, 용역경비업의 분야를 (a) 시설경비업무, (b) 호송경비업무, (c) 신변경호업무 세 가지로 구분함
(2) 영업구역이 2 이상의 지방경찰청 관할구역에 걸칠 때의 용역경비업 허가권자를 "경찰청장"에서 용역경비업을 하고자 하는 법인의 주사무소의 소재지를 관할하는 "지방경찰청장"으로 변경함
(3) 용역경비업체의 임직원, 경비지도사 및 경비원은 직무상 알게 된 경비대상의 비밀을 누설하거나 부정한 목적으로 사용하지 못하도록 금지함
(4) 경비원에 대한 지도, 감독 및 교육을 전담할 수 있도록 '경비지도사제도'를 신설함
(5) 경비원의 연령 제한을 "18세 미만이거나 59세 이상인 자"에서 "18세 미만인 자"로 변경하여 경비원의 연령 상한을 삭제함

7) 『용역경비업법』 제6차 개정(1997. 12. 13 법률 제5453호)

『용역경비업법』제6차 개정은 『행정절차법』의 시행(1998. 1. 1)으로 관련 법률의 정비 차원에서 이루어졌다. 특히『행정절차법』과 『용역경비업법』에 중복 규정되어 있는 행정절차관련 규정을 삭제하고, 『행정절차법』에 맞도록 정비했다. 특히 일정한 원칙과 기준에 따라 청문을 실시하는 처분을 명확히 『용역경비업법』에 규정함으로써 행정절차법 운영의 실효성을 확보하는데 중점을 두었다. 『용역경비업법』 제5차 개정으로 새롭게 신설된 내용은 다음과 같다.

제12조의2(청문) 경찰청장 또는 허가관청은 다음 각호의 1에 해당하는 처분을 하고자 하는 경우에는 청문을 실시해야 한다.

1. 제6조의5의 규정에 이한 경비지도사자격의 취소
2. 제12조의 규정에 의한 용역경비업의 허가취소

8) 『용역경비업법』 제7차 개정: 『경비업법』(1999. 3. 31 법률 제5940호)으로의 제명 변경

『용역경비업법』 제7차 개정을 통해 법률 제명이 "『용역경비업법』"에서 "『경비업법』"으로 변경되었다. 또한 "용역경비업체"를 "경비업체", "용역경비원"을 "경비원", "용역경비협회"를 "경비협회" 등 관련 용어의 변경이 이루어졌다. 그 밖에 『행정규제기본법』에 의한 규제정비계획에 따라 경비지도사의 자격 등과 관련된 규정을 합리적으로 조정하고, 설립과 가입이 강제되던 경비협회 관련 규정을 정비하는 등 용역경비업과 관련된 규제를 개선했다. 『용역경비업법』 제7차 개정 내용 중 주요 내용은 다음과 같다.

(1) 법인 임원의 결격사유 중에서 "금고이상의 형을 받은 자"를 "금고이상의 형을 선고받고 그 형이 실효되지 아니한 자"로 변경함
(2) 제6조의4(경비지도사의 결격사유)를 삭제함
(3) "용역경비업자는 용역경비업무의 건전한 발전과 경비원의 자질향상을 위한 교육훈련 등을 위하여 하나의 용역경비협회를 설립해야 한다."라는 조항을 "경비업자는 경비업무의 건전한 발전과 경비원의 자질향상 및 교육훈련 등을 위하여 대통령령이 정하는 바에 따라 경비협회를 설립할 수 있다."라는 조항으로 변경함

9) 『경비업법』 제8차 개정(2001. 4. 7 법률 제6467호)

『경비업법』제8차 개정은 전면 개정으로 국가중요시설에 대한 효율적인 경비체계의 구축을 위하여 경비업의 종류에 특수경비업무를 추가하고, 기계경비 산업이 급속히 발전함에 따라 기계경비업무의 신고제를 허가제로 변경하는 한편, 기계경비업자의 신속대응조치 의무에 관한 사항 등을 규정하는 등 현행 제도의 운영상 나타난 일부 미비점을 개선·보완했다. 『경비업법』 제8차 개정 내용 중 주요 내용은 다음과 같다.

(1) 기계경비업무를 신고제에서 허가제로 변경하고, 국가중요시설의 경비를 담당하는 특수경비업무를 경비업무의 새로운 분야로 신설함. 따라서 경비업무의 분야를 (a) 시설경비업무, (b) 호송경비업무, (c) 신변경호업무, (d) 기계경비업무, (e) 특수경비업무의 다섯 가지로 구분함
(2) 경비업 허가의 실효성을 확보하기 위해 경비업 허가 기간을 5년마다 갱신토록 함
(3) 국가중요시설을 경비하는 특수경비업자는 부득이한 사유로 경비업무를 계속할 수 없는 경우에 대비하여 경비대행업자를 지정하도록 함
(4) 기계경비업자는 경비대상시설에 대한 경보를 수신한 때에는 신속하게 대응조치를 취하도록 하고, 계약상대방에게 기기사용 요령 등을 설명하도록 함
(5) 지방경찰청장은 국가중요시설의 경비업무 수행을 위해 필요한 경우에 관할 경찰관서장으로 하여금 시설주의 신청에 의해 시설주에게 무기를 대여할 수 있도록 했으며, 대여받은 무기의 관리책임은 시설주 및 관할 경찰관서장이 지도록 함.
(6) 관할경찰관서장은 무기관리상황을 지도 · 감독해야 하고, 시설주는 대여받은 무기를 특수경비업자에게 제공하여 특수경비원으로 하여금 무기를 휴대·사용할 수 있도록 함
(6) 특수경비원의 복종의무, 경비구역 이탈금지의무와 무기의 안전사용수칙을 준수할 의무를 법률에서 구체적으로 명시함
(7) 국가중요시설의 정상적 운영을 해치는 장해를 일으킨 경우와 정당한 사유 없이 무기를 소지하고 배치된 경비구역을 벗어나는 경우 등에 대한 벌칙을 규정하는 한편, 경비업무 수행 중 권한을 남용하여 폭행·상해 등의 죄를 범한 경우 그 형을 가중하도록 개정함
(8) 특수경비원의 단체행동권을 금지하고, 무기 오남용을 방지하기 위하여 무기안전수칙을 법률에 구체적으로 명시함

10) 『경비업법』 제9차 개정(2002. 12. 18 법률 제6787호)

『경비업법』제9차 개정은 법 제7조 등에 대한 위헌결정[16]으로 관련 법조문을 정비하고자

16) 현재결 2002.4.25, 2001헌마614.

하는 취지에서 이루어졌다.

이것은 경비업자의 대부분이 경비업 외에 다른 업무를 겸업하고 있는 경비업계의 현실에 맞추어 이 법에 의한 경비업외의 영업을 할 수 없도록 하는 경비업자의 겸업금지 의무를 특수경비업자로 한정함으로써 경비업자의 영업에 대한 규제를 완화하고자 하는 취지를 담고 있었다. 『경비업법』제9차 개정 내용 중 주요 내용은 다음과 같다.

(1) 위헌결정에 따라, 제7조 제8항 "경비업자는 이 법에 의한 경비업외의 영업을 해서는 안 된다."라는 조항은 "특수경비업자는 이 법에 의한 경비업과 경비장비의 제조·설비·판매업, 네트워크를 활용한 정보산업, 시설물 유지관리업 및 경비원 교육업 등 대통령령이 정하는 경비관련업외의 영업을 해서는 안 된다."라고 변경됨
(2) 또한 경비업 허가 취소 사유를 규정하고 있는 제19조 제1항 제3호 중 "경비업"을 "경비업 및 경비관련업"으로 변경함.

11) 『경비업법』 제10차 개정(2005. 5. 31 법률 7544호)

『경비업법』제10차 개정을 통해 법률의 위임근거 없이 시행령에 규정되어 있던 경비지도사 및 그 종류에 관한 사항과 경비업의 허가를 받거나 허가증을 재교부 받고자 하는 자가 납부해야 하는 수수료에 관한 사항을 법률에 직접 규정했다. 『경비업법』제10차 개정의 주요 내용은 다음과 같다.

(1) 경비지도사를 "일반경비지도사"와 "기계경비지도사"로 구분함
(2) 제27조의2를 다음과 같이 신설함
제27조의2 (수수료) 이 법에 따른 경비업의 허가를 받거나 허가증을 재교부 받고자 하는 자는 대통령령이 정하는 바에 따라 수수료를 납부해야 한다.

12) 경비업법』 제11차 개정(2005. 8. 4 법률 7671호)

『경비업법』제11차 개정은 경비원이 경비업무의 범위를 벗어난 행위를 하거나 이를 하게 한 자에 대하여 형벌을 부과할 수 있도록 했다. 또한 신변보호 또는 시설경비업무를 수행하는 일반경비원이나 특수경비원을 배치할 때에는 24시간 전까지 신고하도록 하고 이를 위반한 경우에는 배치폐지를 명할 수 있도록 하는 등 현행 제도의 운영과정에서 나타난 일부 미비점을 개선하는데 중점을 두었다. 『경비업법』제11차 개정에서 신설된 주요 내용은 다음과 같다.

(1) 제15조의2를 다음과 같이 신설함

제15조의2 (경비원 등의 의무) ① 경비원은 직무를 수행함에 있어 타인에게 위력을 과시하거나 물리력을 행사하는 등 경비업무의 범위를 벗어난 행위를 해서는 안된다.

② 누구든지 경비원으로 하여금 경비업무의 범위를 벗어난 행위를 하게 해서는 안된다.

(2) 제18조 제2항을 다음과 같이 하고, 동조에 제3항을 다음과 같이 신설함

② 경비업자가 경비원을 배치하거나 배치를 폐지한 경우에는 행정자치부령이 정하는 바에 따라 관할 경찰관서장에게 신고해야 한다. 다만, 다음 각 호의 경우에는 경비원을 배치하기 24시간 전(제3호의 특수경비원을 배치한 때에는 경비원을 배치하기 전)까지 신고해야 한다.

1. 제2조 제1호 가목의 규정에 의한 시설경비업무 중 행정자치부령이 정하는 곳에 배치된 일반경비원
2. 제2조 제1호 다목의 규정에 의한 신변보호업무를 수행하는 일반경비원
3. 특수경비원

③ 경찰관서장은 경비업자가 제2항 단서의 규정을 위반하여 신고를 하지 아니하고 제2항 제1호 및 제2호의 규정에 의한 일반경비원을 배치한 경우에 배치폐지를 명할 수 있다

13) 경비업법』 제12차 개정(2008. 2. 29 법률 제8852호)

『경비업법』제12차 개정은 이명박 정부의 등장으로 『정부조직법』이 개정되어, 『경비업법』 중 "행정자치부령"을 "행정안전부령"으로 변경하는 법조문의 정비가 이루어졌다.

14) 경비업법』 제13차 개정(2008. 2. 29 법률 제8872호)

『경비업법』제13차 개정은『대통령경호실법』이 『대통령 등의 경호에 관한 법률』로 제명이 변경되어, 『경비업법』제5조 제4호의 법조문을 변경했다.

15) 경비업법』 제14차 개정(2008. 12. 26 법률 제9192호)

『경비업법』제14차 개정은 양벌규정의 개정에 초점을 맞추었다. 개정 전 양벌규정은 영업주가 종업원 등에 대한 관리·감독상 주의의무를 다하였는지 여부에 관계없이 영업주를 처벌하도록 하고 있어 책임주의 원칙에 위배될 소지가 있었다. 따라서 영업주가 종업원 등에 대한 관리·감독상 주의의무를 다한 경우에는 처벌을 면하게 함으로써 양벌규정에도 책임주의 원칙이 관철되도록 했다. 『경비업법』제14차 개정 내용은 다음과 같다.

제30조를 다음과 같이 한다.

제30조(양벌규정) 법인의 대표자나 법인 또는 개인의 대리인, 사용인, 그 밖의 종업원이 그 법인 또는 개인의 업무에 관하여 제28조의 위반행위를 하면 그 행위자를 벌하는 외에 그 법인 또는 개인에게도 해당 조문의 벌금형을 과(科)한다. 다만, 법인 또는 개인이 그 위반행위를 방지하기 위하여 해당 업무에 관하여 상당한 주의와 감독을 게을리 하지 아니한 경우에는 그러하지 아니하다.

16) 경비업법』 제15차 개정(2009. 4. 1 법률 제9579호)

『경비업법』제15차 개정은 특수경비원의 연령 상한을 연장하는데 초점을 두었다. 특수경비원의 연령 상한을 두는 것은 특수경비원이 국가 중요시설에 배치되며, 유사시 무기[17]를 휴대하는 자로서 무기의 적정 사용 및 피탈 방지 등을 위해 일정한 체력이 요구된다는 점을 고려한 것이다. 그러나 한국인의 평균 수명이 연장되고 있는 현실에서 특수경비원의 연령 상한을 "58세"로 제한하는 것은 적절하지 못하다는 판단 하에서 『경비업법』제15차 개정에서는 특수경비원의 연령 상한을 "60세"로 연장했다.

3. 경비업제도의 주요 내용

1) 『경비업법』상의 주요 개념

(1) 경비업무

경비업무는 시설경비업무, 호송경비업무, 신변보호업무, 기계경비업무 및 특수경비업무로 구분할 수 있다. 그러나 오늘날 경비업무의 경계는 보호해지는 경향이 있다. 경비업자와 시설주[18]이 통합경비 도급계약에 의해 시설경비업무와 기계경비업무를 함께 제공하는 것이 대표적인 사례라고 할 수 있다. 각 경비업무의 개념적 정의는 다음과 같다.

① 시설경비

시설경비는 경비대상시설[19]에서의 도난, 화재 그 밖의 혼잡 등으로 인한 위험발생을 방지

17) 무기란 인명 또는 신체에 위해를 가할 수 있도록 제작된 권총, 소총 등을 말한다.
18) 경비대상시설의 소유자 또는 관리자를 말한다.

하는 업무를 의미한다. 최근 대형 아파트 단지에서 감지기 등 기계설비를 설치하고 단지 안에 관제실을 따로 운영하는 경우가 있는데, 이런 경우 시설경비에 해당하는지 아니면 기계경비에 해당하는지 구분하기가 쉽지 않다. 그러나 아파트 경비의 특성상 경비원을 배치하여 경비활동을 벌이는 것이 일반적이므로 시설경비로 보는 것이 타당하다. 쉽게 생각하면, 경비원이 사용하는 장비가 과거 손전등에서 지금의 최신식 감지장치와 CCTV로 바뀐 것에 불과할 뿐이다.

시설경비업 허가를 받은 시설경비업자가 당해 시설경비업체에 고용된 일반경비원으로 하여금 경비대상시설인 아파트 등 공동주택에서 발생한 재활용 쓰레기 분리작업에 종사하게 할 수 있는지 여부가 문제될 수 있다.

이와 관련하여, 경비대상시설인 아파트 등에서 발생하는 재활용 쓰레기 분리작업은 『주택법』에 따른 아파트 등 공동주택의 유지·관리업무에 해당하는 업무로서 『주택법』 제43조 제7항 및 같은 법 시행령 제55조 제1항 제2호에서 공동주택단지안의 경비업무와는 별도로 공동주택의 관리주체의 업무로 규정하고 있다. 결국 재활용 쓰레기 분리작업은 해당 경비대상시설에서의 위험발생을 방지하기 위한 시설경비업무에 직접적으로 해당한다고 보기가 어려울 뿐만 아니라 나아가 시설경비업무에 필요적으로 수반되는 업무이거나 부수적인 업무로 보기도 어렵기 때문에 시설경비 이외의 업무라고 할 수 있다. 그러므로 시설경비에 해당하지 아니하는 한 법 제7조 제5항에 따라 경비업자가 경비원으로 하여금 『주택법』상의 관리주체가 수행하여야 할 업무에 종사하게 하여서는 안 된다. 아울러 경비원으로 하여금 위 질의와 같은 업무에 종사하게 하는 것은 시설경비에 전념하여야 하는 경비원의 업무수행에 지장을 줄 수도 있을 뿐만 아니라, 경비업자로 하여금 불공정한 계약으로 경비원의 권익을 침해하거나 경비업의 건전한 육성과 발전을 해치는 행위를 할 수 없도록 하고 있는 법 제7조 제3항의 취지에도 반할 수 있다. 따라서 시설경비업 허가를 받은 시설경비업자는 당해 시설경비업체에 고용된 일반경비원으로 하여금 경비대상시설인 아파트 등 공동주택에서 발생한 재활용 쓰레기 분리작업에 종사하게 할 수는 없다.[20]

② **호송경비**

호송경비는 운반 중에 있는 현금, 유가증권, 귀금속, 상품 그 밖의 물건에 대하여 도난, 화재 등 위험발생을 방지하는 업무를 의미한다.

---

19) 경비업무를 필요로 하는 시설 및 장소를 말한다.
20) 법제처 2007.3.23, 07-0041.

③ 신변보호

신변보호는 사람의 생명이나 신체에 대한 위해의 발생을 방지하고 그 신변을 보호하는 업무를 의미한다.

④ 기계경비

기계경비는 경비대상시설에 설치한 기기에 의하여 감지, 송신된 정보를 그 경비대상시설 외의 장소에 설치한 관제시설의 기기로 수신하여 도난, 화재 등 위험발생을 방지하는 업무를 의미한다. 일반적으로 기계경비는 "감지 ⇒ 관제 ⇒ 지령 ⇒ 출동"의 절차를 거쳐 경비업무가 이루어진다. 만약 소형 아파트나 빌라 단지 내에 상주하는 경비원이 없고 설치한 기기에 의한 감지와 송신 그리고 아파트 단지 외의 장소에 설치된 관제시설의 수신과 지령에 의해서 경비원이 아파트로 출동하는 경우라면 기계경비로 볼 수 있다.

기계경비업자와 기계경비가 필요한 자 사이에서 기계경비 계약을 체결하는 과정에 속칭 영입딜러(『경비업법』에 의한 허가를 득하지 아니한 법인 또는 개인)가 행하고 있는 "기계경비시스템의 설치 권유 및 주선, 경비대상시설의 위험진단, 경비계획 수립 및 도면작도, 계약체결의 중개 등"이 기계경비의 일부에 해당하는지 여부 및 이를 기계경비업자가 위 영업딜러에게 위탁할 수 있는지 여부가 문제될 수 있다.

이와 관련하여, "기계경비시스템의 설치 권유 및 주선, 계약체결의 중개 등"은 기계경비업무의 일부에 해당하지 않기 때문에 영업딜러가 스스로 수행할 수 있다고 본다. 그러나 "경비대상시설의 위험진단, 경비계획수립 및 도면작도"는 기계경비의 일부에 해당하기 때문에 기계경비업자가 직접 수행해야 하고 영업딜러에게 위탁할 수 없다고 본다.[21]

⑤ 특수경비

특수경비는 공항(항공기 포함) 등 국가중요시설[22]의 경비 및 도난, 화재 그 밖의 위험발생을 방지하는 업무를 의미한다.

(2) 경비업자

경비업자란 경비업의 허가를 받은 법인(法人)[23]을 말한다. 법 제3조는 "경비업은 법인이

21) 법제처 2006.12.29, 06-0328.

22) 국가중요시설이란 공항, 항만, 원자력발전소 등의 시설 중 국가정보원장이 지정하는 국가보안목표시설과 『통합방위법』 제15조의2 제4항의 규정에 의하여 국방부장관이 지정하는 국가중요시설을 말한다.

아니면 이를 영위할 수 없다"라고 규정하여 경비업의 주체, 즉 경비업자를 법인으로만 한정하고 있다.

경비업자는 법인인 이상 공법인이나 사법인, 사단법인이나 재단법인, 내국법인이나 외국법인 등을 불문한다. 그러나 경비업의 특성상 영리를 목적으로 하는 기업활동이 전제된다고 여겨지므로 영리법인이 아닌 비영리법인은 경비업의 주체가 될 수 없다.

(3) 경비업

경비업이란 경비업자가 경비업무의 전부 또는 일부를 도급받아 행하는 영업을 말한다. 여기서 일부의 의미는 경비업무 중 일부 절차에 해당하는 도급이 아니라, 업무 전체의 완전성을 갖춘 상태에서의 일부 업무에 대한 도급을 의미한다.

예를 들어, 기계경비의 절차를 "감지 ⇒ 관제 ⇒ 지령 ⇒ 출동"이라고 구분하면, 경비업자가 일부 절차인 "관제"만을 도급받아 경비업을 행할 수 있다는 것을 의미하는 것이 아니라, 시설경비와 신변경호 두 가지의 경비업무가 있다고 가정할 때 경비업자는 일부인 시설경비만을 도급받아 경비업무의 수행이 가능하다는 의미이다(경찰청, 2005: 8).

도급(都給)이란 당사자 일방이 어느 일을 완성할 것을 약정하고 상대방이 그 일의 결과에 대하여 보수를 지급할 채무를 지는 계약의 한 유형을 말한다(『민법』제664조).[24)]

도급에서 수급인인 경비업자는 약정한 경비업무를 완료할 의무를 진다. 이러한 의무를 이행하기 위해 경비업자는 경비원을 고용하여 경비업무에 종사하게 한다. 예를 들어, A가 자기 소유 별장의 시설과 재산을 지키기 위해 경비원을 고용하여 배치하는 것은 도급계약 없이 스스로 자신의 안전을 지키기 위한 자위방범 또는 자가방범에 해당되어 A에게 고용된 경비원의 경비활동은 시설경비에 해당되지 않는다. 그러나 A가 경비업자인 B와 별장의 경비업무에 관한 도급계약을 체결하고 B가 경비원을 고용하여 A의 별장에 배치하였을 경우, 별장을 지키는 경비원의 활동은 시설경비업무에 해당된다(경찰공제회, 2006: 14).

한편, 법에서는 경비업자가 경비업무의 전부나 일부를 다른 경비업자에게 하도급 할 수 있

23) 법인이란 자연인(自然人) 이외의 것으로서 법인격이 인정된 것, 즉 권리와 의무의 주체가 될 수 있는 것을 말한다. 현행법상 일정한 목적과 조직 하에 결합한 사람의 단체(社團 또는 組合)와 일정한 목적 하에 바쳐진 재산(財團)이라는 실체에 대하여 법인격이 부여되는 때에 법인이 된다. 법인격이 있는 사단을 사단법인이라고 하고 법인격이 있는 재단을 재단법인이라고 한다(곽윤직, 2002: 172).

24) 도급계약에 있어서 수급인은 어떠한 재료에 제작, 변경, 수선 등의 작업을 하여 완성물을 만드는 경우와 경비업무 대행 등 서비스 자체를 목적으로 하는 경우로 구분된다(이은영, 2002: 383).

는지 여부에 대해 명확한 규정을 두고 있지 않다. 여기서 기계경비업자가 관제 또는 출동 등 기계경비업무의 일부를 다른 기계경비업자에게 하도급 할 수 있는지 여부가 문제될 수 있다. 이와 관련하여, 기계경비업자가 기계경비업무를 도급받아 행하는 것은 도난·화재 등 위험발생을 방지하고 그 업무를 수행하는 중에 발생한 손해에 대하여 도급받은 자가 책임을 지도록 하는데 최종적인 목표가 있는 것으로 도급받은 기계경비업자가 그 업무의 전부 또는 일부를 다른 기계경비업자에게 하도급을 하는 경우에도 그 업무수행 중에 발생한 손해에 대하여는 원 수급인이 모든 책임을 지게 된다. 따라서 특정고객으로부터 도급받은 기계경비업무의 일부를 당사자인 고객의 의사에 의하여 금지되지 아니하는 한 다른 기계경비업자에게 하도급 할 수 있다고 보는 것이 적절하다.[25]

2) 경비업의 허가

(1) 경비업 허가의 의의

학문상 허가(許可)란 법령에 의한 일반적 금지(부작위의무)를 특정한 경우에 해제하여 적법하게 일정한 행위(사실행위 또는 법률행위)를 할 수 있게 하는 행정행위를 말한다. 허가의 효과는 일반적 금지를 해제함에 그치고 배타적·독점적 권리 또는 능력을 설정하는 것이 아님으로 행정청의 허가 결과 상대방이 사실상 어떤 사업의 독점 또는 기타의 이익을 얻는 경우가 있더라도 그것은 부수적·반사적 효과에 지나지 않음이 보통이다(김남진, 2001: 250-254).

경비업 허가란 경찰행정청이 법령에서 규정된 경비업과 관련된 일반적인 금지를 해제하여 경비업을 영위할 수 있도록 하는 행정행위를 의미한다. 경비업 허가로 인해 경비업자가 얻은 경비업의 독점 또는 기타 이익은 배타적·독점적 권리가 아니라 경비업 허가에 기인하는 부수적·반사적 효과에 지나지 않는다고 본다.

지방경찰청장은 법인의 경비업 허가 신청이 법령에 규정된 요건을 충족하는 경우에는 경비업 허가를 해야만 하는데, 이때 경비업 허가 효력의 시간적 범위는 법에서 직접 규정하고 있다. 경비업 허가의 유효기간은 허가를 받은 날로부터 5년이다. 이 경우 지방경찰청장의 경비업 허가의 법적 성격은 허가를 받은 날로부터 5년 동안 허가의 효력이 유지되는 기한부 행정처분에 해당한다.[26]

---

25) 법제처 2006.12.29, 06-0329.

26) 기한(期限, Befristung)이란 행정행위의 효력의 발생 또는 소멸을 장래에 그 발생여부가 확실한 사실, 즉 장래의 특

경비업 허가 신청을 하고자하는 법인이 허가요건인 시설 등의 기준을 갖출 수 없는 경우에는 허가 신청시 시설 등의 확보계획서를 제출한 후 허가를 받은 날부터 1월 이내에 시설 등의 기준을 갖추고 지방경찰청장의 확인을 받아야 한다. 여기서 "1월 이내"라는 지방경찰청장의 경비업 허가의 효력 범위는 행정행위에 의해서 정해지는 것이 아니라 직접 영에 규정하고 있다. 따라서 이 경우 지방경찰청장의 경비업 허가의 법적 성격은 허가를 받은 날부터 1월 이내에 시설 등의 기준을 갖추는 것을 해제조건[27]으로 하는 조건부 행정처분에 해당한다고 볼 수 있다.

(2) 경비업 허가의 종류

① 신규허가

경비업을 영위하고자 하는 법인은 도급받아 행하고자 하는 경비업무를 특정하여 그 법인의 주사무소의 소재지를 관할하는 지방경찰청장의 허가를 받아야 한다. 경비업의 허가를 받고자 하는 자는 신규 허가 신청을 할 때에 경비업 허가신청서 , 법인의 정관 1부, 법인 임원의 이력서 1부, 경비인력·시설 및 장비의 확보계획서 1부(경비업 허가의 신청시 이를 갖출 수 없는 경우에 한함)를 첨부하여(전자문서 포함) 지방경찰청장에게 제출해야 한다.

신규 허가신청서를 제출받은 담당공무원은『전자정부구현을위한행정업무등의전자화촉진에관한법률』 제21조 제1항에 따라 행정정보의 공동이용을 통해 경비업 허가 신청권한이 있는지 여부를 확인하기 위해 법인등기부 등본을 확인해야 한다. 다만, 신청인이 확인에 동의하지 아니하는 경우에는 이를 첨부하여 제출하도록 해야 한다. 또한 법인의 정관을 제출받은 담당공무원은 정관에 법인의 목적, 명칭, 사무소 등 필요적 기재사항이 기재되어 있는지 확인하고 법인의 목적이 경비업을 영위하는데 적정한지 여부를 검토해야 한다. 또한 담당공무원은 임원의 자격을 심사하기 위해 제출받은 법인 임원의 이력서를 토대로 경찰기관의 경비업관리시스템 조회를 통해 결격사유 여부를 확인해야 한다. 다음의 결격사유에 해당하는 사람은 경비업을 영위하는 법인의 임원이 될 수 없다.

(a) 금치산자 또는 한정치산자

정 시점에 종속시키는 부관을 의미한다(홍정선, 2006a: 391).

27) 조건이란 행정행위의 효력의 발생 또는 소멸을 장래에 발생 여부가 불확실한 사실에 의존시키는 부관을 의미한다. 일정사실의 발생으로 수익이나 부담을 발생시키는 경우의 조건을 정지조건이라고 하고, 반면에 일정사실의 발생으로 수익이나 부담을 소멸시키는 조건을 해제조건이라고 한다(홍정선, 2006a: 390).

(b) 파산선고를 받고 복권되지 아니한 자
(c) 금고 이상의 형의 선고를 받고 그 형이 실효되지 아니한 자
(d) 『경비업법』 또는 『대통령 등의 경호에 관한 법률』에 위반하여 벌금형의 선고를 받고 3년이 지나지 아니한 자
(e) 『경비업법』 또는 이 법에 의한 명령에 위반하여 허가가 취소된 법인의 허가취소 당시의 임원이었던 자로서 그 취소 후 3년이 지나지 아니한 자

경비업의 허가를 받고자 하는 법인은 대통령령이 정하는 경비인력, 자본금, 시설 및 장비(이하 "시설 등의 기준")를 갖추어야 한다. 다만, 경비업의 허가를 신청하는 때에 시설 등의 기준(자본금 제외)을 갖출 수 없는 경우에는 시설 등의 확보계획서를 제출한 후 허가를 받은 날부터 1월 이내에 시설 등의 기준을 갖추고 지방경찰청장의 확인을 받아야 한다. 담당공무원은 경비업 허가 신청시 먼저 법인이 시설 등의 기준을 충족하였는지 여부를 검토해야 한다. 또한 법인이 시설 등의 기준을 충족하지 못하여 시설 등의 확보계획서를 제출한 경우에는 허가를 받은 날부터 1월 이내에 시설 등의 기준을 갖추었는지 여부를 확인하여 지방경찰청장에게 보고해야 한다.

시설경비업 허가를 받은 법인이 특수경비업에 대해 추가로 영업허가를 받고자 하는 경우가 있을 수 있다. 이때 자본금은 시설경비업 1억 원, 특수경비업 5억 원이므로 특수경비업을 추가로 영위하고자 하는 법인은 최소 5억 원 이상의 자본금이 있어야 한다. 자본금의 확인방법은 법인등기부등본에 기재된 자본금액수로 확인한다(경찰청, 2005: 19).

<표 4-1>의 시설 등의 기준을 살펴보면, 경비인력, 자본금, 시설 및 장비 등의 기준에 대해서 자세히 설명하고 있음을 알 수 있다. 그러나 특히 교육장에 대해서는 명확한 기준을 제시하고 있지 않다. 실무적으로는 교육장의 면적 등은 별도로 두지 않고 있으므로 허가업무 담당자가 개별적으로 판단한다. 교육장은 경비업의 허가를 받고자하는 법인이 반드시 소유할 필요는 없고 임대하여 사용하는 것도 족하다고 본다(경찰청, 2005: 17).

지방경찰청장은 경비업을 영위하려는 법인의 경비업 허가 신청이 법령에 규정된 요건을 충족하는 경우에는 허가를 해야 한다. 이 조항은 강행규정으로 경비업 허가 신청이 법령에 규정된 요건을 충족하는 경우 지방경찰청장이 임의로 경비업허가를 거부하거나 불허하지 못한다. 지방경찰청장은 경비업의 허가를 하는 경우에는 허가증을 교부한다. 민약 경비업사가 경비업 허가증을 잃어버리거나 경비업 허가증이 못쓰게 된 경우에는 지방경찰청장에게 허가증의 재교부를 신청해야 한다. 한편 지방경찰청장은 경비업 허가 신청이 법령에 규정된 요건을 충족하지 못한 경우에는 불허처분을 한다. 지방경찰청장이 불허처분을 하는 경우에는 불허이유 등을 명시하여 신청자에게 통보한다.

〈표 4-1〉 경비인력, 자본금, 시설 및 장비 등의 기준

시설 등 / 기준 / 업무별	경비인력	자본금	시설	장비 등
시설경비업무	20인 이상	1억원 이상	기준 경비인력수 이상의 사람을 동시에 교육할 수 있는 교육장	행정자치부령이 정하는 제복 및 장구 : 기준 경비인력수 분 이상의 제복 및 장구
호송경비업무	무술유단자 5인 이상	1억원 이상	기준 경비인력수 이상의 사람을 동시에 교육할 수 있는 교육장	O호송용차량 : 1대 이상 O현금호송백 : 1개 이상 O행정자치부령이 정하는 제복 및 장구 : 기준 경비인력수 분 이상의 제복 및 장구
신변보호업무	무술유단자 5인 이상	1억원 이상	기준 경비인력수 이상의 사람을 동시에 교육할 수 있는 교육장	O통신장비 O행정자치부령이 정하는 장구: 기준 경비인력수 분 이상의 장구
기계경비업무	전자 · 통신 분야 기술자격증 소지자 5인을 포함한 10인 이상	1억원 이상	기준 경비인력수 이상의 사람을 동시에 교육할 수 있는 교육장	O감지장치 · 송신장치 · 수신장치 및 관제시설 O출동차량 : 출장소별 2대 이상 O행정자치부령이 정하는 제복 및 장구 : 기준 경비인력수 분 이상의 제복 및 장구
특수경비업무	특수경비원 20인 이상	5억원 이상	기준 경비인력수 이상의 사람을 동시에 교육할 수 있는 교육장	행정자치부령이 정하는 제복 및 장구 : 기준 경비인력수 분 이상의 제복 및 장구

(1) 하나의 경비업무에 대한 자본금을 갖춘 경비업자가 그 외의 경비업무를 추가로 하고자 하는 경우 자본금을 갖춘 것으로 본다. 다만, 특수경비업자 외의 자가 특수경비업무를 추가로 하고자 하는 경우에는 이미 갖추고 있는 자본금을 포함하여 특수경비업무의 자본금 기준에 적합해야 한다.

(2) 하나의 경비업무에 대한 시설을 갖춘 경비업자가 그 외의 경비업무를 추가로 하고자 하는 경우에는 경비인력이 더 많이 필요한 경비업무에 해당하는 교육장을 갖추어야 한다.

(3) “무술유단자”라 함은 대한체육회에 가맹된 단체 또는 문화관광부에 등록된 무도관련 단체가 인정한 자에 한한다.

(4) “호송용차량”이라 함은 현금 기타 귀중품의 운반에 필요한 견고성 및 안전성을 갖추고 무선통신시설 및 경보시설을 갖춘 자동차를 말한다.

(5) "현금호송백"이라 함은 현금이나 그 밖의 귀중품을 운반하기 위한 이동용 호송장비로서 경보시설을 갖춘 것을 말한다.

② 변경허가

경비업자가 도급받은 경비업무를 변경하고자 하는 경우에도 신규 허가와 마찬가지로 그 법인의 주사무소의 소재지를 관할하는 지방경찰청장의 허가를 받아야 한다. 경비업자가 허가를 받은 경비업무를 변경하거나 새로운 경비업무를 추가하고자 하는 경우에는 경비업 변경허가신청서 및 법인의 정관 1부, 법인 임원의 이력서 1부, 경비인력·시설 및 장비의 확보계획서 1부(경비업 허가 신청시 이를 갖출 수 없는 경우에 한함)를 첨부하여 지방경찰청장에게 제출해야 한다.

변경 허가신청서를 제출받은 담당공무원은 신규 허가와 마찬가지로 경비업 변경허가 신청 권한이 있는지 여부를 확인하기 위해 법인등기부 등본을 확인해야 하고 확인이 불가능할 경우 이를 제출토록 해야 한다. 또한 담당공무원은 법인의 정관을 제출받은 경우 정관에 법인의 목적, 명칭, 사무소 등 필요적 기재사항이 기재되어 있는지 확인하고 법인의 목적이 경비업을 영위하는데 적정한지 여부를 검토해야 한다. 신규 허가에서와 마찬가지로 변경 허가에서도 담당공무원은 법인 임원의 자격을 심사하기 위해 제출받은 임원의 이력서를 토대로 결격사유 여부를 확인해야 한다.

경비업의 변경 허가를 받고자 하는 법인은 신규허가와 마찬가지로 <표4-1>과 같은 시설 등의 기준(자본금 제외)을 갖추어야 한다. 다만, 변경 허가 신청시 시설 등의 기준을 갖출 수 없는 경우에는 시설 등의 확보계획서를 제출한 후 변경 허가를 받은 날부터 1월 이내에 시설 등의 기준을 갖추고 지방경찰청장의 확인을 받아야 한다.

담당공무원은 경비업 변경 허가 신청시 법인이 시설 등의 기준을 충족하였는지 여부를 검토해야 한다. 이때 법인이 시설 등의 기준을 충족하지 못하여 시설 등의 확보계획서를 제출한 경우에는 변경 허가를 받은 날부터 1월 이내에 시설 등의 기준을 갖추었는지 확인하여 지방경찰청장에게 보고해야 한다.

지방경찰청장은 경비업 변경허가 신청이 법령에 규정된 요건을 충족하는 경우에는 허가를 해야 한다. 경비업 허가 효력의 시간적 범위는 직접 법에서 정하고 있다.[28] 경비업 변경허가의 유효기간 또한 허가를 받은 날로부터 5년이다. 만약 경비업 변경허가 신청을 하고자하는 법인이 허가요건인 시설 등의 기준을 갖출 수 없는 경우에는 변경허가 신청시 시설 등의 확보계획서를 제출한 후 변경허가를 받은 날부터 1월 이내에 시설 등의 기준을 갖추고 지방경

28) 이와 같이 법규에서 직접 효력범위를 규정하고 있는 경우를 법정부관이라고 한다(홍정선, 2006a: 389).

찰청장의 확인을 받아야 한다.

지방경찰청장은 경비업 변경허가 신청이 법령에 규정된 요건을 충족하지 못한 경우에는 불허처분을 한다. 지방경찰청장이 불허처분을 하는 경우에는 불허 이유 등을 명시하여 신청자에게 통보한다. 지방경찰청장은 경비업의 변경허가를 하는 경우에는 허가증을 교부한다.

(3) 갱신허가

경비업자가 경비업 허가의 유효기간인 5년이 만료된 후에도 계속하여 경비업을 영위하고자 하는 경우에는 지방경찰청장으로부터 갱신허가를 받아야 한다. 지방경찰청장의 경비업 허가에 부과된 법정기한은 허가를 받은 날로부터 5년 동안이므로 그 기한이 경과하는 즉시 지방경찰청장의 경비업 허가의 효력은 소멸하는 것으로 보아야 한다. 따라서 갱신기간 이후에 경비업을 영위했다면 무허가 영업에 해당한다. 예를 들어 1999년 4월 1일 시설경비업 허가를 받고 2000년 2월 1일 기계경비업 허가를 추가로 받았다면, 허가갱신기간은 신규허가 뿐만 아니라 변경허가도 포함하는 개념이므로 최종 변경허가가 있는 2000년 2월 1일부터 5년을 기산하므로 만료일은 2005년 1월 31일이 된다.

경비업의 갱신허가를 받고자 하는 자는 허가의 유효기간 만료일 30일 전까지 경비업 갱신허가신청서(전자문서로 된 신청서를 포함)에 허가증 원본 및 정관(변경사항이 있는 경우에 한함)을 첨부하여 지방경찰청장에게 제출해야 한다. 갱신허가 신청서를 제출받은 담당공무원은 신규허가와 같이 법인등기부 등본을 확인하고 정관을 검토한다. 또한 법인 임원의 결격사유 여부와 법인의 경비인력, 자본금, 시설 및 장비 등의 기준 충족 여부를 심사해야 한다.

지방경찰청장은 경비업 갱신허가 신청이 법령에 규정된 요건을 충족하는 경우에는 허가를 해야 한다. 경비업 갱신허가의 유효기간 또한 허가를 받은 날로부터 5년이다. 또한 지방경찰청장은 경비업 갱신허가 신청이 법령에 규정된 요건을 충족하지 못한 경우에는 불허처분을 한다. 지방경찰청장이 불허처분을 하는 경우에는 불허 이유 등을 명시하여 신청자에게 통보한다. 지방경찰청장은 경비업의 변경허가를 하는 때에는 유효기간이 만료되는 허가증을 회수한 후 새로운 허가증을 교부해야 한다.

3) 경비업의 취소 및 영업정지

경비업 허가관청은 경비업자가 법 제19조 제1항 제1호 내지 제6호의 어느 하나에 해당하는 때에는 그 허가를 취소하고, 동조 동항 제7호에 해당하는 때에는 그 허가를 취소하거나 6월 이내의 기간을 정하여 영업의 전부 또는 일부에 대하여 영업정지를 명할 수 있다.

(1) 법적 성질

① 취소의 법적 성질

법 제19조 제1항은 경비업 취소의 법적 근거를 마련하고 있다. 그런데 여기서 주의할 점은 실제 취소라는 용어가 사용되고 있으나 그 법적 성질이 '취소'인지 '철회'인지 명확하게 구분되지 않기 때문에 취소의 법적 성질에 대해서 좀 더 명확히 할 필요가 있다.

행정행위의 취소(取消)란 좁은 의미로는 직권취소, 즉 일단 유효하게 성립한 행정행위를 흠이 있음을 이유로 또는 부당함을 이유로 행정청이 그 효력을 소멸시키는 행정행위를 의미한다. 직권취소 이외에 이해관계자의 쟁송제기에 의해 심판기관이 행하는 취소인 쟁송취소까지도 포함하여 광의의 취소라고 한다. 쟁송취소는 회고적으로 적법성을 확보하려는 것이므로 일반적으로 소급효가 인정되는데 반하여, 직권취소는 상대방에게 귀책사유가 있을 때를 제외하고는 취소의 효과가 소급하지 않는 것이 보통이다(김남진, 2001: 347- 351). 직권취소는 행정관청 스스로의 반성에 의거하여 행하는 취소를 의미한다.[29] 취소는 유효하게 성립한 행위의 효과를 사후에 소멸시키는 점에서 처음부터 효력이 없는 무효행위임을 선언하는 행위와 구별되고, 성립에 흠이 있는 행위의 효과를 소멸시킨다는 점에서 사후의 새로운 사정을 이유로 효력을 소멸시키는 철회와 구별된다(홍정선, 2006a: 369). 반면에 행정행위의 철회(撤回)란 흠 없이 성립한 행정행위를 그 효력을 존속시킬 수 없는 새로운 사정이 발생하였음을 이유로 장래에 향하여 그의 효력을 소멸시키는 행정행위를 말한다. 실정법상으로 법적 성질이 철회임에도 불구하고 대부분 '취소'라는 표현으로 사용되고 있다. 행정행위 전체를 소멸시키는 경우는 물론 부분철회도 철회에 포함된다고 볼 수 있다(김남진, 2001: 359).

② 영업정지의 법적 성질

법 제19조 제1항은 경비업 영업정지의 법적 근거를 마련하고 있다. 영업정지란 행정청이 이미 허가된 경비업의 효력을 일정기간 정지시키는 행정행위를 의미한다. 여기서 영업정지의

29) 학설 또는 판례를 통해 취소사유로 제시되는 것으로는 ① 권한초과 ② 행위능력의 결여 ③ 사기, 강박, 증뢰 등 부정행위에 의한 경우 ④ 착오의 결과로서 위법·부당하게 된 경우 ⑤ 공서양속에 위배되는 경우 ⑥ 기타 행위내용이 단순히 경미한 법규위반, 조리법 등 불문법위반인 경우 또는 공익위반인 경우 ⑦ 경미한 절차나 형식을 결여한 경우 등이 있다(김남진, 2001: 352).

법적 성질은 철회와 마찬가지로 행정의 실효성확보수단인 관허사업의 제한으로 볼 수 있다.

영업정지는 영업의 전부 또는 일부에 대하여 할 수 있다. 따라서 경비업자가 허가를 받은 수개의 경비업무 중 특정한 경비업무에 대해서만 영업정지가 가능하다. 또한 지역적으로 전국단위, 지방경찰청별 단위, 출장소별 단위 등을 특정하여 영업정지가 가능하다(경찰청, 2005: 31).

(2) 취소 및 영업정지의 사유

경비업 허가관청은 경비업자가 다음의 (a) 내지 (f)의 경우에 해당하는 때에는 그 허가를 취소하고, (g)에 해당하는 때에는 그 허가를 취소하거나 6월 이내의 기간을 정하여 영업의 전부 또는 일부에 대하여 영업정지를 명할 수 있다. 허가관청은 허가 취소 또는 영업정지처분을 하는 때에는 경비업자가 허가받은 경비업무 중 허가취소 또는 영업정지 사유에 해당되는 경비업무에 한하여 처분을 해야 한다. 다만, (b)의 사유에 해당하여 허가 취소를 하는 때에는 그러하지 아니하다.

(a) 허위 그 밖의 부정한 방법으로 허가를 받은 때
(b) 법 제7조 제5항의 규정에 위반하여 허가받은 경비업무 외의 업무에 경비원을 종사하게 한 때
(c) 법 제7조 제8항의 규정에 위반하여 경비업 및 경비관련업 외의 영업을 한 때
(d) 정당한 사유 없이 허가를 받은 날부터 1년 이내에 경비 도급실적이 없거나 계속하여 1년 이상 휴업한 때
(e) 정당한 사유 없이 최종 도급계약 종료일의 다음 날부터 1년 이내에 경비 도급실적이 없을 때
(f) 영업정지처분을 받고 계속하여 영업을 한 때
(g) 이 법 또는 이 법에 의한 명령에 위반한 때

경비업 취소사유들 중 (a)에 해당하는 경우는 일단 유효하게 성립한 경비업 허가를 흠이 있거나 그 허가가 부당함을 이유로 행정청이 그 효력을 소멸시키는 행정행위로 본래 의미의 취소에 해당한다. 그러나 나머지 (b) 내지 (g)에 해당하는 경우의 취소는 흠 없이 성립한 경비업 허가에 대하여 그 효력을 존속시킬 수 없는 새로운 사정이 발생하였음을 이유로 장래에 향하여 그의 효력을 소멸시키는 것이므로 그 법적 성질은 철회에 해당한다.

아울러 철회는 행정의 실효성 확보 수단으로서의 기능도 수행하고 있는데, 이 경우 경비업 허가의 철회는 허가관청이 경비업 허가의 실효성을 확보하기 위해서 부과하는 불이익처분들 중의 하나인 관허사업의 제한에 해당하는 것으로 볼 수 있다.

(3) 행정처분의 기준

① 일반기준

ⓐ 위반행위의 정도 등을 참작하여 개별기준에 의한 행정처분의 기준을 가중하거나 경감할 수 있다.

ⓑ 위반행위가 2 이상인 경우로서 그에 해당하는 각각의 처분기준이 다른 경우에는 그 중 중한 처분기준에 의하며, 2 이상의 처분기준이 동일한 영업정지인 경우에는 중한 처분기준의 2분의 1까지 가중할 수 있으되, 각 처분기준을 합산한 기간을 초과할 수 없다.

ⓒ 위반행위의 횟수에 따른 행정처분의 기준은 당해 위반행위가 있은 날 이전 최근 2년 간 같은 위반행위로 행정처분을 받은 경우에 적용한다.

ⓓ 영업정지처분에 해당하는 위반행위가 있은 날 이전 최근 2년간 같은 위반행위로 2회 영업정지처분을 받은 경우에는 위 표의 기준에 불구하고 그 위반행위에 대한 행정처분기준은 허가취소로 한다.

② 개별기준

경비업 허가의 취소 및 영업정지의 개별기준은 <표 4-2>에서 정리했다. 개별기준의 내용은 다음과 같다.

ⓐ 법 제4조의 규정에 위반하여 지방경찰청장의 허가 없이 경비업무를 변경한 경우 : 1차 위반시 경고, 2차 위반시 영업정지 6월, 3차 위반시 허가 취소

ⓑ 경비업자가 법 제7조제2항의 규정에 위반하여 도급을 의뢰받은 경비업무가 위법한 것임에도 이를 거부하지 아니한 경우 : 1차 위반시 영업정지 1월, 2차 위반시 영업정지 3월, 3차 위반시 허가 취소

ⓒ 법 제10조제3항의 규정에 위반하여 동조 제1항 각호 또는 동조 제2항 각호의 결격사유에 해당하는 자를 경비지도사 또는 경비원으로 채용 또는 근무하게 하거나 법 제12조제1항의 규정에 위반하여 경비지도사를 선임한 경우 : 1차 위반시 영업정지 1월, 2차 위반시 영업정지 3월, 3차 위반시 허가 취소

ⓓ 경비원으로 하여금 법 제13조의 규정에 의한 교육을 받게 하지 아니한 경우 : 1차 위반시 경고, 2차 위반시 경고, 3차 위반시 영업정지 1월

ⓔ 법 제16조의 규정에 의한 경비원의 복장·장비 및 출동차량에 관한 규정을 위반한 경우 : 1차 위반시 경고, 2차 위반시 경고, 3차 위반시 영업정지 1월

ⓕ 법 제24조의 규정에 의한 경찰청장 · 지방경찰청장 또는 관할경찰관서장의 감독상 명령에 따르지 아니한 경우 : 1차 위반시 경고, 2차 위반시 영업정지 3월, 3차 위반시 허가 취소

ⓖ 법 제26조의 규정에 위반하여 경비업자가 경비원이 업무수행 중에 고의 또는 과실로 발생한 손해를 배상하지 아니한 경우 : 1차 위반시 경고, 2차 위반시 영업정지 3월, 3차 위반시 영업정지 6월

〈표 4-2〉 경비업 허가의 취소 및 영업정지의 개별기준

위반행위	해당법조문	행정처분기준		
		1차 위반	2차 위반	3차 이상 위반
1. 법 제4조의 규정에 위반하여 지방경찰청장의 허가 없이 경비업무를 변경한 경우	법 제19조 제1항 제7호	경고	영업정지 6월	허가취소
2. 경비업자가 법 제7조제2항의 규정에 위반하여 도급을 의뢰받은 경비업무가 위법한 것임에도 이를 거부하지 아니한 경우	법 제19조 제1항 제7호	영업정지 1월	영업정지 3월	허가취소
3. 법 제10조제3항의 규정에 위반하여 동조 제1항 각호 또는 동조 제2항 각호의 결격사유에 해당하는 자를 경비지도사 또는 경비원으로 채용 또는 근무하게 하거나 법 제12조제1항의 규정에 위반하여 경비지도사를 선임한 경우	법 제19조 제1항 제7호	영업정지 1월	영업정지 3월	허가취소
4. 경비원으로 하여금 법 제13조의 규정에 의한 교육을 받게 하지 아니한 경우	법 제19조 제1항 제7호	경고	경고	영업정지 1월
5. 법 제16조의 규정에 의한 경비원의 복장 · 장비 및 출동차량에 관한 규정을 위반한 경우	법 제19조 제1항 제7호	경고	경고	영업정지 1월
6. 법 제24조의 규정에 의한 경찰청장 · 지방경찰청장 또는 관할경찰관서장의 감독상 명령에 따르지 아니한 경우	법 제19조 제1항 제7호	경고	영업정지 3월	허가취소
7. 법 제26조의 규정에 위반하여 경비업자가 경비원이 업무수행 중에 고의 또는 과실로 발생한 손해를 배상하지 아니한 경우	법 제19조 제1항 제7호	경고	영업정지 3월	영업정지 6월

4) 경비지도사

(1) 경비지도사의 선임 및 배치

경비지도사는 경비업무에 종사하는 경비원을 지도, 감독 및 교육하는 업무를 담당하며, 일반경비지도사와 기계경비지도사로 구분된다. 일반경비지도사는 시설경비업무, 호송경비업무, 신변보호업무 및 특수경비업무에 종사하는 경비원을 지도, 감독 및 교육하는 업무를 담당한다. 기계경비지도사는 기계경비업무에 종사하는 경비원을 지도, 감독 및 교육하는 업무를 담당한다.

경비업자는 <표 4-3>의 기준에 따라 경비지도사를 선임·배치해야 한다. 만약 선임·배치된 경비지도사의 결원이 발생하거나 자격정지 등의 사유로 그 직무를 수행할 수 없는 때에는 경비업자는 15일 이내에 경비지도사를 새로 충원해야 한다.

(2) 경비지도사의 준수사항

① 일반경비지도사의 준수사항

(a) 경비원의 지도·감독·교육에 관한 계획의 수립·실시 및 그 기록의 유지(월 1회 이상)
(b) 경비현장에 배치된 경비원에 대한 순회점검 및 감독(주 1회 이상)
(c) 경찰기관 및 소방기관과의 연락방법에 대한 지도

② 기계경비지도사의 준수사항

(a) 기계경비지도사는 기계경비업무를 위한 기계장치의 운용 및 감독(주 1회 이상)
(b) 기계경비지도사는 오경보방지 등을 위한 기기관리의 감독(주 1회 이상)

〈표 4-3〉 경비지도사의 선임 및 배치 기준

구 분	선임 및 배치 기준
일반경비지도사	1) 시설경비업, 호송경비업, 신변보호업 및 특수경비업에 한하여 선임 및 배치
	2) 경비원을 배치하여 영업활동을 하고 있는 시역을 관할하는 지방경찰청이 관할구역별로 경비원 200인까지는 일반경비지도사 1인씩 선임 및 배치하되, 200인을 초과하는 100인까지 마다 1인씩을 추가로 선임 및 배치 다만, 특수경비업의 경우는 제19조제1항의 규정에 의한 특수경비원 교육을 이수한 일반경비지도사를 선임 및 배치
	3) 시설경비업·호송경비업·신변보호업 및 특수경비업 가운데 2 이상의 경비업을 하는 경우 경비지도사의 배치는 각 경비업에 종사하는 경비원의 수를 합산한 인원을 기준

구 분	선임 및 배치 기준
기계 경비지도 사	4) 기계경비업에 한하여 선임 및 배치
	5) 경비원을 배치하여 영업활동을 하고 있는 지역을 관할하는 지방경찰청의 관할 구역별로 경비원 200인까지는 일반경비지도사 1인씩 선임 · 배치하되, 200인을 초과하는 100인까지 마다 1인씩을 추가로 선임 및 배치
예 외	6) 경비지도사가 선임 · 배치된 지방경찰청의 관할구역에 인접하는 지방경찰청의 관할구역에 배치되는 경비원이 30인 이하인 경우에는 앞의 2)와 5)의 규정에 불구하고 경비지도사를 따로 선임 및 배치를 하지 아니할 수 있다. 이 경우 인천지방경찰청은 서울지방경찰청과 인접한 것으로 본다.

(3) 경비지도사의 자격인정

① 경비지도사의 결격사유

경비지도사의 자격을 인정받기 위해서는 다음의 결격사유에 해당되지 않아야 한다.

(a) 만 18세 미만인 자, 금치산자, 한정치산자,
(b) 파산선고를 받고 복권되지 아니한 자,
(c) 금고 이상의 실형의 선고를 받고 그 집행이 종료(집행이 종료된 것으로 보는 경우를 포함)되거나 집행이 면제된 날부터 5년이 지나지 아니한 자,
(d) 금고 이상의 형의 집행유예선고를 받고 그 유예기간 중에 있는 자

② 자격인정 절차

a. 시험의 실시계획 및 공고

경비지도사가 되기 위해서는 전술한 결격사유가 없는 사람으로서 경찰청장이 시행하는 경비지도사시험에 합격해야 한다. 경비지도사시험의 시험과목, 시험공고, 시험의 일부가 면제되는 사람의 범위 그 밖에 경비지도사시험에 관하여 필요한 사항은 별도의 영으로 정하고 있다.

경찰청장은 경비지도사의 수급상황을 조사하여 경비지도사를 새로이 선발할 필요가 있다고 인정되는 때에는 법 제11조 제1항의 규정에 의한 경비지도사시험(이하 "시험")의 실시계획을 수립해야 한다. 경찰청장은 시험의 실시계획에 따라 시험을 실시하고자 하는 때에는 응시

자격, 시험과목, 시험일시, 시험장소 및 선발예정인원 등을 시험시행일 60일 전까지 공고해야 한다. 공고는 관보게재와 각 지방경찰청 게시판 및 인터넷 홈페이지에 게시하는 방법에 의한다. 경비지도사시험에 응시하고자 하는 자는 응시원서(전자문서 포함)를 경찰청장에게 제출해야 한다.

b. 시험의 방법 및 과목 등

시험은 필기시험의 방법에 의한다. 필기시험은 제1차 시험과 제2차 시험으로 구분하여 실시한다. 이 경우 경찰청장이 필요하다고 인정하는 때에는 제1차 시험과 제2차 시험을 병합하여 실시할 수 있다. 제1차 시험 및 제2차 시험은 각각 선택형으로 하되, 제2차 시험에 있어서는 선택형 외에 단답형을 추가할 수 있다. 제1차 시험 및 제2차 시험의 과목은 <표 4-4>에서와 같다.

제2차 시험은 제1차 시험에 합격한 자에 대하여 실시한다. 다만, 제1항 후단의 규정에 의하여 제1차 시험과 제2차 시험을 병합하여 실시하는 경우에는 그러하지 아니하다. 제1차 시험과 제2차 시험을 병합하여 실시하는 경우에는 제1차 시험에 불합격한 자가 치른 제2차 시험은 이를 무효로 한다. 제1차 시험에 합격한 자에 대하여는 다음 회의 시험에 한하여 제1차 시험을 면제한다.

경찰청장은 시험문제의 출제를 위하여 다음에 해당하는 자 중에서 시험출제위원을 임명 또는 위촉한다. 시험출제위원의 수는 시험과목별로 2인 이상으로 한다. 시험출제위원으로 임명 또는 위촉된 자는 경찰청장이 정하는 준수사항을 성실히 이행해야 한다. 시험출제위원과 시험관리 업무에 종사하는 자에 대하여는 예산의 범위 안에서 수당과 여비를 지급할 수 있다. 다만, 공무원인 위원이 그 소관업무와 직접적으로 관련하여 시험관리 업무에 종사하는 경우에는 그러하지 아니하다.

ⓐ 고등교육법에 의한 전문대학 이상의 교육기관에서 경찰행정학과 등 경비업무 관련학과 및 법학과의 부교수(전문대학이 경우에는 교수) 이상으로 재직하고 있는 자
ⓑ 석사 이상의 학위소지자로 경찰청장이 정하는 바에 의하여 경비업무에 관한 연구실적이나 전문경력이 인정되는 자
ⓒ 방법 · 경비업무를 3년 이상 담당한 경감 이상 경찰공무원의 경력이 있는 자

〈표 4-4〉 경비지도사의 시험 과목

구분	제1차 시험	제2차 시험
	선택형	선택형 또는 단답형
일반경비지도사	○ 법학개론 ○ 민간경비론	○ 경비업법(청원경찰법을 포함한다) ○ 소방학, 범죄학 또는 경호학 중 1과목
기계경비지도사		○ 경비업법(청원경찰법을 포함) ○ 기계경비개론 또는 기계경비기획 및 설계 중 1과목

c. 시험의 일부 면제

경비지도사 시험은 일정한 요건을 갖춘 경우 제1차 시험을 면제할 수 있다. 면제대상자는 다음과 같다.

(a) 경찰공무원법에 의한 경찰공무원으로 7년 이상 재직한 자
(b) 『대통령 등의 경호에 관한 법률』에 의한 경호공무원 또는 별정직공무원으로 7년 이상 재직한 자
(c) 군인사법에 의한 각 군 전투병과 또는 헌병병과 부사관 이상 간부로 7년 이상 재직한 자
(d) 『경비업법』에 의한 경비업무에 7년 이상(특수경비업무의 경우에는 3년 이상) 종사하고 다음에 열거한 교육과정을 이수한 자
   ㉠ 고등교육법에 의한 전문대학 이상의 교육기관(경비지도사의 시험과목 3과목 이상이 개설된 교육기관에 한한다)에서 1년 이상의 경비업무관련 과정을 마친 사람
   ㉡ 경찰청장이 지정하는 기관 또는 단체에서 실시하는 64시간 이상의 경비지도사 양성과정을 마치고 수료시험에 합격한 사람
(e) 고등교육법에 의한 대학 이상의 학교를 졸업한 자로서 재학 중 영 제12조 제3항의 규정에 의한 경비지도사 시험과목을 3과목 이상 이수하고 졸업한 후 경비업무에 종사한 경력이 3년 이상인 자
(f) 고등교육법에 의한 전문대학을 졸업한 자로서 재학 중 전술한 <표 4-4> 경비지도사의 시험과목 중 3과목 이상 이수하고 졸업한 후 경비업무에 종사한 경력이 5년 이상인 자
(g) 일반경비지도사의 자격을 취득한 후 기계경비지도사의 시험에 응시하는 자 또는 기계경비지도사의 자격을 취득한 후 일반경비지도사의 시험에 응시하는 자

d. 시험합격자의 결정

제1차 시험의 합격결정에 있어서는 매 과목 100점을 만점으로 하며, 매 과목 40점 이상, 전 과목 평균 60점 이상 득점한 자를 합격자로 결정한다. 제2차 시험의 합격결정에 있어서는 선발예정인원의 범위 안에서 60점 이상을 득점한 자중에서 고득점 순으로 합격자를 결정한다. 이 경우 동점자로 인하여 선발예정인원이 초과되는 때에는 동점자 모두를 합격자로 한다. 경찰청장은 제2

차 시험에 합격한 자에 대하여 합격공고를 하고, 합격 및 교육소집 통지서를 교부해야 한다.

e. 경비지도사 교육 및 자격증 교부

경비지도사가 되려는 사람은 경비지도사시험에 합격한 후에 경비지도사 교육을 받아야 한다. 경비지도사 교육과목 및 시간은 <표 4-5>와 같다. 경비지도사 교육에 소요되는 비용은 교육을 받는 자의 부담으로 한다. 경찰청장은 경비지도사 교육을 받은 사람에게 경비지도사자격증을 교부해야 한다. 이때 경찰청장은 경비지도사시험에 합격하고 경비지도사 교육을 받은 사람에 대하여는 경비지도사자격증 교부대장에 소정의 사항을 기재한 후, 경비지도사 자격증을 교부한다.

〈표 4-5〉 경비지도사의 교육 과목 및 시간

구분 (교육시간)	과 목		시간
공통교육 (28시간)	『경비업법』		4
	『경찰관직무집행법』 및 『청원경찰법』		3
	테러 대응요령		3
	화재대처법		2
	응급처치법		3
	분사기 사용법		2
	교육기법		2
	예절 및 인권교육		2
	체포 · 호신술		3
	입교식 · 평가 · 수료식		4
자격의 종류별 교육 (16시간)	일반 경비지도사	시설경비	2
		호송경비	2
		신변보호	2
		특수경비	2
		기계경비개론	3
		일반경비현장실습	5
	기계 경비지도사	기계경비운용관리	4
		기계경비기획및설계	4
		인력경비개론	3
		기계경비현장실습	5
계			44

※ 비고 : 일반경비지도사 자격증 취득자 또는 기계경비지도사 자격증 취득자가 자격증 취득일로부터 3년 이내에기계경비지도사 또는 일반경비지도사 시험에 합격하여 교육을 받을 경우에는 공통교육은 면제한다.

(4) 경비지도사의 자격취소 및 정지

① 경비지도사의 자격취소

경찰청장은 경비지도사가 (a) 법 제10조 제1항 각호의 결격사유에 해당하게 된 때, (b) 허위 그 밖의 부정한 방법으로 경비지도사자격증을 교부받은 때, (c) 경비지도사자격증을 다른 사람에게 빌려주거나 양도한 때에 해당하는 경우에는 그 자격을 취소해야 한다. 경찰청장은 경비지도사의 자격을 취소하는 때에는 경비지도사자격증을 회수해야 한다. 경비지도사의 자격취소 규정은 경비지도사의 자격정지와는 달리 일정한 요건에 해당되면 반드시 그 자격을 취소해야만 하는 강행규정의 성질을 가진다.

경비지도사의 자격취소 또한 경비업의 허가취소에서와 마찬가지로 취소의 법적 성질이 문제된다. (a) 또는 (b)에 해당하는 경우의 취소는 일단 유효하게 성립한 경비지도사의 자격 인정을 흠이 있음을 이유로 경찰청장이 그 효력을 소멸시키는 행정행위로 본래 의미의 취소에 해당하지만, (c)에 해당하는 경우의 취소는 흠 없이 성립한 경비지도사 자격인정에 대하여 그 효력을 존속시킬 수 없는 새로운 사정이 발생하였음을 이유로 장래에 향하여 그의 효력을 소멸시키는 행정행위이므로 그 법적 성질은 철회에 해당한다고 볼 수 있다.

② 경비지도사의 자격정지

경찰청장은 경비지도사가 법 제12조 제3항의 규정에 위반하여 직무를 성실하게 수행하지 아니한 때 또는 법 제24조의 규정에 의한 경찰청장 또는 지방경찰청장의 명령을 위반한 때에 해당하는 경우에는 1년의 범위 내에서 그 자격을 정지시킬 수 있다. 자격정지란 경찰청장이 이미 허가한 경비지도사 자격의 효력을 일정기간 정지시키는 행정행위를 의미한다.

경찰청장은 경비지도사의 자격을 정지한 때에는 그 정지기간 동안 경비지도사자격증을 회수하여 보관해야 한다. 경비지도사의 자격정지 처분 기준은 다음과 같다. 자세한 내용은 <표 4-6>에서 정리했다.

(a) 법 제12조 제3항의 규정에 위반하여 직무를 성실하게 수행하지 아니한 때 : 1차 위반시 자격정지 3월, 2차 위반시 자격정지 6월, 3차 위반시 자격정지 12월

(b) 법 제24조의 규정에 의한 경찰청장·지방경찰청장의 명령을 위반한 때 : 1차 위반시 자격정지 1월, 2차 위반시 자격정지 6월, 3차 위반시 자격정지 9월

〈표 4-6〉 경비지도사의 자격정지 처분 기준

위반행위	해당 법조문	행정처분기준		
		1차	2차	3차 이상
1. 법 제12조 제3항의 규정에 위반하여 직무를 성실하게 수행하지 아니한 때	법 제20조 제2항 제1호	자격정지 3월	자격정지 6월	자격정지 12월
2. 법 제24조의 규정에 의한 경찰청장·지방경찰청장의 명령을 위반한 때	법 제20조 제2항 제2호	자격정지 1월	자격정지 6월	자격정지 9월

※ 비고 : 위반행위의 횟수에 따른 행정처분의 기준은 당해 위반행위가 있은 이전 최근 2년간 같은 위반행위로 행정처분을 받은 경우에 적용한다.

5) 경비원

(1) 경비원의 개념 및 유형 등

경비원이란 경비업자가 경비서비스를 제공하기 위해 채용한 고용인을 말한다. 경비원은 시설경비업무, 호송경비업무, 신변보호업무 또는 기계경비업무를 수행하는 일반경비원과 특수경비업무를 수행하는 특수경비원으로 구분된다. 경비원은 직무를 수행함에 있어 타인에게 위력을 과시하거나 물리력을 행사하는 등 경비업무의 범위를 벗어난 행위를 해서는 안 된다. 또한 누구든지 경비원으로 하여금 경비업무의 범위를 벗어난 행위를 하게 해서도 안 된다.

한편, 아파트 경비원의 경우, 『경비업법』의 경비원인 경우도 있고 그렇지 않은 경우도 있을 수 있다. 즉 공동주택 전체에 대하여 관리하는 관리주체의 역할을 수행한다면 『주택법』의 적용을 받는 대상이므로 『경비업법』상의 경비원에 해당하지 않는다. 그러나 아파트 입주자대표회의에서 경비업자와 계약을 통해 경비업무만을 별도로 도급한 경우 경비업자에게 고용된 이후 아파트에 배치된 경비원은 『경비업법』의 경비원에 해당한다(경찰청, 2005: 8).

경비원의 제복은 경찰공무원 또는 군인의 제복과 색상 및 표지장이 명확히 구별될 수 있어야 하며, 경비원임이 식별될 수 있는 복장으로 정해야 한다. 경비업자가 경비원의 제복을 정한 때에는 주된 사무소를 관할하는 지방경찰청장에게 그 형식 및 색상을 확인할 수 있는 사진을 제출해야 한다. 경비원에 대한 지휘·감독을 위하여 조원, 조장, 반장 및 대장의 계급 제도를 실시하는 경우 그 계급장은 <그림 4-1>에 의한다.

경비업자는 근무의 지역 및 내용에 따라 경비원으로 하여금 제복외의 복장을 착용하게 할 수 있다. 경비업자는 제복외의 복장을 착용하는 경비원을 동일한 배치장소에 2인 이상을 배치할 경우 동일한 복장을 착용하게 해야 한다. 다만, 신변보호업무의 수행 등 부득이한 사유가 있는 경우에는 그러하지 아니하다.

경비원이 휴대하는 장구의 종류는 경적·경봉 및 분사기 등으로 하되, 근무 중에 한하여 이를 휴대할 수 있다. 경비업자가 경비원으로 하여금 분사기를 휴대하여 직무를 수행하게 하는 경우에는『총포·도검·화약류등단속법』에 의하여 미리 분사기의 소지허가를 받아야 한다.

〈그림 4-1〉 경비원의 계급장

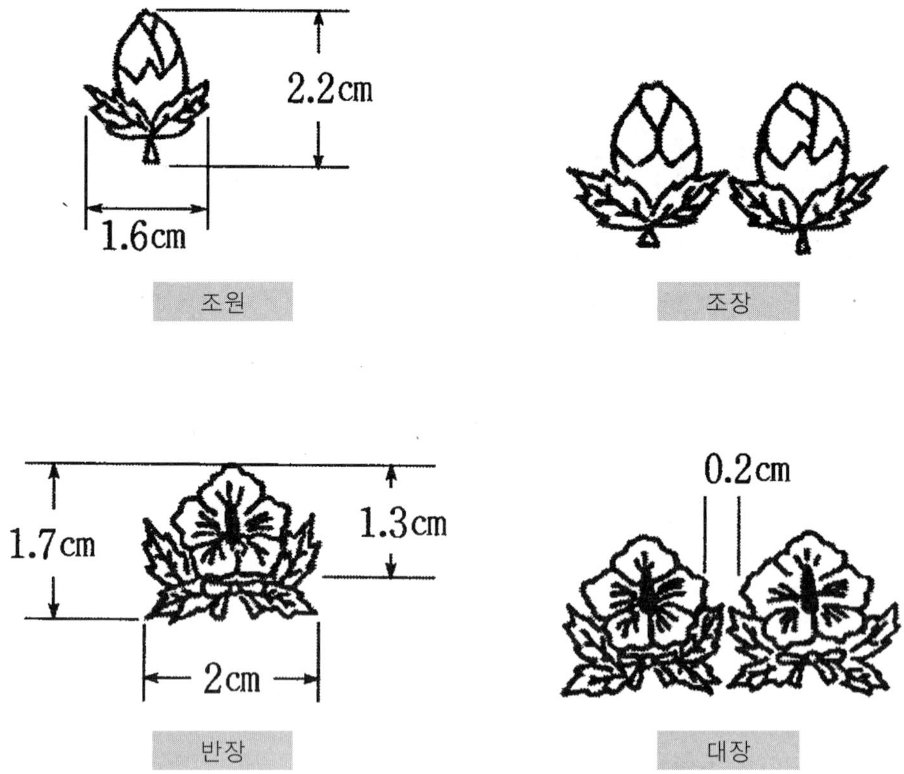

재질 : 무궁화 → 황색금속지
무궁화잎 → 은색금속지

(2) 경비원의 결격사유

지방경찰청장 또는 경찰관서장은 경비원이 결격사유에 해당하게 된 사실을 알게 되거나 이 법 또는 이 법에 의한 명령에 위반한 때에는 경비업자에게 그 사실을 통보해야 한다. 지방경찰청장 또는 경찰관서장은 경비원이 결격사유에 해당하게 된 사실 등을 경비업자에게 통보하는 때에는 그 사유를 명시한 서면 등으로 해야 한다.

다음의 결격사유에 해당하는 사람은 경비원이 될 수 없다. 따라서 경비업자는 결격사유가 있는 일반경비원 및 특수경비원을 채용 또는 근무하게 해서는 안 된다.

① 일반경비원의 결격사유

ⓐ 만 18세 미만인 자, 금치산자, 한정치산자
ⓑ 파산선고를 받고 복권되지 아니한 자
ⓒ 금고 이상의 실형의 선고를 받고 그 집행이 종료(집행이 종료된 것으로 보는 경우를 포함)되거나 집행이 면제된 날부터 5년이 지나지 아니한 자
ⓓ 금고 이상의 형의 집행유예선고를 받고 그 유예기간 중에 있는 자

② 특수경비원의 결격사유

ⓐ 만 18세 미만 또는 만 58세 이상인 자, 금치산자, 한정치산자
ⓑ 파산선고를 받고 복권되지 아니한 자
ⓒ 금고 이상의 실형의 선고를 받고 그 집행이 종료(집행이 종료된 것으로 보는 경우를 포함)되거나 집행이 면제된 날부터 5년이 지나지 아니한 자
ⓓ 금고 이상의 형의 집행유예선고를 받고 그 유예기간 중에 있는 자
ⓔ 금고 이상의 형의 선고유예를 받고 그 유예기간 중에 있는 자
ⓕ 팔과 다리가 완전하고 두 눈의 맨눈시력 각각 0.2 이상 또는 교정시력 각각 0.8 이상의 신체조건에 미달하는 자

(3) 특수경비원의 의무 등

① 특수경비원의 의무

특수경비원은 공항 등 국가중요시설의 경비 및 도난·화재 그 밖의 위험발생을 방지하는 업무를 도급받아 행하는 특수경비업자가 채용한 근로자이다. 특수경비원은 배치된 경비구역 안에서 관할 경찰서장 및 공항경찰대장 등 국가중요시설의 경비책임자(이하 "관할 경찰관서장")

와 국가중요시설의 시설주의 감독을 받아 시설을 경비하고 도난·화재 그 밖의 위험의 발생을 방지하는 업무를 수행한다. 따라서 특수경비원에게는 국가공무원 신분인 경찰관에 준하는 다음과 같은 엄격한 의무가 부여된다.

ⓐ 특수경비원은 업무 수행 도중 국가중요시설에 대한 경비업무 수행 중 국가중요시설의 정상적인 운영을 해치는 장해를 일으켜서는 안 된다.
ⓑ 특수경비원은 직무를 수행함에 있어 시설주 · 관할 경찰관서장 및 소속 상사의 직무상 명령에 복종해야 한다.
ⓒ 특수경비원은 소속 상사의 허가 또는 정당한 사유 없이 경비구역을 벗어나서는 안 된다.
ⓓ 특수경비원은 파업 · 태업 그 밖에 경비업무의 정상적인 운영을 저해하는 일체의 쟁의행위를 해서는 안 된다.

국가중요시설의 경비 등을 도급받은 특수경비업자는 법 제14조 제1항에 따라 특수경비원으로 하여금 배치된 경비구역 안에서 관할 경찰서장 등 경비책임자 외에 국가중요시설의 시설주의 감독을 받아 경비 등의 업무를 수행하도록 하고 있습니다. 그러나 법 제7조 제1항에서 경비업자는 경비대상시설 시설주의 관리권의 범위 안에서 경비업무를 수행하도록 규정하고 있으므로 법 제14조 제1항에 의하여 특수경비원에 대하여 행하는 시설주의 감독 역시 시설주 관리권의 범위 안에서 행해야 한다. 이와 관련하여 특수경비원이 『항공법』 제61조 제5항에 의하여 수행하는 여객의 신체 또는 물건에 대한 검색(이하 보안검색업무)에 대하여, 법 제14조 제1항 및 제15조 제1항에 의하여 국가중요시설인 공항의 시설주(공항공사)가 감독을 할 수 있는 지의 여부가 문제된다.

시설주가 특수경비원이 행하는 보안검색업무에 대하여 감독을 할 수 있으려면 우선 그 보안검색업무가 시설주 관리권의 범위 안에 포함되어야 한다. 그런데 여객의 신체 등에 대하여 수색을 하는 업무인 보안검색업무는 공항시설 등 공항 그 자체의 관리보다는 공공의 안녕질서를 그 목적으로 하는 것으로 기본권 침해의 가능성이 크기 때문에 『항공법』 제61조 제5항에서 별도로 규정되어 있다. 따라서 보안검색업무는 공항시설 경비에 대한 감독 등과 같이 공항의 인적 · 물적 요소의 운영을 지도 · 조정하는 시설주의 일반적 관리권의 범위에 포함되지 않는다고 보기 때문에 시설주는 특수경비원이 행하는 보안검색업무를 감독할 수 있는 권한이 없다고 볼 수 있다.[30]

---

30) 법제처 2002.6.25,

② 특수경비원의 무기 휴대

지방경찰청장은 국가중요시설에 대한 경비업무의 수행을 위하여 필요하다고 인정하는 때에는 시설주의 신청에 의하여 무기를 구입한다. 이 경우 시설주는 그 무기의 구입대금을 지불하고, 구입한 무기를 국가에 기부 채납해야 한다. 지방경찰청장은 국가중요시설에 대한 경비업무의 수행을 위하여 필요하다고 인정하는 때에는 관할경찰관서장으로 하여금 시설주의 신청에 의하여 시설주로부터 국가에 기부 채납된 무기를 대여하게 하고, 시설주는 이를 특수경비원으로 하여금 휴대하게 할 수 있다. 이 경우 특수경비원은 정당한 사유 없이 무기를 소지하고 배치된 경비구역을 벗어나서는 안 된다.

시설주는 법 제14조 제4항의 규정에 의하여 특수경비원이 휴대할 무기를 대여받고자 하는 때에는 무기대여신청서를 관할 경찰서장 및 공항경찰대장 등 국가중요시설의 경비책임자(이하 "관할경찰관서장")를 거쳐 지방경찰청장에게 제출해야 한다. 시설주가 대여받은 무기에 대하여 시설주 및 관할 경찰관서장은 무기의 관리책임을 지고, 관할 경찰관서장은 시설주 및 특수경비원의 무기관리상황을 매월 1회 이상 지도· 감독해야 한다. 관할 경찰관서장은 무기의 적정한 관리를 위하여 무기를 대여받은 시설주에 대하여 필요한 명령을 발할 수 있다. 시설주로부터 무기의 관리를 위하여 지정받은 책임자(이하 "관리책임자")는 무기출납부 및 무기장비운영카드를 비치·기록해야 한다. 또한 무기는 관리책임자가 직접 지급·회수해야 한다.

시설주는 관할경찰관서장으로부터 대여받은 무기를 특수경비원에게 휴대하게 하는 경우에는 관할경찰관서장의 사전승인을 얻어야 한다. 관할경찰관서장은 사전승인을 함에 있어서 국가중요시설에 총기 또는 폭발물의 소지자나 무장간첩 침입의 우려가 있는지의 여부 등을 고려하는 등 특수경비원에게 무기를 지급해야 할 필요성이 있는지의 여부에 관하여 판단해야 한다. 또한 시설주는 무기지급의 필요성이 해소되었다고 인정되는 때에는 특수경비원으로부터 즉시 무기를 회수해야 한다. 특수경비원이 휴대할 수 있는 무기 종류는 권총 및 소총으로 한다.

③ 특수경비원의 무기사용 기준 및 안전수칙

특수경비원은 국가중요시설의 경비를 위하여 무기를 사용하지 아니하고는 다른 수단이 없다고 인정되는 때에는 필요한 한도 안에서 무기를 사용할 수 있다. 다만, 무기 또는 폭발물을 소지하고 국가중요시설에 침입한 자가 특수경비원으로부터 3회 이상 투기(投棄) 또는 투항(投降)을 요구받고도 이에 불응하면서 계속 항거하는 경우 이를 억제하기 위하여 무기를 사용하지 아니하고는 다른 수단이 없다고 인정되는 때 또는 국가중요시설에 침입한 무장간첩이 특수경비원으로부터 투항(投降)을 요구받고도 이에 불응한 때를 제외하고는 사람에게 위해를 끼쳐서는 안 된다.

특수경비원은 사람을 향하여 권총 또는 소총을 발사하고자 하는 때에는 미리 구두 또는 공포탄에 의한 사격으로 상대방에게 경고해야 한다. 다만, (a) 특수경비원을 급습하거나 타인의 생명·신체에 대한 중대한 위험을 야기하는 범행이 목전에 실행되고 있는 등 상황이 급박하여 경고할 시간적 여유가 없는 경우, (b) 인질·간첩 또는 테러사건에 있어서 은밀히 작전을 수행하는 경우에 부득이한 때에는 경고하지 않을 수 있다.

특수경비원은 무기를 사용하는 경우에 있어서 범죄와 무관한 다중의 생명·신체에 위해를 가할 우려가 있는 때에는 이를 사용해서는 안 된다. 다만, 무기를 사용하지 아니하고는 타인 또는 특수경비원의 생명·신체에 대한 중대한 위협을 방지할 수 없다고 인정되는 때에는 필요한 최소한의 범위 안에서 이를 사용할 수 있다. 특수경비원은 총기 또는 폭발물을 가지고 대항하는 경우를 제외하고는 14세 미만의 자 또는 임산부에 대하여는 권총 또는 소총을 발사해서는 안 된다.

(4) 경비원의 교육

경비원은 고객의 안전을 지키고 사회질서를 유지하는 공공적 성격의 업무를 수행한다. 따라서 경비원은 업무 수행 중 발생하는 각종 사안에 대해서 신속하고 정확하게 판단하여 적법하고 타당하게 대응할 필요가 있다. 이를 위해서 경비원들에 대한 전문적인 교육과 훈련이 필요하다(박병식, 1996: 89).

경비원의 교육은 교육대상에 따라 일반경비원 교육과 특수경비원 교육, 교육시기에 따라 신임교육과 직무교육으로 나뉜다.

① 일반경비원의 교육

경비업자는 경비업무를 적정하게 실시하기 위하여 일반경비원으로 하여금 경비원 교육을 받게 해야 한다. 일반경비원 교육은 다시 신임교육과 직무교육으로 구분된다.

a. 일반경비원의 신임교육

신임교육은 경비업자가 일반경비원으로 하여금 소정의 교육을 이수하도록 하는 것이다. 경비업자는 경비원을 새로이 채용한 때에는 근무배치 후 1월이 경과하기 전까지 신임교육을 받도록 해야 하는 것이 원칙이다.

경비업자는 다음의 경우에 해당하는 사람에 대해서는 경비업자의 부담으로 근무배치 전까지 신임교육을 받게 해야 한다. 또한 일반경비원이 신임교육을 이수한 때에는 경비원의 명부에 그 사실을 기재해야 한다.

ⓐ 경비원의 경력이 없는 사람으로서 일반경비원으로 채용된 사람
ⓑ 경비원 교육을 받은 후 3년 이상의 기간 동안 경비업무에 종사하지 아니하다가 일반경비원으로 채용된 사람

다만, 경비업자는 일반경비원으로 채용된 사람이 다음에 해당하는 경우에는 신임교육을 제외할 수 있다.

ⓐ 「경찰공무원법」에 의한 경찰공무원
ⓑ 「대통령 등의 경호에 관한 법률」에 의한 경호공무원 또는 별정직공무원
ⓒ 「군인사법」에 의한 부사관 이상의 경력을 가진 사람

b. 일반경비원의 직무교육

일반경비원 직무교육은 경비업자가 실시한다. 경비업자는 소속 일반경비원에 대하여 매월 6시간 이상의 직무교육을 실시해야 한다. 일반경비원에 대한 직무교육의 과목은 직무수행에 필요한 이론·실무과목, 그 밖의 정신교양 등으로 한다.

c. 일반경비원 신임교육 기관 및 단체

경찰청장은 일반경비원에 대한 신임교육의 실시를 위하여 연도별 교육계획을 수립하고, 일반경비원 신임교육 기관 또는 단체는 그 교육계획에 따라 교육을 실시하도록 해야 한다. 교육기관 또는 단체의 장은 신임교육의 과정을 마친 사람에 대하여 일반경비원 신임교육 이수증교부대장에 그 사실을 기재한 후 일반경비원 신임교육이수증을 교부해야 한다. 일반경비원 신임교육은 다음의 기관 또는 단체에서 실시한다.

ⓐ 법 제22조 제1항의 규정에 의한 경비협회
ⓑ 경찰교육기관
ⓒ 경비업무 관련학과가 개설된 대학 등 경비원에 대한 교육을 전문적으로 수행할 수 있는 인력과 시설을 갖춘 기관 또는 단체 중 경찰청장이 지정하여 고시하는 기관 또는 단체

일반경비원 신임교육기관들 중에서 ⓐ경우, 경비협회의 분사무소에서 등 교육을 실시할 수 있는지 여부 그리고 분사무소에서 경비원 신임교육을 실시할 수 있더라도 사전에 경찰청장의 승인을 받아야 하는지 여부가 문제될 수 있다.

이와 관련하여, 먼저 법 제22조 제4항은 경비협회에 관하여 이 법에 특별한 규정이 있는 것을 제외하고 『민법』 중 사단법인에 관한 규정을 준용하도록 규정하고 있으므로 경비협회

는『민법』제40조, 제49조 및 제50조에 따라 주무관청의 허가를 얻어 분사무소를 설치할 수 있다. 그런데 경비협회의 주사무소가 아닌 분사무소에서 일반경비원 신임교육을 실시할 수 있는지에 관하여, 법 제18조 제3항 제1호에서는 일반경비원 신임교육기관으로 경비협회라고만 규정하고 있을 뿐 경비협회의 주된 사무소(본회)에 한정하고 있지 않다. 따라서『민법』제34조에 따라 경비협회 정관에서 분사무소(지회)에서의 일반경비원 신임교육을 제한하고 있지 않는 한 경비협회 분사무소에서의 일반경비원 신임교육이 금지된다고 볼 수는 없다. 또한 경비협회의 분사무소에서 일반경비원에 대한 신임교육을 실시함에 있어서 경찰청장의 사전 승인을 얻어야 하는지 여부와 관련하여 법에서는 이에 대한 아무런 규정을 두고 있지 않고 있다. 따라서『민법』등 관계 법령에서 규정하고 있는 적법한 절차에 따라 분사무소를 설치한 경우에 법령 및 정관에서 특별히 제한하고 있지 않는 한 경비협회 분사무소에서 일반경비원에 대한 신임교육을 실시할 수 있음은 물론이고 사전에 경찰청장의 승인도 받을 필요가 없다고 보는 것이 적절하다.[31)]

d. 일반경비원 신임교육 과목 및 시간 등

일반경비원 신임교육 과정은 이론교육, 실무교육 및 기타과정 등 총 28시간으로 구성되어 있다. 자세한 일반경비원 신임교육의 과목 및 시간은 <표 4-7>과 같다.

〈표 4-7〉 일반경비원의 신임교육 과목 및 시간

구분 (교육시간)	과 목	시간
이론교육 (5시간)	『경비업법』	3
	범죄예방론(신고 및 순찰요령을 포함)	2
실무교육 (20시간)	시설경비실무(신고 및 순찰요령, 관찰 · 기록기법을 포함)	2
	호송경비실무	2
	신변보호실무	2
	기계경비실무	2
	사고예방대책(테러 대응요령, 화재대처법 및 응급처치법을 포함)	3
	체포 · 호신술(질문 · 검색요령을 포함)	3
	장비사용법	2
	직업윤리 및 서비스(예절 및 인권교육을 포함)	4
기타(3시간)	입교식 · 평가 · 수료식	3
계		28

31) 법제처 2007.4.13, 07-0075.

이론교육은 5시간으로 「경비업법」 3시간, 범죄예방론(신고 및 순찰요령을 포함) 2시간이다. 실무교육은 20시간으로 시설경비실무(신고 및 순찰요령, 관찰·기록기법을 포함) 2시간, 호송경비실무 2시간, 신변보호실무 2시간, 기계경비실무 2시간, 사고예방대책(테러대응요령, 화재대처법 및 응급처치법을 포함) 3시간, 체포·호신술(질문·검색요령을 포함) 3시간, 장비사용법 2시간, 직업윤리 및 서비스(예절 및 인권교육을 포함) 4시간이다. 기타 교육과정은 입교식, 평가 및 수료식 3시간이다.

① 특수경비원의 교육

특수경비업자는 특수경비원으로 하여금 경비원 교육을 받게 해야 한다. 특수경비원 교육 또한 일반경비원 교육과 마찬가지로 신임교육과 직무교육으로 구분된다.

a. 특수경비원의 신임교육

특수경비업자는 특수경비원에게 신임교육을 받게 하고 특수경비원 교육을 받지 아니한 자를 특수경비입무에 종사하게 해서는 안 된다. 특수경비원의 교육시 관할경찰서 소속 경찰공무원이 교육기관에 입회하여 지도 및 감독을 해야 한다. 특수경비업자는 특수경비원이 신임교육을 받은 때에는 경비원의 명부에 그 사실을 기재해야 한다.

특수경비업자는 다음에 해당하는 사람에 대하여 특수경비업자의 부담으로 경찰교육기관이나 특수경비원 교육 기관 또는 단체에서 개설한 특수경비원신임교육을 받게 해야 한다.

ⓐ 특수경비원의 경력이 없는 사람으로서 특수경비원으로 채용된 사람
ⓑ 특수경비원 교육을 받은 후 3년 이상의 기간 동안 특수경비업무에 종사하지 아니하다가 다시 특수경비원으로 채용된 사람

b. 특수경비원의 직무교육

특수경비업자는 소속 특수경비원에 대하여 매월 6시간 이상의 직무교육을 실시해야 한다. 특수경비원에 대한 직무교육의 과목은 직무수행에 필요한 이론 · 실무과목, 그 밖의 정신교양 등으로 한다.

관할 경찰서장 및 공항경찰대장 등 국가중요시설의 경비책임자(이하 "관할경찰관서장")는 필요하다고 인정하는 경우에는 특수경비원이 배치된 경비대상시설에 소속공무원을 파견하여 직무집행에 필요한 교육을 실시할 수 있다.

c. 특수경비원 교육기관 및 단체

특수경비원 신임교육의 과정을 개설하고자 하는 기관 또는 단체는 특수경비원 교육기관 및 강사의 기준을 갖추고 경찰청장에게 지정을 요청해야 한다.

경찰청장은 특수경비원 신임교육 과정을 개설하고자 하는 기관 또는 단체가 지정을 요청한 때에는 특수경비원 교육기관 및 강사의 기준에 적합한지의 여부를 확인한 후 <표 4-8> 특수경비원 교육기관의 시설 및 강사 기준에 적합한 경우 이를 특수경비원 신임교육을 실시할 수 있는 기관 또는 단체로 지정할 수 있다.

특수경비원 신임교육 과정을 개설 기관 또는 단체의 지정을 받은 기관 또는 단체는 신임교육의 과정에서 필요한 경우에는 관할 경찰관서장에게 경찰관서 시설물의 이용이나 전문적인 소양을 갖춘 경찰관의 파견을 요청할 수 있다. 특수경비원 신임교육실시의 기관 또는 단체의 장은 신임교육의 과정을 마친 사람에 대하여는 특수경비원 신임교육이수증교부대장이 그 사실을 기재한 후 특수경비원 신임교육이수증을 교부해야 한다.

〈표 4-8〉 특수경비원 교육기관의 시설 및 강사 기준

구분	기 준
1. 시설기준	ㅇ 100인 이상 수용이 가능한 165제곱미터 이상의 강의실 ㅇ 감지장치 · 수신장치 및 관제시설을 갖춘 132제곱미터 이상의 기계경비실습실 ㅇ 100인 이상이 동시에 사용할 수 있는 330제곱미터 이상의 체육관 또는 운동장 ㅇ 소총에 의한 실탄사격이 가능하고 10개 사로 이상을 갖춘 사격장
2. 강사기준	ㅇ 고등교육법에 의한 대학 이상의 교육기관에서 교육과목 관련학과의 전임강사(전문대학의 경우에는 조교수) 이상의 직에 1년 이상 종사한 경력이 있는 사람 ㅇ 박사학위를 소지한 사람으로서 교육과목 관련 분야의 연구실적이 있는 사람 ㅇ 석사학위를 소지한 사람으로서 교육과목 관련 분야의 실무업무에 3년 이상 종사한 경력이 있는 사람 ㅇ 교육과목 관련 분야에서 공무원으로 5년 이상 근무한 경력이 있는 사람 ㅇ 교육과목 관련 분야의 실무업무에 10년 이상 종사한 경력이 있는 사람 ㅇ 체포 · 호신술 과목의 경우 무도사범의 자격이 있는 사람으로서 교육과목 관련 분야에서 2년 이상 실무 경력이 있는 사람 ㅇ 폭발물 처리요령 및 예절교육 과목의 경우 교육과목 관련 분야에서 2년 이상 실무 경력이 있는 사람

※ 비고: 교육시설이 교육기관의 소유가 아닌 경우에는 임대 등을 통하여 교육기간 동안 이용할 수 있도록 해야 한다.

d. 특수경비원 교육과목, 시간 등

교육시간은 이론교육 15시간, 실무교육 69시간, 기타 4시간 등 총 88시간으로 구성되어 있다. 자세한 특수경비원 신임교육의 과목 및 시간은 다음의 <표 4-9>와 같다.

〈표 4-9〉 특수경비원의 신임교육 과목 및 시간

구분 (교육시간)	과목	시간
이론교육 (15시간)	『경비업법』·『경찰관직무집행법』 및 『청원경찰법』	8
	『헌법』 및 형사법(인권, 경비관련 범죄 및 현행범체포에 관한 규정을 포함)	4
	범죄예방론(신고요령을 포함)	3
실무교육 (69시간)	정신교육	2
	테러 대응요령	4
	폭발물 처리요령	6
	화재대처법	3
	응급처치법	3
	분사기 사용법	3
	출입통제 요령	3
	예절교육	2
	기계경비 실무	3
	정보보호 및 보안업무	6
	시설경비요령(야간경비요령을 포함한다)	4
	민방공(화생방 관련 사항을 포함한다)	6
	총기조작	3
	총검술	5
	사격	8
	체포 · 호신술	5
	관찰 · 기록기법	3
기타(4시간)	입교식 · 평가 · 수료식	4
계		88

무기관리 수칙

▪ 시설주 및 관리책임자의 무기관리

① 무기의 관리를 위한 책임자를 지정하고 관할경찰관서장에게 통보한다.

② 무기고 및 탄약고는 단층에 설치하고 환기 · 방습 · 방화 및 총가 등의 시설을 한다.

③ 탄약고는 무기고와 사무실 등 많은 사람을 수용하거나 많은 사람이 오고 가는 시설과 떨어진 곳에 설치한다.

④ 무기고 및 탄약고에는 이중 시건장치를 해야 하며, 열쇠는 관리책임자가 보관하되, 근무시간 이후에는 열쇠를 당직책임자에게 인계하여 보관시킨다.

⑤ 관할경찰관서장이 정하는 바에 의하여 무기의 관리실태를 매월 파악하여 다음 달 3일까지 관할경찰관서장에게 통보한다.

⑥ 대여받은 무기를 빼앗기거나 대여받은 무기가 분실 · 도난 또는 훼손되는 등의 사고가 발생한 때에는 관할경찰관서장에게 그 사유를 지체 없이 통보한다.

⑦ 대여받은 무기를 빼앗기거나 대여받은 무기가 분실 · 도난 또는 훼손된 때에는 경찰청장이 정하는 바에 의하여 그 전액을 배상한다.. 다만, 전시 · 사변, 천재 · 지변 그 밖의 불가항력의 사유가 있다고 지방경찰청장이 인정한 때에는 그러하지 아니하다.

⑧ 시설주는 자체계획을 수립하여 보관하고 있는 무기를 매주 1회 이상 손질할 수 있게 한다.

⑨ 관할경찰관서장이 무기를 회수하여 집중적으로 관리하도록 지시하는 경우 또는 출납하는 탄약의 수를 증감하거나 출납을 중지하도록 지시하는 경우에는 이에 따른다.

⑩ 탄약의 출납은 소총에 있어서는 1정당 15발 이내, 권총에 있어서는 1정당 7발 이내로 하되, 생산된 후 오래된 탄약을 우선적으로 출납한다.

⑪ 무기를 지급받은 특수경비원으로 하여금 무기를 매주 1회 이상 손질하게 한다.

⑫ 수리가 필요한 무기가 있는 때에는 그 목록과 무기장비운영카드를 첨부하여 관할경찰관서장에게 수리를 요청한다.

▪ 특수경비원의 무기관리 수칙

① 무기를 지급받거나 반납하는 때 또는 무기의 인계·인수를 하는 때에는 반드시 “앞에 총”의 자세에서 “검사 총”을 한다.

② 무기를 지급받은 때에는 별도의 지시가 없는 한 탄약은 무기로부터 분리하여 휴대해야 하며, 소총은 “우로 어깨 걸어 총”의 자세를 유지하고, 권총은 “권총집에 넣어 총”의 자세를 유지한다.

③ 지급받은 무기를 다른 사람에게 보관·휴대 또는 손질시키지 아니한다.

④ 무기를 손질 또는 조작하는 때에는 총구를 반드시 공중으로 향하게 한다.

⑤ 무기를 반납하는 때에는 손질을 철저히 한 후 반납하도록 한다.
⑥ 근무시간 이후에는 무기를 시설주에게 반납하거나 교대근무자에게 인계한다.

▪ 특수경비원의 무기지급 금지 및 회수

시설주는 다음의 경우에 해당하는 특수경비원에 대하여 무기를 지급해서는 안 된다. 또한 지급된 무기가 있는 경우 즉시 회수해야 한다.

① 형사사건으로 인하여 조사를 받고 있는 사람
② 사의를 표명한 사람
③ 정신질환자
④ 그 밖에 무기를 지급하기에 부적합하다고 인정되는 사람

▪ 무기관리 책임 및 수송

① 시설주 또는 관리책임자는 고의 또는 과실로 무기(부속품을 포함)를 빼앗기거나 무기가 분실·도난 또는 훼손되도록 한 특수경비원에 대하여 특수경비업자에게 교체 또는 징계 등의 조치를 요청할 수 있다. 이 경우 특수경비업자는 특별한 사유가 없는 한 이에 응해야 한다.
② 시설주는 무기를 수송하는 때에는 출발하기 전에 관할 경찰서장에게 그 사실을 통보해야 하며, 통보를 받은 관할 경찰서장은 1인 이상의 무장경찰관을 무기를 수송하는 자동차 등에 함께 타도록 해야 한다.

6) 경비업자와 경비협회

(1) 경비업자

① 경비업자의 유형 및 업무범위

경비업자는 경비업의 허가를 받아 실제 경비업을 영위하는 법인을 말한다. 경비업자는 경비업무의 성질에 따라 시설경비업무를 수행하는 시설경비업자, 호송경비 업무를 수행하는 호송경비업자, 신변보호업무를 수행하는 신변보호업자, 기계경비업무를 수행하는 기계경비업자, 특수경비업무를 수행하는 특수경비업자로 구분된다.

헌법재판소는 2002년 4월 25일 『(구)경비업법』(2001. 4. 7. 법률 제6467호) 제7조 제8항, 제19조 제1항 제3호, 부칙 제4조에 대한 헌법소원 심판에서 이 법률조항은 과잉금지원칙을 위배하여 청구인들의 직업의 자유를 침해한다는 이유로 위헌결정을 했다.[32] 위헌결정의 취지를 살펴

32) 헌재결 2002.4.25, 2001헌마614.

보면, 『(구)경비업법』제7조 제8항은 경비업을 영위하고 있는 자들이나 다른 업종을 경영하면서 새로이 경비업에 진출하고자 하는 자들로 하여금 경비업을 전문으로 하는 별개의 법인을 설립하지 않는 한 경비업과 그 밖의 업종 간에 택일하도록 강제하고 있다. 이와 같이 당사자의 능력이나 자격과 상관없는 객관적 사유에 의한 제한은 월등하게 중요한 공익을 위하여 명백하고 확실한 위험을 방지하기 위한 경우에만 정당화될 수 있는 것인데, 동 조항으로 달성하고자 하는 공익인 경비업체의 전문화, 경비원의 불법적인 노사분규 개입 방지 등은 그 실현 여부가 분명하지 않은데 반하여, 경비업자나 새로이 경비업에 진출하고자 하는 자들이 짊어져야 할 직업의 자유에 대한 기본권 침해의 강도는 지나치게 크다고 할 수 있으므로, 동 조항은 보호하려는 공익과 기본권 침해간의 현저한 불균형으로 법익의 균형성을 잃고 있다는 것이다.

위헌결정의 취지를 반영하여 개정된 『경비업법』(2002. 12. 18. 법률 제6787호)제7조 제8항에 따르면, 특수경비업자의 경우에도 경비업 외의 모든 영업이 제한되는 것이 아니라 "경비장비의 제조·설비·판매업, 네트워크를 활용한 정보산업, 시설물 유지관리업 및 경비원 교육업 등 대통령령이 정하는 경비관련업"의 영업은 가능하도록 규정하고 있다. 따라서 특수경비업 허가를 받은 법인은 동법 제7조제8항 및 동법 시행령 제7조의2의 규정에 의한 경비업 또는 경비관련업 외의 영업을 할 수 없도록 하고 있으나, 특수경비업이 아닌 시설경비업·호송경비업·신변보호법·기계경비업의 허가를 받은 법인에 대하여는 허가받은 경비업무 외의 업무에 경비원을 종사하게 하여서는 아니된다는 제한 외에는 영업관련 제한규정을 두고 있지 않기 때문에 경비업이 아닌 업종의 영업도 할 수 있다.

② 경비업자의 의무

a. 공통된 의무

ⓐ 경비업자는 경비대상시설의 소유자 또는 관리자(시설주)의 관리권의 범위 안에서 경비업무를 수행해야 하며, 다른 사람의 자유와 권리를 침해하거나 그의 정당한 활동에 간섭해서는 안 된다.

ⓑ 경비업자는 경비업무를 성실하게 수행해야 하고, 도급을 의뢰받은 경비업무가 위법 또는 부당한 것일 때에는 이를 거부해야 한다.

ⓒ 경비업자는 불공정한 계약으로 경비원의 권익을 침해하거나 경비업의 건전한 육성과 발전을 해치는 행위를 해서는 안 된다.

ⓓ 경비업자의 임·직원이거나 임·직원이었던 자는 다른 법률에 특별한 규정이 있는 경우를 제외하고는 그 직무상 알게 된 비밀을 누설하거나 다른 사람에게 제공하여 이용하도록 하

는 등 부당한 목적을 위하여 사용해서는 안 된다.

(e) 경비업자는 허가받은 경비업무 외의 업무에 경비원을 종사하게 해서는 안 된다.

b. 기계경비업자의 의무

(a) 기계경비업자는 경비대상시설에 관한 경보를 수신한 때에는 신속하게 그 사실을 확인하는 등 필요한 대응조치를 취해야 하며, 관제시설 등에서 경보를 수신한 때에는 경보를 수신한 때부터 늦어도 25분 이내에는 도착시킬 수 있는 대응체제를 갖추어야 한다.

(b) 기계경비업자가 경비계약을 체결하는 때에는 오경보를 막기 위하여 계약상대방에게 기기사용요령 및 기계경비운영체계 등에 관하여 설명해야 하며, 각종 기기가 오작동하지 아니하도록 관리해야 한다.

(c) 기계경비업자는 계약상대방에게 ㉠ 당해 기계경비업무와 관련된 관제시설 및 출장소의 명칭·소재지, ㉡ 기계경비업자가 경비대상시설에서 발생한 경보를 수신한 경우에 취하는 조치, ㉢ 기계경비업무용 기기의 설치장소 및 종류와 그 밖의 기계장치의 개요, ㉣ 오경보의 발생원인과 송신기기의 유지·관리방법을 기재한 서면 또는 전자문서(이하 "서면 등", 전자문서는 계약상대방이 원하는 경우만 해당)를 교부해야 한다.

(d) 기계경비업자는 다음의 사항들을 기재한 서면등과 함께 법 제26조의 규정에 의한 손해배상의 범위와 손해배상액에 관한 사항을 기재한 서면 등을 계약상대방에게 교부해야 한다.

(e) 기계경비업자는 대응조치 등 업무의 원활한 운영과 개선을 위하여 ㉠ 경비대상시설의 명칭·소재지 및 경비계약기간, ㉡ 기계경비지도사의 명단, 배치일자, 배치장소와 출동차량의 대수, ㉢ 경보의 수신 및 현장 도착 일시와 조치의 결과, ㉣ 오경보인 경우 오경보가 발생한 경비대상시설 및 그 오경보에 대한 조치의 결과를 기재한 서류 등을 작성·비치해야 한다. 특히 ㉢과 ㉣을 기재한 서류들은 당해 경보를 수신한 날부터 1년간 보관해야 한다.

(f) 기계경비업자는 출동차량의 도색 및 표지를 경찰차량 및 군차량과 명확히 구별될 수 있는 것으로 정해야 한다. 기계경비업자는 출동차량의 도색 및 표지를 정한 때에는 그 도색 및 표지를 확인할 수 있는 사진을 주된 사무소를 관할하는 지방경찰청장에게 제출해야 한다.

c. 특수경비업자의 의무

(a) 특수경비업자는 국가중요시설에 대한 특수경비업무를 중단하게 되는 경우에는 미리 이를 경비대행업자에게 통보해야 한다. 경비대행업자는 통보받은 즉시 그 경비업무를 인수해야 한다.

(b) 특수경비업자는 법에 의한 경비업과 경비장비의 제조 · 설비 · 판매업, 네트워크를 활용한 정보산업, 시설물 유지관리업 및 경비원 교육업 등 <표 4-10>과 같은 경비관련업[33] 이외의 영업을 해서는 안 된다.

33) 경비관련업의 범위에 관하여는 법 또는 이 영에 특별한 규정이 있는 경우를 제외하고는 『통계법』의 규정에 의하여 통계청장이 고시하는 한국표준산업분류표에 의한다(영 제7조의2).

〈표 4-10〉 경비관련업의 범위

1. 경비관련업

분야	해당영업
조립금속제품 제조업	○일반철물 제조업(자물쇠제조 등 경비관련 제조업에 한한다) ○금고 제조업
기타 기계 및 장비제조업	○소화기 및 분사기 제조업
기타 전기기계 및 전기변환장치 제조업	○전기경보 및 신호장치 제조업
전자부품·영상·음향 및 통신장비 제조업	○전자카드 제조업 ○유선통신기기 제조업 ○방송 및 무선통신기기 제조업 ○방송수신기 및 기타 영상·음향기기 제조업
전문직별 공사업	○기타 건물건설관련 전문 공사업(소방시설 공사 등 방재 관련 공사에 한한다) ○배관 및 냉·난방 공사업(소방시설 공사 등 방재관련 공사에 한한다) ○내부 전기배선 공사업 ○내부 통신배선 공사업
도매 및 상품중개업	○통신·경보 및 탐지용 장비도매업
통신업	○전기통신 회선설비 임대업 ○유선전화 및 기타 유선통신업 ○무선전화업 ○무선호출 및 기타 무선통신업 ○별정통신업 ○부가통신업 ○기타 전기통신업
부동산업	○주거용 부동산 관리업 ○비주거용 부동산 관리업
정보처리 및 기타 컴퓨터 운영 관련업	○컴퓨터시스템설계 및 자문업 ○기타 소프트웨어 자문·개발 및 공급업 ○컴퓨터시설 관리업
전문·과학 및 기술 서비스업	○건축설계 및 관련서비스업(소방시설 설계 등 방재관련 건축설계에 한한다) ○건물 및 토목 엔지니어링 서비스업(소방공사 감리 등 방재관련 서비스업에 한한다)

사업지원서비스업	O사업시설 유지관리 서비스업 O인력공급업 O고용알선업 O탐정업 O경비업 O경보시스템 서비스업 O소독 및 구충 서비스업 O건축물 일반청소업 O산업시설 청소업
교육서비스업	O직원 훈련기관 O기타 사무관련 교육기관(경비관련 교육에 한한다) O기타 기술 및 직업훈련학원(경비관련 교육에 한한다)
수리업	O기타 일반기계 수리업 O통신장비 수리업 O전기 및 정밀기기 수리업

2. 그 밖에 제1호의 규정에 이한 경비관련업에 부수되는 것으로서 경찰청장이 지정 · 고시한 경비관련업

③ 경비업자의 손해배상 책임

경비업자는 경비원이 업무수행 중에 고의 또는 과실로 경비대상에 손해가 발생하는 것을 방지하지 못한 때에는 그 손해를 배상해야 한다. 또한 경비업자는 경비원이 업무수행 중에 고의 또는 과실로 제3자에게 손해를 입힌 경우도 그 손해를 배상해야 한다.

경비업자의 손해배상 책임 범위

- 귀금속점 도난사고[34)]

1) 사고의 개요

귀금속점을 운영하는 원고는 피고와 경비계약을 체결했다. 원고가 귀금속들을 진열대로 진열해 놓은 채 이를 금고에 보관하지 아니하고 퇴근한 후, 귀금속점에 도둑이 들어 진열대에 진열된 귀금속을 모두 도난당하는 사고가 발생했다.

사고 당일 04:05부터 04:20경까지 사이에 전용선 단선 및 복구 신호가 수회 반복되고 열감지기 침입신고가 3회에 걸쳐 있자, 피고는 귀금속점에 현장출동요원을 파견했다. 당시 이미 절도범들은 귀

금속점과 그 옆의 음식점 사이의 벽을 파손하여 귀금속점에 침입했다가 현장출동요원이 출동하는 소리를 듣고 다시 음식점으로 돌아가 숨어있었다. 피고의 현장출동요원이 내부 확인을 위하여 원고에게 선로 점검을 위하여 열쇠를 가지고 나와 달라고 연락하였으나 원고는 그런 일이라면 오후에 하자며 이를 거절했다. 이에 현장출동요원은 손전등으로 귀금속점의 내부를 대강 살펴본 후 철수했다. 그 후에도 계속하여 4회에 걸친 침입 신호 및 1회의 전용선 단선 및 복구신호가 있었으나 피고의 관제본부는 이를 기기오작동에 의한 것으로 판단하고 현장출동요원을 출동시키지 아니하였으며 열감지기 작동기능을 해제했다.

피고의 약관에는 ⒜ 피고는 원고가 시설보완의무에 협조하지 아니하여 발생한 손해에 대하여는 손해배상책임을 지지 않고, ⒝ 원고가 매입단가 1만 원 이상의 귀금속 등을 금고에 보관하지 아니하여 발생한 사고에 대해서는 피고에게 고의, 중과실이 있는 경우에만 배상한다고 규정되어 있다. 한편, 위 도난사고의 절도범들은 위 귀금속점에서 168,364,400원어치 상당의 귀금속을 절취한 혐의로 유죄의 형사확정판결을 받았다.

2) 법원의 판단

① 시설보완 협조의무 불이행에 해당하는지 여부와 관련 하여

사고의 개요에 나타난 도난 사고 당시의 상황에 비추어 볼 때, 원고가 새벽에 선로점검을 위하여 열쇠를 가지고 가게에 나와 달라는 요청에 응하지 아니했다고 하더라도 이것을 약관 소정의 시설보완 협조의무 불이행이라고 볼 수 없다.

② 귀금속을 금고에 보관하지 아니하여 피고가 면책되는지 여부와 관련하여

이 도난사고는 앞서 본 바와 같이 당시 피고 현장출동요원이 귀금속점 내부를 주의 깊게 살펴보지 아니하여 귀금속점과 그 옆 음식점 사이의 벽에 뚫린 구멍을 발견하지 못하였을 뿐만 아니라, 현장출동요원 철수 후에도 수차례에 걸친 침입신호가 있었음에도 피고 관제본부가 이를 무시하고 현장 출동요원을 출동시키거나 경찰에 연락하지 않은 피고의 중대한 과실로 인하여 발생한 것인 만큼, 약관 규정에 의하더라도 피고는 이에 관한 손해배상책임을 면할 수 없다.

③ 과실상계 비율 및 도난사고 피해액의 확정

원고의 위와 같은 과실을 참작하여 그 과실상계 비율은 40%로 정했다. 또한 위 도난사고의 피해액에 관한 형사확정판결이 있는 경우, 이를 번복할 만한 신빙성 있는 다른 증거가 없는 한 이를 기초로 손해배상의 범위를 정하는 것이 상당하다고 보았다.

34) 부산지법 2006.8.23, 2005가합17047 손해배상(기).

■ 아파트 도난사고[35)]

1) 사고의 개요

아파트 입주자인 원고가 10일 가량 해외여행을 간 사이에 절도범이 위 아파트 현관문을 손괴하고 침입하여 재물을 절취했다. 원고가 거주하고 있는 아파트 동(棟)에는 경비원이 있는 외에도 출입문에 출입카드를 갖다 대어야 문이 열릴 수 있도록 보안장치가 되어있었다. 그러나 경비원이 위 기간 중 추석 무렵 방문자가 많다는 이유로 일정 시간동안 보안장치를 해제한 사실이 인정된다.

2) 원고의 주장

피해아파트 동에 근무하는 경비원들이 위 동 출입문의 보안장치를 해제하여 출입카드 없이 누구나 출입문을 열 수 있도록 개방한 채 장시간 경비실을 비운 과실로 외부인이 301동에 들어와 이사건 주택의 출입문을 손괴하고 침입한 도난사고가 발생했다. 따라서 피고회사는 『경비업법』 제26조 제1항의 "경비업자는 경비원이 업무수행 중 고의 또는 과실로 경비대상에 손해가 발생하는 것을 방지하지 못한 때에는 그 손해를 배상해야한다"는 규정 또는 경비용역계약상 채무불이행책임 또는 경비원들의 사용자로서 경비원들의 과실로 인한 불법행위책임에 기하여 이사건 도난사고에 의한 손해를 배상할 의무가 있다.

3) 법원의 판단

절도범이 원고의 주장과 같이 추석 무렵 피해 아파트 동(棟) 출입문의 보안장치가 해제된 틈을 타 침입하였음을 인정할 아무런 증거가 없어 경비원들이 보안장치를 해제해 놓았다는 잘못과 원고가 절취당하여 입었다는 손해 사이에 상당인과관계가 있다고 할 수 없어 피고인 경비용역회사에 『경비업법』 제26조 제1항 규정이나 위 경비용역계약상채무불이행책임 또는 경비원들의 사용자로서 과실로 인한 불법행위책임에 기한 손해배상책임이 있다고 볼 수 없다.

또한 입주자대표회의와 피고 회사 사이의 경비용역계약상 아파트입주자는 현금이나 귀금속 등 주요물품을 세대 안에 보관할 때에는 보관사실은 경비원에게 고시하고 확인을 시켜야 하며, 위 고지의무를 결하여 발생한 물품의 도난사고에 대한 손해에 대하여는 책임을 지지 않는다는 약정에 따라서도 피고회사에 피해물품에 대한 손해배상책임이 인정되지 않으며, 위 면책조항이 원고에게 부당하게 불리하거나, 이 사건 경비계약의 거래형태상 예상하기 어려운 조항이라고 단정하기 어려워 무효라고 할 수도 없다.

따라서 법원은 아파트입주자대표회의와 경비용역회사 사이에 경비용역계약을 체결함에 있어 입주자가 세대 안에 귀중품을 보관할 때 보관사실을 경비원에게 고지하고 확인시켜야 하고 위 고지의무를 결하여 발생한 물품의 도난사고에 대한 손해에 대하여는 책임을 지지 않는다는 면책조항이 있는 경우 입주민이 위와 같은 고지의무를 이행하지 않은 이상 경비용역회사에 대한손해배상책임을 지울 수 없다는 점을 분명히 했다.

④ 경비업자의 신고사항

경비업의 허가를 받은 법인은 영업을 폐업하거나 휴업한 때, 허가사항을 변경한 때, 특수경비업무를 개시하거나 종료한 때, 경비대행업자를 지정 및 변경한 때 등 각종 신고사항들이 발생한 경우에는 지방경찰청장에게 신고해야 한다.

a. 휴업 및 폐업 신고

경비업자는 휴업을 한 때에는 휴업한 날부터 7일 이내에 휴업신고서를 지방경찰청장에게 제출해야 한다. 이 경우 휴업신고를 한 경비업자가 신고한 휴업기간이 만료되기 전에 영업을 재개하거나 신고한 휴업기간을 연장하고자 하는 때에는 영업을 재개한 후 7일 이내 또는 신고한 휴업기간 종료 후 7일 이내에 영업재개신고서나 휴업기간연장신고서를 제출해야 한다. 마찬가지로 경비업자가 폐업을 한 때에는 폐업한 날부터 7일 이내에 폐업신고서에 허가증을 첨부하여 지방경찰청장에게 제출해야 한다.

b. 변경신고

(a) 경비업자가 법인의 명칭, 대표자 또는 임원을 변경한 때

경비업자는 법인의 명칭, 대표자 또는 임원을 변경한 때에는 그 사유가 발생한 날부터 15일 이내 지방경찰청장에게 신고해야 한다.

신고서를 제출받은 담당 공무원은 『전자정부구현을 위한 행정업무 등의 전자화촉진에 관한 법률』 제21조 제1항에 따라 행정정보의 공동이용을 통하여 법인등기부 등본을 확인해야 한다. 다만, 신고인이 확인에 동의하지 아니하는 경우에 담당 공무원은 법인등기부 등본을 첨부하여 제출토록 해야 한다.

(b) 법인의 주사무소나 출장소를 신설, 이전 또는 폐지한 때

경비업자는 법인의 주사무소나 출장소를 신설, 이전 또는 폐지한 때에는 그 사유가 발생한 날부터 15일 이내 지방경찰청장에게 신고해야 한다. 여기서 신고대상이 되는 출장소는 주사무소 외의 장소로서 일상적으로 일정 지역안의 경비업무를 지휘·총괄하는 영업거점인 지점, 지사 또는 사업소 등의 장소를 의미한다.

신고서를 제출받은 담당 공무원은 『전자정부구현을 위한 행정업무 등의 전자화촉진에 관한 법률』 제21조 제1항에 따라 행정정보의 공동이용을 통하여 법인등기부 등본을 확인해야 한다. 다만, 신고인이 확인에 동의하지 아니하는 경우에 담당 공무원은 법인등기부 등본을 첨부하여 제출토록 해야 한다.

35) 서울고법 2006.3.10, 2005나60019.

ⓒ 기계경비업무의 수행을 위한 관제시설을 신설, 이전 또는 폐지한 때

경비업자는 기계경비업무의 수행을 위한 관제시설[36]을 신설, 이전 또는 폐지한 때에는 그 사유가 발생한 날부터 15일 이내 지방경찰청장에게 신고해야 한다.

ⓓ 법인의 정관을 변경한 때

경비업자는 법인의 정관을 변경한 때에는 그 사유가 발생한 날부터 15일 이내 지방경찰청장에게 신고해야 한다. 법인의 정관 변경과 관련하여 경비업과 관련 없는 정관의 목적 변경도 신고의 대상이 되는지 여부에 대한 논란이 있을 수 있다. 그러나 실무적으로 법인의 정관을 변경하는 것은 경비업과 관련된 정관이냐의 여부를 따지지 않기 때문에 신고의 대상이 된다고 본다(경찰청, 2005: 27).

신고서를 제출받은 담당 공무원은 『전자정부구현을 위한 행정업무 등의 전자화촉진에 관한 법률』 제21조제1항에 따라 행정정보의 공동이용을 통하여 법인등기부 등본을 확인해야 한다. 다만, 신고인이 확인에 동의하지 아니하는 경우에 담당 공무원은 법인등기부 등본을 첨부하여 제출토록 해야 한다.

c. 특수경비업무 관련 신고

경비업자는 특수경비업무를 개시하거나 종료한 때에는 그 사유가 발생한 날부터 15일 이내 지방경찰청장에게 신고해야 한다.

특수경비업무를 수행하는 경비업자(특수경비업자)는 특수경비업무의 개시 신고를 하는 때에는 국가중요시설에 대한 특수경비업무의 수행이 중단되는 경우 시설주의 동의를 얻어 다른 특수경비업자 중에서 경비업무를 대행할 자(경비대행업자)를 지정하여 허가관청(지방경찰청장)에게 신고해야 한다. 또한 특수경비업자가 경비대행업자의 지정을 변경하는 경우에도 변경신고를 해야 한다.

⑤ 경비원 배치 및 폐지신고

a. 신고절차

경비업자는 경비원을 배치하거나 배치를 폐지한 경우에는 관할 경찰관서장[37]에게 신고해야 한다. 경비원 폐지신고의 경우 배치신고시 폐지 예정일을 신고했다면 별도의 폐지신고는 없어도 되며, 예정일을 신고하지 않은 경우 폐지한 3일 이내에 신고해야 한다.

36) 관제시설이란 당해 경비대상시설 이외의 장소에 설치하여 경비대상시설의 이상 유무를 확인·제어하고 경비원의 출동 등 필요한 조치를 취하는 시설을 말한다(경찰청, 2005: 27).

37) 일반적으로 경찰관서장은 경찰서장을 의미하지만 경비원 배치 장소가 공항인 경우 경찰관서장은 공항경찰대장이 된다.

경비업자 A가 경비업무를 도급받아 경비업자 B에게 하도급을 주었다면 경비원 배치 및 폐지신고는 경비업자 A가 하고 통상적인 경비원 교육이나 업무처리는 경비업자 B가 담당한다. 또한 기계경비나 호송경비와 같이 대상 시설이 정해지지 않은 업종의 경우 신고 관청은 실질적으로 감독할 수 있는 경찰관서장이 된다. 따라서 해당 경비원이 소속된 출장소 소재지 경찰서장이, 출장소가 없을 경우 경비원의 업무지역을 관할하는 경찰서장이, 2개 이상의 경찰관서가 중첩될 경우에는 주요 활동지역 관할 경찰관서장이 신고 관청이 된다.

b. 신고방법

경비업자는 신고서를 직접 제출하는 방법으로 신고하거나 우편 신고, Fax 신고, 이메일 신고 등 모든 행태의 신고가 가능하다. 실무적으로는 각 경비업체에서는 경찰서 생활안전계의 기관 메일로 경비원 배치 및 폐지신고서를 보내는 방법으로 신고하고 전화를 걸어 신고 여부를 확인하면 정상적인 신고로 인정된다(경찰청, 2005: 23-24).

c. 신고기한

(a) 일반경비원 배치신고

경비업자는 법 제18조 제2항의 규정에 의하여 경비업무를 수행하기 위하여 20일 이상 경비원을 배치하거나 그 기간을 연장하고자 하는 때에는 경비원을 배치한 후 3일 이내에 경비원 배치신고서(전자문서 포함)를 배치장소를 관할하는 경찰관서장에게 제출해야 한다. 이 경우 관할 경찰관서장은 경비업자가 이 기한을 위반하여 신고를 하지 아니하고 일반경비원을 배치한 경우에는 경비원 배치폐지 명령을 할 수 없다.

반면에 신변보호경비원 및 시설경비원 중 다음의 경우에 해당하는 장소에 경비원을 배치하는 때에는 배치 24시간 전까지 관할 경찰관서장에게 신고해야 한다. 이 경우 관할 경찰관서장은 경비업자가 기한을 위반하여 신고를 하지 아니하고 일반경비원을 배치한 경우에는 경비원 배치 폐지를 명령할 수 있다.

㉠ 영 제30조의 규정에 의하여 지방경찰청장이 행사장 그 밖의 많은 사람들이 모이는 시설 또는 장소로서 혼잡 등으로 인한 위험의 발생을 방지하기 위하여 경비원에 의한 경비가 필요하다고 인정하는 장소
㉡ 노사분규가 진행 중인 사업장 또는 노사분규가 발생할 것으로 예상되는 사업장
㉢ 주택재개발 또는 재건축관련 이해대립이 있어 다툼이 있는 장소

㉣ 특정 시설물의 설치와 관련하여 민원이 있는 장소
㉤ 주주총회와 관련하여 이해대립이 있어 다툼이 있는 장소
㉥ 건물, 토지 등 부동산 및 동산에 대한 소유·운영권, 관리권, 점유권 등 법적 권리에 대한 이해대립이 있어 다툼이 있는 장소

여기서 경비업자가 경비원 배치신고를 하지 아니하고 행사장이나 노사분규 사업장 등 위에서 열거된 시행규칙 제24조 제1항 각 호의 장소에 일반경비원을 배치하려고 하는 사정을 관할 경찰서장이 미리 알게 된 경우 또는 경비업자가 위 장소에 배치를 예정하고 있는 시각 전 24시간 이후에 지연된 배치신고를 한 경우로서 아직 일반경비원을 배치하지 않은 경우, 관할 경찰관서장은 법 제18조 제3항의 배치폐지 명령 권한을 근거로 향후 이루어질 일반경비원의 배치금지 명령을 할 수 있는지 여부가 문제될 수 있다.

이와 관련하여 법 제18조 제2항 및 제3항의 구조를 살펴보면, 원칙적으로 경비원 배치 및 배치폐지에 관하여는 '사후에' 경찰관서장에게 신고하도록 하되(제2항 각 호 외의 부분 본문), 예외적으로 시설경비업무나 신변보호업무를 수행하는 일반경비원을 배치하려는 경우에는 해당 경비원을 배치하기 "24시간 전까지" 신고하도록 규정하고 있고(제2항 각 호 외의 부분 단서 및 같은 항 제1호·제2호), 경비업자가 배치 24시간 전까지 신고를 하지 않고 일반경비원을 배치한 경우에 관할 경찰관서장은 배치폐지 명령을 하도록 규정하고 있는바(제3항), 동 조항은 경비원 배치에 관한 사전신고가 필요한 장소에 사전신고 없이 '배치된' 일반경비원을 전제하여 동 '배치상태를 해제'시키고자 하는 것을 명문으로 규정한 것이라고 할 수 있고, 일반경비원의 '배치 전' 상태에서 관할 경찰관서장의 배치금지 명령권 등에 대하여는 명문의 규정을 두고 있지 않다. 따라서 관할 경찰관서장은 일반경비원의 배치나 배치예정 장소의 안전유지 등과 관련된 행정지도를 할 수 있음은 별론으로 하더라도, 법 제18조 제3항의 배치폐지 명령 권한을 근거로 장차 이루어질 경비업자의 일반경비원 배치에 대해 금지명령을 할 수는 없다고 보는 것이 적절하다.[38)]

(b) 특수경비원 배치신고

특수경비업자가 특수경비원을 배치한 때에는 경비원을 배치하기 전까지만 관할 경찰관서장에게 신고하면 된다. 이 경우 관할 경찰관서장은 특수경비업자가 기한을 위반하여 신고를 하지 아니하고 특수경비원을 배치한 경우에는 경비원 배치 폐지를 명령할 수는 없다.

38) 법제처 2010.6.21, 10-0176.

신고의 효력 발생

▪ 신고의 효력발생 시기

경비업법령에는 각종 신고의 효력발생 시기에 대해 명확하게 규정하고 있지 않다. 따라서 『경비업법』 상 각종 신고의 효력발생 시기는 『행정절차법』 제40조 제2항에 따라 일정한 요건[39]을 갖춘 경우에는 신고서가 접수기관인 관할 경찰관서에 도달된 때에 신고의 의무가 이행된 것으로 보는 것이 적당하다.

▪ 도달주의

도달주의란 의사표시가 상대방에게 도달한 때, 즉 상대방의 지배권 내에 들어간 때에 효력이 생기는 것으로 보는 입장으로 수신주의 또는 수령주의라고도 한다(곽윤직, 2002: 353). 『행정절차법』 제40조 제2항은 신고의 효력발생 시기에 대해 "도달주의"의 원칙을 명백히 하고 있다. 여기서 도달이란 상대방의 지배영역 내에 들어가서 사회통념상 일반적으로 의사표시의 내용을 확인할 수 있는 상태가 생겼다고 인정되는 것을 말한다(곽윤직, 2002: 354). 따라서 『경비업법』상의 각종 신고의 효력은 신고서가 신고대상인 경찰관서 내에 들어가서 담당공무원 또는 함께 근무하는 동료공무원이 그 내용을 확 인할 수 있는 상태가 된 때에 효력이 발생한다고 볼 수 있다.

그런데 여기서 경비업자가 신고서를 관할 경찰관서가 아닌 다른 관할의 경찰관서에 접수시킨 경우 그 신고서의 효력발생 시기에 대해서 논란이 있을 수 있다. 『행정절차법』 제6조 제1항[40]에 의하면 관할이 아닌 경찰관서에서 신고서를 접수 받은 때에는 관할 경찰관서로 이송해야 하는 의무가 발생하므로 이 문제에 있어서 신고서는 관할이 아닌 경찰서에 처음 접수된 때에 도달된 것으로 보아야 할 것이다.

(2) 경비협회

① 경비협회의 설립

경비업자는 경비업무의 건전한 발전과 경비원의 자질향상 및 교육훈련 등을 위하여 경비업

39) ① 신고서의 기재사항에 흠이 없을 것, ② 필요한 구비서류가 첨부되어 있을 것, ③ 기타 법령 등에 규정된 형식상의 요건에 적합할 것.

40) "행정청이 그 관할에 속하지 아니하는 사안을 접수하였거나 이송 받은 경우에는 지체 없이 이를 관할행정청에 이송해야 하고 그 사실을 신청인에게 통지해야 한다. 행정청이 접수 또는 이송 받은 후 관할이 변경된 경우에도 또한 같다."

자 5인 이상이 발기인이 되어 경비협회를 설립할 수 있다. 경비협회는 정관이 정하는 바에 의하여 회원으로부터 회비를 징수할 수 있다. 경비협회는 법인으로 하되, 경비협회에 관하여 법에 특별한 규정이 있는 것을 제외하고는 민법 중 사단법인에 관한 규정을 준용한다.

현재 우리나라에는 사단법인 한국경비협회가 설립되어 있다. 한국경비협회는 경비업의 건전한 육성·발전과 경비원의 자질향상을 위한 교육 훈련, 회원의 품위보전과 권익 옹호를 목적으로 1978년 9월 21일 내무부장관으로부터 협회 설립 승인 인가를 받아 설립되었으며 현재에 이르고 있다.[41]

② 경비협회의 임무

경비협회는 (a) 경비업무의 연구, (b) 경비원 교육·훈련 및 그 연구, (c) 경비원의 후생·복지에 관한 사항, (d) 경비진단에 관한 사항, (e) 그 밖에 경비업무의 건전한 운영과 육성에 관하여 필요한 사항 등을 임무로 하고 있다.

③ 공제사업의 운영

법 제26조에서 경비협회는 경비업자의 손해배상책임을 보장하기 위하여 공제사업을 할 수 있도록 규정하고 있다. 경비협회는 공제사업을 하는 경우 공제사업의 회계는 다른 사업의 회계와 구분하여 경리해야 하며, 경비업자의 손해배상책임의 보장 외의 목적으로 공제사업을 운영해서는 안 된다.

경비협회가 공제사업을 하고자 하는 때에는 공제규정을 제정해야 한다. 이 공제규정에는 공제사업의 범위, 공제계약의 내용, 공제금, 공제료 및 공제금에 충당하기 위한 책임준비금 등 공제사업의 운영에 관하여 필요한 사항을 정하도록 하고 있다. 현재 경비협회에서 운영하고 있는 공제사업의 내용을 간략하게 요약 다음과 같다.

a. 공제계약의 성립

공제계약은 사단법인 한국경비협회의 정관 제6조의 규정에 의한 회원이 공제가입신청을 하여 협회의 승낙을 받음으로써 이루어진다. 경비협회의 회원은 다른 회원을 위하여 공제계약을 체결할 수 없다.

계약을 맺을 때에 공제회원 또는 이들의 대리인은 공제가입신청서(질문서 포함)의 기재사항에 대하여 알고 있는 사실을 빠짐없이 그대로 협회에 알려야 한다.

---

41) http://www.ksan.or.kr/company/company_01.asp

경비협회는 그 회원의 공제가입신청을 받고 공제료 전액을 받은 경우에 신청일로부터 30일 이내에 승낙 또는 거절의 통지를 하여야 하며, 통지가 없으면 승낙한 것으로 본다. 경비협회가 그 회원으로부터 공제가입신청과 함께 공제료 상당액의 전부 또는 일부를 받은 경우에 그 신청을 승낙하기 전에 회원에게 약관에서 정한 손해배상책임이 발생한 때에는 그 신청을 거절할 사유가 없는 한 협회는 약관상의 책임을 진다.

b. 공제료

공제료는 다른 서면 약정이 없으면 계약기간이 시작되기 전에 내야 한다. 계약기간이 시작된 후라도 다른 서면 약정이 없으면 공제료를 받기 전에 생긴 손해는 보상하지 아니하는 것이 원칙이다. 공제가입증서에 기재된 공제료는 계약기간이 종료된 후에도 정산하거나 반환하지 아니한다.

c. 보상하는 손해

경비협회는 공제에 가입한 회원(이하 '공제회원')이 약관에서 정한 담보지역 내에서 계약기간 중에 공제가입증서에 기재된 경비업무의 수행으로 생긴 우연한 사고(이하 '사고')로 인하여 타인의 신체에 장해(이하 '신체장해')를 입히거나 타인의 재물을 망가뜨려(이하 '재물손해') 법률상 손해배상책임을 부담함으로써 입은 손해를 경비업 손해배상책임약관 제4조의 보상 범위[42]에 따라 보상한다.

d. 보상한도

경비협회가 보상하는 손해배상금은 공제가입증서에 기재된 보상한도액을 한도로 한다. 경비협회는 1회의 사고에 대하여 손해배상금이 공제가입증서에 기재된 자기부담액을 초과하는 경우에 한하여 그 초과분을 보상한다. 그러나 계약기간 중에 발생하는 사고에 대한 경비협회

---

42) ① 공제회원이 피해자에게 지급한 법률상 손해배상금,
② 공제회원이 지출한 아래의 비용
(a) 공제회원이 제15조제1항 제1호의 방법을 강구하기 위하여 지급한 필요 또는 유익하였던 비용. 그러나 공제회원이 그 방법을 강구한 후에 배상책임이 없음이 판명된 때에는 그 비용 중 응급처치, 긴급호송 또는 그 밖의 긴급조치를 위하여 지급한 비용과 지급에 관하여 미리 협회의 동의를 받은 비용
(b) 공제회원이 제15조 제1항 제2호의 절차를 취하는데 지급한 필요 또는 유익하였던 비용
(c) 공제회원이 미리 협회의 동의를 받아 지급한 소송비용, 변호사비용, 중재, 화해 또는 조정에 관한 비용
(d) 공제가입증서상의 보상한도액내의 금액에 대한 공탁보증보험료. 그러나 그러한 보증을 제공할 책임은 부담하지 아니함.
(e) 공제회원이 제16조제2항, 제3항의 협회의 요구에 따르기 위하여 지급한 비용

의 보상총액은 공제가입증서에 기재된 총 보상한도액 내에서 보상한다.

7) 청문절차

(1) 청문의 의의

① 청문의 개념 및 요건

청문이란 경찰행정청이 어떠한 처분을 하기에 앞서 당사자 등의 의견을 직접 듣고 증거를 조사하는 절차를 말한다(『행정절차법』 제2조 제5호).

이론적인 측면에서 협의의 청문은 행정절차의 참가자가 자기 자신을 표현할 수 있는 기회로 정의될 수 있다. 청문은 참가자가 행하는 입증수단으로서의 증거방법과는 다르다. 광의의 청문은 국가기관의 행위의 영향을 받거나 불이익을 받게 될 자가 자신의 의견을 밝히거나 자신을 방어할 수 있는 기회로 이해된다(홍정선, 2006a: 480-481).

『행정절차법』제22조 제1항에서는 행정청이 처분을 함에 있어서 다른 법령 등에서 청문을 실시하도록 규정하고 있는 경우와 행정청이 필요하다고 인정하고 있는 경우에는 청문을 실시하도록 규정하고 있다. 이와 관련하여 법 제21조에서는 경찰청장 또는 지방경찰청장은 (a) 경비업 허가의 취소 또는 영업정지, (b) 경비지도사자격의 취소 또는 정지의 처분을 하고자 하는 경우에는 청문을 실시해야 한다고 규정하고 있다.

② 청문주재자와 청문참가자

청문은 행정청이 소속 직원 또는 대통령령이 정하는 일정한 자격을 가진 자중에서 선정하는 자가 주재하되, 행정청은 청문주재자의 선정이 공정하게 이루어지도록 노력해야 한다. 여기서 대통령령이 정하는 자격을 가진 자라 함은 (a) 교수, 변호사, 공인회계사 등 관련분야의 전문직 종사자, (b) 청문사안과 관련되는 분야에 근무한 경험이 있는 전직 공무원, (c) 그 밖의 업무경험을 통하여 청문사안과 관련되는 분야에 전문지식이 있는 자를 말한다(『행정절차법시행령』 제15조 제1항). 대통령령이 정하는 자 중에서 선정된 청문주재자는 형법 기타 다른 법률에 의한 벌칙의 적용에 있어서 공무원으로 본다. 따라서 경찰청장 또는 지방경찰청장은 이 법상의 청문절차를 주재하기 위해 소속 직원 또는 대통령령에서 정하고 있는 일정한 자격을 가진 자들 중에서 선정한 자를 청문주재자로 임명해야 한다. 선정된 청문주재자는 독립하여 공정하게 직무를 수행하며, 그 직무수행상의 이유로 본인의 의사에 반하여 신분상 어떠한 불이익도 받아서는 안 된다.

청문참여자란 청문에 주체적으로 참가하는 당사자 등을 말한다. 당사자 등이란 행정청의 처분에 대하여 직접 그 상대가 되는 당사자와 행정청이 직권 또는 신청에 의하여 행정절차에 참여하게 한 이해관계인을 말한다(행정절차법 제2조 제4호). 당사자 등의 범위에는 처분의 상대방인 당사자와 행정청이 절차에 참여시킨 이해관계인으로 구성된다(홍정선: 2006a: 485). 따라서 이 법에서의 청문참여자는 경찰행정청의 처분에 대하여 직접 불이익을 얻은 상대방인 경비업자와 경찰행정청이 직권 또는 신청에 의하여 청문절차에 참여시킨 이해관계인이 해당된다.

③ 청문주재자의 제척, 기피 및 회피

청문주재자의 제척이란 청문주재자가 제척 사유 중 어느 하나에 해당하는 경우에는 자동적으로 청문의 주재에서 배제시키는 것을 말한다. 청문주재자의 제척사유는 (a) 자신이 당사자 등이거나 당사자등과 『민법』 제777조 각호의 1에 해당하는 친족관계에 있거나 있었던 경우, (b) 자신이 당해 처분과 관련하여 증언이나 감정을 한 경우, (c) 자신이 당해 처분의 당사자등의 대리인으로 관여하거나 관여하였던 경우, (d) 자신이 당해 처분업무를 직접 처리하거나 하였던 경우이다(『행정절차법』 제29조 제1항).

청문주재자에게 공정한 청문진행을 할 수 없는 사정이 있는 경우 당사자 등은 경찰행정청에 기피신청을 할 수 있으며, 이 경우 경찰행정청은 청문을 정지하고 그 신청이 이유가 있다고 인정하는 때에는 당해 청문주재자를 지체 없이 교체해야 한다.

청문주재자는 제척 또는 기피의 사유에 해당하는 경우에는 경찰행정청의 승인을 얻어 스스로 청문의 주재를 회피할 수 있다. 회피는 청문주재자 스스로가 이의를 제기하는 것인 점에서 상대방 등이 제기하는 회피와 구별된다. 그러나 회피 역시 청문주재자의 의사표시로 인해 자동적으로 청문의 주재에서 벗어나는 것이 아니다. 기피와 유사하게 경찰행정청의 승인이 있어야 청문의 주재자에서 벗어나게 된다(홍정선, 2006a: 485).

(2) 청문의 절차

① 모두절차

a. 청문 결정 및 청문주재자 선정

경찰청장 또는 지방경찰청장은 (a) 경비업 허가의 취소 또는 영업정지, (b) 경비지도사

자격의 취소 또는 정지의 처분을 하고자 하는 경우에는 청문을 실시해야 한다.

경찰청장 또는 지방경찰청장은 소속직원 또는 (a) 교수, 변호사, 공인회계사 등 관련분야의 전문직 종사자, (b) 청문사안과 관련되는 분야에 근무한 경험이 있는 전직 공무원, (c) 그 밖의 업무경험을 통하여 청문사안과 관련되는 분야에 전문지식이 있는 자 중에서 청문주재자를 선정한다.

b. 청문 장소 및 일시 지정

경찰청장 또는 지방경찰청장은 청문 장소 및 일시를 지정해야 한다. 청문은 비공개가 원칙이므로 청문 장소는 청문참여자의 사생활의 비밀이 보호될 수 있는 곳으로 지정해야 한다. 또한 청문 일시는 청문참여자가 청문에 충분한 대비를 갖출 수 있는 시간적 여유를 두는 것이 좋다.

② 청문의 통지

경찰청장 또는 지방경찰청장은 청문을 실시하고자 하는 경우에 청문이 시작되는 날부터 10일전까지 당사자 등에게 통지해야 한다(『행정절차법』 제21조 제2항). 실무적으로는 청문 실시 10일 전까지 청문통지서가 도달하도록 통지해야 함으로 사전에 처분당사자와 연락이 된 경우에는 최소한 10일 이상의 기간을 선정하여 통지하고 연락이 되지 않는 경우는 우편발송에 걸리는 기간 3일, 반송에 걸리는 기간 3일 그리고 공시송달 기간인 14일이 추가로 소요될 것을 예상하여 30일 이상의 기간을 선정하여 다양한 방법으로 통지한다(경찰청, 2005: 44-45).

청문통지서에는 (a) 처분의 제목, (b) 당사자의 성명 또는 명칭과 주소, (c) 처분하고자 하는 원인이 되는 사실과 처분의 내용 및 법적 근거, (d) 청문주재자의 소속·직위 및 성명, (e) 청문의 일시 및 장소, (f) 청문에 응하지 아니하는 경우의 처리방법, (g) 기타 필요한 사항 등의 내용이 담겨있다.

청문통지서의 송달은 우편, 교부 또는 정보통신망 이용 등의 방법에 의하되 송달받을 자(대표자 또는 대리인을 포함)의 주소, 거소, 영업소, 사무소 또는 전자우편주소(이하 "주소등")로 한다. 다만, 송달받을 자가 동의하는 경우에는 그를 만나는 장소에서 송달할 수 있다. 교부에 의한 송달은 수령확인서를 받고 문서를 교부함으로써 행하며, 송달하는 장소에서 송달받을 자를 만나지 못한 때에는 그 사무원, 피용자 또는 동거자로서 사리를 분별할 지능이 있는 자에게 이를 교부할 수 있다. 정보통신망을 이용한 송달은 송달받을 자가 동의하는 경우에 한한다. 이 경우 송달받을 자는 송달받을 전자우편주소 등을 지정해야 한다. 송달은 다른 법령 등에 특별한 규정이 있는 경우를 제외하고는 송달받을 자에게 도달됨으로써 그 효력이 발생한다. 정보통신망을 이용하여 전자문서로 송달하는 경우에는 송달받을 자가 지정한 컴퓨터 등에 입력된 때에 도달된 것으로 본다.

경찰청장 또는 지방경찰청장은 ⒜ 송달받을 자의 주소 등을 통상의 방법으로 확인할 수 없는 경우, ⒝ 송달이 불가능한 경우에는 송달받을 자가 알기 쉽도록 관보, 공보, 게시판, 일간신문 중 하나 이상에 공고하고 인터넷에도 공고해야 한다. 공시송달은 다른 법령 등에 특별한 규정이 있는 경우를 제외하고는 공고일부터 14일이 경과한 때에 그 효력이 발생한다. 다만, 긴급히 시행해야 할 특별한 사유가 있어 효력발생시기를 달리 정하여 공고한 경우에는 그에 의한다.

③ 청문의 진행

a. 청문의 병합, 분리 및 공개

경찰청장 또는 지방경찰청장은 직권 또는 당사자의 신청에 의하여 수개의 사안을 병합하거나 분리하여 청문을 실시할 수 있다. 청문은 비공개가 원칙이나 당사자의 공개신청이 있거나 청문주재자가 필요하다고 인정하는 경우 이를 공개할 수 있다. 다만, 공익 또는 제3자의 정당한 이익을 현저히 해할 우려가 있는 경우에는 공개해서는 안 된다.

당사자는 청문의 공개를 신청하고자 하는 때에는 청문일 전까지 청문주재자에게 공개신청서를 제출해야 한다. 청문주재자는 당사자가 제출한 공개신청서를 지체 없이 검토하여 공개여부를 당사자 등에게 알려야 한다.

b. 청문의 개시

청문주재자는 청문을 시작할 때에는 먼저 예정된 처분의 내용, 그 원인이 되는 사실 및 법적 근거 등을 설명해야 한다. 당사자 등은 의견을 진술하고 증거를 제출할 수 있으며, 참고인·감정인등에 대하여 질문할 수 있다. 당사자 등이 의견서를 제출한 경우에는 그 내용을 출석하여 진술한 것으로 본다.

청문주재자는 청문의 신속한 진행과 질서유지를 위하여 필요한 조치를 할 수 있다. 청문을 계속할 경우에는 경찰청장 또는 지방경찰청장은 당사자등에게 다음 청문의 일시 및 장소를 서면으로 통지해야 하며, 당사자 등이 동의하는 경우에는 전자문서로 통지할 수 있다. 다만, 청문에 출석한 당사자 등에게는 당해 청문일에 청문주재자가 구술로 통지할 수 있다.

c. 증거조사

청문주재자는 신청 또는 직권에 의하여 필요한 조사를 할 수 있으며, 당사자등이 주장하지 아니한 사실에 대하여도 조사할 수 있다. 당사자 등이 청문주재자에게 증거조사를 신청하고자 하는 때에는 청문주재자에게 증명할 사실과 증거조사의 방법을 구체적으로 명시한 문서를 제출해야 한다. 증거조사는 ⓐ 문서, 장부, 물건 등 증거자료의 수집, ⓑ 참고인, 감정인 등에 대한 질문, ⓒ 검증 또는 감정·평가, ⓓ 기타 필요한 조사 등의 방법에 의한다.

청문주재자는 필요하다고 인정하는 때에는 관계행정청에 대하여 필요한 문서의 제출 또는 의견의 진술을 요구할 수 있다. 이 경우 관계행정청은 직무수행상 특별한 지장이 없는 한 이에 응해야 하는 의무를 진다.

d. 청문조서 및 의견서 작성

청문주재자는 ⓐ 제목, ⓑ 청문주재자의 소속, 성명 등 인적사항, ⓒ 당사자 등의 주소, 성명 또는 명칭 및 출석여부, ⓓ 청문의 일시 및 장소, ⓔ 당사자 등의 진술의 요지 및 제출된 증거, ⓕ 청문의 공개여부 및 공개 또는 제30조 단서의 규정에 의하여 비공개한 이유, ⓖ 증거조사를 한 경우에는 그 요지 및 첨부된 증거, ⓗ 기타 필요한 사항이 기재된 청문조서를 작성해야 한다. 당사자 등은 청문조서의 기재내용을 열람·확인할 수 있으며, 이의가 있을 때에는 그 정정을 요구할 수 있다. 또한 청문주재자는 ⓐ 청문의 제목, ⓑ 처분의 내용·주요 사실 또는 증거, ⓒ 종합의견, ⓓ 그 밖에 필요한 사항이 기재된 청문주재자의 의견서를 작성해야 한다.

④ 청문의 종결

청문주재자는 당해 사안에 대하여 당사자등의 의견진술 및 증거조사가 충분히 이루어졌다고 인정되는 경우에는 청문을 마칠 수 있다.

청문주재자는 당사자등의 전부 또는 일부가 정당한 사유 없이 청문기일에 출석하지 아니하거나 『행정절차법』 제31조 제3항의 규정에 의한 의견서를 제출하지 아니한 경우에는 이들에게 다시 의견진술 및 증거제출의 기회를 주지 아니하고 청문을 마칠 수 있다. 그러나 당사자 등의 전부 또는 일부가 정당한 사유로 인하여 청문기일에 출석하지 못하거나 『행정절차법』 제31조 제3항의 규정에 의한 의견서를 제출하지 못한 경우에는 상당한 기간을 정하여 이들에게 의견진술 및 증거제출을 요구해야 하며, 당해 기간이 경과한 때에 청문을 마칠 수 있다.

청문주재자는 청문을 마친 때에는 청문조서, 청문주재자의 의견서, 그 밖의 관계서류 등을 경찰청장 또는 지방경찰청장에게 지체 없이 제출해야 한다. 경찰청장 또는 지방경찰청장은 처분을 함에 있어서 청문주재자로부터 제출받은 청문조서, 청문주재자의 의견서, 그 밖의 관계서류 등을 충분히 검토하고 상당한 이유가 있다고 인정하는 경우에는 청문결과를 반영해야 한다.

경찰청장 또는 지방경찰청장은 청문을 마친 후 처분을 하기까지 새로운 사정이 발견되어 청문을 재개할 필요가 있다고 인정하는 때에는 청문주재자로부터 제출받은 청문조서 등을 되돌려 보내고 청문의 재개를 명할 수 있다.

8) 기타사항

(1) 지도, 감독 및 감독명령

경찰청장 또는 지방경찰청장은 경비업무의 적정한 수행을 위하여 경비업자 및 경비지도사를 지도, 감독하며 필요한 명령을 할 수 있다. 지방경찰청장 또는 관할 경찰관서장은 소속 경찰공무원으로 하여금 관할구역 안에 있는 경비업자의 주사무소 및 출장소와 경비원 배치장소에 출입하여 근무상황 및 교육훈련 상황 등을 감독하며 필요한 명령을 하게 할 수 있다. 이 경우 출입하는 경찰공무원은 그 권한을 표시하는 증표를 관계인에게 보여야 한다.

감독명령은 경찰행정관청의 감독명령(법 제24조 제1항)과 경찰공무원의 감독명령(법 제24조 제2항)으로 구분할 수 있다. 전자의 경우는 경찰청장 또는 지방경찰청장이 경비업무의 적정한 감독을 위하여 경비업자 및 경비지도사에게 필요한 명령을 하는 것을 말한다. 후자의 경우는 지방경찰청장 또는 경찰관서장의 하명을 받은 경찰공무원이 관할구역 안에 있는 경비업자의 주사무소 및 출장소와 경비원 배치장소에 출입하여 근무상황 및 교육훈련 상황 등을 감독하기 위하여 필요한 명령을 하는 것을 말한다. 감독명령의 법적 성질은 법률행위적 행정행위인 하명(下命)으로 볼 수 있다. 하명이란 국가가 개인에 대하여 작위, 부작위, 급부, 수인 등의 의무를 명하는 행위를 의미하는데, 이들 중에서 부작위의무를 명령하는 것을 특히 금지라고 한다(김남진, 2001: 247).

경찰청장이나 지방경찰청장 또는 경찰공무원의 감독명령은 그 내용에 따라 상대방인 경비업자나 경비지도사에게 공법상의 의무를 발생시킨다. 작위하명인 경우는 일정한 행위를 적극적으로 수행해야 할 의무가 발생하고, 부작위하명(금지하명)인 경우는 일정한 행위를 하지 않을 의무 등이 발생한다. 아울러 직무명령에 의해 과해진 의무를 이행하지 않는 자에 대해서는 행정법상의 강제집행이나 행정제재가 가해질 수 있다(김남진, 2001: 249).

감 독 명 령(예시)

제10-1호

(경비업법 제24조에 의거 다음과 같이 감독명령을 발령하니 준수하여 주시기 바랍니다.) ※ **위반시 법 제19조에 의거 처벌**

제1조(적용 대상)
경비업법 제2조제1호나항의 호송경비업무를 수행하는 법인에 적용함

제2조(내용) 가. 호송차량에서 하차하여 현금 등 중요물품을 도보로 호송할 경우 2인 이상이 하여야 한다.

나. 현금 등 중요물품이 호송차량에 적재된 경우에는 반드시 1인 이상이 차량에 잔류하여 경계근무를 하여야 한다.

다. 차량 호송시 차량내 금고는 2중 시정장치를 한 상태로 운행하여야 한다.

라. 현금 등 중요물품을 호송하는 차량은 반드시 경보기 등 안전장치를 설비한 차량이어야 한다.

마. 중요물품 호송가방에는 피탈방지용 안전고리를 장착하여야 한다.

바. 호송경비업자는 호송근무 투입 전 호송경비원에 대해 안전교육을 실시하고, 호송장비의 적정 여부를 점검하여야 한다.

사. 호송경비업자는『파견근로자 보호 등에 관한 법률』제5조 제5항을 위반하여 경비업무에 파견근로자를 사용하지 않아야 한다.

아. 호송업무 수행중 호송 차량이나 호송 물품을 탈취당한 경우에는 즉시 경찰관서에 신고하는 동시에 탈취된 호송물품 회수에 주력하여야 하고, 경찰관서와 유기적 체제를 유지하여야 한다.

제3조(시행) 이 명령은 2010. 6. 1부터 시행한다.

〈피탈방지용 안전고리〉

제4조(제03-2호와의 관계) 2003. 10. 22 발령한 감독명령 제03-2호는 이 감독명령의 발령으로 폐지한다.

2010. 2.

경 찰 청 장

(2) 위반행위의 보고 및 통보

경비업자의 출장소 또는 경비대상시설을 관할하는 지방경찰청장 또는 경찰관서장은 출장소의 임·직원이나 경비원이 법 또는 법에 의한 명령에 위반한 사실을 안 때에는 지체 없이 그 사실을 서면 등으로 당해 경비업을 허가한 지방경찰청장에게 통보하거나 보고해야 한다. 통보 또는 보고를 받은 지방경찰청장은 그 위반행위에 대하여 행정처분을 한 때에는 이를 해당 지방경찰청장 또는 경찰관서장에게 통보해야 한다.

(3) 보안지도, 점검 및 비밀취급인가

지방경찰청장은 연 2회 이상 특수경비업자에 대하여 보안지도 및 점검을 실시해야 하고, 필요한 경우 관계기관에 보안측정을 요청해야 한다.

특수경비업자는 법 제4조 제3항 제5호의 규정에 의하여 첫 업무개시의 신고를 하기 전에 지방경찰청장의 비밀취급인가를 받아야 한다. 지방경찰청장은 특수경비업자에게 비밀취급인가를 하고자 하는 때에는 법 제25조의 규정에 의하여 특수경비업자로 하여금 경찰청장을 거쳐 국가정보원장에게 보안측정을 요청하도록 해야 한다. 비밀취급인가권자는 업무상 조정·감독을 받는 경비업자(보안특례업체)에 대하여 소관 비밀을 계속적으로 취급하게 해야 할 필요가 있을 때에는 해당 인원에게 Ⅱ급 이하의 비밀취급을 인가할 수 있다(『보안업무규정시행규칙』 제4조).

비밀을 취급하고자 하는 업체의 대표자는 지방경찰청장에게 비밀취급인가 신청을 해야 한다. 비밀취급을 신청할 때는 업체현황에 관한 서류를 첨부해야 한다(『경비업체보안업무관리규칙』 제5조).

(4) 권한의 위임 및 위탁

① 권한의 위임

행정청이 자기에게 주어진 권한을 스스로 행사하지 않고 법령에 근거하여 타자에게 사무처리 권한의 일부를 실질적으로 이전하여 그 자의 이름과 권한 및 책임으로 특정의 사무를 처리하게 하는 것을 넓은 의미에서 권한의 위임이라고 한다. 권한의 위임은 모법(수권법)상으로는 위임행정청의 권한이지만 위임의 법리에 따른 위임입법에 의해 그 권한이 이전됨을 의미한다. 법제상으로 지휘·감독관계에 있는 자 사이의 이전과 대등관계에 있는 자 사이의 이전을 구분하여 전자의 경우를 좁은 의미의 위임(委任)이라고 하고 후자의 경우를 위탁(委託)이라고도 한다(홍정선, 2006b: 23-24).

이 법에서는 경찰청장의 권한 중 그 일부를 지방경찰청장에게 위임할 수 있도록 하고 있다. 이에 따라 경찰청장은 ⓐ 법 제20조의 규정에 의한 경비지도사의 자격의 취소 및 정지에 관한 권한, ⓑ 법 제21조 제2호의 규정에 의한 경비지도사 자격의 취소 및 정지에 관한 청문의 권한을 지방경찰청장에게 위임하고 있다.

② 권한의 위탁

행정청이 자기에게 주어진 권한을 스스로 행사하지 않고 법령에 근거하여 타자에게 사무처리 권한의 일부를 실질적으로 이전하여 그 자의 이름과 권한 및 책임으로 특정의 사무를 처리하게 하는 것을 넓은 의미에서 권한의 위임이라고 한다. 이것은 모법(수권법)상으로는 위임행정청의 권한이지만 위임의 법리에 따른 위임입법에 의해 그 권한이 이전됨을 의미한다. 한편, 법제상으로 지휘·감독관계에 있는 자 사이의 이전과 대등관계에 있는 자 사이의 이전을 구분하여 전자의 경우를 좁은 의미의 위임(委任)이라고 하고 후자의 경우를 위탁(委託)이라고 한다(홍정선, 2006b: 23-24).

이 법에서는 경찰청장이 제11조의 규정에 의한 경비지도사의 시험 및 교육에 관한 업무를 영에서 정하는 바에 따라 관계전문기관 또는 단체에 위탁할 수 있도록 하고 있다. 이에 따라 경찰청장 또는 경찰관서장은 경비업무에 관한 인력과 전문성을 갖춘 기관으로서 경찰청장이 지정하여 고시하는 기관 또는 단체에 대하여 경비지도사시험의 관리 업무와 경비지도사의 교육에 관한 업무를 위탁하고 있다.

『경비지도사시험위탁및응시수수료책정고시』(2004. 6. 14 경찰청고시 제2004-2호)에 의하면, 경찰청장은 한국산업인력공단에 경비지도사시험의 관리와 관련하여 ⓐ 시험의 공고(영 제11

조 제2항 및 제3항), (b) 시험의 실시(영 제12조), (c) 시험의 일부면제자에 대한 검토·확인(영 제13조), (d) 시험합격자의 결정(영 제14조 제1항 및 제2항), (e) 시험출제위원회 임명·위촉 등(영 제15조), (f) 기타 시험 관리에 관한 사항에 대한 권한을 위탁하고 있다.

그리고 『민간경비 교육기관 지정고시』(2005. 12. 7, 경찰청고시 제2005-6호)에 의하면, 경찰청장은 경비지도사 기본교육과 관련된 권한을 (a) (주)에스텍시스템(경기도 화성시 동탄면 송리 633-10), (b) (사)한국경비청소용역업협동조합(경기도 파주시 조리읍 봉일천리 64-36), (c) (사)한국경비지도사 협회(서울특별시 중구 신당5동 171), (d) (주) 에스원 연수원(충청남도 천안시 북면 양곡리 50), (e) 대경대학교(경상북도 경산시 자인면 단북리 24), (f) 경운대학교(경상북도 구미시 산동면 인덕리 55) 등의 기관 또는 단체에게 위탁하고 있다.

③ 수수료

수수료란 국가나 공공단체 등이 특정한 사람을 위하여 공적인 일을 하였을 때 그 보상으로 받는 요금을 의미한다. 이 법에 따른 경비업의 허가를 받거나 허가증을 재교부 받고자 하는 자는 수수료를 납부해야 한다. 이 때 정보통신망을 이용하여 전자화폐, 전자결제 등의 방법으로 수수료를 납부할 수 있다.

수수료의 종류에는 '경비업 허가 및 허가증 재교부 수수료'와 '시험 수수료'가 있다. 경비업 허가 및 허가증 재교부 수수료의 경우, 법 제4조제1항 및 법 제6조 제2항의 규정에 의한 경비업의 허가(추가 · 변경 · 갱신허가를 포함)의 경우에는 1만원, 허가사항의 변경신고로 인한 허가증 재교부의 경우에는 2천원의 수수료를 지방경찰청장에게 납부해야 한다. 그 밖에 『경비지도사시험위탁및응시수수료책정고시』(2004. 6. 14, 경찰청고시 제2004-2호)에 의하면, 경비지도사 시험에 응시하고자 하는 자는 30,000원의 시험응시 수수료를 산업인력관리공단에 납부하도록 하고 있다.

9) 벌칙조항

(1) 행정형벌

법 제28조 내지 31조는 벌칙 조항으로 경찰벌의 성격을 지닌다. 경찰벌이란 행정벌의 일종으로 경찰작용의 상대방이 경찰법상의 의무를 위반한 경우에 국가가 그 상대방에 과하는 경찰법상의 제재로서의 처벌을 의미한다(홍정선, 2006b: 419). 경찰벌은 다시 처벌의 내용에 따라 형법에 규정되어 있는 형명(사형, 징역, 금고, 벌금 등)이 가해지는 행정형벌로서의 경찰형벌과 행정질서벌의 일종인 과태료를 부과하는 경찰질서벌의 두 종류로 구분할 수 있다(허경미, 2008: 216-217).

일반적으로 경찰형벌은 경찰법규위반에 대해 과해지는 것으로 경찰행정의 실효성확보 수단의 하나이다. 그러나 경찰형벌은 경찰법규 위반이 형벌을 부과할 수 있을 정도로 불법이 큰 행위에 대하여 부과하는 대신에 경찰질서벌은 경찰법규 위반이 단순한 의무위반으로 경찰형벌을 부과하지 않을 정도의 경미한 불법이 인정되는 행위에 대하여 부과한다. 경찰형벌은 처벌의 한 유형이므로 죄형법정주의가 당연히 적용되며 특별한 규정이 없는 한 형법 총칙의 규정도 적용된다(『형법』 제8조). 또한 경찰형벌은 형벌과 같이 형사소송절차에 의해 부과된다. 그러나 경찰형벌에 대한 일반법은 없고 다만 이 법과 같이 경찰법률에서 개별적으로 규정하고 있을 뿐이다.

(2) 과태료

과태료(過怠料)는 경찰법규상의 단순한 의무위반 행위에 대하여 부과하는 금전적 제재로 경찰질서벌로서의 과태료를 의미한다. 보통 경찰질서벌의 경우는 형법상 총칙이 적용되지 아니하는 것으로 본다.

과태료는 형법상의 형명(刑名) 있는 형벌이 과해지는 것이 아니라 단순히 행정상의 의무를 태만히 한 경우에 부과되는 것이고 또한 그 과벌 절차는 특별한 규정이 없는 한 비송사건절차법에 따른다는 점에서 행정형벌과 구별된다. 연혁적으로 보면, 이러한 과태료제도는 일제강점기에 도입된 것이다. 일제 강점기 각 개별법에 규정되어 있던 과료(過料)제도가 해방 이후에도 그대로 우리나라 법체계에 받아들여지다가 그 명칭이 형법상 과료(科料)와 혼동될 것을 우려하여 1962년 비송사건절차법을 제정하면서 명칭을 과료(過料)에서 과태료(過怠料)로 바꾼 것이다(심남절, 2007: 430).

과태료와 같은 행정질서벌은 행정질서유지를 위한 의무의 위반이라는 객관적 사실에 대하여 과하는 제재이므로 반드시 현실적인 행위자가 아니라도 법령상 책임자로 규정된 자에게 부과되고 원칙적으로 위반자의 고의·과실을 요하지 아니하나, 위반자가 그 의무를 알지 못하는 것이 무리가 아니었다고 할 수 있어 그것을 정당시할 수 있는 사정이 있을 때 또는 그 의무의 이행을 그 당사자에게 기대하는 것이 무리라고 하는 사정이 있을 때 등 그 의무 해태를 탓할 수 없는 정당한 사유가 있는 때에는 이를 부과할 수 없다.[43] 또한 과태료의 제재는 범죄

43) 대판 2000.5.26, 98두5972.

에 대한 형벌이 아니므로 그 성질상 처음부터 공소시효(형사소송법 제249조)나 형의 시효(형법 제78조)에 상당하는 것은 있을 수 없고, 이에 상당하는 규정도 없으므로 일단 한번 과태료에 처해질 위반행위를 한 자는 그 처벌을 면할 수 없다.[44]

지방경찰청장 또는 경찰관서장은 법 제31조 제1항의 규정에 의하여 과태료를 부과하는 때에는 당해 위반행위를 조사확인한 후 위반사실, 과태료금액 등을 서면으로 명시하여 이를 납부할 것을 과태료처분 대상자에게 통지해야 한다. 지방경찰청장 또는 경찰관서장은 제1항의 규정에 의하여 과태료를 부과하고자 하는 때에는 10일 이상의 기간을 정하여 과태료처분대상자에게 구술 또는 서면(전자문서를 포함)에 의한 의견진술의 기회를 주어야 한다. 이 경우 지정된 기일까지 의견진술이 없는 때에는 의견이 없는 것으로 본다. 과태료의 징수절차는 『국고금관리법시행규칙』을 준용한다. 이 경우 납입고지서에는 이의방법 및 이의기간 등을 함께 기재해야 한다.

지방경찰청장 또는 경찰관서장의 과태료처분에 불복이 있는 자는 그 처분의 고지를 받은 날부터 30일 이내에 지방경찰청장 또는 경찰관서장에게 이의를 제기할 수 있다. 과태료처분을 받은 자가 이의를 제기한 때에는 지방경찰청장 또는 경찰관서장은 지체 없이 관할 법원에 그 사실을 통보해야 하며, 그 통보를 받은 관할법원은 비송사건절차법에 의한 과태료의 재판을 한다. 한편, 이의신청 기간인 30일 이내에 이의를 제기하지 아니하고 과태료를 납부하지 아니한 때에는 국세체납처분의 예에 의하여 이를 징수한다.

(3) 과태료의 부과기준

① 일반기준

법상의 과태료는 지방경찰청장 또는 경찰관서장은 당해 위반행위의 동기와 그 결과 등을 참작하여 과태료 부과기준 액의 2분의 1의 범위 안에서 이를 경감 또는 가중하여 부과할 수 있다. 이 경우 가중하는 때에도 과태료의 금액은 500만원을 초과할 수 없다.

② 개별기준

과태료 부과를 위한 개별기준을 살펴보면 다음과 같이 설명할 수 있다. 자세한 내용은 <표 4-11>에서 정리했다.

a. 신고의무(법 제4조 제3항 또는 법 제18조 제2항)를 위반한 경우

---

44) 대결 2004.8.24, 2000마1350.

(a) 1월 이내의 기간 경과 : 50만원

(b) 1월 초과 6월 이내의 기간 경과 : 100만원

(c) 6월 초과 12월 이내의 기간 경과 : 200만원

(d) 12월 초과의 기간 경과 : 300만원

b. 경비대행업자지정 신고의무(법 제7조 제6항)를 위반한 경우

(a) 허위로 신고한 때 : 400만원

(b) 그 밖의 사유로 신고하지 아니한 때 : 300만원

c. 설명의무(법 제9조 제1항)를 위반한 경우 : 100만원

d. 경비지도사 선임의무(법 제12조 제1항)를 위반한 경우 : 300만원

e. 감독명령(법 제14조 제6항)을 이행하지 아니한 경우 : 500만원

f. 경비원 명부 작성 및 비치 의무(법 제18조제 1항)를 위반한 경우

(a) 경비원 명부를 비치하지 아니한 때 : 100만원,

(b) 경비원 명부를 작성·정리하시 아니한 때 : 50만원

〈표 4-11〉 과태료 부과의 개별기준

위 반 행 위	금 액	해당조문
1. 법 제4조제3항 또는 법 제18조 제2항의 규정에 위반하여 신고를 하지 아니한 경우 가. 1월 이내의 기간 경과 나. 1월 초과 6월 이내의 기간 경과 다. 6월 초과 12월 이내의 기간 경과 라. 12월 초과의 기간 경과	 50만원 100만원 200만원 300만원	법제31조 제1항 제1호
2. 법 제7조 제6항의 규정에 위반하여 경비대행업지 지징신고를 하지 아니한 경우 가. 허위로 신고한 경우 나. 그 밖의 사유로 신고하지 아니한 경우	 400만원 300만원	법제31조 제1항 제2호
3. 법 제9조 제1항의 규정에 위반하여 설명의무를 이행하지 아니한 경우	100만원	법제31조 제1항 제3호
4. 법 제12조 제1항의 규정에 위반하여 경비지도사를 선임하지 아니한 경우	300만원	법제31조 제1항 제4호

5. 법 제14조 제6항의 규정에 의한 감독상 필요한 명령을 이행하지 아니한 경우	500만원	법제31조 제1항 제5호
6. 법 제18조제 1항의 규정에 위반하여 명부를 작성 · 비치하지 아니한 경우 가. 경비원 명부를 비치하지 아니한 경우 나. 경비원 명부를 작성 · 정리하지 아니한 경우	100만원 50만원	법제31조 제1항 제6호

4. 경비업체의 보안관리

1) 의의

경비업체 보안관리란 지방경찰청장이 경비업체[45]로 하여금 국가기밀에 속하는 보안업무를 수행하면서 필요한 사항을 잘 준수하도록 지원하고 감독하는 것을 말한다. 경비업체 보안관리의 법적 근거로는 『보안업무규정시행규칙』, 『보안업무규정시행세부규칙』 및 『경비업체보안업무관리규칙』(이하 "규칙"이라 함) 등이 있다.

경비업체 보안관리의 대상은 국가기밀에 속하는 보안업무를 수행하기 위해 국가정보원의 보안측정을 받아 지방경찰청의 비밀취급인가를 받은 경비업체이다. 여기서 비밀취급인가의 대상이 되는 비밀이란 그 내용이 누설될 경우 국가안전보장에 위해한 결과를 초래할 우려가 있는 국가기밀로서 보안업무시행규칙에 의해 비밀로 분류한 각종문서, 시설 및 장소를 말한다.

2) 보안지도 점검 및 교육

지방경찰청장은 보안업무를 수행하는 경비업체에 대하여 연 1회 이상 보안지도 점검 및 교육을 실시해야 한다. 또한 지방경찰청 생활안전과 분임보안담당관은 경비업체 임직원에 대하여 연 1회 이상 보안교육을 실시해야 한다.

지방경찰청 생활안전과 분임보안담당관은 경비업체에 대하여 보안업무에 관한 조정감독권을 가지며, 경비업체의 보안 상태와 그 이행여부를 확인하기 위하여 정기 또는 불시 보안지

45) 경비업체란 『경비업법』 제2조 및 제3조에 의하여 국가중요시설 등 기타 경비를 요하는 시설 및 장소에서 화재, 도난 등의 위해발생을 방지하는 업무를 수행하기 위하여 지방경찰청장의 허가를 받아 설립된 법인체를 말한다.

도 점검을 실시할 수 있으며, 필요할 때에는 관계서류의 제시를 요구할 수 있다. 또한 지방경찰청 생활안전과 분임보안담당관은 경비업체가 이 규칙의 명령, 지시, 의무규정 등을 위반하여 보안관리상 상당한 지장을 초래하였을 경우에는 경고조치 할 수 있다.

3) 비밀취급 인가

(1) 개념

비밀취급인가란 지방경찰청장이 경비업체를 대상으로 비밀을 취급할 수 있도록 인정하는 것을 말한다. 비록 규정상 '인가'라는 표현을 쓰고 있지만 학문적인 측면에서 살펴보면 고유한 의미의 인가의 개념이라기보다는 허가의 개념으로 이해하는 것이 옳다고 여겨진다.[46] 즉 비밀취급인가란 경찰행정청이 법령에 의해 상대적으로 금지된 비밀취급 업무의 제한을 해제하여 경비업체가 비밀취급 업무를 적법하게 할 수 있도록 하는 것이다.

(2) 비밀취급인가 절차

① 비밀취급인가 신청

비밀을 취급하고자 하는 경비업체의 대표자는 지방경찰청장에게 비밀취급인가 신청을 해야 한다. 비밀취급을 신청할 때는 경비업체 현황에 관한 서류를 첨부해야 한다. 다만 경비업체의 대표자 및 이사급 중에서 『경비업체보안업무관리규칙』을 위반하여 비밀취급인가가 해제된 후 2년을 경과하지 아니한 경비업체 그리고 국가정보원 보안측정결과 "부" 판정을 받은 경비업체는 비밀취급 인가를 받을 수 없다.

② 비밀취급업체선정 심사 및 보안측정 요청

비밀취급대상 경비업체를 선정하기 위하여 심사위원회를 구성 운영한다. 위원회는 위원장, 부위원장 각 1인을 포함하여 6인 이내의 위원으로 구성한다. 위원장은 지방경찰청 생활안전과장이, 위원은 경감 이상으로 한다. 위원회는 재적위원 과반수 찬성으로 의결한다. 위원회는 사무처리를 위하여 간사 1인을 둘 수 있다.

---

46) 학문상 인가란 행정청이 타자의 법률행위를 동의로써 보충하여 그 행위의 효력을 완성시켜 주는 보충적 행정행위를 의미한다(홍정선, 2006a: 307).

경비업체가 비밀취급인가 신청을 하고자 할 때에는 (a) 명칭 소재지 및 대표자와 이사급 성명(신원진술서 4부), (b) 연혁, (c) 임무기능 및 능력, (d) 시설의 평면도, (e) 관할경찰서, (f) 측정이유, (g) 기타 참고사항 등이 기재된 구비서류를 첨부하여 경찰청 생활안전과 분임보안담당관을 경유하여 국가정보원에 보안측정을 요청해야 한다. 또한 보안업무를 수행 중인 경비업체라 하더라도 영업장소를 이전하거나 대표자를 변경할 때에는 그 사실을 3일 이내에 지방경찰청 생활안전과에 통보하고 1개월 이내에 보안측정을 요청해야 한다.

③ **신원조사**

경비업체는 비밀작업에 종사하게 될 임직원에 대한 신원조사를 사전에 지방경찰청 생활안전과 분임 보안담당관에게 요청해야 한다. 지방경찰청 생활안전과 분임 보안담당관은 경비업체 임직원에 대한 신원조사를 실시하고 신원조회대장을 비치하고 기록을 관리한다. 이 경우 단기 잡역종사자에 대하여는 작업을 위장하며 비밀이 노출되지 아니하도록 보안조치를 한 후 신원증명서를 받고 생략할 수 있다.

신원조사를 의뢰하는 경비업체는 1) 대상자 연명부 1부, 2) 신원진술서 5부, 3) 사진(최근 3개월 이내 촬영한 반명함판) 5매, 4) 호적등본 1통(기재사유가 생략되지 아니한 것)을 첨부하여 지방경찰청 생활안전과 분임 보안담당관에게 제출해야 한다. 지방경찰청 생활안전과 분임 보안담당관은 신원조사 결과의 적합여부를 경비업체에 통보하고, 경비업체의 대표자는 신원특이자가 비밀을 열람하거나 비밀작업자에게 파견되지 않도록 신상관리 책임을 진다.

④ **비밀취급 인가 및 해제**

지방경찰청장은 지방경찰청 생활안전과에 설치된 비밀취급업체선정 심사위원회의 심의를 거쳐 국가정보원의 보안측정 결과, 적정판정이 된 경비업체에 대하여 서약서를 받고 비밀취급을 인가한다. 비밀취급인가의 유효기간은 2년으로 한다. 유효기간이 만료된 경비업체에 대하여 재인가가 필요한 때에는 유효기간 2개월 전까지 재신청해야 한다.

경비업체가 (a) 보안점검결과 규칙 제24조의 규정에 의하여 연 2회 이상 경고처분을 받은 경우, (b) 보안사고가 발생한 경우, (c) 경비업체가 해체된 경우, (d) 업체에 고의 또는 중대한 과실로 장비의 제품 또는 공사를 부실하게 하여 그 기능수행에 지장을 초래하게 한 경우, (e) 정당한 사유 없이 규칙 제19조에 규정된 영업장소 이전 및 대표자 변경신고를 하지 않았을 경우에 해당하는 때에는 비밀취급의 인가를 해제할 수 있다. 지방경찰청 생활안전과 분임보안담당관은 경비업체의 비밀취급 신규인가, 재인가 및 해제 사실이 발생한 때에는 그 사실을 경비업체 대표자에게 통보해야 한다.

4) 비밀의 관리

(1) 종사원의 등록

경비업체는 보안업무 및 보안을 요하는 시설에 종사하게 할 직원에 대하여는 비밀취급인가증(비밀취급종사원등록증, 이하 "종사원등록증")을 발급받도록 해야 한다. 종사원등록증을 발급받고자 할 때에는 종사원등록증 발급신청서를 지방경찰청 생활안전과 분임보안담당관에게 제출하고 지방경찰청 생활안전과 분임보안담당관은 이를 심사하여 적합하다고 인정하는 자에 대하여는 서약서를 제출받아 종사원등록증을 발급한다.

지방경찰청 생활안전과 분임보안담당관은 종사원등록증 발급대장을, 경비업체는 종사원등록대장을 비치하고 항시 기록 유지해야 한다. 비밀작업종사자는 작업할 때에 종사원등록증을 패용해야 하며, 작업이 끝나면 경비업체의 보안책임자에게 반납해야 한다. 경비업체의 대표는 경비업체의 해산, 인가의 해제, 종사원의 퇴직 기타 비밀취급을 할 필요가 없게 된 경우에는 지체 없이 종사원등록증을 회수하여 지방경찰청 생활안전과 분임 보안담당관에게 반납해야 한다. 지방경찰청장은 이들에 대한 비밀취급인가 해제

조치를 해야 한다.

(2) 보안담당관 및 비밀보관책임자

경비업체는 종사원 등록증 소지자 중 이사급으로 보안담당관을, 작업지에게는 따로 부장급을 분임보안담당관으로 임명하고, 지방경찰청 생활안전과 분임보안담당관에게 등록서를 제출해야 한다. 경비업체 보안담당관은 자체보안 내규를 현실성 있게 수립하여 지방경찰청 생활안전과 분임보안담당관에게 조정·검토를 받아 시행해야 한다. 비밀공사를 하는 경우에는 사전공사 준비단계, 작업 단계 등 각 공정별로 보안대책을 수립·시행해야 한다.

담당관(분임 보안담당관을 포함)은 (a) 보안업무의 계획, 조정 및 총괄, (b) 보안교육 실시, (c) 서약의 집행, (d) 비밀작업을 할 때에 자체보안 대책 강구, (e) 자체보안 내규의 작성 및 시행, (f) 종사원 등록증의 보관관리 등의 업무를 수행한다.

보안담당관은 경비업체의 비밀을 관리하기 위하여 종사원등록증을 소지한 실무부서 책임

자 중에서 비밀보안책임자(부장급)를, 공사장에는 따로 분임보안책임자(과장급)를 임명해야 한다. 보안책임자는 비밀을 누설, 도난, 분실 및 손괴 등의 방지 업무와 비밀관리기록부, 비밀열람기록전, 작업일지 및 대출부의 기록 유지의 업무를 수행하여 비밀을 최선의 상태로 보관해야 한다.

(3) 비밀의 관리방법

경비업체는 비밀로 보관하기 위하여 금고 또는 이중 장치가 된 견고한 보관함을 비치해야 한다. 제작이 완료된 장비는 도난, 화재 또는 파괴로부터 보호하고 비밀취급 인가자 외의 접근을 방지할 수 있는 견고한 시설을 갖추어야 한다. 비밀장비가 설치된 지역은 통제구역으로 설정하여 비밀취급인가자 외의 출입자를 통제하고 이를 명부에 기록 유지해야 한다.

경비계약체결 대상 사업체로부터 비밀을 접수 또는 대여 받은 경비업체의 비밀 보관책임자는 비밀관리기록부를 비치 기록하고 비밀보관 용기에 보관해야 한다. 비밀을 열람한 자는 비밀열람기록 전에 기록해야 하며, 비밀에서 분리할 경우에는 따로 편철해야 한다. 비밀을 접수 또는 대여 받은 경비업체는 이를 복제, 복사 또는 사진촬영을 할 수 없다. 다만, 작업수행과정에서 부득이 복제, 복사해야 할 사정이 있을 때에는 공사시행기관장의 승인을 얻어 복제 또는 복사하되 작업이 완료된 후에는 지체 없이 보안담당관 확인 하에 파기해야 한다.

작업수행과정에서 비밀이 내포된 내역서 등을 분리해야 할 경우 비밀보관책임자는 분리하여 작업을 할 수 있으며, 일일작업이 끝나면 반드시 회수하여 보관해야 한다. 경비 기기설치 작업이 완료된 비밀은 계약체결대상 사업체에 반납하고, 비밀관리 기록부에 수령인을 받아야 한다. 경비업체에서 사용하고 있는 비밀작업 서식류의 기록은 가제목을 사용하여 비밀내용이 노출되지 않도록 해야 한다. 경비시설공사 관련 비밀서류는 경비업체에서만 열람하는 것을 원칙으로 하나 이를 공사현장에 가져가지 아니하고는 작업이 불가능한 경우에 한하여 경비업체 보안담당관의 승인을 얻어 반출할 수 있다. 다만, 보안담당관은 공사현장에서의 보안대책 강구 실태를 확인한 후 이를 승인해야 한다.

(4) 금지 및 준수사항

비밀이 포함된 내역서 등을 복제, 복사 또는 사진촬영을 할 수 없다. 다만, 작업수행과정에서 그 일부분을 복제, 복사 또는 사진촬영을 해야 할 경우에는 경비업체 보안담당관의 승인을 얻어 행할 수 있으며, 작업이 완료된 후에는 경비업체 보안담당관의 확인 하에 소각 또는 반납해야 한다.

비밀에 속하는 장비(시설물 포함)의 설명서, 기기동작 설명서 또는 사용설명서 등을 경비업체가 발간(인쇄, 프린트, 공판 등) 하고자 할 때에는 회사대표의 사전 승인을 받아 계약체결 대상 사업체 보안담당관 입회하에 소요 최소부수를 비밀발간 업체에서 발간해야 한다. 비밀장비제작 및 비밀공사(이하 장비제작 및 공사라 한다)에 따라 제작품, 비밀사항이 내포된 물품(장비의 설명서 및 기기동작 설명서를 포함한다) 및 시설도면 등은 견본, 작업 실적, 기타 참고용 등의 명목으로 보관할 수 없다.

비밀작업에 종사한 자가 작업 중 지득한 사항은 일체 타인에게 전파, 누설, 공개 또는 유출해서는 안 된다. 비밀작업에 종사하는 자에게 비밀에 속하는 사항을 전화로 문의 또는 연락해서는 안 된다. 전산장비를 이용하여 비밀자료를 입·출력할 때에는 전산업무 보안관리지침에 정한 각종 보안대책을 성실히 이행해야 한다.

경비업체는 대외적으로 비밀공사업체임을 광고해서는 안 된다. 시공업체는 경비계약을 체결한 사항의 전부 또는 일부를 다른 경비업체에 하도급을 할 수 없다. 다만, 비밀이 아닌 사항에 대하여는 하도급을 할 수 있다.

시공경비업체의 보안담당관은 장비제작 및 공사에 투입되는 종사원의 인적사항 및 작업에 다른 자체보안 대책을 수립, 사전에 계약체결 대상업체 보안담당관에게 제시해야 하며, 종사원등록증 미소지자에 대하여는 작업장의 출입을 제한해야 한다. 비밀장비 및 시설공사시 투입되는 인원은 부득이한 경우를 제외하고는 공정별로 바꾸어 공사전반에 대한 내용을 파악하지 못하도록 해야 한다. 또한 시공업체 보안담당관은 비밀장비 공사개시와 공사완료 또는 공사 중단상황을 지방경찰청 생활안전과 분임보안담당관에게 보고해야 한다.

비밀작업장은 일반작업장과 구분하여 설치해야 하고, 경비업체의 보안담당관의 감독 하에 출입인원을 제한해야 한다. 비밀작업장 또는 작업수행과정에 중요한 시설에는 지정출입자 이외의 출입을 금지하며 통제구역 출입자명부에 기록 유지해야 한다. 경비업체는 공사완료일까지 매일 공정별 작업상황을 작업일지에 기록해야 한다. 경비업체는 장비제작 및 공사 중 비밀을 보관하고 있을 때에는 숙직원을 배치하고, 숙직일지를 비치 기록해야 한다. 다만, 기계경비시설을 설치한 경우에는 그러하지 아니하다.

경비업체는 비상사태에 대비하기 위하여 비밀안전지출 및 파기계획을 수립, 시행해야 한다. 야간에 비밀의 도난 및 화재예방을 위하여 비밀보관함에 경보장치, 비밀보관 장소와 숙직실간에 비상벨을 설치하고, 비밀보호 대책을 강구해야 한다. 경비업체가 작업 중 ⓐ 보관중인 비밀과 작업 중인 비밀을 도난 또는 분실한 경우, (b) 공휴일 또는 야간에 비상사태가 발생한 경우, (c) 화재가 발생한 경우, (d) 기타 보안에 대한 사고가 발생한 경우에는 즉시 경찰관서 및 지방경찰청 생활안전과 분임보안담당관에게 보고해야 한다. 경비업체에서 보안사고 발생한 경우에는 (a) 일시 및 장소, (b) 사고자 인적사항, (c) (육하원칙에 따른) 사고내용, (d) 조치사항 등을 보고해야 한다. 또한 보안사고를 방관한 사람 또는 사고의 발생을 인지하고도 보고하지 아니한 사람이 있는 경우에는 그에 대한 징계조치를 해야 한다.

청원경찰제도

1. 청원경찰제도의 의의

청원경찰제도는 일제 강점기 전쟁 준비를 위한 산업시설의 경비 문제를 해결하기 위해 소요경비를 기업이 부담하고 경찰력의 상주파견을 구하는 '청원순사제도'에서 기원한 것으로 우리나라의 독특한 민간경비제도의 한 분야라고 볼 수 있다(박봉진, 2004: 173).

청원경찰제도는 1962년 4월 3일 『청원경찰법』이 제정되면서 등장하게 되었다. 『청원경찰법』은 중요산업시설 또는 중요사업장의 경영자와 국내 주재 외국기관의 장이 소요경비를 부담할 것을 조건으로 경찰관의 배치를 신청하는 경우에 이에 대응하여 청원경찰관을 배치함으로써 경찰 인력의 부족을 보완하고 건물 등의 경비 및 공안업무에 만전을 기하기 위한 목적으로 제정되었다.

청원경찰제도와 관련된 제반 사항들은 법령으로 규율되고 있다. 『청원경찰법』(법률, 이하 "법"이라 한다), 『청원경찰법』의 위임사항을 규정한 법규명령으로 대통령령인『청원경찰법시행령』(이하 "시행령"이라 한다)과 행정안전부령인 『청원경찰법시행규칙』(이하 "시행규칙"이라 한다)은 청원경찰제도의 대표적인 법적 근거에 해당한다.

2. 『청원경찰』의 연혁

1) 『청원경찰법』 제정(1962. 4. 3 법률 제1049호)

『청원경찰법』은 1962년 4월 3일 중요산업시설 또는 중요사업장의 경영자와 국내 주재 외국기관이 소요경비를 부담할 것을 조건으로 경찰관의 배치를 신청하는 경우에 이에 대응하여 청원경찰관을 배치하는 제도를 신설함으로써 경찰인력의 부족을 보완하고 건물 등의 경비 및 공안업무 수행에 만전을 기하려는 목적으로 제정되었다. 『청원경찰법』제정 당시의 주요 내용은 다음과 같다.

(1) 청원경찰관의 배치를 신청할 수 있는 자로 중요산업시설 또는 중요사업장의 경영자와 국내주재의 외국기관으로 함
(2) 청원경찰관배치의 통지를 받은 자는 청원경찰경비를 국고에 납입하도록 함
(3) 청원경찰관의 직종·임용·교육·보수와 상벌 등은 시행령으로 정하도록 함

2) 『청원경찰법』 제1차 개정(1973. 12. 31 법률 제2666호)

청원경찰관의 배치를 받은 시설 또는 사업장의 경영자는 그 경비를 미리 국고에 선납하게 되어 있어 그 회계절차가 복잡할 뿐만 아니라 사업자금의 불필요한 동결현상까지를 초래하고 있으므로 경비의 선납제를 폐지하고 직불제로 하는 한편 청원경찰관의 배치범위를 조정하고 그에 대한 무기의 대여규정과 사회보장규정 등을 명문화함으로써 청원경찰제도의 합리적인 운영을 기하려는 목적에서 『청원경찰법』제1차 개정이 이루어졌다. 주요 개정 내용은 다음과 같다.

(1) 법률의 목적규정을 신설함
(2) 청원경찰을 배치할 수 있는 대상을 확대함
  ⓐ 개정 전
    1. 중요산업시설 또는 중요사업장의 경영자
    2. 국내주재의 외국기관
  ⓑ 개정 후
    1. 국가기관 또는 공공단체와 그 관리 하에 있는 중요시설 또는 사업장
    2. 국내주재 외국기관
    3. 기타 내무부령으로 정하는 중요시설 또는 사업장

(3) 청원경찰은 관할 경찰서장의 감독 하에 그 경비구역에 한하여 경찰권을 행사하도록 함
(4) 청원경찰의 배치결정 및 임용은 청원주의 신청과 추천에 의하여 도지사(서울특별시장·부산시장 포함)가 행하도록 함
(5) 청원경찰의 경비는 청원자가 청원경찰경비를 국고에 납입하여 국가에서 청원경찰의 경비를 지급하는 방식이었으나 내무부장관이 고시하는 기준에 따라 청원자가 직접 지불하도록 개정함

3) 『청원경찰법』 제2차 개정(1976. 12. 31 법률 제2949호)

『청원경찰법』제2차 개정은 청원경찰의 배치가 필요한 기관·시설·사업장 등에 대하여 청원경찰의 배치요청을 할 수 있도록 함으로써 주요시설 등의 자체경비를 강화하려는데 목적이 있었다. 그 밖에 도지사는 청원경찰의 배치가 필요한 기관·시설·사업장에 대하여 청원경찰의 배치를 요청할 수 있도록 하는 규정을 누었다.

4) 『청원경찰법』 제3차 개정(1980. 1. 4 법률 제3228호)

『청원경찰법』제3차 개정은 청원경찰관에게 퇴직금을 지급하도록 하고, 도지사로 하여금 청원경찰의 해임을 명할 수 있도록 하는 등 청원경찰제도를 합리적으로 보완하려는 데 중점을 두었다. 『청원경찰법』제3차 개정의 주요내용은 다음과 같다.

(1) 청원경찰은 도지사가 임용하던 것을 청원주가 임용하도록 하되 미리 도지사의 승인을 얻도록.
(2) 청원경찰이 퇴직할 때에는 퇴직금을 지급하도록 명문화함
(3) 도지사는 청원경찰이 법령에 위반하거나 결격사유에 해당하게 된 때에는 청원주에 대하여 그 청원경찰의 해임을 명할 수 있도록 함
(4) 도지사는 청원주를 지도하며, 감독상 필요한 명령을 할 수 있도록 함
(5) 도지사의 승인을 얻지 아니하고 청원경찰을 임용한 자등 이 법 위반자에 대하여는 100만원 이하의 과태료에 처할 수 있도록 함

5) 『청원경찰법』 제4차 개정(1981. 2. 14 법률 제3371호)

『청원경찰법』제4차 개정은 청원경찰의 배치·임용승인·배치의 중지·해임명령 및 감독에 관한 도지사의 권한의 일부를 관할 경찰서장에게 위임하여 업무의 신속 및 간소화를 추진하려는데 목적이 있었다.

6) 『청원경찰법』 제5차 개정(1984. 1. 31 법률 제3677호)

『청원경찰법』제6차 개정에서는 청원경찰이 배치된 시설이 축소되거나 그 시설의 중요도가 저하되는 등 청원경찰의 배치인원을 감축할 필요가 있는 경우 도지사는 그 배치인원을 감축할 수 있도록 할 수 있는 규정을 신설하고 다른 법률과 관계되는 조문을 정비했다.

7) 『청원경찰법』 제6차 개정(1991. 5. 31 법률 제43697호)

『청원경찰법』제5차 개정은『경찰법』의 개정에 따른 일부개정으로 "내무부장관"을 "경찰청장"으로 또한 "서울특별시장, 직할시장 또는 도지사"를 "지방경찰청장"으로 변경하는 등 관련 조문의 정비가 이루어졌다.

8) 『청원경찰법』 제7차 개정(1999. 3. 31 법률 제5637호)

『청원경찰법』제7차 개정은『행정규제기본법』에 의한 규제정비계획에 따라 청원경찰 배치의 중지, 폐지 및 배치인원의 감축에 대한 지방경찰청장의 권한을 폐지하는 취지에서 이루어졌다. 『청원경찰법』제7차 개정의 주요내용은 다음과 같다.

(1) 제9조를 삭제한다.

제9조 (배치의 중지등) 지방경찰청장은 다음 각 호의 1에 해당하는 사유가 있을 때에는 청원경찰의 배치를 중지 또는 폐지하거나 배치인원을 감축할 수 있다.

1. 청원경찰을 계속 배치할 필요가 없다고 인정될 때
2. 청원주가 청원경찰경비의 부담의무를 태만히 할 때
3. 청원경찰이 배치된 시설이 축소되거나 당해 시설의 중요도가 저하되는 등 배치인원을 감축할 필요가 있다고 인정될 때

(2) 제12조 제3호를 삭제한다.

제12조 (과태료) 다음 각 호의 1에 해당하는 자는 100만 원 이하의 과태료에 처한다.

3. 제9조의 규정에 의한 청원경찰의 배치폐지 및 중지의 결정이나 명령에 의하지 아니하고 청원경찰의 배치를 폐지 또는 중지한 자

9) 『청원경찰법』 제8차 개정(2001. 4. 7 법률 제6466호)

『청원경찰법』제8차 개정에서는 청원경찰의 직권남용방지 등을 위하여 직무범위를 명확히 하고, 지방경찰청장의 청원경찰 해임명령규정을 삭제하여 규제를 완화하는 등 현행 제도의 운영상 나타난 일부 미비점을 개선·보완했다. 『청원경찰법』제8차 개정의 주요내용은 다음과 같다.

(1) 청원경찰은 경비목적을 위하여 필요한 범위 안에서 경찰관직무집행법에 의한 경찰의 직무를 수행하도록 명시하여 직권남용의 소지를 줄임
(2) 청원경찰의 과도한 복무규정을 완화하기 위하여 경찰공무원에 관한 규정을 포괄적으로 준용하던 청원경찰의 복무의무에 관하여 앞으로는 국가공무원법상의 복종의무, 직장이탈금지의무, 비밀엄수의무, 집단행위금지의무 및 경찰공무원법상의 허위보고금지의무규정을 준용하도록 함
(3) 지방경찰청장의 청원경찰 해임명령규정과 그에 따른 청원주의 청원경찰 해임의무규정을 삭제함
(4) 청원경찰의 신분보장을 위하여 형의 선고·징계처분 또는 신체·정신상의 이상으로 직무를 감당하지 못하는 때를 제외하고는 그 의사에 반하여 면직되지 아니하도록 하는 규정을 신설함

10) 『청원경찰법』 제9차 개정(2005. 8. 4 법률 제7662호)

『청원경찰법』제9차 개정에서는 국가기관 또는 지방자치단체에 근무하는 청원경찰의 휴직 및 명예퇴직에 관하여 국가공무원법의 관련 규정을 준용하도록 했다.

제10조의7을 다음과 같이 신설한다.
제10조의7 (휴직 및 명예퇴직) 국가기관 또는 지방자치단체에 근무하는 청원경찰의 휴직 및 명예퇴직에 관하여는 『국가공무원법』 제71조 내지 제73조, 제74조의2의 규정을 준용한다.

11) 『청원경찰법』 제10차 개정(2008. 2. 29 법률 제8852호)

『청원경찰법』제10차 개정에서는『정부조직법』의 개정에 따라 "행정자치부령"이 "행정안전부령"으로 변경되는 등 관련 조문의 정비가 이루어졌다.

12) 『청원경찰법』 제11차 개정(2008. 2. 29 법률 제8852호)

『청원경찰법』제11차 개정에서는 공무원 신분이 아님에도 직무의 특수성으로 인하여 복무

상 공무원에 준하는 여러 가지 의무를 부담하고 있는 청원경찰에 대한 처우개선을 위하여 청원경찰의 징계에 관한 사항과 국가기관 또는 지방자치단체에 근무하는 청원경찰의 보수에 관한 사항을 법률로 규정하였다. 청원경찰의 당연퇴직 연령을 59세에서 60세로 조정하며, 『질서위반행위규제법』의 제정(법률 제8725호, 2007. 12. 21. 공포, 2008. 6. 22. 시행) 취지에 맞게 관련 규정을 정비하였다. 또한 법 문장의 표기를 한글화하고 어려운 용어를 쉬운 우리말로 풀어쓰며 복잡한 문장은 체계를 정리하여 간결하게 다듬었다.[47] 『청원경찰법』제11차 개정의 주요내용은 다음과 같다.

(1) 청원주는 청원경찰이 직무상의 의무를 위반하는 등의 경우에는 대통령령으로 정하는 징계절차를 거쳐 징계처분을 하도록 함(법 제5조의2 신설)
(2) 국가기관 또는 지방자치단체에 근무하는 청원경찰의 보수는 같은 재직기간에 해당하는 경찰공무원의 보수를 감안하여 대통령령으로 정하도록 함(법 제6조제2항 신설)
(3) 청원경찰의 퇴직연령을 "59세"에서 "60세"로 함(법 제10조의6제3호)

47) 전국청원경찰친목협의회(청목회)의 입법로비 파문의 발단은 청원경찰법이다. 청원경찰은 1962년 청원경찰법이 제정되면서 제도적 근거를 마련했다. 지난 12월 개정안 통과 전까지 청목회가 요구해온 청원경찰법 개정 요구의 핵심은 두가지. 가장 큰 문제는 처우 개선으로 청원경찰은 정년까지 근무해도 경찰의 최하위 직급인 순경 봉급을 받아왔다. 재직기간과 상관 없이 신규든 30년 경력자든 순경의 직급 및 보슈규정이 동일하게 적용돼왔다. 청목회는 '1962년 청원경찰 창설시 5-4급(현9-6급상당)의 진급제가 법률로 명시되었던 국가공무원의 신분이었다. 일반직 20년차면 6급 상당 근속승진, 기능직 20년차면 6~7급 상당승진이 가능한데 청원경찰만 부당한 대우를 받고 있다'는 주장으로 처우 개선에 목소리를 높여왔다. 파업 등 집단행동 금지 제한에 대한 개선도 주요 요구사항이었다. 청원경찰법은 '국가공무원법' 66조1항에 따라 청원경찰의 노조가입이나 집단행동을 금지해왔다. 청목회는 '공무원처럼 확실한 신분보장도 받지 못하고 공무원도 아닌데 공무원법에 의해 노조가입에 제한을 받는 현실이 부당하다'며 단체교섭권 인정을 주장해왔다. 청목회의 이런 요구는 개정안을 통해 대부분 수용됐다. 순경 수준이던 청원경찰의 연봉은 재직기간 15년 미만은 순경, 15~30년은 경장, 30년 이상은 경사 수준으로 올라갔다. 집단행동 금지 등 근로3권을 제한하던 규정도 삭제돼 청원경찰의 단결권과 단체교섭권도 인정됐다. 또 정년이 기존 59세에서 60세로 연장됐으며 기존에 파면·감봉·견책으로 한정돼 있던 징계 종류에 해임과 정직이 추가됐다. 국가경찰의 징계 종류가 중징계·경징계 등으로 다양한 것과 비교해 청원경찰의 징계 종류가 한정돼있어 징계수위가 높다는 청원경찰의 요구가 받아들여진 것이다. 이외에도 검찰과 관련 소식통에 따르면, 청목회는 청원경찰법 개정 이후에도 순경직급에서 경장·경사 대우를 받는데 걸리는 기간이 각각 15년·30년으로 너무 길다고 판단, 2011년까지 승급기간을 각각 13년·26년으로 줄이는 내용의 재개정안을 추진해온 것으로 알려졌다. 법 개정을 위해 국회의원에게 입법로비를 한 의혹에 대해서 시민단체들은 심각한 문제제기를 하고 있다. 하지만 재직기간과 상관없이 최하위직 처우를 받으면서도 처벌에 있어서는 공무원 규정이 적용되는 등 공무원과 민간근로자 사이의 애매한 신분으로 청원경찰이 불이익을 받아온 점에 대해서는 개선이 필요했다는 목소리도 나오고 있다
(출처: 헤럴드 뉴스, http://biz.heraldm.com/common/Detail.jsp?newsMLId =20101108000321/2010.11.11).

3. 청원경찰제도의 주요내용

1) 청원경찰의 신분 및 직무

(1) 청원경찰의 신분

청원경찰이란 (a) 국가기관 또는 공공단체와 그 관리 하에 있는 중요시설 또는 사업장, (b) 국내주재 외국기관, (c) 기타 행정안전부령으로 정하는 중요시설, 사업장 또는 장소[48)]에 해당하는 기관의 장 또는 시설, 사업장 등의 경영자가 소요경비(이하 "청원경찰경비")를 부담할 것을 조건으로 그 기관, 시설 또는 사업장 등의 경비를 담당하게 하기 위하여 관할 지방경찰청장에게 신청 후 배치하는 경찰관을 의미한다.

법 제10조 제2항에서는 "청원경찰 업무에 종사하는 사람은 『형법』이나 그 밖의 법령에 따른 벌칙을 적용할 때에는 공무원으로 본다."라고 규정하고 있다. 따라서 청원경찰의 신분과 관련하여 『형법』이나 기타 법령에 의한 벌칙의 적용을 제외하고 그 신분을 공무원으로 보지 않는 것이 일반적이다. 헌법재판소 또한 청원경찰의 신분을 공무원으로 보는 것에 대해 일관되게 부정하는 입장을 취해오고 있다. 헌법재판소는 청원경찰은 원칙적으로 사용자와의 고용계약에 의한 근로자 신분으로서 공무원은 아니라고 보고 있으며,[49)] 국가 또는 지방자치단체에 소속되어 근무하는 청원경찰의 경우에도 본질적으로 다르지 않다고 한다.[50)]

청원경찰은 원칙적으로 사용자와의 고용계약에 의한 근로자로서 공무원 신분은 아니지만, 업무의 공공성이나 업무수행의 특수성으로 인해 다음과 같이 사법상의 고용관계의 성격과 공법상 근무관계의 성격을 복합적으로 가지고 있다. 먼저 사법상 고용관계의 측면을 살펴보면, 청원경찰은 청원주가 임명하고 그 소요경비를 부담하며 청원경찰(국가기관 또는 지방자치단체에 근무하는 청원경찰을 제외)의 직무상 불법행위에 대한 배상책임에 관하여는 민법의 규정이 적용된다. 복무에 있어서도 집단행위금지의무, 경찰공무원법상 허위보고금지의무 등을

48) 기타 행정안전부령으로 정하는 중요시설·사업장 또는 장소란 ① 선박, 항공기 등 수송시설, ② 금융 또는 보험을 업으로 하는 시설 또는 사업장, ③ 언론·통신·방송 또는 인쇄를 업으로 하는 시설 또는 사업장, ④ 학교 등 육영시설, ⑤ 의료법에 의한 의료기관, ⑥ 기타 공공의 안녕질서 유지와 국민경제상 고도의 보호를 필요로 하는 중요시설·사업체 또는 장소를 말한다(시행규칙 제1조).

49) 행정주체가 일방당사자인 법관계를 행정상 법률관계라 부른다. 행정상 법률관계에서 사법이 지배하는 경우도 있고 공법이 지배하는 경우도 있다. 전자를 통상 국고관계라 부르고 후자를 행정법관계 또는 공법관계라 부른다. 이 경우 행정주체와 청원경찰의 법률관계를 국고관계로 볼 수 있다(홍정선, 2006a: 103).

50) 헌재결 1999.5.7. 97헌마368; 헌재결 2008.7.31. 2004헌바9; 헌재결 2010.2.25. 2008헌바160.

준수해야 하는 점을 제외하고는 당해 사업장의 취업규칙에 의한다. 또한 청원경찰의 신분은 형법 기타 법령에 의한 벌칙의 적용과 법 및 시행령에서 특히 규정하는 경우를 제외하고는 공무원으로 보지 않는다.

다음으로 공법상 근무관계의 성격을 살펴보면, 청원경찰의 임용에 있어서 미리 지방경찰청장의 승인을 얻어야 하고 『국가공무원법』 제33조 각 호의 1에 해당하는 자는 청원경찰로 임용될 수 없다. 청원경찰은『형법』 기타 법령에 의한 벌칙의 적용에 있어서는 공무원으로 보고, 형의선고·징계처분 또는 신체·정신상의 이상으로 직무를 감당하지 못할 때를 제외하고는 그 의사에 반하여 면직되지 않는다. 청원경찰은 유사하게 일정한 신분보장을 받고 있기 때문에 노동운동이나 그 밖에 공무 외의 일을 위한 집단행위를 하여서는 안 된다. 그리고 의무의 부담에 있어서 청원경찰은 일반 근로자와는 달리 근로3권이 전부 인정되지 않는 것 등은 일반적으로 공무원과 큰 차이가 없다.[51] 결국 청원경찰의 신분에 대해서는 형식적으로 '공무원이 아니면서 공무원처럼' 또는 실질적으로 '공무원이면서 공무원이 아닌 것처럼'의 이중적인 잣대가 적용되고 있는 것이 현실이다(공배완, 2008: 448).

청원경찰의 신분[52]

▪ 방호원과 청원경찰의 차이

1) 2005년 서울북부지방검찰청 기능직공무원 방호 특별채용 공고 내용
① 국가공무원법에 따른 결격 사유가 없는 자
② 서류 전형과 면접시험 거쳐 선발
③ 무술 유단자, 워드프로세서 2급 이상 소지자

2) 2009년 서울시 한강사업본부 청원경찰 채용 공고 내용
① 국가공무원법에 따른 결격 사유가 없는 자

51) 『국가공무원법』 제66조 제1항의 규정에 위반하여 노동운동 기타 공무 이외의 일을 위한 집단적 행위를 한 자를 형사처벌하도록 규정한 『청원경찰법』 제11조에 대한 위헌소원 사건에서 다수 의견은 업무의 공공성에도 불구하고 일반 근로자인 청원경찰에 대하여 공무원과 똑같이 일체의 근로3권을 갖지 못하도록 규정한 것 내지는 청원경찰의 업무에 지장을 주지 않는 경우에도 청원경찰의 노동운동 기타 집단적 행위를 금지하고 처벌하는 것은 헌법 제37조 제2항에 위반된다는 의견이었으나 위헌정족수에 미치지 못하여 합헌결정이 내려졌다(헌재결 2008.7.31. 2004헌바9).

52) 국민일보 쿠키뉴스, 2010년 11월 11일자, http://news.kukinews.com/article/view.asp?page= 1&gCode=kmi&arcid=0004317539&cp=nv

② 체력검사, 서류 전형과 면접시험 거쳐 선발
③ 무술 유단자·관련 학과 전공자 우대

두 개의 채용 공고 내용을 살펴보면, 똑같은 직종 종사자를 뽑는 것처럼 보일 만큼 방호원과 청원경찰의 채용 절차는 비슷하다. 방호원은 국가기관 및 주요 시설 출입 통제가 주 업무로, 청원경찰 업무와 거의 같다. 하지만 기능직 공무원인 방호원은 10급부터 시작해 7급까지 승진할 수 있어서 민간인 신분인 청원경찰보다 훨씬 많은 퇴직금을 받게 된다. 전국청원경찰친목협의회(이하 "청목회") 관계자는 "같은 기관에서 청원경찰과 방호원이 26년 일할 경우 퇴직금이 1000만원 이상 차이 난다. 재직기간이 31년을 넘으면 방호원은 직급 승진에 따라 31호봉 이상 올라가지만 국가기관 및 지방자치단체 청원경찰은 순경 31호봉이 마지막이다. 이 때문에 근무 기간 31년이 넘을 경우 퇴직금 차이는 더 커진다"고 말했다.

▪ 청원경찰의 유형

청원경찰은 국가기관·지자체에 근무하는 청원경찰과 공기업 및 민간기업의 청원경찰로 나뉜다. 청목회는 국가기관·지자체 청원경찰들의 조직이다. 국가기관·지자체에 근무하는 청원경찰은 민간기업에 근무하는 청원경찰에게도 박탈감을 느낀다. 민간기업 청원경찰은 노사 합의에 따라 정규직 신분을 갖고 직급체계를 갖추고 있는 경우가 많다. 하지만 청목회원들은 공무원과 비슷하긴 한데 정규직이 아니고 비정규직 상근 인력으로 분류돼 있다. 봉급 수준도 민간기업 청원경찰들이 높은 경우가 많다. 청목회는 "공공기관에서 일하는 청원경찰들이 경력을 쌓은 뒤 민간기업 청원경찰로 옮겨갈 정도다. 우리와 민간기업 청원경찰을 구분하지 않고, 일률적으로 전체 청원경찰에 대해 공무원 신분을 인정하지 않는 것은 불합리하다"고 주장해 왔다.

(2) 청원경찰의 직무

청원경찰은 관할 지방경찰청장으로부터 청원경찰의 배치결정을 받은 자(이하 "청원주")와 배치된 기관, 시설 또는 사업장 등의 구역을 관할하는 경찰서장의 감독을 받아 그 경비구역만을 한정하여 경비목적을 위하여 필요한 범위 안에서 『경찰관직무집행법』에 의한 경찰관의 직무를 수행한다. 청원경찰은 근무 중 제복을 착용하여야 하고, 필요할 경우 청원주의 신청에 의하여 관할 경찰서장으로부터 무기를 대여받아 휴대할 수 있다. 그러나 이와 관련해서는 관할 경찰서장과 청원주의 엄격한 관리와 규제를 받는다.

청원경찰의 직무 범위는 일반적으로 사법경찰 업무를 제외한 『경찰관직무집행법』제2조에 규정된 직무 범위에 따라 주로 범죄의 예방 및 진압, 보호조치가 필요한 환자 등의 수송과 보호, 요인경호 및 시설경비, 위험발생의 방지 및 예방업무 등이 포함된다.

청원경찰이 직무를 수행할 때에는 경비 목적을 위하여 필요한 최소한도 내에 서 그 직무를 수행하여야 하며, 청원경찰은 『경찰관직무집행법』에 의한 직무 이외의 수사활동 등 사법경찰 관리의 직무를 행해서는 안 된다(시행규칙 제17조). 청원경찰이 『경찰관직무집행법』상의 직무를 수행한 경우에는 관할 경찰서장에게 지체 없이 서면으로 보고해야 한다. 청원경찰(국가기관 또는 지방자치단체에 근무하는 청원경찰을 제외)의 직무상 불법행위에 대한 배상책임에 관하여는 『민법』의 규정에 의한다. 경찰관, 경비원, 청원경찰의 신분 및 직무의 비교는 <표 5-1>에서 정리하였다.

〈표 5-1〉 경찰관, 경비원, 청원경찰의 신분 및 직무 비교

구분	경찰관	경비원	청원경찰
직무	『경찰관직무집행법』에 규정된 직무	시설경비업무, 호송경비업무, 신변보호업무, 기계경비업무, 특수경비업무	경비구역 내에서 경찰관의 직무 수행
신분	국가공무원	일반인	일반인
보수	『경찰공무원보수규정』에 따름	경비업자마다 다름	경찰청장이 매년 고시
무기	휴대 가능	휴대 불가(단, 특수경비원은 휴대 가능)	경비구역 내에서 휴대 가능
손해배상책임	국가 책임	경비업자 책임	청원주 책임(단, 국가 또는 지자체가 청원주인 경우는 국가 또는 지자체 책임)

2) 청원경찰의 임용, 징계, 면직 등

(1) 청원경찰의 임용

청원경찰은 청원경찰의 배치결정을 받은 자(청원주)가 임용한다. 청원주가 청원경찰을 임용할 때에는 미리 지방경찰청장의 승인을 받아야 한다. 청원주는 그 배치결정 통지를 받은

날부터 30일 이내에 배치 결정된 인원수의 임용예정자에 대하여 청원경찰 임용승인을 지방경찰청장에게 신청해야 한다. 청원주가 청원경찰을 임용한 때에는 10일 이내에 그 임용사항을 사업장의 소재지를 관할하는 경찰서장을 거쳐 지방경찰청장에게 보고해야 한다. 청원경찰이 퇴직한 때에도 또한 같다. 법령에 규정된 청원경찰의 임용자격과 임용 결격사유는 다음과 같다.

① 청원경찰의 임용자격(시행령 제3조)

a. 18세 이상 50세 미만의 사람. 다만, 남자의 경우에는 군복무를 필하였거나 면제된 사람으로 한정한다.

b. 다음의 신체조건에 해당하는 사람
   ⓐ 신체가 건강하고 팔다리가 완전할 것
   ⓑ 시력(교정시력을 포함한다)은 양쪽 눈이 각각 0.8 이상일 것

② 청원경찰의 임용 결격사유

『국가공무원법』 제33조 각호의 어느 하나의 결격사유에 해당하는 사람은 청원경찰로 임용될 수 없다(법 제5조 제2항).

a. 금치산자 또는 한정치산자
b. 파산선고를 받고 복권되지 아니한 자
c. 금고 이상의 실형을 선고받고 그 집행이 종료되거나 집행을 받지 아니하기로 확정된 후 5년이 지나지 아니한 자
d. 금고 이상의 형을 선고받고 그 집행유예 기간이 끝난 날부터 2년이 지나지 아니한 자
e. 금고 이상의 형의 선고유예를 받은 경우에 그 선고유예 기간 중에 있는 자
f. 법원의 판결 또는 다른 법률에 따라 자격이 상실되거나 정지된 자
g. 징계로 파면처분을 받은 때부터 5년이 지나지 아니한 자
h. 징계로 해임처분을 받은 때부터 3년이 지나지 아니한 자

(2) 청원경찰의 징계

① 성질 및 법적 근거

청원경찰 징계의 법적 근거는 법 제5조의2 및 시행령 제8조에서 찾아 볼 수 있다. 청원경찰의 징계에 대한 법적 성질을 어떻게 볼 것인가 하는 문제는 전술한 청원경찰의 신분과 밀접한 관련을 가지고 있다. 여기서는 청원경찰의 신분을 공법상 근무관계가 적용되는 공무원이 아닌 사법상 고용관계가 적용되는 근로자임을 전제로 논의를 전개하고자 한다.

근로자는 사용자와의 근로관계가 성립되면 고용계약의 내용에 따라 사용자의 지시와 명령을 받고 근로를 제공하는 의무를 지게 된다. 만약 근로자가 사용자의 명령이나 기업 목적에 위배되는 행위를 하게 되면, 사용자는 기업질서를 유지하기 위해 징계권을 행사하게 된다. 현실적으로 징계권의 행사는 취업규칙이나 징계규정을 작성하면서 사용자가 스스로 또는 노사합의에 의해 징계기준을 정하여 운영하는 것이 일반적인 관행이라고 볼 수 있다. 사용자의 징계권 행사의 정당성을 뒷받침하는 근거로는 대체로 징계권부정설, 고유권설, 집단적합의설(공동규범설), 계약설, 법규범설 등의 다섯 가지 학설들이 제시되고 있다.[53)]

일반적으로 어떤 집단이나 단체든지 질서유지를 위해 필요로 하는 규범으로서 징계권이 인정된다. 청원경찰의 징계는 청원주의 징계권과 청원경찰의 징계처분이라는 두 가지 측면에서 접근할 수 있다. 청원주의 징계권은 사용자인 청원주가 청원경찰에 대해 행사하는 징계권을 말한다. 여기서 징계권은 기업의 경영목적을 위하여 불가결하게 요청되는 기업질서를 확립하기 위해 근로자의 기업질서 위반행위에 대해 일정한 불이익 조치를 부과할 수 있는 권한 또는 권능을 의미한다(김형배, 2007: 637; 송호영, 2009: 2). 청원경찰의 징계처분은 사법상 고용관계에 의해 청원주가 청원경찰에 대해서 부과하는 징계처분을 말한다. 여기서 징계처분은 사용자가 명령·복종관계를 근간으로 하여 일정한 집단적 질서 또는 규율을 위반한 근로자에 대해 행하는 불이익의 제재처분을 의미한다(이상국, 2007: 595).

청원경찰은 공무원이 아닌 근로자 신분이기 때문에 청원경찰에게 적용되는 징계 규정을 국가공무원이나 경찰공무원의 징계 규정과 동일하게 법령에 직접적으로 근거를 마련할 필요는 없다. 그럼에도 불구하고 관련법령에서는 공무원 신분이 아님에도 직무의 특수성으로 인하여 복무상 공무원에 준하는 여러 가지 의무를 부담하고 있는 청원경찰의 신분 보장과 처우 개선을 위하여 <표 5-2>와 같이 청원경찰 징계의 법적 근거를 마련해 놓고 있다.

---

53) 자세한 내용은 이상국(2007) 참조.

② 징계의 사유 및 종류

청원주는 청원경찰 배치 결정의 통지를 받았을 때에는 통지를 받은 날부터 15일 이내에 청원경찰에 대한 징계규정을 제정하여 관할 지방경찰청장에게 신고하여야 한다. 그 징계규정을 변경할 때에도 또한 같다. 지방경찰청장은 징계규정의 보완이 필요하다고 인정할 때에는 청원주에게 그 보완을 요구할 수 있다.

청원경찰의 징계사유는 청원경찰이 직무상의 의무를 위반하거나 직무를 태만히 한 때 또는 품위를 손상하는 행위를 한 때이다.[54] 청원주는 청원경찰이 징계사유에 해당하는 때에는 징계절차를 거쳐 징계처분을 해야 한다. 관할 경찰서장은 청원경찰이 징계사유에 해당한다고 인정되면 청원주에게 해당 청원경찰에 대하여 징계처분을 하도록 요청할 수 있다.

청원경찰에 대한 징계의 종류는 파면, 해임, 정직, 감봉 및 견책으로 구분한다. 파면과 해임은 청원경찰의 신분을 박탈하여 그 직을 더 이상 유지하지 못하도록 하는 것이다. 정직은 1개월 이상 3개월 이하로 하고, 그 기간에 청원경찰의 신분은 보유하나 직무에 종사하지 못하며, 보수의 3분의 2를 줄인다. 감봉은 1개월 이상 3개월 이하로 하고, 그 기간에 보수의 3분의 1을 줄인다. 견책은 전과에 대하여 훈계하고 회개하게 한다.

〈표 5-2〉 청원경찰 징계의 법적 근거

개정 전	현 행
『청원경찰법』제5조(청원경찰의 임용 등) ③ 청원경찰의 …… 징계에 관하여는 대통령령으로 정한다.	『청원경찰법』제5조의2(청원경찰의 징계) ① 청원주는 청원경찰이 다음 각 호의 어느 하나에 해당하는 때에는 대통령령으로 정하는 징계 절차를 거쳐 징계처분을 하여야 한다. 1. 직무상의 의무를 위반하거나 직무를 태만히 한 때 2. 품위를 손상하는 행위를 한 때 ② 청원경찰에 대한 징계의 종류는 파면, 해임, 정직, 감봉 및 견책으로 구분한다. ③ 청원경찰의 징계에 관하여 그 밖에 필요한 사항은 대통령령으로 정한다.

54) 청원경찰『국가공무원법』 제78조는 경찰공무원의 징계 사유로 ① 법 및 이 법에 따른 명령을 위반한 경우, ② 직무상의 의무(다른 법령에서 공무원의 신분으로 인하여 부과된 의무를 포함한다)를 위반하거나 직무를 태만히 한 때, ③ 직무의 내외를 불문하고 그 체면 또는 위신을 손상하는 행위를 한 때를 규정하고 있다.

개정 전	현 행
『청원경찰법시행령』제17조(징계) ① 청원주는 청원경찰이 다음 각 호의 1에 해당한때 또는 관할 경찰서장으로부터 징계요청을 받은 때에는 그 해당자에 대하여 징계처분을 하여야 한다. 1. 법 및 이 영의 규정 또는 이에 의한 명령에 위반한 때 2. 직무상의 의무에 위반하거나 직무를 태만히 한 때 3. 품위를 손상하는 행위를 한 때 ② 청원경찰에 대한 징계의 종류는 파면, 감봉, 견책으로 하며, 감봉은 1월 이상 6월 이하로 하되, 봉급의 3분의 1을 감한다. ③ 청원주는 청원경찰의 배치결정통지를 받은 때에 는 그 날로부터 15일 이내에 청원경찰에 대한 징계규정을 제정하여 관할지방경찰청장에게 신고하여야 한다. 징계규정을 변경한 때에도 또한 같다. ④ 지방경찰청장은 제3항의 규정에 의한 징계규정이 보완을 요한다고 인정할 때에는 그 보완을 요구할 수 있다.	『청원경찰법시행령』제8조(징계) ① 관할 경찰서장은 청원경찰이 법 제5조의2제1항 각 호의 어느 하나에 해당한다고 인정되면 청원주에게 해당 청원경찰에 대하여 징계처분을 하도록 요청할 수 있다. ② 법 제5조의2제2항의 정직(停職)은 1개월 이상 3개월 이하로 하고, 그 기간에 청원경찰의 신분은 보유하나 직무에 종사하지 못하며, 보수의 3분의 2를 줄인다. ③ 법 제5조의2제2항의 감봉은 1개월 이상 3개월 이하로 하고, 그 기간에 보수의 3분의 1을 줄인다. ④ 법 제5조의2제2항의 견책(譴責)은 전과(前過)에 대하여 훈계하고 회개하게 한다. ⑤ 청원주는 청원경찰 배치 결정의 통지를 받았을때에는 통지를 받은 날부터 15일 이내에 청원경찰에 대한 징계규정을 제정하여 관할 지방경찰청장에게 신고하여야 한다. 징계규정을 변경할 때에도 또한 같다. ⑥ 지방경찰청장은 제5항에 따른 징계규정의 보완이 필요하다고 인정할 때에는 청원주에게 그 보완을 요구할 수 있다.

(3) 면직 등

① 면직

청원경찰은 형의 선고, 징계처분 또는 신체상·정신상의 이상으로 직무를 감당하지 못할 때를 제외하고는 그 의사에 반하여 면직(免職)되지 아니한다. 청원주가 청원경찰을 면직시켰을 때에는 그 사실을 관할 경찰서장을 거쳐 지방경찰청장에게 보고해야 한다.

② 정년과 당연퇴직

청원경찰의 정년에 관하여 법에서 별도로 규정하고 있지 않다. 또한 다른 법령을 준용하고 있지도 않다. 따라서 청원경찰이 복무하는 사업장의 취업규칙에서 청원경찰의 정년을 정할 수 있다. 정년에 도달하면 근로자의 의사 및 능력과 관계없이 근로관계가 종료되는 것이 원칙이지만, 법령의 규정에 의하거나 근로자와 사용자 사이의 근로계약에 의하여 정년 연장 또는 퇴직 후 재고용 등의 방법으로 정년을 초과하여 근무할 수 있다.

당연퇴직이란 법령에 규정한 사유에 해당하면 그 시점부터 더 이상 근무할 수 없고 자동적으로 퇴직되는 것을 의미한다. 청원경찰은 ⓐ 법 제5조 제2항에 따른 임용결격사유에 해당될 때, ⓑ 법 제10조의5에 따라 청원경찰의 배치가 폐지되었을 때, ⓒ 나이가 60세가 되었을 때(다만, 그 날이 1월부터 6월 사이에 있으면 6월 30일에, 7월부터 12월 사이에 있으면 12월 31일에) 해당할 때에는 당연 퇴직된다.

한편, 청원경찰을 고용하고 있는 사업장의 취업규칙에서 청원경찰의 정년을 당연퇴직 연령보다 이르게 정할 수 있는지 여부가 문제될 수 있다. 법 제10조의6 제3호에 의한 당연퇴직 연령(60세)은 정년이 아니라 근무상한 연령을 의미하므로 청원경찰을 고용하고 있는 사업장의 취업규칙에서 청원경찰의 정년을 위의 당연퇴직 연령보다 이르게 정할 수 있다. 다시 말하면, 청원경찰이 복무하는 사업장의 취업규칙에서 청원경찰의 정년을 정할 수 있는데, 정년은 청원경찰의 근무상한 연령인 "60세가 되었을 때"보다 늦게 정할 수는 없으나 그보다 이르게 정할 수 있다는 의미이다.[55)]

③ 휴직 및 명예퇴직

국가기관이나 지방자치단체에 근무하는 청원경찰의 휴직 및 명예퇴직에 관하여는 『국가공무원법』 제71조(휴직), 제72조(휴직기간), 제73조(휴직의 효력) 및 제74조의2(명예퇴직 등)를 준용한다. 그러나 국가기관이나 지방자치단체가 아닌 사업장에 근무하는 청원경찰의 휴직 및 명예퇴직은 그 사업장의 취업규칙에 의하는 것이 일반적이다.

3) 청원경찰의 배치 및 교육

(1) 청원경찰의 배치

청원경찰의 배치를 받으려는 자는 시행령에서 정하는 바에 따라 관할 지방경찰청장에게 신

55) 법제처 2006.1.27, 05-0157.

청해야 한다. 지방경찰청장은 청원경찰의 배치 신청을 받은 때에는 지체 없이 그 배치여부를 결정하여 신청인에게 통지해야 한다. 관할 지방경찰청장은 청원경찰의 배치가 필요하다고 인정되는 기관의 장 또는 시설, 사업장의 경영자에게 청원경찰을 배치할 것을 요청할 수 있다.

청원주는 청원경찰을 신규로 배치하거나 이동배치한 때에는 배치지(이동배치의 경우에는 종전의 배치지) 관할 경찰서장에게 이를 통보해야 한다. 청원주의 통보를 받은 경찰서장은 이동배치지가 관할구역을 달리할 때에는 전입지 관할 경찰서장에게 이를 통보해야 한다.

청원주는 청원경찰이 배치된 시설이 폐쇄되거나 축소되어 청원경찰의 배치를 폐지하거나 배치인원을 감축할 필요가 있다고 인정하면 청원경찰의 배치를 폐지하거나 배치인원을 감축할 수 있다. 다만, 청원주는 『경비업법』에 따른 특수경비원을 배치할 목적으로 청원경찰 배치를 폐지하거나 배치인원을 감축할 수 없다. 청원주가 청원경찰을 폐지하거나 감축하였을 때에는 청원경찰 배치 결정을 한 경찰관서의 장에게 알려야 하며, 그 사업장이 제4조 제3항에 따라 지방경찰청장이 청원경찰의 배치를 요청한 사업장일 때에는 그 폐지 또는 감축 사유를 구체적으로 밝혀야 한다.

(2) 청원경찰의 교육

① 배치 전 교육

청원주는 청원경찰에 임용된 자에 대하여 경비구역에 배치하기 전에 경찰교육기관에서 직무수행상 필요한 교육을 받게 해야 한다. 다만, 경찰교육기관의 교육계획상 부득이하다고 인정할 때에는 우선 배치하고 임용 후 1년 이내에 교육을 받게 할 수 있다.

경찰관(전투경찰을 포함) 또는 청원경찰에서 퇴직한 자가 퇴직한 날부터 3년 이내에 청원경찰로 다시 임용된 때에는 청원경찰 교육을 면제할 수 있다. 청원경찰의 교육기간은 2주간으로 한다. 청원경찰의 교육과목 및 수업시간은 <표 5-3>과 같다.

③ 배치 후 교육

청원주는 소속 청원경찰에 대하여 그 직무집행에 관하여 필요한 교육을 매월 4시간이상 실시해야 한다. 관할 경찰서장은 필요하다고 인정하는 경우에는 청원경찰이 배치된 사업장에 소속공무원을 파견하여 직무집행에 필요한 교육을 실시할 수 있다.

〈표 5-3〉 청원경찰의 교육과목 및 수업시간

학과별	과목		시간
정신교육	정신교육		8
학술교육	형사법		10
	청원경찰법		5
실무교육	경무	경찰관직무집행법	5
	방범	방범업무	3
		경범죄처벌법	2
	경비	시설경비	6
		소방	4
	정보	대공이론	2
		불심검문	2
	민방위	민방공	3
		화생방	2
	기본훈련		5
	총기조작		2
	총검술		2
	사 격		6
술과	체포술 및 호신술		6
기타	입교 · 수료 및 평가		3

4) 청원경찰의 복무 및 지도 · 감독

(1) 청원경찰의 복무

청원경찰의 복무에 관하여는 『국가공무원법』 제57조(복종의 의무), 제58조 제1항(직장이탈 금지), 제60조(비밀엄수의 의무), 제66조 제1항(집단행위의 금지) 및 『경찰공무원법』 제18조(허위보고 등의 금지)를 준용하고 있다(법 제5조 제4항).

따라서 청원경찰은 직무를 수행할 때 소속 상관의 직무상 명령에 복종해야 한다. 청원경찰은 소속 상관의 허가 또는 정당한 사유가 없으면 직장을 이탈하지 못한다. 청원경찰은 재직 중은 물론 퇴직 후에도 직무상 알게 된 비밀을 엄수해야 한다. 청원경찰은 노동운동이나 그 밖에 공무 외의 일을 위한 집단 행위를 해서는 안 된다. 청원경찰은 직무에 관하여 허위의 보고나 통보를 해서는 안 된다. 또한 청원경찰은 직무를 태만히 하거나 유기해서는 안 된다. 그 밖에 법 제5조 제4항에서 규정한 사항 외의 청원경찰 복무에 관한 사항은 해당 사업장의 취업규칙에 따른다.

(2) 청원경찰의 지도 · 감독

법상에는 청원경찰제도의 효율적인 운영과 관리를 위하여 지도 · 감독 규정을 두고 있다. 지도·감독은 감독기관과 피감독기관 사이의 지도적·통제적 작용을 의미하는 것으로 그 종류로는 지방경찰청장의 지도 · 감독, 경찰서장의 감독 및 청원주의 감독이 규정되어 있다.

① 지방경찰청장의 지도 · 감독

지방경찰청장은 청원경찰의 효율적인 운영을 위하여 청원주를 지도하며 감독상 필요한 명령을 할 수 있다.

지방경찰청장의 하명을 받은 관할경찰서장이 무기관리수칙의 준수를 공문형식으로 청원주에게 명한 경우, 그 명령이 이 법과 시행령에서 의무를 부과하고 있는 사항에 대한 청원주의 의무이행확보를 위하여 필요한 범위 안에서 발하여진 경우에는 그 공문서의 형식이 협조요구형식이든 지시형식이든 그 형식에 관계없이 그 명령은 감독상 필요한 명령으로 볼 수 있다. 따라서 청원주가 정당한 이유 없이 이를 이행하지 아니한 경우 관할경찰서장은 청원주에게 소정의 과태료를 부과할 수 있다.[56)]

② 경찰서장의 감독

관할 경찰서장은 매월 1회 이상 청원경찰을 배치한 경비구역에 임하여 복무규율 및 근무상황과 무기관리 및 취급사항을 감독해야 한다.

③ 청원주의 감독

청원주는 항상 소속 청원경찰의 근무수행상황을 감독하고 필요한 교육을 실시해야 한다. 2인 이상의 청원경찰을 배치한 사업장의 청원주는 청원경찰을 감독하기 위해서는 반드시 청원경찰 중 감독자를 지정해야 한다.

선임된 감독자는 조장, 반장, 대장으로 구분한다. 청원경찰의 감독자 지정 기준은 다음의 <표 5-4>와 같다.

---

56) 법제처 1991.11.13.

〈표 5-4〉 청원경찰의 감독자 지정 기준

근무인원	직급별 지정기준		
	대장	반장	조장
9인까지			1인
10인이상 29인까지		1인	2~3인
30인이상 40인까지		1인	3~4인
60인까지	1인	2인	6인
120인까지	1인	4인	12인

5) 청원경찰의 경비(經費)

청원주는 청원경찰의 보수(봉급 및 제수당), 피복비, 교육비, 보상금 및 퇴직금의 청원경찰 경비를 부담해야 한다.

경찰청장은 청원경찰에게 지급할 봉급 및 제수당의 최저부담기준액과 청원경찰의 피복비 및 교육비의 부담기준액을 정하여 고시한다. 이 경우 청원경찰경비의 최저부담기준액 및 부담기준액은 경찰관중 순경의 것을 참작하여 다음 연도 분을 매년 12월에 고시해야 한다. 다만, 부득이한 사유가 있을 때에는 수시 고시할 수 있다.

(1) 청원경찰의 보수(봉급 및 제수당)

청원경찰(국가기관 또는 지방자치단체에 근무하는 청원경찰의 봉급 및 수당은 제외)의 봉급 및 제수당은 경찰청장이 고시한 최저부담기준액 이상을 지급해야 한다. 다만, 배치된 사업장에서 동종 또는 유사직무근로자에게 지급하는 임금보다 그 기준액이 적을 때에는 당해 사업장에서 동종 또는 유사직무근로자에게 지급하는 임금에 상당한 금액을 지급해야 한다. 봉급 및 제수당은 청원주가 당해 기관, 시설, 사업장 또는 장소(이하 “사업장”)의 직원에 대한 보수지급일에 청원경찰에게 직접 지급한다.

청원경찰의 봉급 산정에 관하여 그 배치된 사업장의 취업규칙에 특별한 규정이 없는 경우에는 (a) 청원경찰로 근무한 경력, (b) 군 또는 전투경찰에 복무한 경력, (c) 수위, 경비원, 감시원 기타 청원경찰과 유사한 직무에 종사하던 자가 그 사업장의 청원주에 의하여 청원경찰로 임용된 경우에는 그 직무에 종사한 경력, (d) 국가기관 또는 지방자치단체에서 근무하는 청원경찰에 대하여는 국가기관 또는 지방자치단체에서 상근으로 근무한 경력은 이를 봉급산정의 기준에 있어서의 경력에 산입해야 한다.

청원경찰보수의 호봉간의 승급기간 및 승급액에 관하여는 청원경찰이 배치된 사업장의 취업규칙에 의하되, 이에 관한 취업규칙이 없을 때는 경찰관인 순경의 승급에 관한 규정을 준용한다.

① 국가기관 또는 지방자치단체에 근무하는 청원경찰의 보수

국가기관 또는 지방자치단체에 근무하는 청원경찰의 보수는 재직기간 15년 미만인 경우는 순경, 재직기간 15년 이상 30년 미만인 경우는 경장, 재직기간 30년 이상인 경우는 경사에 해당하는 경찰공무원의 보수를 감안하여 시행령으로 정하고 있다.

국가기관 또는 지방자치단체에 근무하는 청원경찰의 봉급은 <표 5-5>와 같다. 그리고 국가기관 또는 지방자치단체에 근무하는 청원경찰의 각종 수당은 『공무원수당 등에 관한 규정』에 따른 수당 중 가계보전수당, 실비변상 등으로 하며, 그 세부 항목은 경찰청장이 정하여 고시한다.

② 국가기관 또는 지방자치단체 이외에 근무하는 청원경찰의 보수

국가기관 또는 지방자치단체에 근무하는 청원경찰 외의 청원경찰의 봉급과 각종 수당은 법 제6조 제3항에 따라 경찰청장이 고시한 최저부담기준액 이상으로 지급하여야 한다. 다만, 고시된 최저부담기준액이 배치된 사업장에서 같은 종류의 직무나 유사 직무에 종사하는 근로자에게 지급하는 임금보다 적을 때에는 그 사업장에서 같은 종류의 직무나 유사 직무에 종사하는 근로자에게 지급하는 임금에 상당하는 금액을 지급하여야 한다.

(2) 청원경찰의 피복비 및 교육비

청원경찰의 피복은 청원주가 조제 또는 구입하여 정기지급일 또는 신규 배치시에 청원경찰에게 현품으로 지급한다. 교육비는 청원주가 당해 청원경찰의 입교 3일 전에 해당 경찰교육기관에 납부한다.

(3) 청원경찰의 보상금 및 퇴직금

청원주는 청원경찰이 (a) 직무수행으로 인하여 부상을 입거나 질병에 걸리거나 또는 사망한 때, (b) 직무상의 부상·질병으로 인하여 퇴직하거나, 퇴직 후 2년 이내에 사망한 때에는 본인 또는 그 유족에게 보상금을 지급해야 한다. 청원경찰에게 보상금 지급사유가 발생한 때에는, 청원주가 『산업재해보상보험법』에 의한 산업재해보상보험에 가입하였을 경우에는 동법에 의하여 고용노동부장관이, 기타의 경우에는 『근로기준법』의 규정에 의하여 청원주가 보상금을 지급한다.

청원주는 청원경찰이 퇴직할 때에는 『근로자퇴직급여보장법』에 따른 퇴직금을 지급하여야 한다. 다만, 국가기관이나 지방자치단체에 근무하는 청원경찰의 퇴직금에 관하여는 따로 시행령으로 정하도록 하고 있다.

〈표 5-5〉 국가기관 또는 지방자치단체에 근무하는 청원경찰의 봉급표

(2010년 기준 월지급 액, 단위: 원)

호봉 \ 재직기간	15년 미만	15년 이상 30년 미만	30년 이상
1	895,200	–	–
2	943,500	–	–
3	994,700	–	–
4	1,049,000	–	–
5	1,104,000	–	–
6	1,160,300	–	–
7	1,214,300	–	–
8	1,266,500	–	–
9	1,316,700	–	–
10	1,365,000	–	–
11	1,411,300	–	–
12	1,456,000	–	–
13	1,498,700	1,589,900	–
14	1,540,300	1,633,100	–
15	1,580,100	1,674,600	–
16	1,618,700	1,714,700	–
17	1,656,200	1,752,200	–
18	1,691,300	1,788,600	
19	1,725,600	1,823,500	–
20	1,758,500	1,856,700	–
21	1,780,400	1,888,600	–
22	1,819,200	1,919,000	–
23	1,847,400	1,948,100	
24	1,874,700	1,976,200	–
25	1,900,500	2,002,000	–
26	1,924,000	2,028,400	2,199,600
27	1,944,200	2,050,000	2,222,300
28	1,963,600	2,070,600	2,243,500
29	1,982,500	2,090,200	2,264,000
30	2,000,600	2,109,300	2,283,400
31	2,018,600	2,127,600	2,301,800

6) 청원경찰의 복제 및 무기휴대

(1) 청원경찰의 복제

청원경찰은 근무 중 제복을 착용하여야 한다. 청원경찰 제복에 부착되는 계급장은 <그림 5-1>와 같다. 동·하복의 착용 시기는 각 사업장별로 청원주가 결정하되, 그 착용 시기를 통일해야 한다.

청원경찰은 평상근무 중에는 정모, 근무복, 단화, 호루라기, 경찰봉 및 포승을 착용 또는 휴대해야 하고, 총기를 휴대하지 아니하는 때에는 분사기를 휴대해야 한다. 교육훈련 기타 특수근무 중에는 기동모·기동복·기동화 및 표지장을 착용 또는 부착하되, 요대와 경찰봉은 이를 착용 또는 휴대하지 아니할 수 있다. 청원경찰의 배치지의 특수성 등으로 특수복장을 착용할 필요가 있을 때에는 청원주는 지방경찰청장의 승인을 얻어 특수복장을 착용하게 할 수 있다.

〈그림 5-1〉 청원경찰의 계급장

재질 : 금색 금속지

(2) 청원경찰의 무기휴대

지방경찰청장은 청원경찰이 직무를 수행하기 위하여 필요하다고 인정하면 청원주의 신청을 받아 관할 경찰서장으로 하여금 청원경찰에게 무기를 대여하여 지니게 할 수 있다.

청원주의 신청을 받은 지방경찰청장이 무기를 대여하여 휴대하게 하고자 할 때에는 청원주로부터 국가에 기부 체납된 무기에 한하여 관할 경찰서장으로 하여금 무기를 대여하여 휴대하게 할 수 있다. 무기를 대여한 관할 경찰서장은 청원경찰의 무기관리상황을 수시 점검해야 한다. 또한 청원주는 『총포 · 도검 · 화약류등단속법』에 의한 분사기의 소지허가를 받아 청원경찰로 하여금 그 분사기를 휴대하여 직무를 수행하게 할 수 있다.

청원경찰의 무기관리

▪ 청원주의 무기 및 탄약 관리

① 청원주가 무기 및 탄약을 대여 받았을 때에는 경찰청장이 정하는 무기탄약출납부 및 무기장비운영카드를 비치 · 기록해야 한다.
② 청원주는 무기 및 탄약의 관리를 위하여 관리책임자를 지정하고 관할 경찰서장에게 이를 통보해야 한다.
③ 무기고 및 탄약고는 단층에 설치하고 환기, 방습, 방화 및 총가 등의 시설을 해야 한다.
④ 탄약고는 무기고와 떨어져 설치해야 하며 그 위치는 사무실이나 기타 다수인을 수용하거나 내왕하는 시설로부터 격리되어야 한다.
⑤ 무기고 및 탄약고에는 이중 시건장치를 하고 열쇠는 관리책임자가 보관하되 근무시간이후에는 숙직책임자에게 인계하여 보관시켜야 한다.
⑥ 청원주는 경찰청장이 정하는 바에 의하여 매월 무기 및 탄약의 관리실태를 파악하여 다음달 3일까지 관할 경찰서장에게 통보해야 한다.
⑦ 청원주는 대여받은 무기 및 탄약에 분실·도난·피탈 또는 훼손 등의 사고가 발생한 때에는 지체 없이 그 사유를 관할 경찰서장에게 통보해야 한다.
⑧ 청원주는 무기 및 탄약을 분실·도난·피탈 또는 훼손한 때에는 경찰청장이 정하는 바에 의하여 그 전액을 배상해야 한다. 다만, 전시·사변·천재지변 기타 불가항력의 사유가 있다고 지방경찰청장이 인정한 때에는 그러하지 아니하다.

▪ 청원주의 무기 및 탄약 출납 방법

① 무기 및 탄약을 출납하였을 때에는 무기탄약출납부에 그 출납사항을 기록해야 한다.
② 탄약의 출납은 소총에 있어서는 1정당 15발 이내, 권총에 있어서는 1정당 7발이내로 해야 한다. 이 경우에 고제품의 탄약을 우선 출납해야 한다.
③ 청원경찰에게 지급한 무기 및 탄약의 손질은 매주 1회 이상 하도록 한다.

④ 수리를 요하는 무기가 있을 때에는 그 목록과 무기장비운영카드를 첨부하여 관할 경찰서장에게 그 수리를 요청할 수 있다.

▪ 청원경찰의 무기 및 탄약 관리

① 무기를 지급받거나 반납할 때 또는 인계·인수를 하는 경우에는 반드시 "앞에 총" 자세에서 "검사총"을 해야 한다.
② 무기 및 탄약을 지급받았을 때에는 별도의 지시가 없는 한 무기와 탄약은 분리하여 휴대해야 하며, 소총은 "우로 어깨 걸어 총", 권총은 "권총집에 넣어 총" 자세를 유지해야 한다.
③ 지급받은 무기는 타인에게 보관하거나 휴대시킬 수 없으며 손질을 의뢰해서는 안된다.
④ 무기를 손질 또는 조작할 때에는 반드시 총구를 공중으로 향하도록 한다.
⑤ 무기 및 탄약을 반납할 때에는 손질을 철저히 한다.
⑥ 근무시간 이후에는 무기 및 탄약을 청원주에게 반납하거나 교대근무자에게 인계해야 한다.

▪ 청원경찰의 무기 및 탄약 지급 금지 사유

① 직무상 비위로 징계대상이 된 사람
② 형사사건으로 인하여 조사대상이 된 사람
③ 사의를 표명한 사람
④ 평소에 불평이 심하고 염세·비관하는 사람
⑤ 주벽이 심한 사람
⑥ 변태성벽이 있는 사람

7) 권한의 위임

(1) 지방경찰청장의 위임

지방경찰청장의 권한은 그 일부를 관할 경찰서장에게 위임할 수 있다(법 제10조의3). 다만, 청원경찰을 배치하고 있는 사업장이 하나의 경찰서 관할구역 안에 있는 경우에 한정된다. 지방경찰청장은 다음의 권한을 관할 경찰서장에게 위임하고 있다.

(a) 법 제4조 제2항 및 제3항의 규정에 의한 청원경찰 배치의 결정 및 요청에 관한 권한

ⓑ 법 제5조 제1항의 규정에 의한 청원경찰의 임용 승인에 관한 권한
ⓒ 법 제9조의3 제2항의 규정에 의한 청원주에 대한 지도 · 감독 및 명령의 권한
ⓓ 법 제12조의 규정에 의한 과태료 부과·징수에 관한 권한

(2) 청원주의 위임

『경비업법』에 의한 경비업자가 중요시설의 경비를 도급받은 때에는 청원주는 그 사업장에 배치된 청원경찰의 근무배치 및 감독에 관한 권한을 당해 경비업자에게 위임할 수 있다.

청원주는 경비업자에게 청원경찰의 근무배치 및 감독에 관한 권한을 위임한 경우에 이를 이유로 청원경찰의 보수나 신분상의 불이익을 주어서는 안 된다.

8) 벌칙조항

(1) 행정형벌

① 직권남용금지

청원경찰이 직무를 수행함에 있어서 직권을 남용하여 국민에게 해를 끼친 경우에는 6월 이하의 징역이나 금고에 처한다.

② 집단행위의 금지

청원경찰로서 『국가공무원법』 제66조 제1항(집단행위의 금지)의 규정에 위반한 자는 1년 이하의 징역 또는 200만 원 이하의 벌금에 처한다.

(2) 과태료

① 500만 원 이하의 과태료 부과대상

a. 제4조 제2항의 규정에 의한 지방경찰청장의 배치결정을 받지 아니하고 청원경찰을 배치하거나 제5조 제1항의 규정에 의한 지방경찰청장의 승인을 얻지 아니하고 청원경찰을 임용한 자

b. 정당한 이유 없이 제6조 제3항의 규정에 의하여 경찰청장이 고시한 최저부담기준액 이상의 보수를 지급하지 아니한 자

c. 제9조의3 제2항의 규정에 의한 감독상 필요한 명령을 정당한 이유 없이 이행하지 아니한 자

② 부과기준 및 이의신청

과태료는 지방경찰청장이 부과 및 징수한다. 위반행위에 대한 과태료 부과의 개별기준은 <표 5-6>과 같다.

과태료처분에 불복이 있는 자는 그 처분의 고지를 받은 날부터 30일 이내에 지방경찰청장에게 이의를 제기할 수 있다. 과태료처분을 받은 자가 이의를 제기한 때에는 지방경찰청장은 지체 없이 관할법원에 그 사실을 통보해야 하며, 그 통보를 받은 관할법원은 비송사건절차법에 의한 과태료의 재판을 한다. 기간 이내에 이의를 제기하지 아니하고 과태료를 납부하지 않은 때에는 국세체납처분의 예에 의하여 이를 징수한다.

〈표 5-6〉 과태료 부과의 개별기준

위반행위	해당 법조문	과태료 금액
1. 법 제4조제2항의 규정에 의한 지방경찰청장의 배치결정을 받지 아니하고 법 제2조의 규정에 의한 다음 각목의 시설에 청원경찰을 배치한 경우 가. 국가중요시설(국가정보원장이 지정하는 국가보안목표시설을 말한다)인 경우 나. 가목의 규정에 의한 국가중요시설외의 시설인 경우	법 제12조 제1항 제1호	 500만원 400만원
2. 법 제5조제1항의 규정에 의한 지방경찰청장의 승인을 얻지 아니하고다음 각목의 청원경찰을 임용한 경우 가. 법 제5조제2항의 규정에 의한 임용결격사유에 해당하는 청원경찰 나. 법 제5조제2항의 규정에 의한 임용결격사유에 해당하지 아니하는 청원경찰	법 제12조 제1항 제1호	 500만원 300만원
3. 정당한 이유 없이 법 제6조제2항의 규정에 의하여 경찰청장이 고시한 최저부담기준액이상의 보수를 지급하지 아니한 경우	법 제12조 제1항 제2호	500만원
4. 법 제9조의3제2항의 규정에 의한 지방경찰청장의 감독상 필요한 다음 각목의 명령을 이행하지 아니한 경우 가. 총기·실탄 및 분사기에 관한 명령 나. 가목의 규정에 의한 명령외의 명령	법 제12조 제1항 제5호	 500만원 300만원

6
관련 법규

1. 『경찰법』의 주요내용

1) 개관

(1) 의의

『경찰법』은 경찰행정법 중에서 가장 기본이 되는 법률이다. 이 법은 1991년 경찰조직의 직제가 내무부 치안본부에서 경찰청으로 개편됨에 따라 이를 법적으로 반영하기 위해 제정되었으며, 경찰의 조직에 관한 사항과 작용 및 인사의 원칙에 관한 사항을 규정하고 있다

『경찰법』(이하 "법")은 치안에 관한 사무를 국가경찰 사무로 하고 있다. 이에 따라 치안에 관한 사무를 관장하게 하기 위하여 행정안전부장관 소속하에 경찰청을 두고 있다. 또한 경찰청의 사무를 지역적으로 분담 수행하게 하기 위하여 특별시장·광역시장 및 도지사(이하 "시·도지사") 소속하에 지방경찰청을 두고, 지방경찰청장 소속하에 경찰서를 두고 있다.

우리나라는 국가경찰제도를 취하고 있기 때문에 경찰공무원은 국가공무원이다. 경찰공무원의 계급은 치안총감·치안정감·치안감·경무관·총경·경정·경감·경위·경사·경장·순경으로 한다. 다만, 경찰공무원의 임용·교육훈련·복무·신분보장 등에 관하여는 따로 『경찰공무원법』에 규정하고 있다.

경찰관은 상관의 지휘·감독을 받아 직무를 수행하고, 그 직무수행에 관하여 서로 협력해야 한다. 경찰공무원은 구체적 사건수사와 관련된 상관의 지휘·감독의 적법성 또는 정당성 여부에 대하여 이견이 있는 때에는 이의를 제기할 수 있다. 이 법 이외의 경찰공무원의 직무수행에 필요한 사항은 따로『경찰관직무집행법』에 규정하고 있다.

(2) 경찰의 임무 및 의무

국가경찰은 (a) 국민의 생명·신체 및 재산의 보호, (b) 범죄의 예방·진압 및 수사, (c) 치안정보의 수집, 교통의 단속, (d) 기타 공공의 안녕과 질서유지를 그 임무로 한다.

국가경찰은 그 직무를 수행함에 있어서 헌법과 법률에 따라 국민의 자유와 권리를 존중하고, 국민전체에 대한 봉사자로서 공정중립을 지켜야 하며, 부여된 권한을 남용해서는 안 된다.

2) 경찰위원회

(1) 설치 및 운영

경찰행정에 관하여 (a) 국가경찰의 인사·예산·장비·통신 등에 관한 주요정책 및 국가경찰 업무발전에 관한 사항, (b) 인권보호와 관련되는 국가경찰의 운영·개선에 관한 사항, (c) 국가경찰 임무외의 다른 국가기관으로부터의 업무협조요청에 관한 사항, (d) 제주특별자치도의 자치경찰에 대한 국가경찰의 지원·협조 및 협약체결의 조정 등에 관한 주요 정책사항, (e) 기타 행정안전부장관 및 경찰청장이 중요하다고 인정하여 위원회에 부의한 사항을 심의·의결하기 위하여 행정안전부에 경찰위원회(이하 "위원회")를 두고 있다. 위원회의 운영 등에 관하여 필요한 사항들은『경찰위원회규정』에서 따로 정한다.

위원회는 위원장 1인을 포함한 7인의 위원으로 구성하되, 위원장 및 5인의 위원은 비상임, 1인의 위원은 상임으로 한다. 위원 중 상임위원은 정무직으로 한다. 위원회의 사무는 경찰청에서 수행한다. 위원회의 회의는 재적위원 과반수의 출석과 출석위원 과반수의 찬성으로 의결한다.

위원장은 위원회를 대표하며, 그 회무를 통할한다. 위원장은 비상임위원 중에서 호선한다. 위원장이 사고가 있을 때에는 상임위원, 위원 중 연장자순으로 위원장의 직무를 대리한다. 위원회에 간사 1인을 두되, 간사는 경찰청 기획담당관이 된다. 간사는 위원장의 명을 받아 (a) 의안의 작성, (b) 회의진행에 필요한 준비, (c) 회의록 작성과 보관, (d) 기타 위원회의 사무 등의 사항을 처리한다. 위원장은 위원회의 심의를 위하여 필요한 경우에는 관계공무원 또는 관계전문가의 출석·발언이나 자료의 제출을 요구할 수 있다. 위원회에 출석한 관계공무원 또는 관계전문가에 대하여는 예산의 범위 안에서 수당과 여비를 지급할 수 있다. 다만, 공무원이 그 소관업무와 직접적으로 관련되어 출석하는 경우에는 그러하지 아니한다.

위원회의 회의는 정기회의와 임시회의로 구분한다. 정기회의는 특별한 사유가 있는 경우를 제외하고는 매월 1회 위원장이 소집한다. 위원장은 필요한 경우 임시회의를 소집할 수 있으며, 위원 3인 이상과 행정안전부장관 또는 경찰청장은 위원장에게 임시회의의 소집을 요구할 수 있다. 임시회의의 소집 요구가 있는 경우에는 위원장은 특별한 사유가 없는 한 회의를 소집해야 한다.

위원회는 (a) 국가경찰의 인사·예산·장비·통신 등에 관한 주요정책 및 국가경찰업무발전에 관한 사항,[57] (b) 인권보호와 관련되는 국가경찰의 운영·개선에 관한 사항,[58] (c) 국가경찰 임무외의 다른 국가기관으로부터의 업무협조요청에 관한 사항, (d) 제주특별자치도의 자치경찰에 대한 국가경찰의 지원·협조 및 협약체결의 조정 등에 관한 주요 정책사항, (e) 기타 행정안전부장관 및 경찰청장이 중요하다고 인정하여 위원회에 부의한 사항을 심의·의결 한다. 다만, 행정안전부장관은 위원회에서 심의·의결된 내용이 부적정하다고 판단될 때에는 재의를 요구할 수 있다. 행정안전부장관이 재의를 요구하는 경우에는 의결한 날부터 10일 이내에 재의요구서를 위원회에 제출해야 한다. 위원장은 재의요구가 있는 경우에는 그 요구를 받은 날부터 7일 이내에 회의를 소집하여 다시 의결해야 한다.

(2) 위원의 임명 및 신분보장

위원은 행정안전부장관의 제청으로 국무총리를 거쳐 대통령이 임명한다. 행정안전부장관은 위원을 제청함에 있어서 국가경찰의 정치적 중립이 보장되도록 해야 한다. 위원 중 2인은 법관의 자격이 있는 자이어야 하며, (a) 당적을 이탈한 날부터 3년이 경과되지 아니한 자, (b) 선거에 의하여 취임하는 공직에서 퇴직한 날부터 3년이 경과되지 아니한 자, (c) 경찰·검찰·국가정보원직원 또는 군인이 직에서 퇴직한 날부터 3년이 경과되지 아니한 자, (d) 『국가공무원법』 제33조 각호의 어느 하나에 해당하는 자[59]는 위원이 될 수 없다.

---

57) ① 경찰인사에 관계되는 법규·훈령·예규 및 운영기준에 관한 사항, ② 경찰교육 기본계획, ③ 경찰장비와 통신의 개발·보강 및 운영에 관한 기본계획, ④ 경찰예산편성 기본계획, ⑤ 경찰의 중·장기 발전계획에 관한 사항

58) ① 국민의 권리·의무와 직접 관계되는 경찰행정 및 수사절차, ② 경찰행정과 관련되는 과태료·범칙금 기타 벌칙에 관한 사항, ③ 경찰행정과 관련되는 국민의 부담에 관한 사항.

59) ① 금치산자 또는 한정치산자, ② 파산선고를 받고 복권되지 아니한 자, ③ 금고 이상의 실형을 선고받고 그 집행이 종료되거나 집행을 받지 아니하기로 확정된 후 5년이 지나지 아니한 자, ④ 금고 이상의 형을 선고받고 그 집행유예 기간이 끝난 날부터 2년이 지나지 아니한 자, ⑤ 금고 이상의 형의 선고유예를 받은 경우에 그 선고유예 기간 중에 있는 자, ⑥ 법원의 판결 또는 다른 법률에 따라 자격이 상실되거나 정지된 자, ⑦ 징계로 파면처분을 받은

위원의 임기는 3년으로 하며, 연임할 수 없다. 이 경우 보궐위원의 임기는 전임자의 잔임 기간으로 한다. 위원중 상임이 아닌 위원에게는 예산의 범위 안에서 수당과 여비를 지급할 수 있다. 상임위원은 정무직으로 한다. 위원은 중대한 심신상의 장애로 직무를 수행할 수 없게 된 경우를 제외하고는 그 의사에 반하여 면직되지 아니한다. 법 제7조 제3항의 규정에 의하여 위원이 중대한 심신상의 장애로 직무를 수행할 수 없게 되어 면직하는 경우에는 위원회의 의결이 있어야 한다. 이때의 의결 요구는 위원장 또는 행정안전부장관이 행한다.

또한 위원은 정당에 가입하거나 선거에 의하여 취임하는 공직 또는 경찰·검찰·국가정보원직원 또는 군인의 직에 취임 또는 임용되거나 『국가공무원법』 제33조 각호의 어느 하나, 즉 공무원 임용 결격사유에 해당하게 된 때에는 당연히 퇴직된다.

(3) 위원의 의무

위원은 『국가공무원법』의 비밀엄수의 의무와 정치운동의 금지 의무를 부담하게 된다. 따라서 위원은 재직 중은 물론 퇴직 후에도 직무상 알게 된 비밀을 엄수해야 한다. 또한 다른 공무원에게 전술한 행위를 하도록 요구하거나, 정치적 행위에 대한 보상 또는 보복으로서 이익 또는 불이익을 약속해서는 안 된다.

또한 위원은 정당이나 그 밖의 정치단체의 결성에 관여하거나 이에 가입할 수 없으며, 선거에서 특정 정당 또는 특정인을 지지 또는 반대하기 위해서 (a) 투표를 하거나 하지 아니하도록 권유 운동을 하는 것, (b) 서명 운동을 기도·주재하거나 권유하는 것, (c) 문서나 도서를 공공시설 등에 게시하거나 게시하게 하는 것, (d) 기부금을 모집 또는 모집하게 하거나, 공공자금을 이용 또는 이용하게 하는 것, (e) 타인에게 정당이나 그 밖의 정치단체에 가입하게 하거나 가입하지 아니하도록 권유 운동을 하는 것 등의 행위를 해서는 안 된다.

3) 경찰의 조직

(1) 경찰청

① 경찰청장

경찰청의 최고 책임자는 경찰청장이다. 경찰청장은 치안총감으로 보한다. 경찰청장은 경찰

때부터 5년이 지나지 아니한 자, ⑧ 징계로 해임처분을 받은 때부터 3년이 지나지 아니한 자.

위원회의 동의를 얻어 행정안전부장관의 제청으로 국무총리를 거쳐 대통령이 임명한다. 이 경우 국회의 인사 청문을 거쳐야 한다. 경찰청장은 국가경찰에 관한 사무를 통할하고 청무를 관장하며 소속공무원 및 각급 국가경찰기관의 장을 지휘·감독한다. 경찰청장의 임기는 2년으로 하고, 중임할 수 없다. 경찰청장이 그 직무집행에 있어서 헌법이나 법률을 위배한 때에는 국회는 탄핵의 소추를 의결할 수 있다.

경찰청에는 경찰청장을 보좌하기 위하여 경찰청 차장을 두고 있다. 차장은 치안정감으로 보한다. 차장은 경찰청장이 부득이한 사유로 직무를 수행할 수 없을 때에는 그 직무를 대행한다. 경찰청의 하부조직은 국 또는 부 및 과로 한다. 경찰청장·차장·국장 또는 부장 밑에 정책의 기획이나 계획의 입안 및 연구조사를 통하여 그를 직접 보좌하는 담당관을 둘 수 있다.

② 자치경찰에 대한 지휘·명령

경찰청장은 전시·사변, 천재·지변 그 밖에 이에 준하는 국가비상사태, 대규모의 테러 또는 소요사태가 발생하였거나 발생할 우려가 있어 전국적인 치안유지를 위하여 긴급한 조치가 필요하다고 인정할 만한 충분한 사유가 있는 경우에는 제주특별자치도의 자치경찰공무원을 직접 지휘·명령할 수 있다. 다만, 제주특별자치도 지역 단위의 치안유지를 위한 경우에는 제주특별자치도 지방경찰청장이 지휘·명령할 수 있다.

경찰청장 또는 제주특별자치도 지방경찰청장은 직접 지휘·명령이 필요한 경우에는 미리 제주특별자치도지사에게 자치경찰공무원을 직접 지휘·명령하고자 하는 사유 및 내용 등을 적시하여 통보해야 한다. 이 경우 제주특별자치도지사는 정당한 사유가 없는 한, 즉시 소속 자치경찰공무원에 대하여 경찰청장 또는 제주특별자치도 지방경찰청장의 지휘·명령을 받을 것을 하명해야 한다.

경찰청장 또는 제주특별자치도 지방경찰청장이 제주특별자치도의 자치경찰공무원에 대한 지휘·명령권을 인수한 경우에는 경찰청장은 경찰위원회에 즉시 보고해야 하고, 제주특별자치도 지방경찰청장은 『제주특별자치도 설치 및 국제자유도시 조성을 위한 특별법』 제113조의 규정에 따른 관할 치안행정위원회에 즉시 통보해야 한다. 자치경찰공무원에 대한 지휘·명령권자이 변동사실을 보고받은 경찰위원회는 전술한 사유에 해당되지 아니한다고 인정하는 때에는 그 지휘·명령권을 반환할 것을 의결할 수 있으며, 같은 사실을 통보받은 치안행정위원회도 전술한 사유에 해당되지 아니한다고 인정하는 때에는 경찰청장 또는 제주특별자치도 지방경찰청장에게 그 지휘·명령권의 반환을 건의할 수 있다.

경찰청장 또는 제주특별자치도 지방경찰청장은 자치경찰공무원을 지휘·명령할 수 있는 사유가 해소된 때에는 자치경찰공무원에 대한 지휘·명령권을 즉시 제주특별자치도지사에게 반환해야 한다. 한편, 제주특별자치도의 자치경찰공무원이 경찰청장 또는 제주특별자치도 지방경찰청장의 지휘·명령을 받는 경우 그 지휘·명령의 범위 안에서는 국가경찰공무원으로 본다.

(2) 지방경찰청 및 경찰서

지방경찰청의 최고 책임자는 지방경찰청장이다. 지방경찰청장은 치안정감·치안감 또는 경무관으로 보한다. 지방경찰청장은 경찰청장의 지휘·감독을 받아 관할구역안의 국가경찰사무를 관장하고 소속공무원 및 소속국가경찰기관의 장을 지휘·감독한다. 지방경찰청에는 차장을 둘 수 있다. 지방경찰청 차장은 지방경찰청장을 보좌하여 소관 사무를 처리하고 지방경찰청장이 부득이한 사유로 직무를 수행할 수 없을 때에는 그 직무를 대행한다.

경찰서의 최고 책임자는 경찰서장이다. 경찰서장은 총경 또는 경정으로 보한다. 경찰서장은 지방경찰청장의 지휘·감독을 받아 관할구역 안의 소관 사무를 관장하고 소속공무원을 지휘·감독한다. 경찰서장 소속 하에 지구대 또는 파출소를 둔다. 지구대 및 파출소의 설치기준은 치안수요, 교통, 지리 등 관할구역의 특성을 고려하여 정한다. 다만, 필요한 경우에는 출장소를 둘 수 있다.

(3) 치안행정협의회

① 설치 및 운영

지방행정과 치안행정의 업무조정 그 밖의 필요한 사항을 협의·조정하기 위하여 시·도지사(제주특별자치도지사를 제외) 소속 하에 치안행정협의회(이하 "협의회")를 둔다. 협의회에서는 (a) 지역안정 및 질서유지에 관한 사항, (b) 민방위 및 재해대책 운영에 관한 사항, (c) 질서확립운동 등 지역사회운동의 효율적 추진에 관한 사항, (d) 지역주민과 경찰 간의 협조 및 요망사항, (e) 기타 지방행정과 치안행정간 상호지원에 관한 사항과 시·도지사 및 지방경찰청장이 회의에 부치는 사항을 협의한다.

회의는 매분기 1회 개최하는 것을 원칙으로 한다. 다만, 특정 사안에 관하여 지방행정과 치안행정과의 업무협조 등을 위하여 필요한 경우에는 수시로 개최할 수 있다. 회의는 위원장이 소집한다. 협의회의 사무를 처리하게 하기 위하여 간사 2인을 두되, 시·도의 기획담당관 및 지방경찰청 경무과장이 된다. 간사는 위원장의 하명을 받아 (a) 소관 의안의 작성, (b) 회의진행에 필요한 준비, (c) 회의록의 작성과 보관, (d) 기타 위원회의 사무를 처리한다.

② 구성

치안행정협의회는 위원장을 포함한 위원 9인으로 구성한다. 위원장은 서울특별시·광역시 또는 도(이하 "시· 도")의 부시장 또는 부지사가 된다. 위원장은 협의회를 대표하며 그 회무를 통할한다. 위원장이 사고가 있을 때에는 위원장이 미리 지명하는 자가 그 직무를 대행한다. 위원의 임기는 2년으로 한다. 위원은 (a) 시·도 소속 공무원 중 서울특별시장·광역시장 또는 도지사(이하 "시·도지사"라 한다)가 임명하는 자 2인, (b) 지방경찰청 소속 경찰공무원 중 지방경찰청장의 추천으로 시·도지사가 임명하는 자 3인, (c) 지방행정과 치안행정에 관한 학식과 경험이 있는 자로서 지방경찰청장의 의견을 들어 시·도지사가 위촉하는 자 3인으로 임명한다.

2. 『경찰관직무집행법』의 주요내용

1) 개관

(1) 의의

『경찰관직무집행법』은 경찰작용에 관한 일반법이 존재하지 않는 현실에서 경찰작용에 관한 일반법적인 성격을 가지고 있는 법률이다. 또한 대인적 즉시강제인 불심검문, 보호조치, 위험발생의 방지, 위험방지를 위한 출입, 경찰장구 및 무기의 사용 등 그리고 대물적 즉시강제인 임시영치를 규정하고 있어 경찰상 즉시강제의 일반법적인 성격을 가지고 있다.

『경찰관직무집행법』(이하 "법")은 국민의 자유와 권리의 보호 및 사회공공의 질서유지를 위한 국가경찰공무원인 경찰관의 직무[60] 수행에 필요한 사항을 규정하고 있다. 아울러 경찰관의 직권

60) 경찰관의 직무 범위는 ① 범죄의 예방·진압 및 수사, ② 경비·요인경호 및 대간첩작전수행, ③ 치안정보의 수집·작성 및 배포, ④ 교통의 단속과 위해의 방지, ⑤ 기타 공공의 안녕과 질서유지이다(법 제2조).

은 그 직무수행에 필요한 최소한도 내에서 행사되어야 하며 이를 남용해서는 안 된다는 점 또한 명시하고 있다.

(2) 직무의 범위

① 범죄의 예방, 진압 및 수사

범죄의 예방이란 범죄가 발생되지 않도록 그 원인을 제거하는 것을 말한다. 범죄의 진압이란 범죄의 발생 직후에 그 확대를 방지하거나 종식시키는 것을 말한다. 범죄의 수사란 범죄의 혐의가 있다고 판단될 때 범인, 범죄사실 및 증거를 조사하는 것을 말한다.

② 경비, 요인경호 및 대간첩작전 수행

경비란 사회공공의 안녕과 질서를 해치는 불법행위와 인위적·자연적 혼란을 예방·경계·진압하는 것을 말한다. 요인경호란 대통령이나 국가요인의 신변에 직·간접적으로 가해지는 위해를 미연에 방지하거나 제거하여 그의 안전을 도모하는 것을 말한다. 대간첩작전 수행이란 간첩의 침투를 봉쇄하거나 포획·섬멸하기 위한 작전을 수행하는 것을 말한다. 특히 이를 위해 경찰에서는 전투경찰대를 설치·운영하고 있다.

③ 치안정보의 수집, 작성 및 배포

치안정보의 수집이란 치안정보의 출처를 개척·입수·획득하는 것을 말한다. 작성이란 수집된 정보를 선택·기록·평가·분석·종합·해석하는 것을 말한다. 배포란 작성한 정보를 필요로 하는 기관에 전달하는 것을 말한다.

④ 교통의 단속과 위해의 방지

교통의 단속이란 도로에서의 위험방지, 도로교통의 안전과 원활한 소통을 목적으로 교통법규 위반을 감시·예방·경고·주의 또는 검거하는 것을 말한다. 위해의 방지란 도로교통에서의 위험방지를 위한 교통안전시설의 설치·교통정리·교통사고 조사 등의 직무를 말한다.

⑤ 기타 공공의 안녕과 질서유지

(1)~(4) 이외에 경찰이 공공의 안녕과 질서 유지를 위하여 수행하는 모든 직무활동을 말한다.

2) 불심검문

(1) 불심검문의 의의

불심검문은 범죄의 예방, 교통의 단속, 범인의 체포, 위험발생의 방지 등 경찰상의 목적을 달성하기 위해 경찰관이 일정한 장소에서 경계함에 있어서 거동이 수상한 자 또는 어떠한 죄를 범하였거나 범하려 하고 있다고 의심이 되는 동행인에 대하여 질문하거나 소지품검사를 하여 소정의 경찰목적을 달성하고자 하는 경찰활동의 총체를 의미한다.

불심검문의 성격 즉 강제성을 수반하는가의 여부에 대하여 논란의 여지가 있다. 『독일경찰법』에서는 불심검문과 관련하여, "경찰은 신원확인을 위하여 필요한 조치를 취할 수 있다. 경찰은 특히 관계인을 정지시키고, 그의 인적사항을 심문하고 심사를 위하여 소지하고 있는 신분증명서의 제시를 요구할 수 있다. 신원확인이 다른 방법으로 불가능하거나 현저히 곤란한 경우에는 그를 구금할 수 있다."라고 규정하여 강제성을 인정하고 있다. 그러나 이 법에서는 불심검문의 요건과 질문, 임의동행, 소지품 검사 등만을 규정하고 있으므로 강제성이 인정되지 않는다고 보는 것이 적절하다(중앙경찰학교, 2008: 20).

(2) 불심검문의 수단

① 정지 및 질문

경찰관은 수상한 거동 기타 주위의 사정[61]을 합리적으로 판단하여 어떠한 죄를 범하였거나 범하려 하고 있다고 의심할 만한 상당한 이유가 있는 자 또는 이미 행하여진 범죄나 행하여지려고 하는 범죄행위에 관하여 그 사실을 안다고 인정되는 자를 정지시켜 질문할 수 있다.

61) 수상한 거동이란 사람의 언행이나 차림새 따위가 보통과 달리 이상하거나 자연스럽지 못한 옷차림새·말씨·행태 등을 말한다. 예를 들어, 경찰관을 보고 황급히 도망을 하거나 빈집이 많은 골목길을 기웃거리는 행위 등이 해당될 수 있다. 주위의 사정이란 불심검문 대상자의 직접적인 행태를 제외한 주변사정을 말하는 것으로써, 주위의 사람, 검문시간 및 검문장소 등이 고려될 수 있다(중앙경찰학교, 2008: 24).

불심검문의 일차적인 수단은 질문을 위한 정지라고 할 수 있다. 보행자의 경우는 불러 세우는 것이고 자동차의 경우는 정지시키는 것이 그 행위 태양이다. 여기서 강제로 정지시킬 수 있는가가 문제될 수 있다. 즉 법 제3조 제1항에서 "정지를 요구하여"로 규정하지 아니하고 "정지시켜"라고 규정하고 있는 취지는 어떻게 해석할 것인가가 문제된다. 판례를 통해 나타난 정지의 구체적 한계를 살펴보면 다음과 같다. (a) 경찰관로부터 거동이 수상한 자로서 불심검문을 받고 순찰지구대까지 임의동행을 요구받은 자가 갑자기 도주한 경우, 경찰관이 급히 불심검문을 하기 위해 추적하는 것은 사람의 자유를 구속하는 것이 아니고 불심검문을 위한 적법한 정지로 인정된다. (b) 뛰어가고 있는 자의 면전에서 양팔을 벌려 가로막고 정지시키는 행위는 적법한 정지로 인정된다. (c) 어깨, 손목 등에 손을 얹어 정지시키는 행위도 상대방이 절도범으로 혐의가 농후한 경우에는 적법한 정지로 인정된다(중앙경찰학교, 2008: 26-27).

질문은 경찰관의 합리적인 의심을 해소하거나 경찰 목적상의 필요한 것을 파악하기 위한 것이므로 불심검문의 목적 범위내로 한정해야 한다. 또한 법 제3조 제7항에서 "그 의사에 반하여 답변을 강요당하지 아니한다."라고 규정하여 불심검문이 임의적인 수단임을 분명히 하고 있다. 따라서 일반적으로 사회구성원으로 경찰관의 질문에 협력하고 범죄예방에 협력하는 의무 이상으로 질문에 대한 답변을 강제하는 것은 허용되지 않는다고 본다(중앙경찰학교, 2008: 27-28).

② 흉기의 조사

경찰관은 수상한 거동 기타 주위의 사정을 합리적으로 판단하여 어떠한 죄를 범하였거나 범하려 하고 있다고 의심할 만한 상당한 이유가 있는 자 또는 이미 행하여진 범죄나 행하여지려고 하는 범죄행위에 관하여 그 사실을 안다고 인정되는 자에 대하여 질문을 할 때에 흉기[62]의 소지여부를 조사(소지품 검사)를 할 수 있다.

소지품 검사는 그 진행단계에 따라 경찰관이 (a) 외부에서 소지품을 관찰하는 행위, (b) 소지품에 대하여 질문하는 행위, (c) 소지품의 임의제시를 요구하는 행위, (d) 옷이나 휴대품의 외부에 손을 가볍게 대어 소지품을 조사하는 행위(외표검사), (e) 가방과 같은 소지품을 경찰관 스스로 열어보는 행위(개봉검사), (f) 주머니 속에 손을 직접 집어넣어 소지품을 검사하는 행위로 구분할 수 있다. 일반적으로 (a), (b), (c)에 대해서는 경찰관이 소지품 검사의 과정에서

62) 흉기는 칼과 같이 그 물건의 본래의 성능이 사람을 살상하는데 충분한 도구뿐만 아니라 가위·드라이버·곤봉 등과 같이 쓰이는 용법에 따라서 사람을 살상할 수 있는 모든 것을 포함한다.

할 수 있는 행위로 인정된다. 그러나 (d), (e), (f)에 대해서는 그 인정 여부에 대해 논란이 있다(중앙경찰학교, 2008: 32).

이와 관련하여 현행범체포 상황이 아닌 불심검문 중 소지품 검사 과정에서 일어난 (d), (e), (f)에 대해서는 우리나라의 경우 아직까지 구체적인 판례가 형성되어 있지 않다. 따라서 현재는 개별적인 사건의 경우에 있어서 경찰관이 불심검문의 법리에 맞추어 합리적으로 상황을 판단한 후 소지품 검사를 실시하고 있는 실정이다.

③ (임의)동행 요구

경찰관은 수상한 거동 기타 주위의 사정을 합리적으로 판단하여 어떠한 죄를 범하였거나 범하려 하고 있다고 의심할 만한 상당한 이유가 있는 자 또는 이미 행하여진 범죄나 행하여지려고 하는 범죄행위에 관하여 그 사실을 안다고 인정되는 자에 대하여 질문을 할 때에, 그 장소에서 질문을 하는 것이 당해인에게 불리하거나 교통의 방해가 된다고 인정되는 때에는 질문하기 위하여 부근의 경찰서·지구대·파출소 또는 출장소(이하 "경찰관서", 지방해양경찰관서를 포함)에 동행할 것을 요구할 수 있다. 이 경우 당해인은 경찰관의 동행요구를 거절할 수 있다.

임의동행의 법적 성질에 관하여 법 제3조 제2항 단서에서 "이 경우 당해인은 경찰관의 동행요구를 거절할 수 있다."라고 규정하고 있으므로 임의적인 수단임이 명백하다고 할 수 있다. 따라서 당해인의 승낙을 얻지 못한 상황에서 임의동행 형식으로 신병을 확보하는 것은 임의동행의 범위를 넘어서는 것으로 위법한 행위가 된다. 또한 당해인이 이에 항거하여 폭행·협박을 했다면 폭행·협박(또는 『폭력행위 등 처벌에 관한 법률 위반』)의 죄는 별론으로 하고 공무집행방해의 죄는 성립하지 않는다고 본다.

동행장소는 "부근의 경찰서·지구대·파출소 또는 출장소"이다. 따라서 가까운 곳에 경찰서·지구대·파출소 또는 출장소가 있음에도 불구하고, 오로지 질문 등의 편의만을 고려하여 경찰관의 소속관서 등과 같이 멀리 떨어진 장소로 동행하는 것은 허용되지 않는다고 본다. 그러나 당해인의 승낙이 있는 경우라면 위에서 언급한 장소 외에 예를 들어 순찰차 내, 부근의 검문소 등도 허용될 수 있다(중앙경찰학교, 2008: 33-36).

④ 증표의 제시 등

경찰관이 질문하거나 동행을 요구할 경우 경찰관은 당해인에게 자신의 신분을 표시하는 증표를 제시하면서 소속과 성명을 밝히고 그 목적과 이유를 설명해야 하며, 동행의 경우에는 동행장소를 밝혀야 한다.

⑤ 동행의 고지 등

당해인이 동행을 한 경우 경찰관은 당해인의 가족 또는 친지 등에게 동행한 경찰관의 신분, 동행장소, 동행목적과 이유를 고지하거나 본인으로 하여금 즉시 연락할 수 있는 기회를 부여해야 하며, 변호인의 조력을 받을 권리가 있음을 고지해야 한다. 경찰관은 동행을 한 경우 당해인을 6시간을 초과하여 경찰관서에 머물게 할 수 없다.

⑥ 신체구속 제한 등

경찰관이 정지시켜 질문을 하거나 흉기소지 여부를 조사하거나 동행을 요구한 경우에 당해인은 형사소송에 관한 법률에 의하지 아니하고서는 신체를 구속당하지 아니하며, 그 의사에 반하여 답변을 강요당하지 않는다.

3) 보호조치 등

(1) 의의 및 대상

법 제4조에서는 보호조치 등을 규정하고 있다. 특히 보호조치는 『형사소송법』상의 구속과는 그 성질이 다르지만 어쨌든 사람의 신체의 자유를 제한하는 경찰행정법상의 처분이라고 할 수 있다.

보호조치 등의 대상자로서 크게 강제보호조치 대상자와 임의보호조치 대상자의 두 가지 유형을 규정하고 있다. 강제보호조치 대상자는 정신착란 또는 술 취한 상태로 인하여 자기 또는 타인의 생명·신체와 재산에 위해를 미칠 우려가 있는 자와 자살을 기도하는 자(정신착란자·주취자)와 자살을 기도하는 자(자살기도자)이고, 임의보호조치 대상자는 미아·병자·부상자 등으로서 적당한 보호자가 없으며 응급의 구호를 요한다고 인정되는 자이다. 정신착란자·주취자·자살기도자라고 하더라도 모두 보호조치 등의 대상이 되는 것은 아니며, 그 상태로 인하여 자기 또는 타인의 생명·신체·재산에 위해를 미칠 우려가 있는 경우에만 보호조치 등의 대상이 된다. 또한 미아·병자·부상자 등은 적당한 보호자가 없고 응급의 구호를 요하는 경우에만 보호조치 등의 대상이 된다.

"정신착란자"란 선천적·후천적 요인으로 인하여 정신에 장애를 가지고 있는 사람을 말한다. 정신착란자에는 정신분열과 같은 정신병을 가지고 있는 자, 백치·농아뿐만 아니라 정서적으로 불안정하여 충동적으로 행동하는 사람, 히스테리의 강도가 강한 사람, 흥분이 극에 달하여 스스로 자신을 통제할 수 없는 사람, 간질발작과 같은 일시적 장애의 상태에 있는 사람 등이 해당 될 수 있다. "주취자"는 과음으로 자신의 신체와 정신을 잘 가다듬지 못하는 사람을 의미한다. 『형법』상의 명정자(酩酊者)보다는 어느 정도 넓은 개념으로 이해한다. "자살기도자"는 자살의 구체적인 징후를 보이는 사람을 의미한다. 불심검문 결과 극약을 소지하고 있으면서 구체적인 용도에 대하여 이야기하지 못하는 사람, 평소 자살이 빈번하게 이루어지는 곳에서 배회중인 사람 등이 여기에 해당될 수 있다(중앙경찰학교, 2008: 61-62).

"미아"란 보호자의 보호범위를 벗어나 스스로 안전을 도보할 수 없는 어린이를 말한다. 어느 정도의 나이까지를 어린이로 볼 것인가는 연령에 의하여 일률적으로 정할 문제라기보다는 개인적인 특성을 고려하여 구체적으로 판단할 문제이다. 대체로 자신의 집을 기억하지 못하는 어린이, 보호자의 전화번호, 연락처를 기억하지 못하는 정도의 어린이가 그 대상이 될 수 있다. "병자 또는 부상자"란 신체에 질병이나 상해를 입어 이들 스스로 병원이나 보건소 등에 찾아갈 수 없는 정도의 상태에 있는 사람을 말한다. 여기서 질병이나 상해가 자신이 스스로 야기한 것인지 타인에 의해 야기된 것인지는 문제되지 않는다. 질병으로 의식을 잃어 길에 쓰러져 있거나 교통사고를 당해 길에 쓰러져 있는 사람 등이 여기에 해당될 수 있다. 그 밖에 "등"에 해당할 수 있는 경우로는 버려진 아이, 기아상태에 있는 사람, 조난자, 도로에서 길을 잃는 노인, 도로 또는 탑승상태에서 산기로 고통 받는 임산부 등을 들 수 있다. 한편, "가출인"은 스스로의 의사에 의해 집을 나온 사람을 말하는데, 가출인이 성인인 경우에는 경찰권이 사적 영역에 개입하지 못하는 것이 원칙이므로 보호조치 등의 대상이 되지 않는다. 그러나 당해인이나 그 가족이 보호를 요청하는 경우에는 가출인도 보호조치의 대상자가 될 수 있다. 또한 "가출청소년"의 경우에는 미아에 준하여 보호대상이 된다고 볼 수 있다(중앙경찰학교, 2008: 62).

(2) 수단

① 보호조치

경찰관은 수상한 거동 기타 주위의 사정을 합리적으로 판단[63]하여, ⓐ 정신착란 또는 술 취한 상태로 인하여 자기 또는 타인의 생명·신체와 재산에 위해를 미칠 우려가 있는 자와 자살을 기도하는 자, ⓑ 미아·병자·부상자 등으로서 적당한 보호자가 없다고 인정되는 자(다만, 당해인이 이를 거절하는 경우에는 예외)에 해당함이 명백하며 응급의 구호를 요한다고 믿을 만한 상당한 이유[64]가 있는 자를 발견한 때에는 경찰관서에 보호하는 등 적당한 조치를 할 수 있다. 이 경우 경찰관서에서의 보호 기간은 24시간을 초과할 수 없다.

보호는 보호대상자의 부모·형제 등의 가족이 사적 보호의무자에 의해 사생활의 범위 내에서 행해지는 것이 일차적이기 때문에 경찰관의 보호조치는 이차적이고 보충적인 수단으로 이루어져야 한다. 따라서 보호대상자의 가족이 그를 보호할 수 없는 상태에 있거나 가족의 보호 아래에 있다고 하더라도 그대로 방치할 경우 신체의 위험이 명확히 예상될 때에만 경찰관의 보호조치가 가능하다고 할 수 있다(중앙경찰학교, 2008: 61).

② 긴급구호 요청

경찰관은 수상한 거동 기타 주위의 사정을 합리적으로 판단하여 ⓐ 정신착란 또는 술 취한 상태로 인하여 자기 또는 타인의 생명·신체와 재산에 위해를 미칠 우려가 있는 자와 자살을 기도하는 자, ⓑ 미아·병자·부상자 등으로서 적당한 보호자가 없다고 인정되는 자(다만, 당해인이 이를 거절하는 경우에는 예외)에 해당함이 명백하며 응급의 구호를 요한다고 믿을 만한 상당한 이유가 있는 자를 발견한 때에는 보건의료기관[65] 또는 공공구호기관[66]에 긴급구

63) 법 제4조는 보호조치 등의 요건으로 "수상한 거동 기타 주위의 사정을 합리적으로 판단"할 것을 규정하고 있다. 이는 동법 제3조의 불심검문의 경우와 같은데, 그 기준에 관하여 보호대상자를 판단함에 있어서는 경찰관의 일방적이고 주관적인 판단은 배제되고 사회통념에 의한 객관적 판단에 의하여야 한다는 일부 견해가 있으나, 합리적 판단이란 공공의 안녕과 질서의 유지를 목적으로 하는 경찰관의 합리적 경험칙 등 평균인을 기준으로 불심검문을 해하는 경찰관 개인이 현장에서 접하는 상황을 고려하여 경찰관 평균을 기준으로 합리적으로 결정되는 주관적인 판단을 의미한다고 할 것이다. 판례도 "긴급구호권한과 같은 경찰관의 조치권한은 일반적으로 경찰관의 전문적 판단에 기한 합리적 재량에 위임되어 있는 것"이라 판시하여 같은 입장에 있다(중앙경찰학교, 2008: 60).

64) 법 제4조는 보호조치 등의 요건으로 "응급의 구호를 요한다고 믿을만한 상당한 이유가 있는 경우"를 규정하고 있다. 따라서 정신착란자나 주취자가 타인의 생명·신체와 재산에 위해를 미칠 우려가 있는 경우 또는 자살기도자가 있는 경우라고 하더라도 바로 보호조치를 할 수는 없으며, 응급의 구호를 요한다고 믿을만한 상당한 이유가 있는 경우에 보호조치가 가능하다. 여기서 응급이란 시간적인 급박함을 의미하는 것으로 즉시 보호조치를 하지 아니하면 본인 또는 타인의 생명이나 신체, 재산에 위해를 가할 우려가 있다고 의심되는 경우라고 할 수 있다. 또한 구호란 어려움에 처해 있는 사람을 도와주는 것을 의미하는 것이므로 보호 대상자의 생명·신체·재산을 보호해 주는 것을 말한다(중앙경찰학교, 2008: 60).

65) 보건의료기관이란 보건소, 병원, 한의원, 조산소 등 의료법상의 의료기관을 의미한다.

호를 요청할 수 있다. 이 경우 경찰관의 긴급구호 요청을 받은 보건의료기관이나 공공구호기관은 정당한 이유 없이 긴급구호 요청을 거절할 수 없다.

③ 임시영치

경찰관이 긴급구호를 요청하거나 경찰관서에 보호하는 등 적당한 조치를 취하는 경우에는 피구호자가 휴대하고 있는 무기·흉기 등 위험을 야기할 수 있는 것으로 인정되는 물건은 경찰관서에 임시영치할 수 있다. 이 경우 임시영치 기간은 10일을 초과할 수 없다.

④ 통지, 보고 및 통보

경찰관이 보건의료기관 또는 공공구호기관에 긴급구호를 요청을 하거나 경찰관서에 보호하는 등의 적당한 조치를 한 때에는 지체 없이 이를 피구호자의 가족·친지 기타의 연고자에게 그 사실을 통지해야 한다.

연고자가 발견되지 아니할 때에는 피구호자를 적당한 공중보건의료기관이나 공공구호기관에 즉시 인계해야 한다. 경찰관이 피구호자를 공중보건의료기관 또는 공공구호기관에 인계한 때에는 즉시 그 사실을 소속 경찰서장 또는 지방해양경찰관서의 장에게 보고해야 한다.

경찰관의 보고를 받은 소속 경찰서장 또는 지방해양경찰관서의 장은 피구호자를 인계한 사실을 지체 없이 당해 공중보건의료기관·공공구호기관의 장 및 그 감독행정청에 통보해야 한다.

(3) 주취자안정실

① 설치

경찰서에서는 주취자 등의 보호를 위하여 주취자안정실을 설치하고 있다. 주취자안정실의 구조는 보호대상자의 난동 및 자해 방지 등 보호대상자의 보호에 적합하도록 설계되었으며, 비상시에 대비하여 경보종·CCTV·녹화장치 등을 비치하고 있다.

---

66) 공공구호기관이란 국가나 지방자치단체가 설립한 아동보호소, 부녀보호소, 양로원 등의 사회보장시설을 의미한다.

② **보호 및 임시영치**

주취자안정실에는 술 취한 상태로 자기 또는 타인의 생명·신체와 재산에 위해를 미칠 우려가 있다고 명백하게 인정되는 사람 중에서 (a) 교통사고 또는 안전사고 등의 위험에 노출된 사람, (b) 타인의 통행을 방해하거나 욕설 등 행패를 부리는 사람, (c) 자살 또는 자해를 기도하는 사람, (d) 기물을 손괴하는 등 난동을 부리는 사람, (e) 기타 타인 또는 경찰관의 업무를 방해하는 사람을 보호할 수 있다. 보호대상자를 주취자안정실에 보호한 때에는 지체 없이 보호대상자의 가족 · 친지 · 기타 연고자에게 그 사실을 통지해야 한다. 여자 보호대상자는 남자 보호대상자와 분리하여 보호한다.

또한 위 보호대상자를 보호함에 있어 보호대상자의 자해 및 난동시 이용 가능한 흉기 · 무기, 화재발생의 우려가 있는 성냥 · 라이터, 기타 타인에게 위해를 가할 수 있는 물건 등에 대하여는 임시 영치 할 수 있다.

③ **운영**

관리책임자는 보호대상자를 주취자안정실에 입실시킨 경우에는 지체 없이 경찰서장에서 보호조치 보고를 하여야 한다. 관리책임자는 수시로 주취자안정실에 입실된 자에 대하여 계속보호 여부를 심사하여 조치한다. 주취자안정실에서의 보호시간은 24시간을 초과할 수 없다.

주취자안정실의 근무자는 보호대상자 중 질병 기타 응급구호를 요하는 자가 발생한 경우, 신속히 의료기관에 긴급구호 요청을 하는 등 적당한 조치를 해야 하며, 지체 없이 관리책임자에게 그 사실을 보고해야 한다. 그리고 자해 및 난동행위, 주취자안정실내 시설물 등을 파손하는 행위, 질병 기타 응급구호를 요하는 자가 발생하는 경우에는 즉시 관리책임자에게 보고하여 필요한 조치를 취하도록 해야 한다.

③ **퇴실 및 임시영치품 반환**

입실 후 24시간이 도래된 사람, 가족 및 친지 등 연고자가 신병인도를 요청한 사람, 기타 주취상태에서 깨어나는 등 귀가시켜도 된다고 인정되는 사람은 지체 없이 주취자안정실에서 퇴실시켜야 한다. 다만, 수사관련 부서에서 입실을 의뢰한 보호대상자는 의뢰한 부서에 인계해야 한다. 보호대상자의 퇴실시 임시영치한 물품은 보호대상자에게 정확하게 반환한 후 보호조치보고서에 그 사실을 기록해야 한다.

4) 위험발생의 방지

(1) 의의

국민의 생명, 신체, 및 재산에 대한 위험의 발생을 예방하거나 그 위험을 제거하는 것은 경찰관의 고유한 직무라고 할 수 있다. 법 제5조는 이러한 경우 경찰관이 취해야 하는 조치를 규정하고 있다. 동조 제1항 제1호 및 제2호는 『형법』상의 긴급피난의 경우에 경찰관이 국민에게 현존하는 위해를 제거하기 위하여 취해야 할 긴급구조 조치의 수단을 예시적으로 규정하고 있으며, 동조 동항 제3호에서는 일반적 조치의 근거를 규정하고 있다. 또한 위험방지 조치의 대상으로 (a) 그 장소에 집합한 자, (b) 사물의 관리자 기타 관계인, (c) 위해를 받을 우려가 있는 자를 구분하여 규정하고 있다.

(2) 수단

① 경고

경찰관은 인명 또는 신체에 위해를 미치거나 재산에 중대한 손해를 끼칠 우려가 있는 천재, 사변, 공작물의 손괴, 교통사고, 위험물의 폭발, 광견·분마류 등의 출현, 극단적인 혼잡 기타 위험한 사태가 있을 때에는 그 장소에 집합한 자, 사물의 관리자 기타 관계인에게 위험방지를 위하여 필요한 경고를 할 수 있다.

② 피난 및 억류

경찰관은 인명 또는 신체에 위해를 미치거나 재산에 중대한 손해를 끼칠 우려가 있는 천재, 사변, 공작물의 손괴, 교통사고, 위험물의 폭발, 광견·분마류 등의 출현, 극단적인 혼잡 기타 위험한 사태가 있을 경우, 특히 긴급을 요할 때에는 위해를 받을 우려가 있는 자를 필요한 한도 내에서 억류하거나 피난시킬 수 있다.

③ 기타 필요한 조치

경찰관은 인명 또는 신체에 위해를 미치거나 재산에 중대한 손해를 끼칠 우려가 있는 천재, 사변, 공작물의 손괴, 교통사고, 위험물의 폭발, 광견·분마류 등의 출현, 극단적인 혼잡 기타 위험한 사태가 있을 때에는 그 장소에 있는 자, 사물의 관리자 기타 관계인에게 위험방지를 위해 필요하다고 인정되는 조치를 하게 하거나 스스로 그 조치를 할 수 있다.

④ 통행 제한 및 금지

경찰관서의 장은 대간첩작전수행 또는 소요사태의 진압을 위하여 필요하다고 인정되는 상당한 이유가 있을 때에는 대간첩작전지역 또는 경찰관서·무기고등 국가중요시설에 대한 접근 또는 통행을 제한하거나 금지할 수 있다.

⑤ 보고 및 협조

경찰관이 경고, 피난 및 억류, 기타 필요한 조치 등의 위험방지 조치를 한 때에는 지체 없이 이를 소속경찰관서의 장에게 보고해야 한다.

경찰관서의 장은 경찰관의 위험방지 조치에 대한 보고를 받거나 대간첩작전수행 또는 소요사태의 진압을 위하여 필요하다고 인정되는 상당한 이유가 있어 대간첩작전지역 또는 경찰관서·무기고 등 국가중요시설에 대한 접근 또는 통행을 제한하거나 금지할 수 있다. 이 경우 관계기관의 협조를 구하는 등 적당한 조치를 해야 한다.

5) 범죄의 예방과 제지

(1) 의의

법 제2조 제1호에서는 경찰관의 직무를 "범죄의 예방·진압 및 수사"로 규정하고 있다. 그러나 이 법에서 범죄의 수사는 『형사소송법』의 영역으로 남겨두고 그에 관한 절차규정을 생략하고 있다. 즉 이 법에서는 범죄의 예방과 제지에 관한 절차만을 규정하고 범죄의 수사와 관련된 절차는 『형사소송법』의 절차를 따르도록 하고 있다. 범죄의 예방과 제지는 불심검문, 범죄정보의 수집 등과 밀접한 관련이 있다. 그러나 불심검문 등이 범죄의 발생을 미연에 방지하거나 발생된 범죄의 발견에 그 목적이 있다면 범죄의 예방과 제지는 범죄가 발생하려는 절박한 사정에서 직접적으로 범죄를 제지하는 데에 그 의의가 있다(중앙경찰학교, 2008: 80).

(2) 수단

① 경고

경찰관은 범죄행위가 목전에 행해지려하고 있다고 인정될 때에는 이를 예방하기 위하여 관계인에게 필요한 경고를 할 수 있다.

② 제지

경찰관은 범죄행위로 인하여 인명·신체에 위해를 미치거나 재산에 중대한 손해를 끼칠 우려가 있어 긴급을 요하는 경우에는 그 행위를 제지할 수 있다.

6) 위험방지를 위한 출입

(1) 의의

우리나라 『헌법』제17조는 개인의 사생활 보호를 기본권으로 보장하고 있다. 따라서 개인의 사생활에 대한 침해는 원칙적으로 『형사소송법』에서 규정한 절차에 따라 법관이 발부한 영장에 의하지 않고는 불가능하다. 그러나 위험방지를 위한 출입은 경찰관이 경찰행정 목적을 달성하기 위해서 인명·신체 또는 재산에 대한 위해가 절박한 경우 등에 해당하는 때에는 수색영장을 발부 받음이 없이 출입이 가능하다(중앙경찰학교, 2008: 84-85).

(2) 수단

① 긴급출입: 일반위험 방지를 위한 출입

천재, 사변, 공작물의 손괴, 교통사고, 위험물의 폭발, 광견·분마류 등의 출현, 극단적인 혼잡, 대간첩작전, 소요사태, 범죄행위 등의 위험한 사태가 발생하여 인명·신체 또는 재산에 대한 위해가 절박한 때에 그 위해를 방지하거나 피해자를 구조하기 위하여 부득이 하다고 인정할 때에는 합리적으로 판단하여 필요한 한도 내에서 타인의 토지·건물 또는 선차 내에 출입할 수 있다.

② 예방출입: 공개된 장소의 출입

흥행장·여관·음식점·역 기타 다수인이 출입하는 장소의 관리자 또는 이에 준하는 관계인은 그 영업 또는 공개시간 내에 경찰관이 범죄의 예방 또는 인명·신체와 재산에 대한 위해예방을 목적으로 그 장소에 출입할 것을 요구한 때에는 정당한 이유 없이 이를 거절할 수 없다.

③ 대간첩작전을 위한 출입 및 검색

경찰관은 대간첩작전 수행에 필요한 때에는 작전지역 안에 있는 흥행장·여관·음식점·역 기타 다수인이 출입하는 장소 안을 검색할 수 있다. 경찰관이 필요한 장소에 출입할 때에는 그 신분을 표시하는 증표를 제시해야 하며, 함부로 관계인의 정당한 업무를 방해하여서는 안된다.

7) 사실확인 등

(1) 사실조회 및 확인

경찰관서의 장은 직무수행에 필요하다고 인정되는 상당한 이유가 있을 때에는 국가기관 또는 공사단체 등에 대하여 직무수행에 관련된 사실을 조회할 수 있다. 다만, 긴급을 요할 때에는 소속경찰관으로 하여금 현장에 출장하여 당해 기관 또는 단체의 장의 협조를 얻어 그 사실을 확인하게 할 수 있다.

사실조회란 사람이나 물건에 대하여 그 모양·상태 등 경찰정보의 수집을 위하여 필요한 사항을 물어보는 것을 말한다. 사실조회는 꼭 문서로 하여야 하는 것은 아니나 사실조회의 주체가 경찰관서의 장으로 되어 있으므로 실무상 경찰관서장 명의의 공문서로 행하는 것이 일반적이다. 직접 확인은 긴급을 요하는 경우에 경찰관서장의 지시로 경찰관이 현장에 출장하여 사람과 물건 등의 사물의 성상을 살피거나 각종 장부를 열람하는 등의 방법으로 그 사실을 확인하는 것을 말한다. 경찰관서장의 지시는 꼭 구체적인 사건의 구체적인 지시를 필요로 하는 것이 아니고 일반적인 훈령의 형식으로도 가능하다. 협조는 그 기관의 장이나 단체장에게 알리고, 그 안내를 받는 것을 의미하는 것으로 반드시 동의를 필요로 하는 것은 아니다(중앙경찰학교, 2008: 93-94).

(2) 출석요구

경찰관은 미아를 인수할 보호자의 여부, 유실물을 인수할 권리자의 여부 또는 사고로 인한 사상자를 확인하기 위하거나 교통사고 조사 과정에서 행정처분을 위한 사실을 확인하기 위하여 필요한 경우에는 관계인에게 출석에 필요한 사유·일시 및 장소를 명확히 한 출석요구서에 의하여 경찰관서에 출석할 것을 요구할 수 있다.

여기서 교통사고 조사를 목적으로 하는 사실 확인은 형사책임을 규명하기 위한 교통사고 조사 목적의 사실 확인과는 구별된다. 교통사고 조사 과정에서 형사책임 여부를 밝히기 위한 사실 확인 절차는 『형사소송법』 제200조의 출석요구에 그 근거를 두고 있다.[67] 출석요구의 방식은 출석요구서 이외에 긴급한 경우 전화 등의 이용도 허용된다(중앙경찰학교, 2008: 97).

8) 유치장

(1) 의의

유치장은 경찰서 및 지방해양경찰관서에 법률이 정한 절차에 따라 체포·구속되거나 신체의 자유를 제한하는 판결 또는 처분을 받은 자를 수용하기 위해 설치한 시설을 말한다. 따라서 법 제4조의 보호조치대상자를 수용하기 위하여 설치한 보호실, 즉 주취자안정실과는 명백히 구분된다.

현재 일부 경찰서 유치장의 경우, 관할지역 및 인근지역의 교정시설 부족의 문제점을 해결하기 위해 미결수형자를 수용하는 대용감방으로서의 기능도 가지고 있다.

(2) 법적 근거

① 『경찰관직무집행법』제9조(유치장)

67) 제200조(피의자의 출석요구) 검사 또는 사법경찰관은 수사에 필요한 때에는 피의자의 출석을 요구하여 진술을 들을 수 있다.

법 제9조에서는 “경찰서 및 지방해양경찰관서에 법률이 정한 절차에 따라 체포·구속되거나 신체의 자유를 제한하는 판결 또는 처분을 받은 자를 수용하기 위하여 유치장을 둔다.”라고 규정하고 있다.

과거 『경찰관직무집행법』에는 유치장 설치의 법적 근거가 마련되어 있지 않았다. 따라서 『구행형법』 제68조(현재 『형의 집행 및 수용자의 처우에 관한 법률』 제87조)를 유치장 설치의 법적 근거로 보았다.[68] 그러나 이 규정은 당시 구속영장이 집행된 미결수용자를 수용하기 위한 유치장의 법적 근거를 마련하기 위한 것으로 구속영장이 집행되지 않은 사람, 구류형의 판결을 받은 사람, 다른 수사기관에 의하여 구속되어 일시 수용이 의뢰된 자의 유치에 대한 법적 근거로는 불충분하였기 때문에 불법구금에 대한 논란이 있었다. 따라서 1981년 6월 11일 『경찰관직무집행법』제3차 개정을 통해 유치장의 법적 근거를 마련하여 이러한 문제들을 해결했다.

② 『**형의 집행 및 수용자의 처우에 관한 법률**』**제87조(유치장)**

『형의 집행 및 수용자의 처우에 관한 법률』제87조는 “경찰관서에 설치된 유치장은 교정시설의 미결수용실로 보아 이 법을 준용한다.”라고 규정하고 있다.

여기서 미결수용실은 미결수용자를 수용하는 시설을 의미한다. 또한 미결수용자란 형사피의자 또는 형사피고인으로서 체포되거나 구속영장의 집행을 받은 사람을 말한다.

③ **대용감방**

대용감방은 구속사건이 검찰로 송치되었음에도 관내 미결수용자를 수용할 교정시설이 없는 경우 1심 재판이 종결 때까지 미결수용자를 수용하는 경찰서 유치장을 말한다. 피의자 또는 피고인을 대용감방으로서의 유치장(대용감방)에 수용할 때에는 따로 특별한 규정이 있는 것을 제외하고는 『피의자유치및호송규칙』(경찰청 훈령)을 준용한다. 대용감방에 수용된 피의자 또는 피고인의 변호인 이외의 자와의 접견 또는 서류 등의 접수는 당해 유치인이 신병의 구속에 대한 책임을 지고 있는 기관에서 접견 또는 서류 등의 접수의 승인을 받은 자에 한하여 허용한다.

그러나 경찰서 유치장의 미결수용자는 교정시설의 미결수용자에 비해 상대적으로 외부 운동 및 종교생활 불가, 일조권, 수면권 침해 등이 문제점으로 지적돼 왔다. 이에 따라 법무부에

68) 『구행형법』 제68조(유치장) 경찰관서에 설치된 유치장은 미결수용실에 준한다.

서는 교정시설을 확충하여 대용감방의 미결수용자를 인계하고 일부 경찰서 유치장에서 운영되는 대용감방을 단계적으로 폐지하고 있는 중이다. 법무부는 앞으로 상주경찰서의 대용감방은 2011년, 속초·거창·영동·남원경찰서 등 4개소의 대용감방은 2015년까지 폐지함으로써 모든 대용감방을 폐지할 계획이다.[69)]

9) 경찰장비의 사용

(1) 의의 및 법적 근거

경찰관은 직무수행 중 경찰장비를 사용할 수 있다. 다만, 인명 또는 신체에 위해를 가할 수 있는 경찰장비에 대하여는 필요한 안전교육과 안전검사를 실시해야 한다. 경찰장비를 임의로 개조하거나 임의의 장비를 부착하여 통상의 용법과 달리 사용함으로써 타인의 생명이나 신체에 위해를 주어서는 안 된다. 여기서 경찰장비란 무기, 경찰장구, 최루제 및 그 발사장치, 감식기구, 해안감시기구, 통신기기, 차량·선박·항공기 등 경찰의 직무수행을 위하여 필요한 장치와 기구를 말한다. 한편, 인명 또는 신체에 위해를 가할 수 있는 경찰장비의 종류 및 그 사용기준, 안전교육·안전검사의 기준 등에 대하여는 대통령령으로 정하고 있다.

이 법이 제정될 당시에는 무기를 제외하고는 전반적인 경찰장비 사용에 대한 법적 근거가 미흡했다. 물론 『경찰관직무집행법』 제5차 개정 전까지 무기와 최루탄을 제외한 경찰장비의 사용에 관한 법적 근거는 제10조(경찰장구의 사용)[70)]로 보았다. 그러나 경찰장구는 경찰관이 직무를 수행하기 위하여 소지한 채 사용 할 수 있는 물건을 뜻하는 것으로, 이와 같은 해석에 의할 경우 경찰관 개인이 소지하는 장비가 아닌 가스차, 살수차, 특수진압차 등의 장비는 그 사용으로 인하여 국민들에게 위해를 가할 위험이 있음에도 불구하고 경찰장구

---

69) 법무부는 이를 위해 오는 3월까지 정읍 경찰서 대용감방을 우선 폐지하고 밀양·해남·영월경찰서 대용감방도 2009년까지 폐지할 수 있도록 교정시설 신축공사에 들어갔다고 8일 밝혔다. 또 나머지 대용감방에 대해서도 교정시설 신축계획을 조속히 확정해 모두 폐지할 방침이다 현재 정읍 등 전국에 9개소가 운영되고 있다. 법무부 관계자는 "관내 구치시설이 없는 경우 장거리 호송 과정에서 발생할 수 있는 수감자 인권침해나 접견 불편 해소를 위해 부득이 대용감방을 운영해 왔으나, 시설미비나 인력부족으로 인권침해 우려가 상존했던 것이 현실"이라며 "교정시설 신축과 연계해 2015년까지는 모든 대용감방을 폐지하고 인권침해 논란을 끝내겠다."고 밝혔다. 법무부는 이와 함께 폐지 전까지 존치되는 대용감방에 대해서는 조명시설 개선 및 운동실 설치 등 수용자 인권보호를 위해 시설과 지침을 개선하는 한편 검찰의 유치장 감찰을 강화하기로 했다. 또 법원과 협조아래 대용감방 수감자에 대한 신속한 수사 및 재판을 진행해 대용감방 수감기간을 최대한 단축하기로 했다(법률신문 2008.1.14 ; http://www.lawtimes.co.kr/LawNews/ News/NewsContents.aspx?serial= 36286/2010.7.15).

70) 현제 법 제10조의2(경찰장구의 사용).

로 보는 데는 일정한 한계가 있었다. 이러한 문제점을 해결하기 위해 법 제10조(경찰장비의 사용 등)를 새롭게 규정했다. 이에 따라 경찰장비의 유형과 경찰관이 직무수행 중 경찰장비를 사용할 수 있는 법적 근거가 마련되었다. 또한 경찰장비 가운데 인명·신체에 위해를 가할 수 있는 경찰장비들의 사용기준 및 안전교육·안전검사의 기준은 대통령령으로 정하도록 했다. 이에 따라 제정된 것이 『경찰장비의 사용 등에 관한 규정』(대통령령 제16601호, 1999. 11. 27)이라고 할 수 있다(중앙경찰학교, 2008: 100-101).

(2) 경찰장비의 종류

법 제10조 제3항에 규정된 "인명 또는 신체에 위해를 가할 수 있는 경찰장비"의 종류는 다음과 같다(『경찰장비의 사용 등에 관한 규정』제2조).

① **경찰장구**

수갑·포승(捕繩)·호송용포승·경찰봉·호신용경봉·전자충격기·방패 및 전자방패

② **무기**

권총·소총·기관총(기관단총을 포함)·산탄총·유탄발사기·박격포·3인치포·함포·크레모아·수류탄·폭약류 및 도검

③ **분사기·최루탄 등**

근접분사기·가스분사기·가스발사총(고무탄 발사겸용을 포함) 및 최루탄(그 발사 장치를 포함)

④ **기타장비**

가스차·살수차·특수진압차·물포·석궁·다목적발사기 및 도주차량차단장비

(3) 경찰장비의 사용 및 제한

① 경찰장비의 일반적 사용기준

경찰장비는 통상의 용법에 따라 필요한 최소한의 범위 안에서 이를 사용하여야 한다.

② 영장집행 등에 따른 수갑 등의 사용기준

경찰관(국가경찰공무원에 한한다. 이하 같다)은 체포·구속영장을 집행하거나 신체의 자유를 제한하는 판결 또는 처분을 받은 자를 법률이 정한 절차에 따라 호송하거나 수용하기 위하여 필요한 때에는 최소한의 범위 안에서 수갑·포승 또는 호송용 포승을 사용할 수 있다.

③ 자살방지 등을 위한 수갑 등의 사용기준

경찰관은 범인·주취자 또는 정신착란자의 자살 또는 자해기도를 방지하기 위하여 필요한 때에는 수갑·포승 또는 호송용 포승을 사용할 수 있다.

④ 불법집회 등에서의 경찰봉·호신용경봉의 사용기준

경찰관은 불법집회·시위로 인하여 발생할 수 있는 타인 또는 경찰관의 생명·신체의 위해와 재산·공공시설의 위험을 방지하기 위하여 필요한 때에는 최소한의 범위 안에서 경찰봉 또는 호신용경봉을 사용할 수 있다. 경찰관이 경찰봉 또는 호신용경봉을 사용하는 때에는 인명 또는 신체에 대한 위해를 최소화하도록 주의하여야 한다.

⑤ 전자충격기 등의 사용제한

경찰관은 14세미만의 자 또는 임산부에 대하여 전자충격기 또는 전자방패를 사용하여서는 안된다. 경찰관은 전극침(電極針) 발사장치가 있는 전자충격기를 사용하는 경우 상대방의 얼굴을 향하여 전극침을 발사하여서는 안된다.

⑥ **총기사용의 경고**

경찰관은 법 제10조의4의 규정에 의하여 사람을 향하여 권총 또는 소총을 발사하고자 하는 때에는 미리 구두 또는 공포탄에 의한 사격으로 상대방에게 경고하여야 한다.

다만, 경찰관을 급습하거나 타인의 생명·신체에 대한 중대한 위험을 야기하는 범행이 목전에 실행되고 있는 등 상황이 급박하여 특히 경고할 시간적 여유가 없는 경우와 인질·간첩 또는 테러사건에 있어서 은밀히 작전을 수행하는 경우로서 부득이한 때에는 경고하지 아니할 수 있다.

⑦ **권총 또는 소총의 사용제한**

경찰관은 법 제10조의4의 규정에 의하여 권총 또는 소총을 사용하는 경우에 있어서 범죄와 무관한 다중의 생명·신체에 위해를 가할 우려가 있는 때에는 이를 사용하여서는 안된다. 다만, 권총 또는 소총을 사용하지 아니하고는 타인 또는 경찰관의 생명·신체에 대한 중대한 위험을 방지할 수 없다고 인정되는 때에는 필요한 최소한의 범위 안에서 이를 사용할 수 있다.

경찰관은 총기 또는 폭발물을 가지고 대항하는 경우를 제외하고는 14세미만의 자 또는 임산부에 대하여 권총 또는 소총을 발사하여서는 안된다.

⑧ **동물의 사살**

경찰관은 공공의 안전을 위협하는 동물을 사살하기 위하여 부득이한 때에는 권총 또는 소총을 사용할 수 있다.

⑨ **가스발사총 등의 사용제한**

경찰관은 범인의 체포 또는 도주방지, 타인 또는 경찰관의 생명·신체에 대한 방호, 공무집행에 대한 항거의 억제를 위하여 필요한 때에는 최소한의 범위 안에서 가스발사총을 사용할 수 있다. 이 경우 경찰관은 1미터이내의 거리에서 상대방의 얼굴을 향하여 이를 발사하여서는 안된다.

경찰관은 최루탄발사기로 최루탄을 발사하는 경우 30도 이상의 발사각을 유지하여야 하고,

가스차·살수차 또는 특수진압차의 최루탄발사대로 최루탄을 발사하는 경우에는 15도 이상의 발사각을 유지하여야 한다.

⑩ 가스차·살수차·특수진압차·물포의 사용기준

경찰관은 불법집회·시위 또는 소요사태로 인하여 발생할 수 있는 타인 또는 경찰관의 생명·신체의 위해와 재산·공공시설의 위험을 억제하기 위하여 부득이한 경우에는 현장책임자의 판단에 의하여 필요한 최소한의 범위 안에서 가스차 또는 살수차를 사용할 수 있다.

경찰관은 소요사태의 진압, 대간첩·대테러작전의 수행을 위하여 부득이한 경우에는 필요한 최소한의 범위 안에서 특수진압차를 사용할 수 있다.

경찰관은 불법해상시위를 해산시키거나 정선명령에 불응하고 도주하는 선박을 정지시키기 위하여 부득이한 경우에는 현장책임자의 판단에 의하여 필요한 최소한의 범위 안에서 경비함정의 물포를 사용할 수 있다. 다만, 사람을 향하여 직접 물포를 발사하여서는 안된다.

⑪ 석궁의 사용기준

경찰관은 총기·폭발물 기타 위험물로 무장한 범인 또는 인질범의 체포, 대간첩·대테러작전 등 국가안전에 관련되는 작전을 은밀히 수행하거나 총기를 사용할 경우에는 화재·폭발의 위험이 있는 등 부득이한 때에 한하여 현장책임자의 판단에 의하여 필요한 최소한의 범위 안에서 석궁을 사용할 수 있다.

⑫ 다목적발사기의 사용기준

경찰관은 인질범의 체포 또는 대간첩·대테러작전 등 국가안전에 관련되는 작전을 수행하거나 공공시설의 안전에 대한 현저한 위해의 발생을 방지하기 위하여 필요한 때에는 최소한의 범위 안에서 다목적발사기를 사용할 수 있다.

⑬ 도주차량차단장비의 사용기준

경찰관은 무면허운전이나 음주운전 기타 범죄에 이용했다고 의심할 만한 차량 또는 수배중인 차량이 정당한 검문에 불응하고 도주하거나 차량으로 직무집행중인 경찰관에게 위해를 가한 후 도주하려는 경우에는 도주차량차단장비를 사용할 수 있다. 도주차량차단장비를 운용하는 경찰관은 검문 또는 단속 장소의 전방에 동 장비의 운용중임을 알리는 안내표지판을 설치하고 기타 필요한 안전조치를 취하여야 한다.

10) 경찰장구의 사용

(1) 경찰장구의 개념

경찰장구란 경찰관이 휴대하여 범인검거와 범죄진압 등 직무수행에 사용하는 수갑, 포승, 경찰봉, 방패 등을 말한다.

(2) 경찰장구의 사용요건

경찰관은 현행범인인 경우와 사형, 무기 또는 장기 3년 이상의 징역이나 금고에 해당하는 죄를 범한 범인의 체포·도주의 방지, 자기 또는 타인의 생명·신체에 대한 방호, 공무집행에 대한 항거의 억제를 위하여 필요하다고 인정되는 상당한 이유가 있을 때에는 그 사태를 합리적으로 판단하여 필요한 한도 내에서 경찰장구를 사용할 수 있다.

여기서 어떠한 사람이 범인인지 아닌지의 여부는 최종적으로 법원의 판결에 의해서 밝혀지는 것이므로 이를 수사단계, 그것도 체포단계에서 확정한다는 것은 이론적으로나 실무적으로 불가능한 일이다. 따라서 죄를 범한 범인이란 표현은 범인이 될 고도의 개연성을 있는 사람을 말하는 것으로 보아야 한다. 그러므로 일반인이라면 그러한 죄를 범했다고 볼 수 있는 정도이면 족하고 반드시 진범임을 요하는 것은 아니다. 범인의 체포는 구속영장에 의한 체포는 물론 체포영장에 의한 체포, 현행범 검거, 긴급체포 등의 경우를 말한다. 도주의 방지란 이미 체포된 자가 도망하려는 것을 방지하는 것을 말한다. 그리고 항거란 경찰관 적법한 공무집행을 적극적으로 방해 또는 거부함으로써 그의 집행의 목적달성을 불가능 또는 곤란하게 만드는 것을 의미하므로 소극적인 방해 또는 거부 행위의 경우에는 항거에 해당되지 않는 것으로 이해하는 것이 타당하다(중앙경찰학교, 2008: 105-106).

11) 분사기 및 최루탄의 사용

(1) 의의

분사기 및 최루탄은 최루가스 등을 발생시켜 일시적으로 신체·정신적 기능의 장해를 주는 화학탄의 일종으로 사람의 살상을 목적으로 제조된 무기와는 성질이 다르다. 그러나 일부에서는 그 사용 여하에 따라서는 생명·신체에 중대한 위해를 발생시킬 수 있으므로 무기에 준해서 생각해야 한다는 견해도 있다.

(2) 사용요건

경찰관은 범인의 체포·도주의 방지 또는 불법집회·시위로 인하여 자기 또는 타인의 생명·신체와 재산 및 공공시설안전에 대한 현저한 위해의 발생을 억제하기 위하여 부득이한 경우 현장책임자의 판단으로 필요한 최소한의 범위 안에서 분사기(『총포·도검·화약류등 단속법』의 규정에 의한 분사기와 최루 등의 작용제) 또는 최루탄을 사용할 수 있다. 분사기나 최루탄을 사용한 경우 그 책임자는 사용일시, 사용장소, 사용대상, 현장책임자, 종류, 수량 등을 기록하여 보관해야 한다.

분사기 또는 최루탄의 사용은 부득이한 경우 현장책임자의 합리적인 판단 하에 신체에 직접적인 위해를 가하지 않는 범위 내에서 이루어져야 한다. 여기서 부득이한 경우란 분사기 등을 사용하지 않고서는 위해발생을 억제할 수 없는 정도를 의미하는 경우로 보충성의 원리가 적용된다. 또한 분사기 등은 본래 사용목적을 벗어나 직접 사람의 신체를 향해 발사하여 위해를 가하지 않는 범위 내에서 사용되어야 한다.

12) 무기의 사용

(1) 무기의 개념

무기는 성질상의 무기와 용법상의 무기로 구분할 수 있다. 성질상의 무기는 사람을 살상하는 용도에 사용할 목적으로 제작된 기구를 의미하며, 용법상의 무기는 제작 목적은 사람을 살상하는 것이 아니지만 그 사용에 따라 사람의 살상에 이용될 수 있는 기구를 의미한다(중앙경찰학교, 2008: 115).

법 제10조의4 제2항에서는 "무기라 함은 인명 또는 신체에 위해를 가할 수 있도록 제작된 권총, 소총, 도검 등을 말한다."라고 규정하고 있는데, 이것은 바로 성질상의 무기를 의미하는 것으로 해석할 수 있다.

(2) 무기의 사용요건

(1) 위해를 수반하지 않는 무기의 사용

경찰관은 범인의 체포·도주의 방지, 자기 또는 타인의 생명·신체에 대한 방호, 공무집행에 대한 항거의 억제를 위하여 필요하다고 인정되는 상당한 이유가 있을 때에는 그 사태를 합리적으로 판단하여 필요한 한도 내에서 무기를 사용할 수 있다. 다만, 사람에게 위해를 주어서는 안된다.

(2) 위해를 수반할 수 있는 무기의 사용

경찰관은 범인의 체포·도주의 방지, 자기 또는 타인의 생명·신체에 대한 방호, 공무집행에 대한 항거의 억제를 위하여 필요하다고 인정되는 상당한 이유가 있을 때에는 그 사태를 합리적으로 판단하여 필요한 한도 내에서 무기를 사용할 수 있다. 특히 다음의 경우에는 경찰관이 사람에게 위해를 줄 수 있는 무기의 사용이 허용된다.

(a) 『형법』에 규정한 정당방위와 긴급피난에 해당하는 때
(b) 사형·무기 또는 장기 3년 이상의 징역이나 금고에 해당하는 죄를 범하거나 범했다고 의심할 만한 충분한 이유가 있는 자가 경찰관의 직무집행에 대하여 항거하거나 도주하려고 할 때 또는 제삼자가 그를 도주시키려고 경찰관에게 항거할 때에 이를 방지 또는 체포하기 위하여 무기를 사용하지 아니하고는 다른 수단이 없다고 인정되는 상당한 이유가 있을 때
(c) 체포·구속영장과 압수·수색영장을 집행할 때에 본인이 경찰관의 직무집행에 대하여 항거하거나 도주하려고 할 때 또는 제삼자가 그를 도주시키려고 경찰관에게 항거할 때 이를 방지 또는 체포하기 위하여 무기를 사용하지 아니하고는 다른 수단이 없다고 인정되는 상당한 이유가 있을 때
(d) 대간첩작전수행에 있어 무장간첩이 경찰관의 투항명령을 받고도 이에 불응하는 경우

(3) 무기의 사용기록

무기를 사용한 경우 그 책임자는 사용일시, 사용장소, 사용대상, 현장책임자, 종류, 수량 등을 기록하여 보관해야 한다.

3. 『재난및안전관리기본법』의 주요내용

1) 개관

(1) 의의

『재닌안전관리기본법』(이하 "법")은 각종 재난으로부터 국토를 보존하고 국민의 생명·신체 및 재산을 보호하기 위하여 국가 및 지방자치단체의 재난 및 안전관리체제를 확립하고, 재난의 예방·대비·대응·복구 그 밖에 재난 및 안전관리에 관하여 필요한 사항을 규정할 목적으로 제정되었다.[71]

따라서 이 법은 각종 재난으로부터 국민의 생명·신체 및 재산을 보호하기 위해 재난관련 법령의 주요 내용을 통합했다. 이를 통해 국가 및 지방단체의 재난에 대한 대응관리체계를 확립하고, 재난의 예방·수습·복구 및 긴급구조 등에 관하여 필요한 사항들이 규정했다.

(2) 기본 이념

국가 및 지방자치단체는 재난으로부터 국민의 생명·신체 및 재산을 보호할 책임을 가지고 있다. 따라서 재난을 예방하고 재난이 발생하는 경우 그 피해를 최소한으로 줄이는 것이 국가 및 지방자치단체의 기본적 의무임을 확인하고, 재난의 예방과 피해 경감을 위해 노력해야 하며, 발생한 재난을 신속히 대응·복구하기 위한 계획을 수립·시행해야 한다. 또한 국민은 국가 및 지방자치단체의 재난 및 안전관리업무 수행에 최대한 협조해야 하고, 자기가 소유하거나 사용하는 건물·시설 등으로부터 재난이 발생하지 아니하도록 주의를 기울여야 한다.

---

71) 재난의 예방·복구 등에 관하여는 이 법에서 정한 것을 제외하고는 『자연재해대책법』이 정하는 바에 따른다.

따라서 이 법은 모든 국민과 국가·지방자치단체가 국민의 생명 및 신체의 안전과 재산보호에 관련된 행위를 하는 때에는 안전을 우선적으로 고려함으로써 국민이 재난으로부터 안전한 사회에서 생활할 수 있도록 하는 것을 기본이념으로 한다.

(3) 용어의 정의

① 재난

재난이란 국민의 생명·신체 및 재산과 국가에 피해를 주거나 줄 수 있는 것으로서 (a) 태풍·홍수·호우(豪雨)·강풍·풍랑·해일(海溢)·대설·낙뢰·가뭄·지진·황사(黃砂)·적조 그 밖에 이에 준하는 자연현상으로 인하여 발생하는 재해, (b) 화재·붕괴·폭발·교통사고·화생방사고·환경오염사고 그 밖에 이와 유사한 사고로 대통령령이 정하는 규모 이상의 피해, (c) 에너지·통신·교통·금융·의료·수도 등 국가기반체계의 마비와 전염병 확산 등으로 인한 피해를 말한다.

② 해외재난

해외재난이란 대한민국의 영역 밖에서 대한민국 국민의 생명·신체 및 재산에 피해를 주거나 줄 수 있는 재난으로서 정부차원의 대처가 필요한 재난을 말한다.

③ 재난관리

재난관리란 재난의 예방·대비·대응 및 복구를 위하여 행하는 모든 활동을 말한다.

④ 안전관리

안전관리란 시설 및 물질 등으로부터 사람의 생명·신체 및 재산의 안전을 확보하기 위하여 행하는 모든 활동을 말한다.

⑤ 재난관리책임기관

재난관리책임기관이란 재난관리업무를 행하는 (a) 중앙행정기관 및 지방자치단체, (b) 지방행정기관·공공기관·공공단체(공공기관 및 공공단체의 지부 등 지방조직을 포함) 및 재난관리의 대상이 되는 중요시설의 관리기관 등으로서 대통령령이 정하는 기관[72)]을 말한다. 재난관리책임기관의 장은 소관업무와 관련된 안전관리에 관한 계획을 수립하고 이를 시행해야 하며, 그 소재지를 관할하는 특별시·광역시·도·특별자치도(이하 "시·도"라 한다) 및 시·군·구(자치구를 말함)의 재난 및 안전관리업무에 협조해야 한다.

⑥ 긴급구조

긴급구조란 재난이 발생할 우려가 현저하거나 재난이 발생한 때에 국민의 생명·신체 및 재산의 보호를 위하여 긴급구조기관과 긴급구조지원기관이 행하는 인명구조·응급처치 그 밖에 필요한 모든 긴급한 조치를 말한다.

⑦ 긴급구조기관

긴급구조기관이란 소방방재청·소방본부 및 소방서를 말한다. 다만, 해양에서의 재난의 경우에는 해양경찰청·지방해양경찰청 및 해양경찰서를 말한다.

⑧ 긴급구조지원기관

긴급구조지원기관이란 긴급구조에 필요한 인력·시설 및 장비를 갖춘 기관 또는 단체로서 대통령령이 정하는 기관 및 단체[73)]를 말한다.

---

72) 재외공관, 국립수의과학검역원, 국립식물검역원, 지방체신청, 국립검역소, 유역환경청 또는 지방환경청, 지방고용노동청, 지방항공청, 지방국토관리청, 홍수통제소 등 80개 기관.

73) ① 교육과학기술부·국방부·지식경제부·보건복지부·환경부·국토해양부·방송통신위원회·경찰청·기상청·산림청 및 해양경찰청, ② 법 제57조 제1항 제2호의 규정에 의한 탐색구조부대와 국방부장관이 긴급구조지원기관으로 지정하는 군부대, ③『대한적십자사조직법』에 의한 대한적십자사, ④『의료법』제3조의3에 따른 종합병원과『응급의료에 관한 법률』제2조 제7호에 따른 응급의료기관, 응급의료정보센터 및『응급의료에 관한 법률』제44조 제1항 제1호 및 제2호에 따른 구급차 등의 운용자, ⑤『재해구호법』제29조의 규정에 의한 전국재해구호협회, ⑥ 법 제3조 제7호의 규정에 의한 긴급구조기관과 긴급구조활동에 관한 응원협정을 체결한 기관 및 단체, ⑦ 그 밖에 긴급구조에 필요한 인력과 장비를 갖춘 기관 및 단체로서 행정안전부령이 정하는 기관 및 단체.

2) 안전관리기구 및 기능

(1) 중앙안전관리위원회

① 설치 및 운영

안전관리에 관한 중요정책의 심의 및 총괄·조정, 안전관리를 위한 관계부처간의 협의·조정 그 밖에 이 법이 정하는 안전관리에 필요한 사항을 시행하기 위하여 국무총리 소속하에 중앙안전관리위원회(이하 "중앙위원회")를 두고 있다. 중앙위원회의 위원장은 국무총리가 되고, 위원은 대통령령이 정하는 중앙행정기관 또는 관계 기관·단체의 장[74]이 된다.

또한 중앙위원회에 부의될 의안의 검토, 재난의 대비·대응·복구(이하 "수습")를 위한 관계부처간의 협의·조정사항 중 대통령령이 정하는 경미한 사항[75]의 협의·조정 등을 위하여 중앙위원회에 행정안전부장관을 위원장으로 하는 조정위원회(이하 "조정위원회")를 두고 있다. 이 경우 조정위원회의 협의·조정을 거친 재난의 수습은 중앙위원회의 협의·조정을 거친 것으로 본다.

중앙위원회 및 조정위원회에 각각 간사위원 1인을 둔다. 중앙위원회 간사위원은 행정안전부장관이, 조정위원회 간사위원은 행정안전부 제2차관이 된다. 중앙위원회업무의 효율적 운영을 위하여 필요한 경우 분과위원회를 둘 수 있다.

② 기능

중앙위원회는 (a) 안전관리에 관한 중요정책의 심의 및 총괄·조정, (b) 국가안전관리기본계획안 및 집행계획안의 심의, (c) 중앙행정기관이 수행하는 재난 및 안전관리업무의 협의·조정, (d) 국가기반시설 지정사항의 심의, (e) 재난사태 선포 및 특별재난지역 선포에 관한 건의사항의 심의와 법 제36조 제1항 단서의 규정에 따른 재난사태 선포의 사후승인, (f) 다른 법령에 의하여 중앙위원회의 권한에 속하는 사항의 처리, (g) 그 밖에 위원장이 부의하는 사항

---

74) ① 기획재정부장관·교육과학기술부장관·통일부장관·외교통상부장관·법무부장관·국방부장관·행정안전부장관·문화체육관광부장관·농림수산식품부장관·지식경제부장관·보건복지부장관·환경부장관·고용노동부장관·여성가족부장관 및 국토해양부장관, ② 국가정보원장, 방송통신위원회 위원장, 특임장관 및 국무총리실장, ③ 소방방재청장 및 기상청장, ④ 대통령실의 국가위기관리 업무를 총괄·지휘하는 공무원, ⑤ 그 밖에 중앙위원회의 위원장이 지정하는 기관 및 단체의 장.

75) ① 중앙위원회에 부의될 의안 중 중앙행정기관간의 협의·조정이 필요한 사항, ② 그 밖에 중앙위원회 위원장이 국가안전관리기본계획의 기본방향에 영향을 미치지 아니하는 것으로 인정하는 사항.

의 심의의 사무를 수행한다. 이 경우 국가안전보장과 관련된 사무의 경우에는 국가안전보장회의와 협의해야 한다.

중앙위원회는 그 소관 사무에 관하여 재난관리책임기관의 장이나 관계인에 대하여 자료의 제출, 의견의 진술 그 밖의 필요한 사항에 대하여 협조를 요청할 수 있다. 이 경우 요청을 받은 자는 특별한 사유가 없는 한 이에 응해야 한다.

(2) 지역위원회

① 설치 및 운영

지역별 안전관리에 관한 중요정책의 심의 및 총괄 · 조정, 지역별 안전관리업무의 협의·조정 그 밖에 이 법이 정하는 지역별 안전관리에 필요한 사항을 시행하기 위하여 특별시장·광역시장 · 도지사 · 득벌자지도지사(이하 "시 · 도지사") 소속하에 시 · 도안전관리위원회(이하 "시 · 도위원회")를, 시장 · 군수 · 구청장(자치구의 구청장) 소속하에 시 · 군·구안전관리위원회(이하 "시 · 군 · 구위원회")를 두고 있다.

시 · 도위원회의 위원장은 시·도지사가 되고, 시 · 군·구위원회의 위원장은 시장 · 군수 · 구청장이 된다. 시 · 도위원회 및 시 · 군 · 구위원회(이하 "지역위원회")에 부의되는 의안을 검토하고, 관계기관간의 협조사항을 정리하는 등 지역위원회의 효율적인 운영을 도모하기 위하여 지역위원회에 실무위원회를 둘 수 있다. 지역위원회 및 실무위원회의 구성 및 운영에 관하여 필요한 사항은 당해 지방자치단체의 조례로 정하고 있다.

② 기능

지역위원회는 (a) 당해 지역에 있어서의 안전관리정책의 심의 빛 종괄 · 조정, (b) 당해 지역에 있어서의 안전관리계획안의 심의, (c) 당해 지역을 관할하는 재난관리책임기관(중앙행정기관 및 상급지방자치단체를 제외)이 수행하는 안전관리입무의 협의 · 조정, (d) 다른 법령 또는 조례에 의하여 당해 지역위원히이 권한에 속하는 사항의 저리, (d) 그 밖에 지역위원회의 위원장이 부의하는 사항의 심의 사무를 수행한다.

(3) 중앙재난안전대책본부

① 설치 및 운영

대통령령이 정하는 대규모 재난[76]의 예방·대비·대응·복구 등에 관한 사항을 총괄·조정하고 필요한 조치를 하기 위하여 행정안전부에 중앙재난안전대책본부(이하 "중앙대책본부"를 두고 있다. 중앙대책본부의 본부장(이하 "중앙본부장")은 행정안전부장관이 되며, 중앙본부장은 중앙대책본부의 업무를 총괄하고 필요하다고 인정하는 경우에는 중앙재난안전대책본부회의를 소집할 수 있다. 대규모 재난으로 인하여 중앙대책본부를 두는 때에는 주무부처의 장 소속하에 중앙사고수습본부(이하 "수습본부"라 한다)를 둔다. 다만, 해외재난이 발생한 경우에는 외교통상부에 수습본부를 둔다.

중앙본부장은 해외재난이 발생한 경우 필요하다고 인정하는 때에는 관계 중앙행정기관 및 관계 기관·단체의 임직원과 재난관리에 관한 전문가 등으로 정부합동 해외재난대책지원단을 구성하여 해외재난이 발생한 국가에 파견할 수 있다.

② 중앙본부장의 권한 등

중앙본부장은 재난의 효율적인 수습을 위하여 관계 재난관리책임기관의 장에게 행정 및 재정상의 조치와 소속직원의 파견 그 밖의 필요한 지원을 요청할 수 있다. 이 경우 요청을 받은 관계 재난관리책임기관의 장은 특별한 사유가 없는 한 이에 응해야 한다. 중앙본부장의 요청에 의하여 파견된 직원은 재난의 수습에 필요한 소속기관의 업무를 성실히 수행해야 하며, 재난의 수습이 종료될 때까지 중앙대책본부에서 상근해야 한다.

중앙본부장은 당해 재난의 수습에 필요한 범위 안에서 지역본부장을 지휘할 수 있다. 중앙본부장은 재난의 효율적인 수습을 위하여 중앙수습지원단을 구성하고, 필요하다고 인정하는 경우에는 중앙수습지원단을 현지에 파견할 수 있다. 중앙대책본부가 설치되지 아니한 재난의 경우에는 중앙본부장의 권한은 주무부처의 장이 이를 행사한다.

---

76) ① 법 제3조 제1호의 규정에 의한 재난 중 인명 또는 재산의 피해정도가 매우 크거나 재난의 영향이 사회적·경제적으로 광범위하여 주무부처의 장 또는 법 제16조 제2항의 규정에 의한 지역재난안전대책본부의 본부장(지역본부장)의 건의를 받아 법 제14조 제2항의 규정에 의한 중앙재난안전대책본부의 본부장(중앙본부장)이 인정하는 재난, ② 중앙본부장이 재난관리를 위하여 법 제14조 제1항의 규정에 의한 중앙재난안전대책본부(중앙대책본부)의 설치가 필요하다고 판단하는 재난.

중앙본부장은 재난의 효율적인 수습을 위하여 (a) 국내·외에서 발생한 재난 사례 및 수습 체계의 분석, (b) 재난유형별 수습 시나리오 작성, (c) 재난유형별 전문가의 데이터베이스 구축 및 상시 연락체제 구축, (d) 재난유형별 물적 자원의 파악 및 데이터베이스 구축, (e) 재난유형별 사고조사 기법·인력 및 장비의 개발, (f) 그 밖에 효율적인 재난수습을 위하여 대통령령이 정하는 사항을 수행한다.

(4) 지역재난안전대책본부

① 설치 및 운영

해당 관할구역 안에서 재난의 예방·대비·대응·복구 등에 관한 사항을 총괄·조정하고 필요한 조치를 하기 위하여 시·도지사는 시·도재난안전대책본부(이하 "시·도대책본부")를, 시장·군수·구청장은 시·군·구재난안전대책본부(이하 "시·군·구대책본부")를 각각 둘 수 있다. 다만, 당해 재난과 관련하여 법 제14조의 규정에 의하여 중앙대책본부를 두는 경우에는 시·도지사 또는 시장·군수·구청장은 시·도대책본부 또는 시·군·구대책본부(이하 "지역대책본부")를 두어야 한다.

지역대책본부의 본부장(이하 "지역본부장")은 시·도지사 또는 시장·군수·구청장이 된다. 지역대책본부의 구성 및 운영에 관하여 필요한 사항은 당해 지방자치단체의 조례로 정한다.

② 지역본부장의 권한 등

지역본부장은 재난의 수습이 효율적으로 이루어질 수 있게 하기 위하여 당해 시·도 또는 시·군·구를 관할구역으로 하는 재난관리책임기관의 장에게 행정 및 재정상의 조치나 그 밖의 필요한 업무협조를 요청할 수 있다. 이 경우 요청을 받은 재난관리책임기관의 장은 특별한 사유가 없는 한 이에 응해야 한다.

지역본부장은 재난의 수습을 위하여 필요하다고 인정하는 때에는 당해 시·도 또는 시·군·구의 전부 또는 일부를 관할구역으로 하는 법 제3조 제5호 나목의 규정에 의한 재난관리책임기관의 장에게 소속직원의 파견을 요청할 수 있다. 이 경우 요청을 받은 재난관리책임기관의 장은 특별한 사유가 없는 한 즉시 이에 응해야 한다. 지역본부장의 요청에 의하여 파견된 직원은 지역본부장의 지휘에 따라 재난의 수습에 필요한 소속기관의 업무를 성실히 수행해야 하며, 재난의 수습이 종료될 때까지 지역대책본부에서 상근해야 한다.

(5) 종합상황실 등의 설치 및 운영

① 종합상황실 등

소방방재청장, 시·도지사, 시장·군수·구청장 및 소방서장은 재난정보의 수집·전파, 신속한 지휘 및 상황관리를 위하여 상시 종합상황실을 설치·운영해야 하고, 행정안전부장관은 재난의 상황을 관리하기 위하여 국가기반체계보호상황실을 설치·운영해야 한다.

재난관리책임기관의 장은 재난상황을 관리하기 위하여 상황실을 설치할 수 있다. 이 경우 재난관리책임기관의 장은 종합상황실 및 국가기반체계보호상황실과의 정보관리체계의 연계와 정보공유를 위하여 협조해야 한다.

② 재난의 신고 및 보고

누구든지 재난의 발생이나 재난이 발생할 징후를 발견하는 때에는 즉시 그 사실을 시장·군수·구청장·긴급구조기관 그 밖의 관계 행정기관에 신고해야 한다. 신고를 받은 시장·군수·구청장과 그 밖의 관계 행정기관의 장은 관할 긴급구조기관의 장에게, 긴급구조기관의 장은 그 소재지 관할 시장·군수·구청장에게 통보하여 응급대처방안을 강구할 수 있도록 조치해야 한다.

시장·군수·구청장은 그 관할구역 안에서 재난이 발생하거나 발생할 우려가 있는 때에는 대통령령이 정하는 바에 의하여 즉시 그 재난의 상황과 응급조치 및 수습의 내용을 시·도지사에게 보고해야 하며, 시·도지사는 이를 소방방재청장 및 관계 중앙행정기관의 장에게 보고해야 한다. 다만, 대통령령이 정하는 사항에 대하여는 긴급구조기관의 장 또는 시장·군수·구청장이 소방방재청장에게 직접 보고해야 한다.

해양경찰서장은 해양에서 재난이 발생하거나 발생할 우려가 있는 때에는 대통령령이 정하는 바에 의하여 즉시 그 재난의 상황과 응급조치 및 수습의 내용을 지방해양경찰청장에게, 지방해양경찰청장은 해양경찰청장에게 보고해야 하고, 해양경찰청장은 대통령령이 정하는 재난에 한하여 관계 중앙행정기관의 장 및 소방방재청장에게 통보해야 한다.

재난관리책임기관의 장은 소관업무에 관계되는 재난이 발생한 때에는 대통령령이 정하는 바에 의하여 즉시 그 재난의 상황과 응급조치 및 수습의 내용을 관계 중앙행정기관의 장 및 시장·군수·구청장에게 보고 또는 통보해야 하고, 시장·군수·구청장은 보고 또는 통보를 받은 사항 중 대통령령이 정하는 사항에 관하여는 시·도지사를 거쳐 소방방재청장에게 보고해야 한다.

시장·군수·구청장 또는 소방서장은 재난이 발생한 때 또는 재난발생을 신고 받거나 통보받은 때에는 즉시 이를 관계 재난관리책임기관의 장에게 통보해야 한다. 재외공관의 장은 관할구역 안에서 해외재난이 발생하거나 발생할 우려가 있는 때에는 즉시 그 상황을 외교통상부장관에게 보고해야 한다. 보고를 받은 외교통상부장관은 즉시 그 상황을 소방방재청장 및 관계 중앙행정기관의 장에게 통보해야 한다.

3) 안전관리계획

(1) 국가안전관리기본계획

① 계획의 수립

국무총리는 대통령령이 정하는 바에 의하여 국가의 안전관리업무에 관한 기본계획(이하 "국가안전관리기본계획")의 수립지침을 작성하여 이를 관계 중앙행정기관의 장에게 시달해야 한다. 수립지침에는 부처별로 중점적으로 추진할 안전관리기본계획의 수립에 관한 사항과 국가재난관리체계의 기본방향이 포함되어야 한다. 중앙행정기관의 장은 수립지침에 따라 그 소관에 속하는 안전관리업무에 관한 기본계획을 작성한 후 국무총리에게 제출해야 한다.

국무총리는 관계 중앙행정기관의 장이 제출한 기본계획을 종합하여 국가안전관리기본계획을 작성하여 중앙위원회의 심의를 거쳐 확정한 후 이를 관계 중앙행정기관의 장에게 시달해야 한다. 중앙행정기관의 장은 확정된 국가안전관리기본계획 중 그 소관에 관한 사항을 관계 재난관리책임기관(중앙행정기관 및 지방자치단체를 제외)의 장에게 시달해야 한다. 국가안전관리기본계획과 법 제23조의 집행계획, 제24조의 시·도안전관리계획 및 제25조의 시·군·구안전관리계획은 『민방위기본법』에 의한 민방위계획 중 재난관리 분야의 계획으로 본다.

② 계획의 집행

관계 중앙행정기관의 장은 시달 받은 국가안전관리기본계획에 따라 그 소관업무에 관한 집행계획을 작성하여 행정안전부장관과 협의한 후 국무총리의 승인을 얻어 이를 확정한다. 관계 중앙행정기관의 장은 확정된 집행계획을 행정안전부장관에게 통보하고, 시·도지사 및 재난관리책임기관의 장에게 시달해야 한다.

재난관리책임기관의 장은 시달 받은 집행계획에 의하여 세부집행계획을 작성하여 관할 시·도지사와 협의한 후 소속 중앙행정기관의 장의 승인을 얻어 이를 확정해야 한다. 이 경우 당해 재난관리책임기관의 장이 공공기관 또는 공공단체의 장에 해당하는 경우에는 그 내용을 지부 등 지방조직에 통보해야 한다.

(2) 시 · 도안전관리기본계획의 수립

행정안전부장관은 소방방재청장의 의견을 들어 법 제22조 제4항의 규정에 의한 국가안전관리기본계획과 법 제23조 제1항의 규정에 의한 집행계획에 따라 시·도의 안전관리업무에 관한 계획(이하 "시·도안전관리계획")의 수립지침을 작성하여 이를 시·도지사에게 시달해야 한다. 시·도의 전부 또는 일부를 관할구역으로 하는 재난관리책임기관의 장은 그 소관에 속하는 안전관리업무에 관한 계획을 작성하여 관할 시·도지사에게 제출해야 한다. 시·도지사는 시달 받은 수립지침과 제출받은 안전관리업무에 관한 계획을 종합하여 시·도안전관리계획을 작성하고 시·도위원회의 심의를 거쳐 이를 확정한다. 시·도지사는 확정된 시·도안전관리계획을 행정안전부장관에게 보고하고, 재난관리책임기관의 장에게 통보해야 한다.

(3) 시 · 군 · 구안전관리기본계획의 수립

시·도지사는 법 제24조 제3항의 규정에 의하여 확정된 시·도안전관리계획에 따라 시·군·구의 안전관리업무에 관한 계획(이하 "시·군·구안전관리계획")의 수립지침을 작성하여 이를 시장·군수·구청장에게 시달해야 한다.

시·군·구의 전부 또는 일부를 관할구역으로 하는 재난관리책임기관의 장은 그 소관에 속하는 안전관리업무에 관한 계획을 작성하여 시장·군수·구청장에게 제출해야 한다. 시장·군수·구청장은 시달 받은 수립지침과 제출받은 안전관리업무에 관한 계획을 종합하여 시·군·구안전관리계획을 작성하고 시·군·구위원회의 심의를 거쳐 이를 확정한다. 시장·군수·구청장은 확정된 시·군·구안전관리계획을 시·도지사에게 보고하고, 재난관리책임기관의 장에게 통보해야 한다.

4) 재난의 예방

(1) 국가기반시설의 지정

관계 중앙행정기관의 장은 소관 분야의 기반시설 중 국가기반체계의 보호를 위하여 계속적으로 관리할 필요가 있다고 인정되는 시설(이하 “국가기반시설”)을 (a) 다른 기반시설이나 체계 등에 미치는 연쇄효과, (b) 2 이상의 중앙행정기관의 공동대응 필요성, (c) 재난이 발생하는 경우 국가안전보장과 경제·사회에 미치는 피해규모 및 범위, (d) 재난의 발생가능성 또는 그 복구의 용이성의 기준에 따라 중앙위원회의 심의를 거쳐 지정할 수 있다.

관계 중앙행정기관의 장은 국가기반시설의 지정 여부를 결정하기 위하여 필요한 자료의 제출을 소관 재난관리책임기관의 장에게 요청할 수 있다. 또한 관계 중앙행정기관의 장은 소관 재난관리책임기관이 해당 업무를 폐지·정지 또는 변경하는 경우에는 중앙위원회의 심의를 거쳐 국가기반시설의 지정을 취소할 수 있다.

(2) 국가기반시설의 관리 등

국가기반시설을 지정한 관계 중앙행정기관의 장은 지정결과를 지체 없이 중앙본부장에게 통보해야 한다. 중앙본부장은 그 지정 결과를 통보받은 때에는 이를 기초로 국가기반시설에 대한 데이터베이스를 구축·운영하고, 중앙위원회 및 관계 중앙행정기관의 장이 재난관리정책의 수립 등에 이를 이용할 수 있도록 통합·지원할 수 있다.

(3) 재난예방조치

재난관리책임기관의 장은 소관 관리대상 업무의 분야에서 재난의 발생을 사전에 방지하기 위하여 (a) 재난에 대응할 조직의 구성 및 정비, (b) 재난의 예측과 정보전달 체계의 구축, (c) 재난발생에 대비한 교육·훈련과 재난관리예방에 관한 홍보, (d) 재난발생의 위험이 높은 분야에 대한 안전관리체계의 구축 및 안전관리규정의 제정, (e) 재난발생의 위험이 높거나 재난예방을 위하여 계속적으로 관리할 필요가 있다고 인정되는 시설 및 지역(이하 “특정관리대상시설 등”)의 지정·관리 및 정비, (f) 법 제35조의 규정에 의한 물자 및 자재의 비축, 재난방지시설의 정비와 장비 및 인력의 지정, (g) 법 제25조의2의 규정에 따라 지정된 국가기반시설의 관리, (h) 그 밖에 재난의 예방을 위하여 필요하다고 인정되는 사항의 조치를 해야 한다.

재난관리책임기관의 장은 특정관리대상시설 등을 지정하는 때에는 특정관리대상시설 등으로부터 재난발생의 위험성을 제거하기 위한 장·단기계획의 수립·시행 및 특정관리대상시설 등에 대한 안전점검 또는 정밀안전진단을 실시해야 한다. 이 경우 안전점검 또는 정밀안전진단은 다른 법령에 의한 안전점검 또는 정밀안전진단에 관한 기준에 의하되, 다른 법령의 적용을 받지 아니하는 시설 등에 대하여는 행정안전부령이 정하는 기준에 의한다. 재난관리책임기관(행정기관만을 말한다)의 장은 안전점검을 하는 경우에는 안전점검을 한 소속공무원의 실명(實名)을 기록·관리하여야 한다.

재난관리책임기관의 장은 재난예방조치를 효율적으로 시행하기 위하여 필요한 사업비를 확보해야 하고 재난관리의 실효성이 확보될 수 있도록 안전관리체계 및 안전관리규정을 정비·보완해야 한다. 또한 재난관리책임기관의 장은 다른 재난관리책임기관의 장에게 재난예방을 위하여 필요한 협조를 요청할 수 있다. 이 경우 요청을 받은 다른 재난관리책임기관의 장은 특별한 사유가 없는 한 이에 응해야 한다. 소방방재청장은 지방자치단체가 재난의 예방을 위한 조치 등에 필요한 지원 및 지도를 할 수 있고, 관계 중앙행정기관의 장에게 협조를 요청할 수 있다.

(4) 재난관리체계 등의 정비 · 평가

행정안전부장관은 소방방재청장의 의견을 들어 ⓐ 법 제14조 제1항의 규정에 의한 대규모의 재난발생에 대비한 단계별 예방·대응 및 복구과정, ⓑ 법 제26조 제1항 제1호의 규정에 의한 재난관리책임기관의 재난대응 조직의 구성 및 정비 실태, ⓒ 법 제26조 제4항의 규정에 의한 안전관리체계 및 안전관리규정을 정기적으로 평가할 수 있다. 행정안전부장관은 평가결과를 중앙위원회에 보고하고, 필요하다고 인정하는 경우에는 당해 재난관리책임기관의 장에게 시정조치나 보완을 요구할 수 있다.

(5) 긴급안전점검

소방방재청장과 재난관리책임기관의 장은 대통령령이 정하는 시설 및 지역[77]에 재난의 발생이 우려되는 등 긴급한 사유가 있는 때에는 소속공무원으로 하여금 긴급안전점검을 실시하게 하거나 소방방재청장의 경우에는 다른 재난관리책임기관의 장에게 긴급안전점검을 실시하도록 요구할 수 있다. 이 경우 요구를 받은 재난관리책임기관의 장은 특별한 사유가 없는

77) 긴급안전점검의 대상이 되는 시설 및 지역은 법 제26조 제1항 제5호에 따른 특정관리대상시설 등과 그 밖에 소방방재청장이 긴급안전점검을 위하여 필요하다고 인정하는 시설 및 지역으로 한다.

한 이에 응해야 한다. 재난관리책임기관(행정기관만을 말한다)의 장은 긴급안전점검을 하는 경우에는 긴급안전점검을 한 소속공무원의 실명(實名)을 기록·관리하여야 한다.

소방방재청장은 긴급안전점검을 실시한 경우에는 그 결과를 당해 재난관리책임기관의 장에게 통보해야 한다. 소방방재청장과 재난관리책임기관의 장의 지시에 의해 긴급안전점검을 실시하는 공무원은 그 권한을 표시하는 증표를 지니고 이를 관계인에게 내보여야 한다. 또한 관계인에게 필요한 질문을 하거나 관계서류 등을 열람할 수 있다.

(6) 긴급안전조치

소방방재청장과 재난관리책임기관의 장은 긴급안전점검결과 재난발생의 위험이 높다고 인정되는 시설 또는 지역에 대하여는 대통령령이 정하는 바에 의하여 그 소유자·관리자 또는 점유자에게 (a) 정밀안전진단의 실시, (b) 보수 또는 보강 등 정비, (c) 재난을 발생시킬 위험요인의 제거의 안전조치를 취할 것을 명할 수 있다. 소방방재청장과 재난관리책임기관의 장의 안전조치명령을 받은 소유자·관리자 또는 점유자는 안전조치를 실시하고, 그 결과를 소방방재청장 및 재난관리책임기관의 장에게 통보해야 한다.

소방방재청장 및 재난관리책임기관의 장은 안전조치를 함에 있어서는 미리 당해 소유자·관리자 또는 점유자에게 서면으로 이를 알려 주어야 한다. 소방방재청장 및 재난관리책임기관의 장은 안전조치명령을 받은 자가 그 명령을 이행하지 아니하거나 이행할 수 없는 상태에 있고, 재난의 예방을 위하여 긴급하다고 판단하는 때에는 당해 시설 또는 지역에 대하여 사용을 제한하거나 금지시킬 수 있다. 이 경우 그 제한 또는 금지하는 내용을 보기 쉬운 곳에 게시해야 한다. 소방방재청장 및 재난관리책임기관의 장은 안전조치명령을 받아 이를 이행해야 하는 자가 그 명령을 이행하지 아니하거나 이행할 수 없는 상태에 있고, 재난의 예방을 위하여 긴급하다고 판단하는 때에는 그 명령을 받아 이를 이행해야 할 자에 갈음하여 필요한 안전조치를 할 수 있다. 이 경우 『행정대집행법』의 규정을 준용한다.

(7) 안전관리전문기관에 대한 자료요구 등

소방방재청장은 재난 예방을 효율적으로 추진하기 위하여 대통령령으로 정하는 안전관리전문기관[78]에 안전점검결과, 주요시설물의 설계도서 등 대통령령으로 정하는 안전관리에 필

78) ①『소방산업의 진흥에 관한 법률』 제14조에 따른 한국소방산업기술원, ②『한국농어촌공사 및 농지관리기금법』에

요한 자료[79]를 요구할 수 있다. 이 경우 자료를 요구받은 안전관리전문기관의 장은 특별한 사유가 없으면 요구에 따라야 한다.

(8) 재난예방교육 및 홍보

행정안전부장관 또는 소방방재청장은 재난의 예방을 위한 교육·홍보를 정기 또는 수시로 실시해야 한다. 다만, 다른 법령에 재난의 예방교육 및 홍보에 관하여 특별한 규정이 있는 경우에는 그 법령에 의하여 실시할 수 있다.

5) 응급대책

(1) 물자 · 자재의 비축 등

재난관리책임기관의 장은 관계법령 또는 안전관리계획이 정하는 바에 의하여 소관업무와 관계되는 재난응급대책을 수립·시행하고 재난복구에 필요한 물자 및 자재를 비축하며 대통령령이 정하는 재난방지시설을 정비해야 한다.

시장·군수·구청장 또는 재난관리책임기관의 장 재난의 발생에 대비하여 관계기관·소유자 또는 지정·관리대상이 되는 자와 협의하여 응급조치에 일시사용 할 장비 및 인력을 지정·관리할 수 있다.

(2) 재난사태 선포

중앙본부장은 대통령령으로 정하는 재난[80]이 발생하거나 발생할 우려로 인하여 사람의 생

따른 한국농어촌공사, ③『고압가스 안전관리법』에 의한 한국가스안전공사, ④『전기사업법』에 의한 한국전기안전공사, ⑤『에너지이용 합리화법』에 의한 에너지관리공단, ⑥『한국산업안전보건공단법』에 따른 한국산업안전보건공단, ⑦『시설물의 안전관리에 관한 특별법』에 의한 한국시설안전공단, ⑧『교통안전공단법』에 의한 교통안전공단, ⑨『도로교통법』에 의한 도로교통공단, ⑩『자연재해대책법』에 의한 한국방재협회, ⑪『소방기본법』에 의한 한국소방안전협회, ⑫『승강기시설 안전관리법』에 의한 한국승강기안전관리원, ⑬ 그 밖에 소방방재청장이 안전관리에 관한 자료를 요구하는 것이 필요하다고 인정하여 고시하는 기관.

79) ① 안전관리 대상시설물 현황 및 주요시설물의 설계도서, ② 안전관리점검 실시계획서, ③ 안전관리점검 결과 및 조치의견, ④ 정밀안전진단 결과 및 조치의견, ⑤ 그 밖에 안전점검 위반자에 대한 처리사항 등 안전관리에 관련된 사항

80) 재난 중 극심한 인명 또는 재산의 피해가 발생하거나 발생할 것으로 예상되어 시·도지사가 재난사태의 선포를 건의하거나 중앙본부장이 재난사태의 선포가 필요하다고 인정하는 재난(『노동조합 및 노동관계조정법』 제4장에 따른 쟁

명·신체 및 재산에 미치는 중대한 영향 또는 피해를 경감하기 위하여 긴급한 조치가 필요하다고 인정하는 경우에는 중앙위원회의 심의를 거쳐 국무총리에게 재난사태를 선포할 것을 건의하거나 직접 선포할 수 있다.[81] 다만, 중앙본부장은 재난상황이 긴급하여 중앙위원회의 심의를 거칠 시간적 여유가 없다고 인정되는 경우에는 중앙위원회의 심의를 거치지 아니하고 국무총리에게 재난사태를 선포할 것을 건의하거나 직접 선포할 수 있다.

국무총리 또는 중앙본부장은 재난사태를 선포한 경우에는 지체 없이 중앙위원회의 승인을 얻어야 하며, 승인을 얻지 못한 경우에는 선포된 재난사태를 즉시 해제해야 한다. 중앙본부장 및 지역본부장은 재난사태가 선포된 지역에 대하여 (a) 재난경보의 발령, 인력·장비 및 물자의 동원, 위험구역 설정, 대피명령, 응원 등 이 법에 의한 응급조치, (b) 당해 지역에 소재하는 행정기관 소속공무원의 비상소집, (c) 당해 지역에 대한 여행 자제 권고, (d) 그 밖에 재난예방에 필요한 조치를 취할 수 있다. 중앙본부장은 재난이 추가적으로 발생할 우려가 해소된 경우에는 선포된 재난사태를 즉시 해제해야 한다.

(3) 응급조치

시·도긴급구조통제단 및 시·군·구긴급구조통제단의 단장(이하 "지역통제단장")과 시장·군수·구청장은 재난이 발생할 우려가 있거나 재난이 발생한 때에는 즉시 관계법령이나 시·도 또는 시·군·구의 안전관리계획이 정하는 바에 의하여 수방(水防)·진화·구조 및 구난(救難) 그 밖에 재난의 발생을 예방하거나 피해를 경감하기 위하여 필요한 응급조치를 실시해야 한다. 다만, 지역통제단장의 경우에는 다음의 (b) 중 진화에 관한 응급조치와 (d) 및 (f)의 응급조치만을 할 수 있다.

응급조치의 종류로는 (a) 경보의 발령 또는 전달이나 피난의 권고 또는 지시, (b) 진화·수방·지진방재 그 밖의 응급조치와 구호, (c) 피해시설의 응급복구 및 방역과 방범 그 밖의 질서의 유지, (d) 긴급수송 및 구조 수단의 확보, (e) 급수수단의 확보, 긴급피난처 및 구호품의 확보, (f) 현장지휘통신체계의 확보, (g) 그 밖에 재난의 발생을 예방하거나 경감하기 위하여 필요한 사항이 있다.

지역통제단장은 긴급구조를 위하여 필요한 경우 중앙본부장, 지역본부장 또는 시장·군수·구

의행위로 인한 국가기반시설의 일시 정지는 제외)을 말한다.

81) ① 재난사태 선포 대상지역이 3개 시·도 이상인 경우 : 국무총리에게 선포 건의, ② 재난사태 선포 대상지역이 2개 시·도 이하인 경우 : 중앙본부장이 선포.

청장에게 응급대책을 요청할 수 있고, 중앙본부장, 지역본부장 또는 시장·군수·구청장은 특별한 사유가 없는 한 이에 응해야 한다. 지역통제단장이 응급조치와 응급대책을 실시한 때에는 이를 즉시 해당 시장·군수·구청장에게 통보해야 한다.

시·군·구의 관할구역 안에 소재하는 재난관리책임기관의 장은 시장·군수·구청장 또는 지역통제단장의 요청이 있는 때에는 관계법령 또는 시·군·구안전관리계획이 정하는 바에 의하여 시장·군수·구청장 또는 지역통제단장의 지휘 또는 조정하에 그 소관업무에 관계되는 응급조치를 실시하거나 시장·군수·구청장 또는 지역통제단장이 실시하는 응급조치에 협력해야 한다.

시·도지사는 그 관할구역 안에서 재난이 발생하거나 발생할 우려가 있는 경우로서 대통령령이 정하는 경우와 둘 이상의 시·군·구에 걸쳐 재난이 발생하거나 발생할 우려가 있는 경우에는 응급조치를 할 수 있다. 시·도지사는 응급조치의 실시를 위하여 필요한 때에는 응급조치를 해야 할 시장·군수·구청장에게 필요한 지시를 하거나 다른 시장·군수·구청장에게 응원을 명할 수 있다.

재난관리책임기관의 장은 재난이 발생하거나 발생할 우려가 있는 때에는 즉시 그 소관업무에 관하여 필요한 응급조치를 하고, 시·도지사, 시장·군수·구청장 또는 지역통제단장이 실시하는 응급조치가 원활히 수행될 수 있도록 필요한 협조를 해야 한다.

(4) 재난 예보·경보의 발령

중앙본부장 및 지역본부장은 대통령령으로 정하는 재난[82]으로 인하여 사람의 생명·신체 및 재산에 대한 피해가 예상되는 때에는 그 피해를 예방하거나 경감하기 위하여 재난에 관한 예보 또는 경보를 실시할 수 있다. 다만, 다른 법령에 특별한 규정이 있는 때에는 그러하지 아니하다.

중앙본부장 및 지역본부장은 재난에 관한 예보·경보·통지나 응급조치를 실시하기 위하여 필요한 때에는 (a) 전기통신시설의 우선 사용, (b)『전기통신사업법』 제5조의 규정에 따른 기간통신사업자 중 대통령령이 정하는 주요 기간통신사업자에 대한 필요한 정보의 문자 또는 음성 송신, (c)『방송법』제2조 제3호의 규정에 따른 방송사업자에 대한 필요한 정보[83]의 신속

82) ① 자연재난, ② 그 밖에 인명 또는 재산의 피해정도가 매우 크고 그 영향이 광범위할 것으로 예상되어 중앙본부장 또는 지역본부장이 재난 예보·경보의 발령이 필요하다고 인정하는 재난.

83) ① 기상상황, ② 재난 예·경보 및 재난상황, ③ 피해 경감을 위하여 조치하여야 하는 사항, ④ 국민 또는 주민의 협조사항, ⑤ 재난유형별 국민행동요령, ⑥ 그 밖에 피해를 예방하거나 경감하기 위하여 필요한

한 방송의 조치를 요청할 수 있다. 다만, 다른 법령에 특별한 규정이 있는 때에는 그러하지 아니하다. 중앙본부장 및 지역본부장의 요청을 받은 전기통신시설의 소유자 또는 관리자, 기간통신사업자와 방송사업자는 특별한 사유가 없는 한 이에 응해야 한다.

(5) 재난 예보 · 경보체계 구축 종합계획 수립

시장· 군수· 구청장은 위험구역 및 『자연재해대책법』 제12조의 규정에 따른 자연재해위험지구 등 재난으로 인하여 사람의 생명· 신체 및 재산에 대한 피해가 예상되는 지역에 대하여 그 피해를 예방하기 위하여 시 · 군 · 구 재난 예·경보체계 구축 종합계획(이하 "시 · 군 · 구종합계획")을 5년 단위로 수립하여 시 · 도지사에게 제출해야 한다. 시·도지사는 시 · 군 · 구종합계획을 기초로 시 · 도 재난 예 · 경보체계 구축 종합계획(이하 "시 · 도종합계획")을 수립하여 소방방재청장에게 제출해야 하며, 소방방재청장은 필요한 경우 시 · 도지사에게 시 · 도종합계획의 보완을 요청할 수 있다. 또한 시 · 도지사 및 시장· 군수· 구청장은 각각 시 · 도종합계획 및 시 · 군· 구종합계획에 대한 사업시행계획을 매년 작성하여 소방방재청장에게 제출해야 한다.

시 · 도종합계획 및 시 · 군 · 구종합계획에는 (a) 재난 예 · 경보체계의 구축에 관한 기본방침, (b) 재난 예 · 경보체계 구축 종합계획의 수립 대상지역의 선정에 관한 사항, (c) 종합적인 재난 예· 경보체계의 구축 및 운영에 관한 사항, (d) 그 밖에 재난으로부터 인명 및 재산 피해를 예방하기 위하여 필요한 사항이 포함되어야 한다.

(6) 기타 조치사항

① 동원명령 등

중앙본부장 및 지역본부장은 재난이 발생하거나 발생할 우려가 있다고 인정하는 때에는 (a) 『민방위기본법』 제26조의 규정에 의한 민방위대의 동원, (b) 재난관리책임기관의 장에게 응급조치를 위하여 관계직원의 출동 또는 물자 및 지정된 장비 · 인력 등의 동원 등 필요한 조치를 취하여 주도록 요청, (c) 동원 가능한 장비와 인력 등이 부족한 경우에는 국방부장관에게 군부대의 지원 요청의 조치를 할 수 있다. 이 경우 동원명령 등의 요청을 받은 기관의 장은 특별한 사유가 없는 한 이에 응해야 한다.

사항.

② **대피명령 및 강제대피조치**

시장·군수·구청장과 지역통제단장은 재난이 발생하거나 발생할 우려가 있는 경우에 사람의 생명 또는 신체에 대한 위해를 방지하기 위하여 필요한 때에는 당해 지역안의 주민이나 당해 지역 안에 있는 자에게 대피할 것을 명할 수 있다. 대피명령을 받은 자는 즉시 이에 응해야 한다.

시장·군수·구청장 및 지역통제단장은 대피명령을 받은 자 또는 위험구역에서의 퇴거나 대피명령을 받은 자가 그 명령을 이행하지 아니하여 위급하다고 판단되는 때에는 당해 지역 또는 위험구역안의 주민이나 당해 지역 또는 위험구역 안에 있는 자를 강제로 대피시키거나 강제로 퇴거시킬 수 있다.

③ **위험구역의 설정 및 통행제한**

시장·군수·구청장 및 지역통제단장은 재난이 발생하거나 발생할 우려가 있는 경우에 사람의 생명 또는 신체에 대한 위해의 방지 또는 질서의 유지를 위하여 필요한 때에는 위험구역을 설정하고, 응급조치에 종사하는 자 외의 자에 대하여 ⓐ 위험구역에의 출입 그 밖의 행위의 금지 또는 제한, ⓑ 위험구역에서의 퇴거 또는 대피의 조치를 명할 수 있다. 시장·군수·구청장 및 지역통제단장은 위험구역을 설정하는 때에는 그 구역의 범위와 금지 또는 제한되는 행위의 내용 그 밖에 필요한 사항을 보기 쉬운 곳에 게시해야 한다.

시장·군수·구청장 및 지역통제단장은 응급조치의 실시에 필요한 물자를 긴급히 수송하거나 진화·구조 등을 위하여 필요한 때에는 국가경찰관서의 장에게 도로의 구간을 지정하여 당해 긴급수송 등을 행하는 차량외의 차량의 통행을 금지하거나 제한하도록 요청할 수 있다. 시장·군수·구청장 및 지역통제단장규정의 요청을 받은 국가경찰관서의 장은 특별한 사유가 없는 한 이에 응해야 한다.

④ **응원 및 응급부담**

시장·군수·구청장은 응급조치를 위하여 필요한 때에는 다른 시·군·구 또는 관할구역 안에 있는 군부대 및 관계 행정기관의 장에게 소속공무원 등의 파견 등 필요한 응원을 요청할 수 있다. 이 경우 응원의 요청을 받은 군부대의 장 및 관계 행정기관의 장은 특별한 사유가 없는 한 이에 응해야 한다. 응원에 종사하는 자는 그 응원을 요청한 시장·군수·구청장의 지휘에 따라 응급조치에 종사해야 할 의무를 진다.

시장·군수·구청장 및 지역통제단장은 그 관할 구역 안에서 재난이 발생하거나 발생할 우려가 있어 응급조치를 해야 할 급박한 사정이 있는 때에는 당해 재난현장에 있는 자 또는 인근에 거주하는 자에게 응급조치에 종사하게 하거나 대통령령이 정하는 바에 의하여 다른 사람의 토지·건축물·공작물 그 밖의 소유물을 일시 사용할 수 있으며, 장애물을 변경 또는 제거할 수 있다.

6) 긴급구조

(1) 담당 조직

① 중앙긴급구조통제단

긴급구조에 관한 사항의 총괄·조정, 긴급구조기관 및 긴급구조지원기관이 행하는 긴급구조활동의 역할분담 및 지휘통제를 위하여 소방방재청에 중앙긴급구조통제단(이하 "중앙통제단")을 두고 있다. 중앙통제단에는 단장 1인을 두며, 단장은 소방방재청장이 된다.

긴급구조에 관한 사항을 심의하기 위하여 중앙통제단에 위원장을 포함하여 15인 이상 20인 이내의 위원으로 구성되는 운영위원회를 두되, 운영위원회의 위원장은 위원 중에서 중앙통제단장이 지명하고, 위원은 국방부·보건복지부·경찰청·해양경찰청 그 밖에 단장이 필요하다고 인정하는 관계기관의 장이 추천하는 소속공무원과 긴급구조에 관한 학식과 경험이 풍부한 자 중에서 단장이 위촉하는 자가 된다. 중앙통제단장은 긴급구조를 위하여 필요한 경우에는 긴급구조지원기관간의 공조체제를 유지하기 위하여 관계 기관·단체의 장에게 소속직원의 파견을 요청할 수 있다. 이 경우 요청을 받은 기관·단체의 장은 특별한 사유가 없는 한 이에 응해야 한다.

② 지역긴급구조통제단

지역별 긴급구조에 관한 사항의 총괄·조정, 당해 지역에 소재하는 긴급구조기관 및 긴급구조지원기관간의 역할분담과 재난현장에서의 지휘·통제를 위하여 시·도의 소방본부에 시·도긴급구조통제단을 두고, 시·군·구의 소방서에 시·군·구긴급구조통제단을 두고 있다. 시·도긴급구조통제단 및 시·군·구긴급구조통제단(이하 "지역통제단")에는 각각 단장 1인을 두며, 단장은 시·도긴급구조통제단의 경우에는 소방본부장이 되고 시·군·구긴급구조통제단의 경우에는 소방서장이 된다.

지역통제단장은 긴급구조를 위하여 필요한 경우에는 긴급구조지원기관간의 공조체제를 유지하기 위하여 관계 기관·단체의 장에게 소속직원의 파견을 요청할 수 있다. 이 경우 요청을 받은 기관·단체의 장은 특별한 사유가 없는 한 이에 응해야 한다.

(2) 긴급구조활동

① 재난발생 및 출동

지역통제단장은 재난이 발생한 때에는 소속 긴급구조요원을 당해 재난현장에 신속히 출동시켜 필요한 긴급구조활동을 하게 해야 한다. 지역통제단장은 긴급구조를 위하여 필요한 경우에는 긴급구조지원기관의 장에게 소속 긴급구조지원요원을 현장에 출동시키는 등 긴급구조활동을 지원할 것을 요청할 수 있다. 이 경우 요청을 받은 기관의 장은 특별한 사유가 없는 한 즉시 이에 응해야 한다.

긴급구조활동에 참여한 민간 긴급구조지원기관에 대하여는 대통령령이 정하는 바에 의하여 그 경비의 전부 또는 일부를 지원할 수 있다. 긴급구조활동을 위하여 회전익항공기(이하 "헬기")의 운항이 필요한 경우에는 긴급구조기관의 장이 당해 헬기의 운항과 관련되는 사항을 헬기운항 통제기관에 통보하고 헬기를 운항할 수 있다. 이 경우 관계법령에 의하여 당해 헬기의 운항이 승인된 것으로 본다.

② 재난현장 지휘

재난현장에서의 긴급구조활동의 지휘는 시·군·구긴급구조통제단장이 수행한다. 시·군·구긴급구조통제단장은 재난현장에서 긴급구조활동, 즉 (a) 재난현장에서의 인명의 탐색·구조, (b) 긴급구조기관 및 긴급구조지원기관의 인력 및 장비의 배치와 운용, (c) 추가 재난의 방지를 위한 응급조치, (d) 긴급구조지원기관 및 자원봉사자 등에 대한 임무의 부여, (e) 사상자의 응급처치 및 의료기관으로의 이송, (f) 긴급구조에 필요한 물자의 관리, (g) 현장접근 통제, 현장

주변의 교통정리 그 밖에 효율적인 긴급구조활동을 위하여 필요한 사항을 지휘한다. 다만, 치안활동과 관련된 사항에 대하여는 관할경찰관서의 장과 협의해야 한다.

시·도긴급구조통제단장은 필요하다고 인정하는 경우에는 시·군·구긴급구조통제단장을 대신하여 직접 현장지휘를 할 수 있다. 또한 중앙통제단장은 대규모의 재난이 발생하거나 그 밖에 필요하다고 인정하는 경우에는 직접 현장지휘를 할 수 있다. 재난현장에서 긴급구조활동에 임하는 긴급구조요원은 현장지휘를 하는 각급 통제단장의 지휘·통제에 따라야 한다. 중앙통제단장 및 지역통제단장은 재난현장의 긴급구조 등 현장지휘를 효과적으로 수행하기 위하여 재난현장에 현장지휘소를 설치·운영할 수 있다. 이 경우 긴급구조활동에 참여하는 긴급구조지원기관의 현장지휘자는 현장지휘소에 연락관을 파견해야 한다.

③ 긴급구조활동 평가 및 대응계획 수립 등

중앙통제단장 및 지역통제단장은 재난상황이 종료된 후 긴급구조지원기관의 활동에 대하여 종합평가를 실시해야 한다. 종합평가결과를 시·군·구긴급구조통제단장은 시·도긴급구조통제단장 및 시장·군수·구청장에게, 시·도긴급구조통제단장은 소방방재청장에게 보고 또는 통보해야 한다. 긴급구조기관의 장은 재난이 발생하는 경우 긴급구조기관 및 긴급구조지원기관이 신속하고 효율적으로 긴급구조를 수행할 수 있도록 재난의 규모 및 유형에 따른 긴급구조대응계획을 수립·시행해야 한다.

국가 및 지방자치단체는 재난관리에 필요한 인력·장비·시설의 확충, 통신망의 설치·정비 등 긴급구조능력을 보강하기 위하여 노력하고, 이를 위하여 필요한 재정상의 조치를 강구해야 한다. 긴급구조기관의 장은 신속하고 효과적인 긴급구조활동을 수행할 수 있도록 긴급구조지휘대 등 긴급구조체제를 구축하고, 상시 소속 긴급구조요원 및 장비의 출동태세를 유지해야 한다. 긴급구조업무 및 재난관리책임기관(행정기관외의 기관에 한함)의 재난관리업무에 종사하는 자는 대통령령이 정하는 바에 의하여 긴급구조에 관한 교육을 받아야 한다. 다만, 다른 법령에 의하여 긴급구조에 관한 교육을 받은 경우에는 이 법에 의한 교육을 받은 것으로 본다. 소방방재청장은 긴급구조 교육을 담당할 교육기관을 지정할 수 있다.

④ 해상 및 항공기사고, 해외재난 등의 긴급구조

해양경찰청장은 해상에서의 선박 또는 항공기 등의 조난사고가 발생한 때에는 『수난구호법』 등 관계법령에 의하여 긴급구조활동을 수행해야 한다. 해양경찰청장은 효율적인 긴급구조를 위하여 필요하다고 인정하는 때에는 중앙행정기관의 장 또는 소방방재청장에게 구조대의 지원 그 밖의 필요한 협조를 요청할 수 있다. 이 경우 요청을 받은 중앙행정기관의 장 또는 소방방재청장은 특별한 사유가 없는 한 이에 응해야 한다.

국방부장관은 항공기 또는 선박의 조난사고가 발생한 때에는 관계법령에 의하여 긴급구조업무에 책임이 있는 기관의 긴급구조활동에 대한 군의 지원을 신속하게 할 수 있도록 탐색구조본부의 설치 · 운영 및 탐색구조부대의 지정 및 출동대기태세의 유지의 조치를 취해야 한다.

소방방재청장은 해외재난이 발생하여 대한민국 국민을 구조하는 경우와 다른 나라의 대형재난으로 인한 인명구조를 위하여 필요한 경우에는 외교통상부장관과 협의하여 해외긴급구조대를 구성하여 현지에 파견할 수 있다.

7) 재난대책

(1) 특별재난지역의 선포 및 복구

중앙본부장은 법 재난의 발생으로 인하여 국가의 안녕 및 사회질서의 유지에 중대한 영향을 미치거나 당해 재난으로 인한 피해의 효과적인 수습 및 복구를 위하여 특별한 조치가 필요하다고 인정되는 경우에는 중앙위원회의 심의를 거쳐 당해 지역을 특별재난지역으로 선포할 것을 대통령에게 건의할 수 있다. 특별재난지역의 선포를 건의 받은 대통령은 당해 지역을 특별재난지역으로 선포할 수 있다. 재난관리책임기관의 장은 특별재난지역이 선포되는 경우에는 재난복구계획을 수립·시행할 수 있다. 국가 또는 지방자치단체는 특별재난지역으로 선포된 지역에 대하여는 응급대책 및 재난구호와 복구에 필요한 행정·재정·금융·의료상의 특별지원을 할 수 있다.

중앙본부장은 대규모의 재난이 발생한 경우에는 관계 재난관리책임기관과 합동으로 재난합동조사단을 편성하여 재난피해상황에 관한 조사를 실시하고, 재난복구계획을 수립할 수 있다. 중앙본부장은 재난합동조사단의 편성을 위하여 관계 재난관리책임기관의 장에게 소속 공무원 또는 직원의 파견을 요청할 수 있다. 이 경우 요청을 받은 관계 재난관리책임기관의 장은 특별한 사유가 없는 한 이에 응해야 한다.

(2) 재정 및 보상 등

① 비용의 부담

재난관리에 필요한 비용은 이 법 또는 다른 법령에 특별한 규정이 있는 경우를 제외하고는 이 법 또는 안전관리계획이 정하는 바에 의하여 그 시행의 책임이 있는 자의 부담으로 한다. 시·도지사 또는 시장·군수·구청장이 다른 재난관리책임기관이 시행할 재난의 응급조치를 시행한 경우, 그에 따라 소요되는 비용은 그 응급조치를 시행할 책임이 있는 재난관리책임기관의 부담으로 한다.

군부대의 장 또는 관계 행정기관의 장으로부터 필요한 응원을 받은 시장·군수·구청장은 그 응원에 소요되는 비용을 부담해야 한다. 이 경우 당해 응급조치로 인하여 다른 지방자치단체가 이익을 받은 때에는 그 수익의 범위 안에서 이익을 받은 당해 지방자치단체가 그 비용의 일부를 분담해야 한다.

② 손실보상

국가 또는 지방자치단체는 동원명령 등(법 제39조)이나 응급부담(법 제45조 및 제46조의 규정에 의하여 시·도지사가 행하는 경우를 포함)의 규정에 의한 조치로 인하여 손실이 발생한 때에는 보상해야 한다. 손실의 보상에 관하여는 손실을 받은 자와 그 조치를 행한 중앙행정기관의 장, 시·도지사 또는 시장·군수·구청장이 협의해야 한다.

협의가 성립되지 아니한 때에는 대통령령이 정하는 바에 의하여『공익사업을 위한 토지 등의 취득 및 보상에 관한 법률』제51조의 규정에 의한 관할 토지수용위원회에 재결을 신청할 수 있다.

③ 치료 및 보상

재난발생시 긴급구조활동 및 응급대책·복구 등에 참여한 자원봉사자, 응급조치 종사명령을 받은 자 및 법 긴급구조활동에 참여한 민간 긴급구조지원기관의 긴급구조지원요원이 응급조치 또는 긴급구조 종사 중 부상을 입은 때에는 치료를 실시해야 한다. 또한 사망(부상으로 인하여 사망한 경우를 포함)하거나 신체에 장애를 입은 때에는 그 유족 또는 장애를 입은 자에게 보상금을 지급한다. 다만, 다른 법령에 의하여 국가 또는 지방자치단체의 부담으로 같은 종류의 보상금을 지급받은 자에 대하여는 그 보상금에 상당하는 금액은 이를 지급하지 아니한다.

재난의 응급대책·복구 및 긴급구조 등에 참여한 자원봉사자의 장비 등이 응급대책·복구 또는 긴급구조와 관련하여 고장 또는 파손된 경우에는 수리비용을 그 자원봉사자에게 보상할 수 있다. 치료 및 보상금은 국가 또는 지방자치단체의 부담으로 하며, 그 기준 및 절차 등에 관하여 필요한 사항은 대통령령으로 정한다.

④ **국고보조 등**

국가는 재난관리의 원활한 실시를 위하여 필요한 때에는 대통령령이 정하는 바에 의하여 그 비용(법 제65조 제1항의 규정에 의한 보상금을 포함)의 전부 또는 일부를 국고에서 부담하거나 지방자치단체 그 밖의 재난관리책임자에게 보조할 수 있다. 다만, 법 제39조 제1항(제46조 제1항의 시·도지사가 행하는 경우를 포함) 또는 제40조 제1항의 대피명령을 방해하거나 위반하여 발생한 피해에 대하여는 그러하지 아니하다.

재난복구사업의 재원은 대통령령이 정하는 재난의 구호 및 재난의 복구비용 부담기준에 따라 국고의 부담금 또는 보조금과 지방자치단체의 부담금·의연금 등으로 충당하되, 지방자치단체의 부담금중 시·도 및 시·군·구가 부담하는 기준은 행정안전부령으로 정한다.

국가 및 지방자치단체는 이재민의 생계안정을 위하여 ⒜ 이재민의 구호, ⒝ 중학생 및 고등학생의 학자금 면제, ⒞ 농림어업자금의 상환기한 연기 및 그 이자의 감면, ⒟ 정부양곡의 무상지급, ⒠ 그 밖에 중앙재난안전대책본부 회의에서 결정한 사항을 할 수 있다.

⑤ **재난관리기금의 적립**

지방자치단체는 재난관리에 소요되는 비용에 충당하기 위하여 매년 재난관리기금을 적립해야 한다. 재난관리기금의 매년도 최저적립액은 최근 3년 동안의 『지방세법』에 의한 보통세의 수입결산액의 평균연액의 100분의 1에 해당하는 금액으로 한다. 재난관리기금에서 생기는 수입은 그 전액을 재난관리기금에 편입해야 한다. 재난관리기금의 용도·운용 및 관리에 관하여 필요한 사항은 대통령령으로 정한다.

8) 벌칙조항

(1) 행정형벌

(1) 요건

a. 다음의 어느 하나에 해당하는 사람은 1년 이하의 징역 또는 500만 원 이하의 벌금에 처한다.

ⓐ 정당한 사유 없이 법 제30조 제1항의 규정에 의한 긴급안전점검을 거부 또는 기피하거나 방해한 사람
ⓑ 법 제31조 제1항의 규정에 의한 안전조치명령을 받고 이를 이행하지 아니한 사람
ⓒ 정당한 사유 없이 법 제41조 제1항 제1호(제46조 제1항의 규정에 의한 경우를 포함)의 규정에 의한 위험구역에의 출입 그 밖의 행위의 금지 또는 제한명령을 위반한 사람

b. 정당한 사유 없이 법 제45조(제46조 제1항의 규정에 따른 경우를 포함)의 규정에 따른 토지·건축물·공작물 그 밖의 소유물의 일시사용 또는 장애물의 변경이나 제거를 거부 또는 방해한 사람은 200만 원 이하의 벌금에 처한다.

c. 양벌규정

법인의 대표자나 법인 또는 개인의 대리인, 사용인, 그 밖의 종업원이 그 법인 또는 개인의 업무에 관하여 법 제79조 또는 제80조의 위반행위를 하면 그 행위자를 벌하는 외에 그 법인 또는 개인에게도 해당 조문의 벌금형을 과한다. 다만, 법인 또는 개인이 그 위반행위를 방지하기 위하여 해당 업무에 관하여 상당한 주의와 감독을 게을리 하지 아니한 경우에는 그러하지 아니하다.

(2) 과태료

① 요건

다음의 어느 하나에 해당하는 사람은 200만 원 이하의 과태료에 처한다.

ⓐ 법 제40조 제1항(제46조 제1항의 규정에 따른 경우를 포함)이 규정에 따른 대피명령을 위반한 사람
ⓑ 법 제41조 제1항 제2호(제46조 제1항의 규정에 따른 경우를 포함)의 규정에 따른 위험구역에서의 퇴거 또는 대피명령을 위반한 사람

② 부과절차

과태료는 시·도지사 또는 시장·군수·구청장(이하 "부과권자")이 부과·징수한다. 부과권자의 과태료 처분에 불복이 있는 사람은 그 처분의 고지를 받은 날부터 30일 이내에 당해 부과권자에게 이의를 제기할 수 있다.

과태료 처분을 받은 사람이 이의를 제기한 경우에는 당해 부과권자는 지체 없이 관할 법원에 그 사실을 통보해야 한다. 그 통보를 받은 관할 법원은 『비송사건절차법』에 따른 과태료의 재판을 한다. 과태료 처분을 받은 사람이 그 처분의 고지를 받은 날부터 30일 이내에 이의를 제기하지 아니하고 과태료를 납부하지 아니한 경우에는 지방세체납처분의 예에 따라 이를 징수한다.

부록

경비업법

[시행 2009. 4. 1] [법률 제9579호, 2009. 4. 1, 일부개정]

경찰청 (생활안전과)02-3150-1315

제1장 총칙

제1조 (목적) 이 법은 경비업의 육성 및 발전과 그 체계적 관리에 관하여 필요한 사항을 정함으로써 경비업의 건전한 운영에 이바지함을 목적으로 한다.

제2조 (정의) 이 법에서 사용하는 용어의 정의는 다음과 같다. <개정 2005.5.31>

1. "경비업"이라 함은 다음 각목의 1에 해당하는 업무(이하 "경비업무"라 한다)의 전부 또는 일부를 도급받아 행하는 영업을 말한다.
   가. 시설경비업무 : 경비를 필요로 하는 시설 및 장소(이하 "경비대상시설"이라 한다)에서의 도난화재 그 밖의 혼잡 등으로 인한 위험발생을 방지하는 업무
   나. 호송경비업무 : 운반중에 있는 현금·유가증권·귀금속·상품 그 밖의 물건에 대하여 도난·화재 등 위험발생을 방지하는 업무
   다. 신변보호업무 : 사람의 생명이나 신체에 대한 위해의 발생을 방지하고 그 신변을 보호하는 업무
   라. 기계경비업무 : 경비대상시설에 설치한 기기에 의하여 감지·송신된 정보를 그 경비대상시설외의 장소에 설치한 관제시설의 기기로 수신하여 도난·화재 등 위험발생을 방지하는 업무
   마. 특수경비업무 : 공항(항공기를 포함한다) 등 대통령령이 정하는 국가중요시설(이하 "국가중요시설"이라 한다)의 경비 및 도난·화재 그 밖의 위험발생을 방지하는 업무
2. "경비지도사"라 함은 경비원을 지도·감독 및 교육하는 자를 말하며 일반경비지도사와 기계경비지도사로 구분한다.
3. "경비원"이라 함은 제4조제1항의 규정에 의하여 경비업의 허가를 받은 법인(이하 "경비업자"라 한다)이 채용한 고용인으로서 다음 각목의 1에 해당하는 자를 말한다.
   가. 일반경비원 : 제1호 가목 내지 라목의 경비업무를 수행하는 자

나. 특수경비원 : 제1호 마목의 경비업무를 수행하는 자

4. "무기"라 함은 인명 또는 신체에 위해를 가할 수 있도록 제작된 권총·소총 등을 말한다.

제3조 (법인) 경비업은 법인이 아니면 이를 영위할 수 없다.

제2장 경비업의 허가 등

제4조 (경비업의 허가) ①경비업을 영위하고자 하는 법인은 도급받아 행하고자 하는 경비업무를 특정하여 그 법인의 주사무소의 소재지를 관할하는 지방경찰청장의 허가를 받아야 한다. 도급받아 행하고자 하는 경비업무를 변경하는 경우에도 또한 같다.

②제1항의 규정에 의한 허가를 받고자 하는 법인은 대통령령이 정하는 경비인력·자본금·시설 및 장비를 갖추어야 한다.

③제1항의 규정에 의하여 경비업의 허가를 받은 법인은 다음 각호의 1에 해당하는 때에는 지방경찰청장에게 신고하여야 한다.

1. 영업을 폐업하거나 휴업한 때
2. 법인의 명칭이나 대표자·임원을 변경한 때
3. 법인의 주사무소나 출장소를 신설·이전 또는 폐지한 때
4. 기계경비업무의 수행을 위한 관제시설을 신설·이전 또는 폐지한 때
5. 특수경비업무를 개시하거나 종료한 때
6. 그 밖에 대통령령이 정하는 중요사항을 변경한 때

④제1항 및 제3항의 규정에 의한 허가 또는 신고의 절차, 신고의 기한 등 허가 및 신고에 관하여 필요한 사항은 대통령령으로 정한다.

제5조 (임원의 결격사유) 다음 각호의 1에 해당하는 자는 경비업을 영위하는 법인(제4호에 해당하는 자의 경우에는 특수경비업무를 수행하는 법인을 말하고, 제5호에 해당하는 자의 경우에는 허가취소사유에 해당하는 경비업무와 동종의 경비업무를 수행하는 법인을 말한다)의 임원이 될 수 없다. **<개정 2008.2.29>**

1. 금치산자 또는 한정치산자
2. 파산선고를 받고 복권되지 아니한 자
3. 금고 이상의 형의 선고를 받고 그 형이 실효되지 아니한 자

4. 이 법 또는 『대통령 등의 경호에 관한 법률』에 위반하여 벌금형의 선고를 받고 3년이 지나지 아니한 자
5. 이 법 또는 이 법에 의한 명령에 위반하여 허가가 취소된 법인의 허가취소 당시의 임원이었던 자로서 그 취소 후 3년이 지나지 아니한 자

제6조 (허가의 유효기간 등) ①제4조제1항의 규정에 의한 경비업 허가의 유효기간은 허가받은 날부터 5년으로 한다.

②제1항의 규정에 의한 유효기간이 만료된 후 계속하여 경비업을 하고자 하는 법인은 행정안전부령이 정하는 바에 의하여 갱신허가를 받아야 한다. <개정 2008.2.29>

제7조 (경비업자의 의무) ①경비업자는 경비대상시설의 소유자 또는 관리자(이하 "시설주"라 한다)이 관리권의 범위안에서 경비업무를 수행하여야 하며, 다른 사람의 자유와 권리를 침해하거나 그의 정당한 활동에 간섭하여서는 아니된다.

②경비업자는 경비업무를 성실하게 수행하여야 하고, 도급을 의뢰받은 경비업무가 위법 또는 부당한 것일 때에는 이를 거부하여야 한다.

③경비업자는 불공정한 계약으로 경비원의 권익을 침해하거나 경비업의 건전한 육성과 발전을 해치는 행위를 하여서는 아니된다.

④경비업자의 임·직원이거나 임·직원이었던 자는 다른 법률에 특별한 규정이 있는 경우를 제외하고는 그 직무상 알게 된 비밀을 누설하거나 다른 사람에게 제공하여 이용하도록 하는 등 부당한 목적을 위하여 사용하여서는 아니된다.

⑤경비업자는 허가받은 경비업무외의 업무에 경비원을 종사하게 하여서는 아니된다.

⑥특수경비업무를 수행하는 경비업자(이하 "특수경비업자"라 한다)는 제4조제3항제5호의 규정에 의한 특수경비업무의 개시신고를 하는 때에는 국가중요시설에 대한 특수경비업무의 수행이 중단되는 경우 시설주의 동의를 얻어 다른 특수경비업자중에서 경비업무를 대행할 자(이하 "경비대행업자"라 한다)를 지정하여 허가관청에 신고하여야 한다. 경비대행업자의 지정을 변경하는 경우에도 또한 같다.

⑦특수경비업자는 국가중요시설에 대한 특수경비업무를 중단하게 되는 경우에는 미리 이를 제6항의 규정에 의한 경비대행업자에게 통보하여야 하며, 경비대행업자는 통보받은 즉시 그 경비업무를 인수하여야 한다. 이 경우 제6항의 규정은 경비대행업자에 대하여 이를 준용한다.

⑧특수경비업자는 이 법에 의한 경비업과 경비장비의 제조·설비·판매업, 네트워크를 활

용한 정보산업, 시설물 유지관리업 및 경비원 교육업 등 대통령령이 정하는 경비관련업 외의 영업을 하여서는 아니된다. <개정 2002.12.18>

제3장 기계경비업무

제8조 (대응체제) 기계경비업무를 수행하는 경비업자(이하 "기계경비업자"라 한다)는 경비대상시설에 관한 경보를 수신한 때에는 신속하게 그 사실을 확인하는 등 필요한 대응조치를 취하여야 하며, 이를 위한 대응체제를 갖추어야 한다.

제9조 (오경보의 방지 등) ①기계경비업자는 경비계약을 체결하는 때에는 오경보를 막기 위하여 계약상대방에게 기기사용요령 및 기계경비운영체계 등에 관하여 설명하여야 하며, 각종 기기가 오작동되지 아니하도록 관리하여야 한다.

②기계경비업자는 대응조치 등 업무의 원활한 운영과 개선을 위하여 대통령령이 정하는 바에 따라 관련 서류를 작성·비치하여야 한다.

제4장 경비지도사 및 경비원

제10조 (경비지도사 및 경비원의 결격사유) ①다음 각호의 1에 해당하는 자는 경비지도사 또는 일반경비원이 될 수 없다.

1. 만 18세 미만인 자, 금치산자, 한정치산자
2. 파산선고를 받고 복권되지 아니한 자
3. 금고 이상의 실형의 선고를 받고 그 집행이 종료(집행이 종료된 것으로 보는 경우를 포함한다)되거나 집행이 면제된 날부터 5년이 지나지 아니한 자
4. 금고 이상의 형의 집행유예선고를 받고 그 유예기간중에 있는 자

②다음 각호의 1에 해당하는 자는 특수경비원이 될 수 없다. <개정 2008.2.29, 2009.4.1>

1. 만 18세 미만 또는 만 60세 이상인 자, 금치산자, 한정치산자
2. 제1항제2호 내지 제4호의 1에 해당되는 자
3. 금고 이상의 형의 선고유예를 받고 그 유예기간중에 있는 자
4. 행정안전부령이 정하는 신체조건에 미달되는 자

③경비업자는 제1항 각호 또는 제2항 각호의 결격사유에 해당하는 자를 경비지도사 또는 경비원으로 채용 또는 근무하게 하여서는 아니된다.

제11조 (경비지도사의 시험 등) ①경비지도사는 제10조제1항 각호의 1에 해당하지 아니하는 자로서 경찰청장이 시행하는 경비지도사시험에 합격하고 행정안전부령이 정하는 교육을 받은 자이어야 한다. <개정 2008.2.29>

②경찰청장은 제1항의 규정에 의한 교육을 받은 자에게 행정안전부령이 정하는 바에 따라 경비지도사자격증을 교부하여야 한다. <개정 2008.2.29>

③경비지도사시험의 시험과목, 시험공고, 시험의 일부가 면제되는 자의 범위 그 밖에 경비지도사시험에 관하여 필요한 사항은 대통령령으로 정한다.

제12조 (경비지도사의 선임 등) ①경비업자는 대통령령이 정하는 바에 따라 경비지도사를 선임하여야 한다.

②제1항의 규정에 의하여 선임된 경비지도사의 직무는 다음과 같다.

1. 경비원의 지도·감독·교육에 관한 계획의 수립·실시 및 그 기록의 유지
2. 경비현장에 배치된 경비원에 대한 순회점검 및 감독
3. 경찰기관 및 소방기관과의 연락방법에 대한 지도
4. 그 밖에 대통령령이 정하는 직무

③선임된 경비지도사는 제2항 각호의 규정에 의한 직무를 대통령령이 정하는 바에 따라 성실하게 수행하여야 한다.

제13조 (경비원의 교육 등) ①경비업자는 경비업무를 적정하게 실시하기 위하여 경비원으로 하여금 대통령령이 정하는 바에 따라 경비원 교육을 받게 하여야 한다.

②특수경비업자는 대통령령이 정하는 바에 따라 정기적으로 특수경비원 교육을 받게 하고 특수경비원 교육을 받지 아니한 자를 특수경비업무에 종사하게 하여서는 아니된다.

③제2항에 의한 특수경비원의 교육시 관할경찰서 소속 경찰공무원이 교육기관에 입회하여 대통령령이 정하는 바에 따라 지도·감독하여야 한다.

제14조 (특수경비원의 직무 및 무기사용 등) ①특수경비업자는 특수경비원으로 하여금 배치된 경비구역안에서 관할 경찰서장 및 공항경찰대장 등 국가중요시설의 경비책임자(이하 "관할 경찰관서장"이라 한다)와 국가중요시설의 시설주의 감독을 받아 시설을 경비하고 도난·화재 그 밖의 위험의 발생을 방지하는 업무를 수행하게 하여야 한다.

②특수경비원은 국가중요시설에 대한 경비업무 수행중 국가중요시설의 정상적인 운영을 해치는 장해를 일으켜서는 아니된다.

③지방경찰청장은 국가중요시설에 대한 경비업무의 수행을 위하여 필요하다고 인정하는 때에는 시설주의 신청에 의하여 무기를 구입한다. 이 경우 시설주는 그 무기의 구입대금을 지불하고, 구입한 무기를 국가에 기부채납하여야 한다.

④지방경찰청장은 국가중요시설에 대한 경비업무의 수행을 위하여 필요하다고 인정하는 때에는 관할경찰관서장으로 하여금 시설주의 신청에 의하여 시설주로부터 국가에 기부채납된 무기를 대여하게 하고, 시설주는 이를 특수경비원으로 하여금 휴대하게 할 수 있다. 이 경우 특수경비원은 정당한 사유없이 무기를 소지하고 배치된 경비구역을 벗어나서는 아니된다.

⑤시설주가 제3항의 규정에 의하여 대여받은 무기에 대하여 시설주 및 관할 경찰관서장은 무기의 관리책임을 지고, 관할 경찰관서장은 시설주 및 특수경비원의 무기관리상황을 대통령령이 정하는 바에 따라 지도·감독하여야 한다.

⑥관할 경찰관서장은 무기의 적정한 관리를 위하여 제3항의 규정에 의하여 무기를 대여받은 시설주에 대하여 필요한 명령을 발할 수 있다.

⑦시설주로부터 무기의 관리를 위하여 지정받은 책임자(이하 "관리책임자"라 한다)는 다음 각호에 의하여 이를 관리하여야 한다.

1. 무기출납부 및 무기장비운영카드를 비치·기록하여야 한다.
2. 무기는 관리책임자가 직접 지급·회수하여야 한다.

⑧특수경비원은 국가중요시설의 경비를 위하여 무기를 사용하지 아니하고는 다른 수단이 없다고 인정되는 때에는 필요한 한도안에서 무기를 사용할 수 있다. 다만, 다음 각호의 1에 해당하는 때를 제외하고는 사람에게 위해를 끼쳐서는 아니된다.

1. 무기 또는 폭발물을 소지하고 국가중요시설에 침입한 자가 특수경비원으로부터 3회 이상 투기(투기) 또는 투항(투항)을 요구받고도 이에 불응하면서 계속 항거하는 경우 이를 억제하기 위하여 무기를 사용하지 아니하고는 다른 수단이 없다고 인정되는 때
2. 국가중요시설에 침입한 무장간첩이 특수경비원으로부터 투항(투항)을 요구받고도 이에 불응한 때

⑨특수경비원의 무기휴대, 무기종류, 그 사용기준 및 안전검사의 기준 등에 관하여 필요한 사항은 대통령령으로 정한다.

제15조 (특수경비원의 의무) ①특수경비원은 직무를 수행함에 있어 시설주·관할 경찰관서장 및 소속상사의 직무상 명령에 복종하여야 한다.

②특수경비원은 소속상사의 허가 또는 정당한 사유없이 경비구역을 벗어나서는 아니된다.

③특수경비원은 파업·태업 그 밖에 경비업무의 정상적인 운영을 저해하는 일체의 쟁의행위를 하여서는 아니된다.

④특수경비원이 무기를 휴대하고 경비업무를 수행하는 때에는 다음 각호의 1에 정하는 무기의 안전사용수칙을 지켜야 한다.

1. 특수경비원은 사람을 향하여 권총 또는 소총을 발사하고자 하는 때에는 미리 구두 또는 공포탄에 의한 사격으로 상대방에게 경고하여야 한다. 다만, 다음 각목의 1에 해당하는 경우로서 부득이한 때에는 경고하지 아니할 수 있다.
   가. 특수경비원을 급습하거나 타인의 생명·신체에 대한 중대한 위험을 야기하는 범행이 목전에 실행되고 있는 등 상황이 급박하여 경고할 시간적 여유가 없는 경우
   나. 인질·간첩 또는 테러사건에 있어서 은밀히 작전을 수행하는 경우
2. 특수경비원은 무기를 사용하는 경우에 있어서 범죄와 무관한 다중의 생명·신체에 위해를 가할 우려가 있는 때에는 이를 사용하여서는 아니된다. 다만, 무기를 사용하지 아니하고는 타인 또는 특수경비원의 생명·신체에 대한 중대한 위협을 방지할 수 없다고 인정되는 때에는 필요한 최소한의 범위 안에서 이를 사용할 수 있다.
3. 특수경비원은 총기 또는 폭발물을 가지고 대항하는 경우를 제외하고는 14세 미만의 자 또는 임산부에 대하여는 권총 또는 소총을 발사하여서는 아니된다.

제15조의2 (경비원 등의 의무) ①경비원은 직무를 수행함에 있어 타인에게 위력을 과시하거나 물리력을 행사하는 등 경비업무의 범위를 벗어난 행위를 하여서는 아니된다.

②누구든지 경비원으로 하여금 경비업무의 범위를 벗어난 행위를 하게 하여서는 아니된다.

[본조신설 2005.8.4]

제16조 (복장·장비 등) 경비원의 복장·장비 및 출동차량에 관하여 필요한 사항은 행정안전부령으로 정한다. <개정 2008.2.29>

제17조 (결격사유자 등의 통보) 지방경찰청장 또는 경찰관서장은 경비원이 제10조제1항 각호 또는 제2항 각호의 결격사유에 해당하게 된 사실을 알게되거나 이 법 또는 이 법에 의한 명령에 위반한 때에는 경비업자에게 그 사실을 통보하여야 한다.

제18조 (경비원의 명부와 배치 등) ①경비업자는 행정안전부령이 정하는 바에 따라 경비원의 명부를 작성·비치하여야 한다. <개정 2008.2.29>

②경비업자가 경비원을 배치하거나 배치를 폐지한 경우에는 행정안전부령이 정하는 바에 따라 관할 경찰관서장에게 신고하여야 한다. 다만, 다음 각 호의 경우에는 경비원을 배치하기 24시간 전(제3호의 특수경비원을 배치한 때에는 경비원을 배치하기 전)까지 신고하여야 한다. <개정 2005.8.4, 2008.2.29>

1. 제2조제1호 가목의 규정에 의한 시설경비업무 중 행정안전부령이 정하는 곳에 배치된 일반경비원
2. 제2조제1호 다목의 규정에 의한 신변보호업무를 수행하는 일반경비원
3. 특수경비원

③경찰관서장은 경비업자가 제2항 단서의 규정을 위반하여 신고를 하지 아니하고 제2항 제1호 및 제2호의 규정에 의한 일반경비원을 배치한 경우에 배치폐지를 명할 수 있다. <신설 2005.8.4>

제5장 행정처분 등

제19조 (경비업 허가의 취소 등) ①허가관청은 경비업자가 제1호 내지 제6호의 1에 해당하는 때에는 그 허가를 취소하고, 제7호에 해당하는 때에는 그 허가를 취소하거나 6월 이내의 기간을 정하여 영업의 전부 또는 일부에 대하여 영업정지를 명할 수 있다. <개정 2002.12.18>

1. 허위 그 밖의 부정한 방법으로 허가를 받은 때
2. 제7조제5항의 규정에 위반하여 허가받은 경비업무외의 업무에 경비원을 종사하게 한 때
3. 제7조제8항의 규정에 위반하여 경비업 및 경비관련업외의 영업을 한 때
4. 정당한 사유없이 허가를 받은 날부터 1년 이내에 경비 도급실적이 없거나 계속하여 1년 이상 휴업한 때
5. 정당한 사유없이 최종 도급계약 종료일의 다음 날부터 1년 이내에 경비 도급실적이 없을 때
6. 영업정지처분을 받고 계속하여 영업을 한 때
7. 이 법 또는 이 법에 의한 명령에 위반한 때

②허가관청은 제1항의 규정에 의하여 허가취소 또는 영업정지처분을 하는 때에는 경비업자가 허가받은 경비업무중 허가취소 또는 영업정지사유에 해당되는 경비업무에 한하여 처분을 하여야 한다. 다만, 제1항제2호에 해당하여 허가취소를 하는 때에는 그러하지 아니하다.

제20조 (경비지도사자격의 취소 등) ①경찰청장은 경비지도사가 다음 각호의 1에 해당하는 때에는 그 자격을 취소하여야 한다.

1. 제10조제1항 각호의 결격사유에 해당하게 된 때
2. 허위 그 밖의 부정한 방법으로 경비지도사자격증을 교부받은 때
3. 경비지도사자격증을 다른 사람에게 빌려주거나 양도한 때

②경찰청장은 경비지도사가 다음 각호의 1에 해당하는 때에는 대통령령이 정하는 바에 따라 1년의 범위 내에서 그 자격을 정지시킬 수 있다.

1. 제12조제3항의 규정에 위반하여 직무를 성실하게 수행하지 아니한 때
2. 제24조의 규정에 의한 경찰청장 또는 지방경찰청장의 명령을 위반한 때

③경찰청장은 제1항의 규정에 의하여 경비지도사의 자격을 취소한 때에는 경비지도사자격증을 회수하여야 하고, 제2항의 규정에 의하여 경비지도사의 자격을 정지한 때에는 그 정지기간동안 경비지도사자격증을 회수하여 보관하여야 한다.

제21조 (청문) 경찰청장 또는 지방경찰청장은 다음 각호의 1에 해당하는 처분을 하고자 하는 경우에는 청문을 실시하여야 한다.

1. 제19조의 규정에 의한 경비업 허가의 취소 또는 영업정지
2. 제20조제1항 또는 제2항의 규정에 의한 경비지도사자격의 취소 또는 정지

제6장 경비협회

제22조 (경비협회) ①경비업자는 경비업무의 건전한 발전과 경비원의 자질향상 및 교육훈련 등을 위하여 대통령령이 정하는 바에 따라 경비협회를 설립할 수 있다.

②경비협회는 법인으로 한다.

③경비협회의 업무는 다음과 같다.

1. 경비업무의 연구
2. 경비원 교육·훈련 및 그 연구
3. 경비원의 후생·복지에 관한 사항
4. 경비진단에 관한 사항
5. 그 밖에 경비업무의 건전한 운영과 육성에 관하여 필요한 사항

④경비협회에 관하여 이 법에 특별한 규정이 있는 것을 제외하고는 민법중 사단법인에

관한 규정을 준용한다.

제23조 (공제사업) ①경비협회는 제26조의 규정에 의한 경비업자의 손해배상책임을 보장하기 위하여 대통령령이 정하는 바에 따라 공제사업을 할 수 있다.

②경비협회는 제1항의 규정에 의한 공제사업을 하고자 하는 때에는 공제규정을 제정하여야 한다.

③제2항의 공제규정에는 공제사업의 범위, 공제계약의 내용, 공제금, 공제료 및 공제금에 충당하기 위한 책임준비금 등 공제사업의 운영에 관하여 필요한 사항을 정하여야 한다.

제7장 보칙

제24조 (감독) ①경찰청장 또는 지방경찰청장은 경비업무의 적정한 수행을 위하여 경비업자 및 경비지도사를 지도·감독하며 필요한 명령을 할 수 있다.

②지방경찰청장 또는 관할 경찰관서장은 소속 경찰공무원으로 하여금 관할구역안에 있는 경비업자의 주사무소 및 출장소와 경비원배치장소에 출입하여 근무상황 및 교육훈련상황 등을 감독하며 필요한 명령을 하게 할 수 있다. 이 경우 출입하는 경찰공무원은 그 권한을 표시하는 증표를 관계인에게 내보여야 한다.

제25조 (보안지도· 점검 등) 지방경찰청장은 대통령령이 정하는 바에 따라 특수경비업자에 대하여 보안지도·점검을 실시하여야 하고, 필요한 경우 관계기관에 보안측정을 요청하여야 한다.

제26조 (손해배상 등) ①경비업자는 경비원이 업무수행중 고의 또는 과실로 경비대상에 손해가 발생하는 것을 방지하지 못한 때에는 그 손해를 배상하여야 한다.

②경비업자는 경비원이 업무수행중 고의 또는 과실로 제3자에게 손해를 입힌 경우에는 이를 배상하여야 한다.

제27조 (위임 및 위탁) ①이 법에 의한 경찰청장의 권한은 대통령령이 정하는 바에 따라 그 일부를 지방경찰청장에게 위임할 수 있다.

②경찰청장은 제11조의 규정에 의한 경비지도사의 시험 및 교육에 관한 업무를 대통령령이 정하는 바에 따라 관계전문기관 또는 단체에 위탁할 수 있다.

제27조의2 (수수료) 이 법에 따른 경비업의 허가를 받거나 허가증을 재교부 받고자 하는 자는 대통령령이 정하는 바에 따라 수수료를 납부하여야 한다.

[본조신설 2005.5.31]

제8장 벌칙

제28조 (벌칙) ①제14조제2항의 규정에 위반하여 국가중요시설의 정상적인 운영을 해치는 장해를 일으킨 특수경비원은 7년 이하의 징역 또는 5천만원 이하의 벌금에 처한다.

②다음 각호의 1에 해당하는 자는 3년 이하의 징역 또는 3천만원 이하의 벌금에 처한다. <개정 2005.8.4>

1. 제4조제1항의 규정에 의한 허가를 받지 아니하고 경비업을 영위한 자
2. 제7조제4항의 규정에 위반하여 직무상 알게 된 비밀을 누설하거나 부당한 목적을 위하여 사용한 자
3. 제7조제7항의 규정에 위반하여 경비업무의 중단을 통보하지 아니하거나 경비업무를 즉시 인수하지 아니한 특수경비업자 또는 경비대행업자
4. 과실로 인하여 제14조제2항의 규정에 위반하여 국가중요시설의 정상적인 운영을 해치는 장해를 일으킨 특수경비원
5. 특수경비원으로서 경비구역 안에서 시설물의 절도, 손괴, 위험물의 폭발 등의 사유로 인한 위급사태가 발생한 때에 제15조제1항 또는 제2항의 규정에 위반한 자
6. 제15조의2제2항의 규정을 위반하여 경비원에게 경비업무의 범위를 벗어난 행위를 하게 한 자

③제14조제4항 후단의 규정에 위반하여 정당한 사유없이 무기를 소지하고 배치된 경비구역을 벗어난 특수경비원은 2년 이하의 징역 또는 2천만원 이하의 벌금에 처한다.

④다음 각호의 1에 해당하는 자는 1년 이하의 징역 또는 1천만원 이하의 벌금에 처한다. <개정 2005.8.4>

1. 제14조제7항의 규정에 위반한 관리책임자
2. 제15조제3항의 규정에 위반하여 쟁의행위를 한 특수경비원
3. 제18조제3항의 규정을 위반하여 경찰관서장의 배치폐지 명령을 따르지 아니한 자

⑤제15조의2제1항의 규정을 위반하여 경비업무의 범위를 벗어난 행위를 한 경비원은 1천만원 이하의 벌금에 처한다. <신설 2005.8.4>

제29조 (형의 가중처벌) 특수경비원이 무기를 휴대하고 경비업무를 수행중에 제14조제8항의 규정 및 제15조제4항의 규정에 의한 무기의 안전수칙을 위반하여 형법 제257조제1항, 제258조제1항·제2항, 제259조제1항, 제260조제1항, 제262조, 제268조, 제276조제

1항, 제277조제1항, 제281조제1항, 제283조제1항, 제324조, 제350조 및 제366조의 죄를 범한 때에는 그 죄에 정한 형의 2분의 1까지 가중처벌한다.

제30조 (양벌규정) 법인의 대표자나 법인 또는 개인의 대리인, 사용인, 그 밖의 종업원이 그 법인 또는 개인의 업무에 관하여 제28조의 위반행위를 하면 그 행위자를 벌하는 외에 그 법인 또는 개인에게도 해당 조문의 벌금형을 과(과)한다. 다만, 법인 또는 개인이 그 위반행위를 방지하기 위하여 해당 업무에 관하여 상당한 주의와 감독을 게을리하지 아니한 경우에는 그러하지 아니하다.

[전문개정 2008.12.26]

제31조 (과태료) ①다음 각호의 1에 해당하는 경비업자 또는 시설주는 500만원 이하의 과태료에 처한다.

1. 제4조제3항 또는 제18조제2항의 규정에 위반하여 신고를 하지 아니한 자
2. 제7조제6항의 규정에 위반하여 경비대행업자 지정신고를 하지 아니한 자
3. 제9조제1항의 규정에 위반하여 설명의무를 이행하지 아니한 자
4. 제12조제1항의 규정에 위반하여 경비지도사를 선임하지 아니한 자
5. 제14조제6항의 규정에 의한 감독상 필요한 명령을 정당한 이유없이 이행하지 아니한 자
6. 제18조제1항의 규정에 위반하여 명부를 작성·비치하지 아니한 자

②제1항의 규정에 의한 과태료는 대통령령이 정하는 바에 의하여 지방경찰청장 또는 경찰관서장이 부과징수한다.

③제2항의 규정에 의한 과태료처분에 불복이 있는 자는 그 처분의 고지를 받은 날부터 30일 이내에 지방경찰청장 또는 경찰관서장에게 이의를 제기할 수 있다.

④제2항의 규정에 의한 과태료처분을 받은 자가 제3항의 규정에 의하여 이의를 제기한 때에는 지방경찰청장 또는 경찰관서장은 지체없이 관할법원에 그 사실을 통보하여야 하며, 그 통보를 받은 관할법원은 비송사건절차법에 의한 과태료의 재판을 한다.

⑤제3항의 규정에 의한 기간 이내에 이의를 제기하지 아니하고 과태료를 납부하지 아니한 때에는 국세체납처분의 예에 의하여 이를 징수한다.

부칙 <제9579호, 2009. 4. 1>

이 법은 공포한 날부터 시행한다.

경비업법 시행령

[시행 2009.11.22] [대통령령 제21827호, 2009.11.17, 타법개정]

경찰청 (생활안전과)02-3150-1315

제1조 (목적) 이 영은 경비업법에서 위임된 사항과 그 시행에 관하여 필요한 사항을 규정함을 목적으로 한다.

제2조 (국가중요시설) 경비업법(이하 "법"이라 한다) 제2조제1호마목에서 "대통령령이 정하는 국가중요시설"이라 함은 공항·항만, 원자력발전소 등의 시설중 국가정보원장이 지정하는 국가보안목표시설과 『통합방위법』 제21조제4항의 규정에 의하여 국방부장관이 지정하는 국가중요시설을 말한다. <개정 2003.11.11, 2009.11.17>

제3조 (허가신청 등) ①법 제4조제1항의 규정에 의하여 경비업의 허가를 받고자 하는 경우에는 허가신청서에, 경비업의 허가를 받은 법인(이하 "경비업자" 라 한다)이 허가를 받은 경비업무를 변경하거나 새로운 경비업무를 추가하고자 하는 경우에는 변경허가신청서에 행정안전부령이 정하는 서류를 첨부하여 지방경찰청장에게 제출하여야 한다. <개정 2008.2.29>

②제1항의 규정에 의하여 허가 또는 변경허가 신청서를 제출하는 법인은 별표 1의 규정에 의한 경비인력·자본금·시설 및 장비를 갖추어야 한다. 다만, 경비업의 허가 또는 변경허가를 신청하는 때에 별표 1의 규정에 의한 시설 등(자본금을 제외한다. 이하 이 항에서 같다)을 갖출 수 없는 경우에는 허가 또는 변경허가의 신청시 시설 등의 확보계획서를 제출한 후 허가 또는 변경허가를 받은 날부터 1월 이내에 별표 1의 규정에 의한 시설 등을 갖추고 지방경찰청장의 확인을 받아야 한다.

제4조 (허가절차 등) ①지방경찰청장은 제3조제1항의 규정에 의하여 허가 또는 변경허가의 신청을 받은 때에는 경비업을 영위하고자 하는 법인의 임원중 법 제5조의 규정에 의한 결격사유에 해당하는 자가 있는지의 유무, 경비인력·시설 및 장비의 확보 또는 확보가능성의 여부, 자본금과 대표자·임원의 경력 및 신용 등을 검토하여 허가여부를 결정하여야 한다.

②지방경찰청장은 제1항의 규정에 의한 검토를 한 후 경비업의 허가 또는 변경허가를 한 때에는 신청인에게 허가증을 교부하여야 한다.

③경비업자는 경비업 허가증을 잃어버리거나 경비업 허가증이 못쓰게 된 경우에는 허가증 재교부신청서에 다음 각호의 구분에 따른 서류를 첨부하여 지방경찰청장에게 허가증의 재교부를 신청하여야 한다.

1. 허가증을 잃어버린 경우에는 그 사유서
2. 허가증이 못쓰게 된 경우에는 그 허가증

제5조 (폐업 또는 휴업 등의 신고 **<개정 2003.11.11>**) ①경비업자는 폐업을 한 때에는 법 제4조제3항제1호의 규정에 의하여 폐업한 날부터 7일 이내에 폐업신고서에 허가증을 첨부하여 지방경찰청장에게 제출하여야한다.

②경비업자는 휴업을 한 때에는 법 제4조제3항제1호의 규정에 의하여 휴업한 날부터 7일 이내에 휴업신고서를 지방경찰청장에게 제출하여야 한다. 이 경우 휴업신고를 한 경비업자가 신고한 휴업기간이 만료되기 전에 영업을 재개하거나 신고한 휴업기간을 연장하고자 하는 때에는 영업을 재개한 후 7일 이내 또는 신고한 휴업기간 종료 후 7일 이내에 영업재개신고서 또는 휴업기간연장신고서를 제출하여야 한다. **<개정 2003.11.11>**

③법 제4조제3항제3호의 규정에 의하여 신설·이전 또는 폐지한 때에 신고를 하여야 하는 출장소는 주사무소 외의 장소로서 일상적으로 일정 지역안의 경비업무를 지휘·총괄하는 영업거점인 지점·지사 또는 사업소 등의 장소로 한다.

④법 제4조제3항제6호에서 "그밖에 대통령령이 정하는 중요사항"이라 함은 정관의 목적을 말한다. **<개정 2003.11.11>**

⑤법 제4조제3항제2호 내지 제6호의 규정에 의한 신고는 그 사유가 발생한 날부터 15일 이내에 하여야 한다.

제6조 (특수경비업자의 업무개시전의 조치) ①법 제2조제1호마목의 규정에 의한 특수경비업무를 수행하는 경비업자(이하 "특수경비업자"라 한다)는 법 제4조제3항제5호의 규정에 의하여 첫 업무개시의 신고를 하기 전에 지방경찰청장의 비밀취급인가를 받아야 한다.

②지방경찰청장은 제1항의 규정에 의하여 특수경비업자에게 비밀취급인가를 하고자 하는 때에는 법 제25조의 규정에 의하여 특수경비업자로 하여금 경찰청장을 거쳐 국가정보원장에게 보안측정을 요청하도록 하여야 한다.

제7조 (기계경비업자의 대응체제) 법 제2조제1호라목의 규정에 의한 기계경비업무를 수행하는 경비업자(이하 "기계경비업자"라 한다)는 법 제8조의 규정에 의하여 관제시설 등에서 경보를 수신한 때에는 경보를 수신한 때부터 늦어도 25분 이내에는 도착시킬 수 있는 대응체제를 갖추어야 한다.

제7조의2 (특수경비업자가 할 수 있는 경비관련업) ①법 제7조제8항에서 "대통령령이 정하는 경비관련업"이라 함은 별표 1의2의 규정에 의한 경비관련업을 말한다.

②제1항의 규정에 의한 경비관련업의 범위에 관하여는 법 또는 이 영에 특별한 규정이 있는 경우를 제외하고는 『통계법』의 규정에 의하여 통계청장이 고시하는 한국표준산업분류표에 의한다. <개정 2007.10.23>

[본조신설 2003.11.11]

제8조 (오경보의 방지를 위한 설명 등) ①법 제9조제1항의 규정에 의하여 기계경비업자가 계약상대방에게 하여야 하는 설명은 다음 각호의 사항을 기재한 서면 또는 전자문서(이하 "서면등"이라 하며, 이 조에서 전자문서는 계약상대방이 원하는 경우에 한한다)를 교부하는 방법에 의한다.

1. 당해 기계경비업무와 관련된 관제시설 및 출장소(제5조제3항의 규정에 의한 출장소를 말한다. 이하 같다)의 명칭·소재지
2. 기계경비업자가 경비대상시설에서 발생한 경보를 수신한 경우에 취하는 조치
3. 기계경비업무용 기기의 설치장소 및 종류와 그밖의 기계장치의 개요
4. 오경보의 발생원인과 송신기기의 유지·관리방법

②기계경비업자는 제1항 각호의 사항을 기재한 서면등과 함께 법 제26조의 규정에 의한 손해배상의 범위와 손해배상액에 관한 사항을 기재한 서면등을 계약상대방에게 교부하여야 한다.

제9조 (기계경비업자의 관리 서류) ①기계경비업자는 법 제9조제2항의 규정에 의하여 출장소별로 다음 각호의 사항을 기재한 서류를 갖추어 두어야 한다.

1. 경비대상시설의 명칭·소재지 및 경비계약기간
2. 기계경비지도사의 명단·배치일자·배치장소와 출동차량의 대수
3. 경보의 수신 및 현장도착 일시와 조치의 결과
4. 오경보인 경우 오경보가 발생한 경비대상시설 및 그 오경보에 대한 조치의 결과

②제1항제3호 및 제4호의 규정에 의한 사항을 기재한 서류는 당해 경보를 수신한 날부터 1년간 이를 보관하여야 한다.

제10조 (경비지도사의 구분) 법 제10조 내지 제12조의 규정에 의한 경비지도사는 다음 각 호와 같이 구분한다.

1. 일반경비지도사 : 다음 각목의 경비업무에 종사하는 경비원을 지도·감독 및 교육하는 경비지도사
   가. 시설경비업무
   나. 호송경비업무
   다. 신변보호업무
   라. 특수경비업무
2. 기계경비지도사 : 기계경비업무에 종사하는 경비원을 지도·감독 및 교육하는 경비지도사

제11조 (경비지도사시험의 시행 및 공고) ①경찰청장은 경비지도사의 수급상황을 조사하여 경비지도사를 새로이 선발할 필요가 있다고 인정되는 때에는 법 제11조제1항의 규정에 의한 경비지도사시험(이하 "시험"이라 한다)의 실시계획을 수립하여야 한다.

②경찰청장은 제1항의 규정에 의한 시험의 실시계획에 따라 시험을 실시하고자 하는 때에는 응시자격·시험과목·시험일시·시험장소 및 선발예정인원 등을 시험시행일 60일전까지 공고하여야 한다.

③제2항의 규정에 의한 공고는 관보게재와 각 지방경찰청 게시판 및 인터넷 홈페이지에 게시하는 방법에 의한다.

제12조 (시험의 방법 및 과목 등) ①시험은 필기시험의 방법에 의하되, 제1차시험과 제2차시험으로 구분하여 실시한다. 이 경우 경찰청장이 필요하다고 인정하는 때에는 제1차시험과 제2차시험을 병합하여 실시할 수 있다.

②제1차시험 및 제2차시험은 각각 선택형으로 하되, 제2차시험에 있어서는 선택형 외에 단답형을 추가할 수 있다.

③제1차시험 및 제2차시험의 과목은 별표 2와 같다.

④제2차시험은 제1차시험에 합격한 자에 대하여 실시한다. 다만, 제1항 후단의 규정에 의하여 제1차시험과 제2차시험을 병합하여 실시하는 경우에는 그러하지 아니하다.

⑤제1항 후단의 규정에 의하여 제1차시험과 제2차시험을 병합하여 실시하는 경우에는

제1차시험에 불합격한 자가 치른 제2차시험은 이를 무효로 한다.

⑥제1차시험에 합격한 자에 대하여는 다음 회의 시험에 한하여 제1차 시험을 면제한다. <신설 2003.11.11>

제13조 (시험의 일부면제) 법 제11조제3항의 규정에 의하여 경비지도사 제1차시험이 면제되는 자는 다음 각호의 1에 해당하는 자로 한다. <개정 2003.11.11, 2008.2.29>

1. 경찰공무원법에 의한 경찰공무원으로 7년 이상 재직한 자
2. 『대통령 등의 경호에 관한 법률』에 의한 경호공무원 또는 별정직공무원으로 7년 이상 재직한 자
3. 군인사법에 의한 각 군 전투병과 또는 헌병병과 부사관 이상 간부로 7년 이상 재직한 자
4. 경비업법에 의한 경비업무에 7년 이상(특수경비업무의 경우에는 3년 이상) 종사하고 행정안전부령이 정하는 교육과정을 이수한 자
5. 고등교육법에 의한 대학 이상의 학교를 졸업한 자로서 재학중 제12조제3항의 규정에 의한 경비지도사 시험과목을 3과목 이상 이수하고 졸업한 후 경비업무에 종사한 경력이 3년 이상인 자
6. 고등교육법에 의한 전문대학을 졸업한 자로서 재학중 제12조제3항의 규정에 의한 경비지도사 시험과목을 3과목 이상 이수하고 졸업한 후 경비업무에 종사한 경력이 5년 이상인 자
7. 일반경비지도사의 자격을 취득한 후 기계경비지도사의 시험에 응시하는 자 또는 기계경비지도사의 자격을 취득한 후 일반경비지도사의 시험에 응시하는 자

제14조 (시험합격자의 결정) ①제1차시험의 합격결정에 있어서는 매 과목 100점을 만점으로 하며, 매과목 40점 이상, 전과목 평균 60점 이상 득점한 자를 합격자로 결정한다.

②제2차시험의 합격결정에 있어서는 선발예정인원의 범위안에서 60점 이상을 득점한 자중에서 고득점 순으로 합격자를 결정한다. 이 경우 동점자로 인하여 선발예정인원이 초과되는 때에는 동점자 모두를 합격자로 한다.

③경찰청장은 제2차시험에 합격한 자에 대하여 합격공고를 하고, 합격 및 교육소집 통지서를 교부하여야 한다.

제15조 (시험출제위원의 임명·위촉 등) ①경찰청장은 시험문제의 출제를 위하여 다음 각호의 1에 해당하는 자중에서 시험출제위원을 임명 또는 위촉한다.

1. 고등교육법에 의한 전문대학 이상의 교육기관에서 경찰행정학과 등 경비업무 관련학과

및 법학과의 부교수(전문대학의 경우에는 교수) 이상으로 재직하고 있는 자

2. 석사 이상의 학위소지자로 경찰청장이 정하는 바에 의하여 경비업무에 관한 연구실적이나 전문경력이 인정되는 자

3. 방범·경비업무를 3년 이상 담당한 경감 이상 경찰공무원의 경력이 있는 자

②제1항의 규정에 의한 시험출제위원의 수는 시험과목별로 2인 이상으로 한다.

③시험출제위원으로 임명 또는 위촉된 자는 경찰청장이 정하는 준수사항을 성실히 이행하여야 한다.

④시험출제위원과 시험관리업무에 종사하는 자에 대하여는 예산의 범위안에서 수당과 여비를 지급할 수 있다. 다만, 공무원인 위원이 그 소관업무와 직접적으로 관련하여 시험관리업무에 종사하는 경우에는 그러하지 아니하다.

제16조 (경비지도사의 선임·배치) ①경비업자는 법 제12조제1항의 규정에 의하여 별표 3의 기준에 따라 경비지도사를 선임·배치하여야 한다.

②경비업자는 제1항의 규정에 의하여 선임·배치된 경비지도사에 결원이 있거나 자격정지 등의 사유로 그 직무를 수행할 수 없는 때에는 15일 이내에 경비지도사를 새로이 충원하여야 한다.

제17조 (경비지도사의 직무 및 준수사항) ①법 제12조제2항제4호에서 "그밖에 대통령령이 정하는 직무"라 함은 다음 각호의 직무를 말한다.

1. 기계경비업무를 위한 기계장치의 운용·감독(기계경비지도사의 경우에 한한다)

2. 오경보방지 등을 위한 기기관리의 감독(기계경비지도사의 경우에 한한다)

② 경비지도사는 법 제12조제3항에 따라 같은 조 제2항제1호의 직무는 월 1회 이상, 제1항 각 호 및 법 제12조제2항제2호의 직무는 주 1회 이상 수행하여야 한다. 다만, 2009년 7월 1일부터 2011년 6월 30일까지 제1항 각 호 및 법 제12조제2항제2호의 직무는 월 1회 이상 수행하여야 한다. <개정 2009.6.30>

제18조 (일반경비원에 대한 교육) ①일반경비업자는 법 제13조제1항의 규정에 의하여 다음 각호의 1에 해당하는 사람에 대하여는 일반경비업자의 부담으로 신임교육을 받게 하여야 한다. 다만, 일반경비원으로 채용된 사람이 경찰공무원법에 의한 경찰공무원, 『대통령 등의 경호에 관한 법률』에 의한 경호공무원·별정직공무원 또는 군인사법에 의한 부사관 이상의 경력을 가진 사람인 경우에는 그를 신임교육의 대상에서 제외할 수 있다. <개정 2003.11.11, 2008.2.29>

1. 경비원의 경력이 없는 사람으로서 일반경비원으로 채용된 사람
2. 경비원 교육을 받은 후 3년 이상의 기간동안 경비업무에 종사하지 아니하다가 일반경비원으로 채용된 사람

②일반경비업자는 법 제13조제1항의 규정에 의하여 소속 일반경비원에 대하여 매월 행정안전부령이 정하는 시간 이상의 직무교육을 실시하여야 한다. <개정 2008.2.29>

③제1항의 신임교육은 다음 각호의 기관 또는 단체가 실시하고, 직무교육은 경비업자가 실시한다.

1. 법 제22조제1항의 규정에 의한 경비협회
2. 경찰교육기관
3. 경비업무 관련학과가 개설된 대학 등 경비원에 대한 교육을 전문적으로 수행할 수 있는 인력과 시설을 갖춘 기관 또는 단체중 경찰청장이 지정하여 고시하는 기관 또는 단체

④일반경비원에 대한 교육의 과목·시간 그밖에 교육의 실시에 관하여 필요한 사항은 행정안전부령으로 정한다. <개정 2008.2.29>

제19조 (특수경비원에 대한 교육) ①특수경비업자는 법 제13조제1항의 규정에 의하여 다음 각호의 1에 해당하는 사람에 대하여는 특수경비업자의 부담으로 경찰교육기관이나 행정안전부령이 정하는 기준에 적합한 기관 또는 단체에서 개설한 특수경비원신임교육을 받게 하여야 한다. <개정 2003.11.11, 2008.2.29>

1. 특수경비원의 경력이 없는 사람으로서 특수경비원으로 채용된 사람
2. 특수경비원 교육을 받은 후 3년 이상의 기간동안 특수경비업무에 종사하지 아니하다가 다시 특수경비원으로 채용된 사람

② 삭제 <2003.11.11>

③특수경비업자는 법 제13조제2항의 규정에 의하여 소속 특수경비원에 대하여 매월 행정안전부령이 정하는 시간 이상의 직무교육을 실시하여야 한다. <개정 2008.2.29>

④특수경비원에 대한 교육의 과목·시간 그밖에 교육의 실시에 관하여 필요한 사항은 행정안전부령으로 정한다. <개정 2008.2.29>

제20조 (특수경비원 무기휴대의 절차 등) ①시설주는 법 제14조제4항의 규정에 의하여 특수경비원이 휴대할 무기를 대여받고자 하는 때에는 무기대여신청서를 관할경찰서장 및 공항경찰대장 등 국가중요시설의 경비책임자(이하 "관할경찰관서장"이라 한다)를 거쳐 지방경찰청장에게 제출하여야 한다.

②시설주는 법 제14조제4항의 규정에 의하여 관할경찰관서장으로부터 대여받은 무기를 특수경비원에게 휴대하게 하는 경우에는 동조제9항의 규정에 의하여 관할경찰관서장의 사전승인을 얻어야 한다.

③제2항의 규정에 의한 사전승인을 함에 있어서 관할경찰관서장은 국가중요시설에 총기 또는 폭발물의 소지자나 무장간첩 침입의 우려가 있는지의 여부 등을 고려하는 등 특수경비원에게 무기를 지급하여야 할 필요성이 있는지의 여부에 관하여 판단하여야 한다.

④시설주는 제3항의 규정에 의한 무기지급의 필요성이 해소되었다고 인정되는 때에는 특수경비원으로부터 즉시 무기를 회수하여야 한다.

⑤법 제14조제9항의 규정에 의하여 특수경비원이 휴대할 수 있는 무기종류는 권총 및 소총으로 한다.

⑥경찰장비의사용기준등에관한규정 제18조 및 별표 2의 규정은 법 제14조제9항의 규정에 의한 안전검사의 기준에 관하여 이를 준용한다.

⑦시설주, 법 제14조제7항의 규정에 의한 관리책임자와 특수경비원은 행정안전부령이 정하는 무기관리수칙을 준수하여야 한다. <개정 2008.2.29>

제21조 (무기관리에 대한 지도·감독) 관할경찰관서장은 법 제14조제5항의 규정에 의하여 시설주 및 특수경비원의 무기관리상황을 매월 1회 이상 점검하여야 한다.

제22조 (결격사유자 등의 통보) 지방경찰청장 또는 경찰관서장은 법 제17조의 규정에 의하여 경비원이 결격사유에 해당하게 된 사실 등을 경비업자에게 통보하는 때에는 그 사유를 명시한 서면등으로 하여야 한다.

제23조 (위반행위의 보고·통보) ①경비업자의 출장소 또는 경비대상시설을 관할하는 지방경찰청장 또는 경찰관서장은 출장소의 임·직원이나 경비원이 법 또는 법에 의한 명령에 위반한 사실을 안 때에는 지체없이 그 사실을 서면등으로 당해 경비업을 허가한 지방경찰청장에게 통보하거나 보고하여야 한다.

②제1항의 규정에 의하여 통보 또는 보고를 받은 지방경찰청장은 그 위반행위에 대하여 행정처분을 한 때에는 이를 해당 지방경찰청장 또는 경찰관서장에게 통보하여야 한다.

제24조 (행정처분의 기준) 법 제19조제1항의 규정에 의한 행정처분의 기준은 별표 4와 같다.

제25조 (경비지도사의 자격정지처분의 기준) 법 제20조제2항의 규정에 의한 경비지도사에 대한 자격정지처분의 기준은 별표 5와 같다.

第26조 (경비협회) ①경비업자는 법 제22조제1항의 규정에 의하여 경비업자 5인 이상이 발기인이 되어 경비협회(이하 "협회"라 한다)를 설립할 수 있다.

②협회는 정관이 정하는 바에 의하여 회원으로부터 회비를 징수할 수 있다.

第27조 (공제사업) ①협회는 법 제23조제1항의 규정에 의하여 공제사업을 하는 경우 공제사업의 회계는 다른 사업의 회계와 구분하여 경리하여야 한다.

②협회는 법 제26조제1항 또는 제2항의 규정에 의한 경비업자의 손해배상책임의 보장외의 목적으로 공제사업을 운영하여서는 아니된다.

第28조 (허가증 등의 수수료) ①법에 의한 경비업의 허가를 받거나 허가증을 재교부받고자 하는 자는 다음 각호의 수수료를 납부하여야 한다.

1. 법 제4조제1항 및 법 제6조제2항의 규정에 의한 경비업의 허가(추가·변경·갱신허가를 포함한다)의 경우에는 1만원
2. 허가사항의 변경신고로 인한 허가증 재교부의 경우에는 2천원

②제1항의 규정에 의한 수수료는 허가 등의 신청서에 수입인지를 첨부하여 납부한다.

③시험에 응시하고자 하는 자는 경찰청장이 정하여 고시하는 수수료를 납부하여야 한다.

④경찰청장 및 지방경찰청장은 제2항 및 제3항의 규정에 불구하고 정보통신망을 이용하여 전자화폐·전자결제 등의 방법으로 수수료를 납부하게 할 수 있다. <신설 2004.3.17>

第29조 (보안지도점검) 지방경찰청장은 법 제25조의 규정에 의하여 특수경비업자에 대하여 연 2회 이상의 보안지도·점검을 실시하여야 한다.

第30조 (경비가 필요한 시설 등에 대한 경비의 요청) 지방경찰청장은 행사장 그밖에 많은 사람이 모이는 시설 또는 장소에서 혼잡 등으로 인한 위험의 발생을 방지하기 위하여 법 제2조제3호의 규정에 의한 경비원에 의한 경비가 필요하다고 인정되는 때에는 행사개최일 전에 당해 행사의 주최자에게 경비원에 의한 경비를 실시하거나 부득이한 사유로 그것을 실시할 수 없는 경우에는 행사개최 24시간 전까지 지방경찰청장에게 그 사실을 통지하여 줄 것을 요청할 수 있다.

第31조 (권한의 위임 및 위탁) ①경찰청장은 법 제27조제1항의 규정에 의하여 다음 각호의 권한을 지방경찰청장에게 위임한다.

1. 법 제20조의 규정에 의한 경비지도사의 자격의 취소 및 정지에 관한 권한
2. 법 제21조제2호의 규정에 의한 경비지도사 자격의 취소 및 정지에 관한 청문의 권한

②경찰청장 또는 경찰관서장은 법 제27조제2항의 규정에 의하여 법 제11조제1항의 규정에 의한 경비지도사시험의 관리와 경비지도사의 교육에 관한 업무를 경비업무에 관한 인력과 전문성을 갖춘 기관으로서 경찰청장이 지정하여 고시하는 기관 또는 단체에 위탁한다.

제32조 (과태료의 부과기준 등) ① 법 제31조제1항에 따른 과태료의 부과기준은 별표 6과 같다.

② 지방경찰청장 또는 경찰관서장은『질서위반행위규제법』제14조 각 호의 사항을 고려하여 별표 6에 따른 금액의 100분의 50의 범위에서 경감하거나 가중할 수 있다. 다만, 가중하는 때에는 법 제31조제1항에 따른 과태료 금액의 상한을 초과할 수 없다.

③ 과태료를 부과받은 자는 과태료 부과 고지서를 받은 날부터 60일 이내에 납부하여야 한다. 다만, 천재지변이나 그 밖의 부득이한 사유로 과태료를 납부할 수 없는 때에는 그 사유가 없어진 날부터 5일 이내에 납부하여야 한다.

④ 제1항부터 제3항까지에서 규정한 사항 외에 과태료의 부과·징수절차에 관하여 필요한 사항은 행정안전부령으로 정한다.

[전문개정 2008.11.26]

부칙 <제21827호, 2009.11.17> **(통합방위법 시행령)**

제1조(시행일) 이 영은 2009년 11월 22일부터 시행한다.

제2조(다른 법령의 개정) 경비업법 시행령 일부를 다음과 같이 개정한다.

제2조 중 "통합방위법 제15조의2제4항"을 "『통합방위법』 제21조제4항"으로 한다.

경비업법 시행규칙

[시행 2011. 4.27] [행정안전부령 제190호, 2011. 1.26, 일부개정]

제1조(목적) 이 규칙은 경비업법 및 동법시행령에서 위임된 사항과 그 시행에 관하여 필요한 사항을 규정함을 목적으로 한다.

제2조(호송경비의 통지) 경비업법(이하 "법" 이라 한다) 제4조제1항의 규정에 의하여 경비업의 허가를 받은 법인(이하 "경비업자" 라 한다)은 법 제2조제1호 나목의 규정에 의한 호송경비업무를 수행하기 위하여 관할경찰서의 협조를 얻고자 하는 때에는 현금 등의 운반을 위한 출발 전일까지 출발지의 경찰서장에게 별지 제1호서식의 호송경비통지서(전자문서로 된 통지서를 포함한다)를 제출하여야 한다. <개정 2004.12.10>

제3조(허가신청 등) ①법 제4조제1항 및 경비업법시행령(이하 "영"이라 한다) 제3조제1항의 규정에 의하여 경비업의 허가를 받고자 하는 경우 또는 경비업자가 허가를 받은 경비업무를 변경하거나 새로운 경비업무를 추가하고자 하는 경우에는 별지 제2호서식의 경비업 허가신청서 또는 변경허가신청서(전자문서로 된 신청서를 포함한다)에 다음 각호의 서류(전자문서를 포함한다)를 첨부하여 지방경찰청장에게 제출하여야 한다. <개정 2004.12.10, 2006.9.7>

1. 법인의 정관 1부
2. 법인 임원의 이력서 1부
3. 경비인력·시설 및 장비의 확보계획서 1부(경비업 허가의 신청시 이를 갖출 수 없는 경우에 한한다)

②제1항에 따른 신청서를 제출받은 지방경찰청장은 『전자정부법』 제36조제1항에 따른 행정정보의 공동이용을 통하여 법인의 등기사항증명서를 확인하여야 한다. <신설 2006.9.7, 2008.12.5, 2010.9.10>

제4조(허가증 등) ①영 제4조제2항의 규정에 의한 허가증은 별지 제3호서식에 의한다.

②영 제4조제3항의 규정에 의한 허가증 재교부신청서는 별지 제4호서식에 의한다.

제5조(폐업 또는 휴업 등의 신고) ①영 제5조제1항의 규정에 의한 폐업신고서와 동조제2항의 규정에 의한 휴업신고서·영업재개신고서 및 휴업기간연장신고서는 별지 제5호서식에 의한다. <개정 2003.11.17>

②법 제4조제3항제2호의 규정에 의한 법인의 명칭·대표자·임원, 동항제3호의 규정에 의한 주사무소·출장소나 영 제5조제4항의 규정에 의한 정관의 목적이 변경되어 법 제4조제3항의 규정에 의한 신고를 하는 때에는 별지 제6호서식의 경비업 허가사항 등의 변경신고서(전자문서로 된 신고서를 포함한다)에 다음 각호의 구분에 의한 서류(전자문서를 포함한다)를 첨부하여 지방경찰청장에게 제출하여야 한다. <개정 2003.11.17, 2004.12.10, 2006.2.2, 2006.9.7>

1. 명칭 변경의 경우 : 허가증 원본
2. 대표자 변경의 경우
   가. 삭제 <2006.9.7>
   나. 법인 대표자의 이력서 1부
   다. 허가증 원본
3. 임원 변경의 경우 : 법인 임원의 이력서 1부
4. 주사무소 또는 출장소 변경의 경우 : 허가증 원본
5. 정관의 목적 변경의 경우 : 법인의 정관 1부

③제2항에 따른 신고서를 제출받은 지방경찰청장은 『전자정부법』 제36조제1항에 따른 행정정보의 공동이용을 통하여 법인의 등기사항증명서를 확인하여야 한다. <신설 2006.9.7, 2008.12.5, 2010.9.10>

④법 제4조제3항제5호의 규정에 의한 특수경비업무의 개시 또는 종료의 신고는 별지 제7호서식에 의한다. <개정 2006.9.7>

제6조(허가갱신) ①법 제6조제2항의 규정에 의하여 경비업의 갱신허가를 받고자 하는 자는 허가의 유효기간만료일 30일전까지 별지 제2호서식의 경비업갱신허가신청서(전자문서로 된 신청서를 포함한다)에 허가증 원본 및 정관(변경사항이 있는 경우에 한한다)을 첨부하여 지방경찰청장에게 제출하여야 한다. <개정 2004.12.10, 2006.9.7>

②제1항에 따른 신청서를 제출받은 지방경찰청장은 『전자정부법』 제36조제1항에 따른 행정정보의 공동이용을 통하여 법인의 등기사항증명서를 확인하여야 한다.<신설 2006.9.7, 2010.9.10>

③지방경찰청장은 법 제6조제2항의 규정에 의하여 갱신허가를 하는 때에는 유효기간이 만료되는 허가증을 회수한 후 별지 제3호서식의 허가증을 교부하여야 한다. <개정 2006.9.7, 2008.12.5>

제7조(특수경비원의 신체조건) 법 제10조제2항제4호에서 "행정안전부령이 정하는 신체조건"이라 함은 팔과 다리가 완전하고 두 눈의 맨눈시력 각각 0.2 이상 또는 교정시력 각각 0.8 이상을 말한다. <개정 2008.3.6>

[전문개정 2003.11.17]

제8조(응시원서) 법 제11조의 규정에 의한 경비지도사시험에 응시하고자 하는 자는 별지 제8호서식의 응시원서(전자문서로 된 원서를 포함한다)를 경찰청장에게 제출하여야 한다. <개정 2004.12.10>

제9조(경비지도사에 대한 교육) ①법 제11조제1항에서 "행정안전부령이 정하는 교육"이라 함은 경비지도사에 대한 별표 1의 규정에 의한 과목 및 시간의 교육을 말한다. <개정 2008.3.6>

②제1항의 규정에 의한 교육에 소요되는 비용은 경비지도사의 교육을 받는 자의 부담으로 한다.

제10조(경비지도사시험의 일부면제) 영 제13조제4호에서 "행정안전부령이 정하는 교육과정을 이수한 자"라 함은 다음 각호의 1에 해당하는 사람을 말한다. <개정 2008.3.6><

1. 고등교육법에 의한 전문대학 이상의 교육기관(경비지도사의 시험과목 3과목 이상이 개설된 교육기관에 한한다)에서 1년 이상의 경비업무관련 과정을 마친 사람
2. 경찰청장이 지정하는 기관 또는 단체에서 실시하는 64시간 이상의 경비지도사 양성과정을 마치고 수료시험에 합격한 사람

제11조(경비지도사자격증의 교부) 경찰청장은 법 제11조의 규정에 의한 경비지도사시험에 합격하고 제9조의 규정에 의한 경비지도사 교육을 받은 자에 대하여는 별지 제9호서식의 경비지도사자격증 교부대장에 소정의 사항을 기재한 후, 별지 제10호서식의 경비지도사 자격증을 교부하여야 한다.

제12조(일반경비원에 대한 신임교육의 실시 등) ①영 제18조제4항의 규정에 의한 일반경비원 신임교육의 과목 및 시간은 별표 2와 같다.

②경찰청장은 일반경비원에 대한 신임교육의 실시를 위하여 연도별 교육계획을 수립하고, 영 제18조제3항의 규정에 의한 일반경비원 신임교육 기관 또는 단체가 교육계획에

따라 교육을 실시하도록 하여야 한다. <개정 2006.2.2>

③경비업자는 경비원을 새로이 채용한 때에는 근무배치후 2개월이 경과하기 전까지 신임교육을 받게 하여야 한다. 다만, 법 제18조제2항제1호 및 제2호의 규정에 의하여 배치하는 일반경비원의 경우에는 근무배치 전까지 신임교육을 받게 하여야 한다.<개정 2006.2.2, 2009.7.1>

④영 제18조제3항의 규정에 의한 교육실시의 기관 또는 단체의 장은 제1항의 규정에 의한 신임교육의 과정을 마친 사람에 대하여는 별지 제11호서식의 일반경비원 신임교육 이수증교부대장에 그 사실을 기재한 후 별지 제12호서식의 일반경비원 신임교육이수증을 교부하여야 한다.

⑤경비업자는 일반경비원이 제1항의 규정에 의한 신임교육을 받은 때에는 제23조제1항의 규정에 의한 경비원의 명부에 그 사실을 기재하여야 한다.

제13조(일반경비원에 대한 직무교육의 시간) ①영 제18조제2항의 규정에서 "행정안전부령이 정하는 시간" 이라 함은 4시간을 말한다. <개정 2008.3.6, 2011.1.26>

② 영 제18조제4항에 따른 일반경비원에 대한 직무교육의 과목은 일반경비원의 직무수행에 필요한 이론 · 실무과목, 그 밖에 정신교양 등으로 한다. <신설 2011.1.26>

[제목개정 2011.1.26]

제14조(특수경비원에 대한 신임교육의 실시 등) ①영 제19조제1항에 의한 특수경비원 신임교육의 과정을 개설하고자 하는 기관 또는 단체는 별표 3의 규정에 의한 시설 등을 갖추고 경찰청장에게 지정을 요청하여야 한다.

②경찰청장은 제1항의 규정에 의한 교육과정을 개설하고자 하는 기관 또는 단체가 동항의 규정에 의한 지정을 요청한 때에는 별표 3의 규정에 의한 기준에 적합한 지의 여부를 확인한 후 그 기준에 적합한 경우 이를 특수경비원 신임교육을 실시할 수 있는 기관 또는 단체로 지정할 수 있다. <개정 2006.2.2>

③제2항의 규정에 의하여 지정을 받은 기관 또는 단체는 신임교육의 과정에서 필요한 경우에는 관할 경찰관서장에게 경찰관서 시설물의 이용이나 전문적인 소양을 갖춘 경찰관의 파견을 요청할 수 있다. <개정 2006.2.2>

제15조(특수경비원 교육과목 등) ①영 제19조제4항의 규정에 의한 특수경비원 신임교육의 과목 및 시간은 별표 4와 같다.

②영 제19조제1항의 규정에 의한 교육실시의 기관 또는 단체의 장은 제1항의 규정에 의한 신임교육의 과정을 마친 사람에 대하여는 별지 제11호서식의 특수경비원 신임교육 이수증교부대장이 그 사실을 기재한 후 별지 제12호서식의 특수경비원 신임교육이수증을 교부하여야 한다.

③경비업자는 특수경비원이 제1항의 규정에 의한 신임교육을 받은 때에는 제23조제1항의 규정에 의한 경비원의 명부에 그 사실을 기재하여야 한다.

제16조(특수경비원의 직무교육의 시간 등) ①영 제19조제3항에서 "행정안전부령이 정하는 시간"이라 함은 6시간을 말한다. <개정 2008.3.6, 2011.1.26>

②관할경찰서장 및 공항경찰대장 등 국가중요시설의 경비책임자(이하 "관할경찰관서장"이라 한다)는 필요하다고 인정하는 경우에는 특수경비원이 배치된 경비대상시설에 소속공무원을 파견하여 직무집행에 필요한 교육을 실시할 수 있다.

③ 영 제19조제4항에 따른 특수경비원에 대한 직무교육의 과목은 특수경비원의 직무수행에 필요한 이론·실무과목, 그 밖에 정신교양 등으로 한다. <신설 2011.1.26>

[제목개정 2011.1.26]

제17조(무기대여신청서) 영 제20조제1항의 규정에 의한 무기대여신청서는 별지 제13호서식에 의한다.

제18조(무기의 관리수칙 등) ①법 제14조제4항의 규정에 의하여 무기를 대여받은 국가중요시설의 시설주(이하 "시설주"라 한다) 또는 동조제7항의 규정에 의한 관리책임자(이하 "관리책임자"라 한다)는 다음 각호의 관리수칙에 따라 무기(탄약을 포함한다. 이하 같다)를 관리하여야 한다.

1. 무기의 관리를 위한 책임자를 지정하고 관할경찰관서장에게 이를 통보할 것
2. 무기고 및 탄약고는 단층에 설치하고 환기·방습·방화 및 총가 등의 시설을 할 것
3. 탄약고는 무기고와 사무실 등 많은 사람을 수용하거나 많은 사람이 오고 가는 시설과 떨어진 곳에 설치할 것
4. 무기고 및 탄약고에는 이중 시건장치를 하여야 하며, 열쇠는 관리책임자가 보관하되, 근무시간 이후에는 열쇠를 당직책임자에게 인계하여 보관시킬 것
5. 관할경찰관서장이 정하는 바에 의하여 무기의 관리실태를 매월 파악하여 다음 달 3일까지 관할경찰관서장에게 통보할 것

6. 대여받은 무기를 빼앗기거나 대여받은 무기가 분실·도난 또는 훼손되는 등의 사고가 발생한 때에는 관할경찰관서장에게 그 사유를 지체없이 통보할 것
7. 대여받은 무기를 빼앗기거나 대여받은 무기가 분실·도난 또는 훼손된 때에는 경찰청장이 정하는 바에 의하여 그 전액을 배상할 것. 다만, 전시·사변, 천재·지변 그 밖의 불가항력의 사유가 있다고 지방경찰청장이 인정한 때에는 그러하지 아니하다.
8. 시설주는 자체계획을 수립하여 보관하고 있는 무기를 매주 1회 이상 손질할 수 있게 할 것

②시설주 또는 관리책임자는 고의 또는 과실로 무기(부속품을 포함한다)를 빼앗기거나 무기가 분실·도난 또는 훼손되도록 한 특수경비원에 대하여 특수경비업자에게 교체 또는 징계 등의 조치를 요청할 수 있다. 이 경우 특수경비업자는 특별한 사유가 없는 한 이에 응하여야 한다.

③법 제14조제4항의 규정에 의하여 무기를 대여받은 시설주 또는 관리책임자가 특수경비원에게 무기를 출납하고자 하는 때에는 다음 각호의 관리수칙에 따라 무기를 관리하여야 한다.

1. 관할경찰관서장이 무기를 회수하여 집중적으로 관리하도록 지시하는 경우 또는 출납하는 탄약의 수를 증감하거나 출납을 중지하도록 지시하는 경우에는 이에 따를 것
2. 탄약의 출납은 소총에 있어서는 1정당 15발 이내, 권총에 있어서는 1정당 7발 이내로 하되, 생산된 후 오래된 탄약을 우선적으로 출납할 것
3. 무기를 지급받은 특수경비원으로 하여금 무기를 매주 1회 이상 손질하게 할 것
4. 수리가 필요한 무기가 있는 때에는 그 목록과 무기장비운영카드를 첨부하여 관할경찰관서장에게 수리를 요청할 것

④법 제14조제4항의 규정에 의하여 시설주로부터 무기를 지급받은 특수경비원은 다음 각호의 관리수칙에 따라 무기를 관리하여야 한다.

1. 무기를 지급받거나 반납하는 때 또는 무기의 인계 인수를 하는 때에는 반드시 "앞에 총"의 자세에서 "검사 총"을 할 것
2. 무기를 지급받은 때에는 별도의 지시가 없는 한 탄약은 무기로부터 분리하여 휴대하여야 하며, 소총은 "우로 어깨걸어 총"의 자세를 유지하고, 권총은 "권총집에 넣어 총"의 자세를 유지할 것
3. 지급받은 무기를 다른 사람에게 보관휴대 또는 손질시키지 아니할 것
4. 무기를 손질 또는 조작하는 때에는 총구를 반드시 공중으로 향하게 할 것

5. 무기를 반납하는 때에는 손질을 철저히 한 후 반납하도록 할 것
6. 근무시간 이후에는 무기를 시설주에게 반납하거나 교대근무자에게 인계할 것

⑤시설주는 다음 각호의 1에 해당하는 특수경비원에 대하여 무기를 지급하여서는 아니되며, 지급된 무기가 있는 경우 이를 즉시 회수하여야 한다.

1. 형사사건으로 인하여 조사를 받고 있는 사람
2. 사의를 표명한 사람
3. 정신질환자
4. 그 밖에 무기를 지급하기에 부적합하다고 인정되는 사람

⑥시설주는 무기를 수송하는 때에는 출발하기 전에 관할경찰서장에게 그 사실을 통보하여야 하며, 통보를 받은 관할경찰서장은 1인 이상의 무장경찰관을 무기를 수송하는 자동차 등에 함께 타도록 하여야 한다.

제19조(제복) ①경비원의 제복은 경찰공무원 또는 군인의 제복과 색상 및 표지장이 명확히 구별될 수 있어야 하며, 경비원임이 식별될 수 있는 복장으로 정하여야 한다.

②경비업자가 경비원의 제복을 정한 때에는 주된 사무소를 관할하는 지방경찰청장에게 그 형식 및 색상을 확인할 수 있는 사진을 제출하여야 한다.

③경비원에 대한 지휘·감독을 위하여 조원·조장·반장 및 대장의 계급제도를 실시하는 경우 그 계급장은 별도 1에 의한다.

④경비원이 제복을 착용할 경우에는 별도 1 내지 별도 3에 의한 계급장·모장·흉장 및 표지장을 별도 4에서 규정된 위치에 붙여야 한다.

⑤경비업자는 근무의 지역 및 내용에 따라 경비원으로 하여금 제복외의 복장을 착용하게 할 수 있다. <개정 2006.2.2>

⑥경비업자는 제5항의 규정에 의하여 제복외의 복장을 착용하는 경비원을 동일한 배치장소에 2인 이상을 배치할 경우 동일한 복장을 착용하게 하여야 한다. 다만, 신변보호 업무의 수행 등 부득이한 사유가 있는 경우에는 그러하지 아니하다. <신설 2006.2.2><

제20조(장구 등) 경비원이 휴대하는 장구의 종류는 경적·경봉 및 분사기 등으로 하되, 근무중에 한하여 이를 휴대할 수 있다.

제21조(분사기의 휴대) 경비업자가 경비원으로 하여금 분사기를 휴대하여 직무를 수행하게 하는 경우에는 총포·도검·화약류등단속법에 의하여 미리 분사기의 소지허가를 받아야 한다.

제22조(출동차량의 도색 등) ①기계경비업자는 출동차량의 도색 및 표지를 경찰차량 및 군 차량과 명확히 구별될 수 있는 것으로 정하여야 한다.

②기계경비업자는 출동차량의 도색 및 표지를 정한 때에는 그 도색 및 표지를 확인할 수 있는 사진을 주된 사무소를 관할하는 지방경찰청장에게 제출하여야 한다.

제23조(경비원의 명부) ①법 제18조제1항의 규정에 의하여 경비업자가 갖추어 두어야 하는 경비원의 명부는 별지 제14호서식에 의한다.

②경비업자는 제1항의 규정에 의한 경비원의 명부를 주된 사무소 및 출장소(영 제5조제3항의 규정에 의한 출장소를 말하며, 당해 출장소에 배치된 경비원에 한한다)에 갖추어 두고 이를 항상 정리하여야 한다.

③경비업자가 경비원을 채용하는 경우 법 제10조에 규정된 결격사유의 유무를 확인하기 위하여 필요한 때에는 주된 사무소 및 출장소를 관할하는 경찰관서장에게 범죄경력조회 등 필요한 협조를 요청할 수 있다.

제24조(경비원의 배치 및 배치폐지의 신고) ①경비업자는 법 제18조제2항의 규정에 의하여 경비업무를 수행하기 위하여 20일 이상 경비원을 배치하거나 그 기간을 연장하고자 하는 때에는 경비원을 배치한 후 7일 이내에 별지 제15호서식의 경비원 배치신고서(전자문서로 된 신고서를 포함한다)를 배치지의 관할경찰관서장에게 제출하여야 한다. 다만, 법 제18조제2항제1호의 규정에 의하여 다음 각호의 장소에 일반경비원을 배치하는 때에는 경비원을 배치하는 기간과 관계없이 경비원을 배치하기 24시간 전까지 제출하여야 한다. <개정 2006.2.2, 2009.7.1>

1. 영 제30조의 규정에 의하여 지방경찰청장이 행사장 그 밖의 많은 사람들이 모이는 시설 또는 장소로서 혼잡 등으로 인한 위험의 발생을 방지하기 위하여 경비원에 의한 경비가 필요하다고 인정하는 장소
2. 노사분규가 진행 중인 사업장 또는 노사분규가 발생할 것으로 예상되는 사업장
3. 주택재개발·재건축관련 이해대립이 있어 다툼이 있는 장소
4. 특정 시설물의 설치와 관련하여 민원이 있는 장소
5. 주주총회와 관련하여 이해대립이 있어 다툼이 있는 장소
6. 건물·토지 등 부동산 및 동산에 대한 소유권·운영권·관리권·점유권 등 법적 권리에 대한 이해대립이 있어 다툼이 있는 장소

②제1항의 규정에 의하여 경비원의 배치신고를 한 경비업자가 경비원의 배치를 폐지한 때에는 배치폐지를 한 날부터 7일 이내에 별지 제15호서식의 경비원 배치폐지신고서(전자문서로 된 신고서를 포함한다)를 배치지의 관할경찰관서장에게 제출하여야 한다. 다만, 경비원 배치신고시에 기재한 배치폐지 예정일에 경비원의 배치를 폐지한 경우에는 그러하지 아니하다. <개정 2004.12.10, 2009.7.1>

제25조(경비전화의 가설) ①관할경찰관서장은 시설주의 신청에 의하여 특수경비원이 배치된 국가중요시설 등에 경비전화를 가설할 수 있다.

②제1항의 규정에 의하여 경비전화를 가설하는 경우의 소요경비는 시설주의 부담으로 한다.

제26조(갖추어 두어야 하는 장부 또는 서류) ①특수경비원을 배치한 시설주는 다음 각호의 장부 및 서류를 갖추어 두어야 한다.

1. 근무일지
2. 근무상황카드
3. 경비구역배치도
4. 순찰표철
5. 무기탄약출납부
6. 무기장비운영카드

②특수경비원을 배치한 국가중요시설의 관할경찰관서장은 다음 각호의 장부 및 서류를 갖추어 두어야 한다.

1. 감독순시부
2. 특수경비원 전·출입관계철
3. 특수경비원 교육훈련실시부
4. 무기·탄약대여대장
5. 그 밖에 특수경비원의 관리 등을 위하여 필요한 장부 또는 서류

③제1항 및 제2항의 규정에 의한 장부 또는 서류의 서식은 경찰관서에서 사용하는 서식을 준용한다.

제27조(신분증명서의 발급) ①경비지도사 및 경비원의 신분증명서는 경비지도사 또는 경비원이 소속된 경비업자가 발급한다.

②제1항의 규정에 의한 신분증명서의 규격 및 지질은 별도 5와 같다.

제28조(과태료 부과 고지서 등) ① 법 제31조제1항에 따른 과태료 부과의 사전 통지는 별지 제16호서식의 과태료 부과 사전 통지서에 따른다.

② 법 제31조제1항에 따른 과태료의 부과는 별지 제17호서식의 과태료 부과 고지서에 따른다.

[전문개정 2008.12.5]

부칙 <제190호, 2011. 1.26>

이 규칙은 공포한 날부터 시행한다.

청원경찰법

[시행 2010. 7. 1] [법률 제10013호, 2010. 2. 4, 일부개정]

경찰청 (경비과)02-3150-2657

제1조(목적) 이 법은 청원경찰의 직무·임용·배치·보수·사회보장 및 그 밖에 필요한 사항을 규정함으로써 청원경찰의 원활한 운영을 목적으로 한다.

[전문개정 2010.2.4]

제2조(정의) 이 법에서 "청원경찰"이란 다음 각 호의 어느 하나에 해당하는 기관의 장 또는 시설·사업장 등의 경영자가 경비{이하 "청원경찰경비"(청원경찰경비)라 한다}를 부담할 것을 조건으로 경찰의 배치를 신청하는 경우 그 기관·시설 또는 사업장 등의 경비(警備)를 담당하게 하기 위하여 배치하는 경찰을 말한다.

1. 국가기관 또는 공공단체와 그 관리하에 있는 중요 시설 또는 사업장
2. 국내 주재(駐在) 외국기관
3. 그 밖에 행정안전부령으로 정하는 중요 시설, 사업장 또는 장소

[전문개정 2010.2.4]

제3조(청원경찰의 직무) 청원경찰은 제4조제2항에 따라 청원경찰의 배치 결정을 받은 자{이하 "청원주"(청원주)라 한다}와 배치된 기관·시설 또는 사업장 등의 구역을 관할하는 경찰서장의 감독을 받아 그 경비구역만의 경비를 목적으로 필요한 범위에서 『경찰관직무집행법』에 따른 경찰관의 직무를 수행한다.

[전문개정 2010.2.4]

제4조(청원경찰의 배치) ① 청원경찰을 배치받으려는 자는 대통령령으로 정하는 바에 따라 관할 지방경찰청장에게 청원경찰 배치를 신청하여야 한다.

② 지방경찰청장은 제1항의 청원경찰 배치 신청을 받으면 지체 없이 그 배치 여부를 결정하여 신청인에게 알려야 한다.

③ 지방경찰청장은 청원경찰 배치가 필요하다고 인정하는 기관의 장 또는 시설·사업장의 경영자에게 청원경찰을 배치할 것을 요청할 수 있다.

[전문개정 2010.2.4]

제5조(청원경찰의 임용 등) ① 청원경찰은 청원주가 임용하되, 임용을 할 때에는 미리 지방경찰청장의 승인을 받아야 한다.

② 『국가공무원법』 제33조 각 호의 어느 하나의 결격사유에 해당하는 사람은 청원경찰로 임용될 수 없다.

③ 청원경찰의 임용자격 · 임용방법 · 교육 및 보수에 관하여는 대통령령으로 정한다.

④ 청원경찰의 복무에 관하여는 『국가공무원법』 제57조, 제58조제1항, 제60조, 제66조제1항 및 『경찰공무원법』 제18조를 준용한다.

[전문개정 2010.2.4]

제5조의2(청원경찰의 징계) ① 청원주는 청원경찰이 다음 각 호의 어느 하나에 해당하는 때에는 대통령령으로 정하는 징계절차를 거쳐 징계처분을 하여야 한다.

1. 직무상의 의무를 위반하거나 직무를 태만히 한 때
2. 품위를 손상하는 행위를 한 때

② 청원경찰에 대한 징계의 종류는 파면, 해임, 정직, 감봉 및 견책으로 구분한다.

③ 청원경찰의 징계에 관하여 그 밖에 필요한 사항은 대통령령으로 정한다.

[본조신설 2010.2.4]

제6조(청원경찰경비) ① 청원주는 다음 각 호의 청원경찰경비를 부담하여야 한다.

1. 청원경찰에게 지급할 봉급과 각종 수당
2. 청원경찰의 피복비
3. 청원경찰의 교육비
4. 제7조에 따른 보상금 및 제7조의2에 따른 퇴직금

② 국가기관 또는 지방자치단체에 근무하는 청원경찰의 보수는 다음 각 호의 구분에 따라 같은 재직기간에 해당하는 경찰공무원의 보수를 감안하여 대통령령으로 정한다.

1. 재직기간 15년 미만: 순경
2.재직기간 15년 이상 30년 미만: 경장
3. 재직기간 30년 이상: 경사

③ 청원주의 제1항제1호에 따른 봉급 · 수당의 최저부담기준액(국가기관 또는 지방자치단체에 근무하는 청원경찰의 봉급 · 수당은 제외한다)과 같은 항 제2호 및 제3호에 따른

비용의 부담기준액은 경찰청장이 정하여 고시(告示)한다.

[전문개정 2010.2.4]

제7조(보상금) 청원주는 청원경찰이 다음 각 호의 어느 하나에 해당하게 되면 대통령령으로 정하는 바에 따라 청원경찰 본인 또는 그 유족에게 보상금을 지급하여야 한다.

1. 직무수행으로 인하여 부상을 입거나, 질병에 걸리거나 또는 사망한 경우
2. 직무상의 부상·질병으로 인하여 퇴직하거나, 퇴직 후 2년 이내에 사망한 경우

[전문개정 2010.2.4]

제7조의2(퇴직금) 청원주는 청원경찰이 퇴직할 때에는 『근로자퇴직급여 보장법』에 따른 퇴직금을 지급하여야 한다. 다만, 국가기관이나 지방자치단체에 근무하는 청원경찰의 퇴직금에 관하여는 따로 대통령령으로 정한다.

[전문개정 2010.2.4]

제8조(제복 착용과 무기 휴대) ① 청원경찰은 근무 중 제복을 착용하여야 한다.

② 지방경찰청장은 청원경찰이 직무를 수행하기 위하여 필요하다고 인정하면 청원주의 신청을 받아 관할 경찰서장으로 하여금 청원경찰에게 무기를 대여하여 지니게 할 수 있다.

③ 청원경찰의 복제(服制)와 무기 휴대에 필요한 사항은 대통령령으로 정한다.

[전문개정 2010.2.4]

제9조 삭제 <1999.3.31>

제9조의2 삭제 <2001.4.7>

제9조의3(감독) ① 청원주는 항상 소속 청원경찰의 근무 상황을 감독하고, 근무 수행에 필요한 교육을 하여야 한다.

② 지방경찰청장은 청원경찰의 효율적인 운영을 위하여 청원주를 지도하며 감독상 필요한 명령을 할 수 있다.

[전문개정 2010.2.4]

제10조(직권남용 금지 등) ① 청원경찰이 직무를 수행할 때 직권을 남용하여 국민에게 해를 끼친 경우에는 6개월 이하의 징역이나 금고에 처한다.

② 청원경찰 업무에 종사하는 사람은 『형법』이나 그 밖의 법령에 따른 벌칙을 적용할 때에는 공무원으로 본다.

[전문개정 2010.2.4]

제10조의2(청원경찰의 불법행위에 대한 배상책임) 청원경찰(국가기관이나 지방자치단체에 근무하는 청원경찰은 제외한다)의 직무상 불법행위에 대한 배상책임에 관하여는 『민법』의 규정을 따른다.

[전문개정 2010.2.4]

제10조의3(권한의 위임) 이 법에 따른 지방경찰청장의 권한은 그 일부를 대통령령으로 정하는 바에 따라 관할 경찰서장에게 위임할 수 있다.

[전문개정 2010.2.4]

제10조의4(의사에 반한 면직) ① 청원경찰은 형의 선고, 징계처분 또는 신체상·정신상의 이상으로 직무를 감당하지 못할 때를 제외하고는 그 의사(意思)에 반하여 면직(免職)되지 아니한다.

② 청원주가 청원경찰을 면직시켰을 때에는 그 사실을 관할 경찰서장을 거쳐 지방경찰청장에게 보고하여야 한다.

[전문개정 2010.2.4]

제10조의5(배치의 폐지 등) ① 청원주는 청원경찰이 배치된 시설이 폐쇄되거나 축소되어 청원경찰의 배치를 폐지하거나 배치인원을 감축할 필요가 있다고 인정하면 청원경찰의 배치를 폐지하거나 배치인원을 감축할 수 있다. 다만, 청원주는 『경비업법』에 따른 특수경비원을 배치할 목적으로 청원경찰 배치를 폐지하거나 배치인원을 감축할 수 없다.

② 제1항에 따라 청원주가 청원경찰을 폐지하거나 감축하였을 때에는 청원경찰 배치 결정을 한 경찰관서의 장에게 알려야 하며, 그 사업장이 제4조제3항에 따라 지방경찰청장이 청원경찰의 배치를 요청한 사업장일 때에는 그 폐지 또는 감축 사유를 구체적으로 밝혀야 한다.

[전문개정 2010.2.4]

제10조의6(당연 퇴직) 청원경찰이 다음 각 호의 어느 하나에 해당할 때에는 당연 퇴직된다.

1. 제5조제2항에 따른 임용결격사유에 해당될 때
2. 제10조의5에 따라 청원경찰의 배치가 폐지되었을 때
3. 나이가 60세가 되었을 때. 다만, 그 날이 1월부터 6월 사이에 있으면 6월 30일에, 7월부터 12월 사이에 있으면 12월 31일에 각각 당연 퇴직된다.

[전문개정 2010.2.4]

제10조의7(휴직 및 명예퇴직) 국가기관이나 지방자치단체에 근무하는 청원경찰의 휴직 및 명예퇴직에 관하여는 『국가공무원법』 제71조부터 제73조까지 및 제74조의2를 준용한다.

[전문개정 2010.2.4]

제11조(벌칙) 청원경찰로서 제5조제4항에 따라 준용되는 『국가공무원법』 제66조제1항을 위반한 사람은 1년 이하의 징역 또는 200만원 이하의 벌금에 처한다.

[전문개정 2010.2.4]

제12조(과태료) ① 다음 각 호의 어느 하나에 해당하는 자에게는 500만원 이하의 과태료를 부과한다.

1. 제4조제2항에 따른 지방경찰청장의 배치 결정을 받지 아니하고 청원경찰을 배치하거나 제5조제1항에 따른 지방경찰청장의 승인을 받지 아니하고 청원경찰을 임용한 자
2. 정당한 사유 없이 제6조제3항에 따라 경찰청장이 고시한 최저부담기준액 이상의 보수를 지급하지 아니한 자
3. 제9조의3제2항에 따른 감독상 필요한 명령을 정당한 사유 없이 이행하지 아니한 자

② 제1항에 따른 과태료는 대통령령으로 정하는 바에 따라 지방경찰청장이 부과·징수한다.

[전문개정 2010.2.4]

부칙 <제10013호, 2010. 2. 4>

①(시행일) 이 법은 2010년 7월 1일부터 시행한다.

②(청원경찰의 보수에 관한 적용례) 제6조제2항의 개정규정은 이 법 시행 당시 국가기관 또는 지방자치단체에 근무하는 청원경찰의 보수에 대하여도 적용한다.

청원경찰법 시행령

[시행 2010. 7.12] [대통령령 제22269호, 2010. 7.12, 타법개정]

경찰청 (경비과)02-3150-2657

제1조(목적) 이 영은 『청원경찰법』에서 위임된 사항과 그 시행에 필요한 사항을 규정함을 목적으로 한다.

제2조(청원경찰의 배치 신청 등) 『청원경찰법』(이하 "법"이라 한다) 제4조제1항에 따라 청원경찰의 배치를 받으려는 자는 청원경찰 배치신청서에 다음 각 호의 서류를 첨부하여 법 제2조 각 호의 기관·시설·사업장 또는 장소(이하 "사업장"이라 한다)의 소재지를 관할하는 경찰서장(이하 "관할 경찰서장"이라 한다)을 거쳐 지방경찰청장에게 제출하여야 한다. 이 경우 배치 장소가 둘 이상의 도(특별시, 광역시 및 특별자치도를 포함한다. 이하 같다)일 때에는 주된 사업장의 관할 경찰서장을 거쳐 지방경찰청장에게 한꺼번에 신청할 수 있다.

1. 경비구역 평면도 1부
2. 배치계획서 1부

제3조(임용자격) 법 제5조제3항에 따른 청원경찰의 임용자격은 다음 각 호와 같다.

1. 18세 이상 50세 미만의 사람. 다만, 남자의 경우에는 군복무를 마쳤거나 군복무가 면제된 사람으로 한정한다.
2. 행정안전부령으로 정하는 신체조건에 해당하는 사람

제4조(임용방법 등) ① 법 제4조제2항에 따라 청원경찰의 배치 결정을 받은 자(이하 "청원주"라 한다)는 법 제5조제1항에 따라 그 배치 결정의 통지를 받은 날부터 30일 이내에 배치 결정된 인원수의 임용예정자에 대하여 청원경찰 임용승인을 지방경찰청장에게 신청하여야 한다.

② 청원주가 법 제5조제1항에 따라 청원경찰을 임용하였을 때에는 임용한 날부터 10일 이내에 그 임용사항을 관할 경찰서장을 거쳐 지방경찰청장에게 보고하여야 한다. 청원경찰이 퇴직하였을 때에도 또한 같다.

제5조(교육) ① 청원주는 청원경찰로 임용된 사람으로 하여금 경비구역에 배치하기 전에 경찰교육기관에서 직무 수행에 필요한 교육을 받게 하여야 한다. 다만, 경찰교육기관의 교육계획상 부득이하다고 인정할 때에는 우선 배치하고 임용 후 1년 이내에 교육을 받게 할 수 있다.

② 경찰공무원(전투경찰순경을 포함한다) 또는 청원경찰에서 퇴직한 사람이 퇴직한 날부터 3년 이내에 청원경찰로 임용되었을 때에는 제1항에 따른 교육을 면제할 수 있다.

③ 제1항의 교육기간·교육과목·수업시간 및 그 밖에 교육의 시행에 필요한 사항은 행정안전부령으로 정한다.

제6조(배치 및 이동) ① 청원주는 청원경찰을 신규로 배치하거나 이동배치하였을 때에는 배치지(이동배치의 경우에는 종전의 배치지)를 관할하는 경찰서장에게 그 사실을 통보하여야 한다.

② 제1항의 통보를 받은 경찰서장은 이동배치지가 다른 관할구역에 속할 때에는 전입지를 관할하는 경찰서장에게 이동배치한 사실을 통보하여야 한다.

제7조(복무) 법 제5조제4항에서 규정한 사항 외에 청원경찰의 복무에 관하여는 해당 사업장의 취업규칙에 따른다.

제8조(징계) ① 관할 경찰서장은 청원경찰이 법 제5조의2제1항 각 호의 어느 하나에 해당한다고 인정되면 청원주에게 해당 청원경찰에 대하여 징계처분을 하도록 요청할 수 있다.

② 법 제5조의2제2항의 정직(停職)은 1개월 이상 3개월 이하로 하고, 그 기간에 청원경찰의 신분은 보유하나 직무에 종사하지 못하며, 보수의 3분의 2를 줄인다.

③ 법 제5조의2제2항의 감봉은 1개월 이상 3개월 이하로 하고, 그 기간에 보수의 3분의 1을 줄인다.

④ 법 제5조의2제2항의 견책(譴責)은 전과(前過)에 대하여 훈계하고 회개하게 한다.

⑤ 청원주는 청원경찰 배치 결정의 통지를 받았을 때에는 통지를 받은 날부터 15일 이내에 청원경찰에 대한 징계규정을 제정하여 관할 지방경찰청장에게 신고하여야 한다. 징계규정을 변경할 때에도 또한 같다.

⑥ 지방경찰청장은 제5항에 따른 징계규정의 보완이 필요하다고 인정할 때에는 청원주에게 그 보완을 요구할 수 있다.

제9조(국가기관 또는 지방자치단체에 근무하는 청원경찰의 보수) ① 법 제6조제2항에 따

른 국가기관 또는 지방자치단체에 근무하는 청원경찰의 봉급은 별표 1과 같다.

② 법 제6조제2항에 따른 국가기관 또는 지방자치단체에 근무하는 청원경찰의 각종 수당은 『공무원수당 등에 관한 규정』에 따른 수당 중 가계보전수당, 실비변상 등으로 하며, 그 세부 항목은 경찰청장이 정하여 고시한다.

③ 법 제6조제2항에 따른 재직기간은 청원경찰로서 근무한 기간으로 한다.

제10조(국가기관 또는 지방자치단체에 근무하는 청원경찰 외의 청원경찰의 보수) 국가기관 또는 지방자치단체에 근무하는 청원경찰 외의 청원경찰의 봉급과 각종 수당은 법 제6조제3항에 따라 경찰청장이 고시한 최저부담기준액 이상으로 지급하여야 한다. 다만, 고시된 최저부담기준액이 배치된 사업장에서 같은 종류의 직무나 유사 직무에 종사하는 근로자에게 지급하는 임금보다 적을 때에는 그 사업장에서 같은 종류의 직무나 유사 직무에 종사하는 근로자에게 지급하는 임금에 상당하는 금액을 지급하여야 한다.

제11조(보수 산정 시의 경력 인정 등) ① 청원경찰의 보수 산정에 관하여 그 배치된 사업장의 취업규칙에 특별한 규정이 없는 경우에는 다음 각 호의 경력을 봉급 산정의 기준이 되는 경력에 산입(算入)하여야 한다.

1. 청원경찰로 근무한 경력
2. 군 또는 전투경찰에 복무한 경력
3. 수위·경비원·감시원 또는 그 밖에 청원경찰과 비슷한 직무에 종사하던 사람이 해당 사업장의 청원주에 의하여 청원경찰로 임용된 경우에는 그 직무에 종사한 경력
4. 국가기관 또는 지방자치단체에서 근무하는 청원경찰에 대해서는 국가기관 또는 지방자치단체에서 상근(常勤)으로 근무한 경력

② 국가기관 또는 지방자치단체에 근무하는 청원경찰 보수의 호봉 간 승급기간은 경찰공무원의 승급기간에 관한 규정을 준용한다.

③ 국가기관 또는 지방자치단체에 근무하는 청원경찰 외의 청원경찰 보수의 호봉 간 승급기간 및 승급액은 그 배치된 사업장의 취업규칙에 따르며, 이에 관한 취업규칙이 없을 때에는 순경의 승급에 관한 규정을 준용한다.

제12조(청원경찰경비의 고시 등) ① 법 제6조제1항제1호부터 제3호까지의 청원경찰경비의 지급방법 또는 납부방법은 행정안전부령으로 정한다.

② 법 제6조제3항에 따른 청원경찰경비의 최저부담기준액 및 부담기준액은 경찰공무원

중 순경의 것을 고려하여 다음 연도분을 매년 12월에 고시하여야 한다. 다만, 부득이한 사유가 있을 때에는 수시로 고시할 수 있다.

제13조(보상금) 청원주는 법 제7조에 따른 보상금의 지급을 이행하기 위하여 『산업재해보상보험법』에 따른 산업재해보상보험에 가입하거나, 『근로기준법』에 따라 보상금을 지급하기 위한 재원(財源)을 따로 마련하여야 한다.

제14조(복제) ① 청원경찰의 복제(服制)는 제복·장구(裝具) 및 부속물로 구분한다.

② 청원경찰의 제복·장구 및 부속물에 관하여 필요한 사항은 행정안전부령으로 정한다.

③ 청원경찰이 그 배치지의 특수성 등으로 특수복장을 착용할 필요가 있을 때에는 청원주는 지방경찰청장의 승인을 받아 특수복장을 착용하게 할 수 있다.

제15조(분사기 휴대) 청원주는 『총포·도검·화약류 등 단속법』에 따른 분사기의 소지허가를 받아 청원경찰로 하여금 그 분사기를 휴대하여 직무를 수행하게 할 수 있다.

제16조(무기 휴대) ① 청원주가 법 제8조제2항에 따라 청원경찰이 휴대할 무기를 대여받으려는 경우에는 관할 경찰서장을 거쳐 지방경찰청장에게 무기대여를 신청하여야 한다.

② 제1항의 신청을 받은 지방경찰청장이 무기를 대여하여 휴대하게 하려는 경우에는 청원주로부터 국가에 기부채납된 무기에 한정하여 관할 경찰서장으로 하여금 무기를 대여하여 휴대하게 할 수 있다.

③ 제1항에 따라 무기를 대여하였을 때에는 관할 경찰서장은 청원경찰의 무기관리 상황을 수시로 점검하여야 한다.

④ 청원주 및 청원경찰은 행정안전부령으로 정하는 무기관리수칙을 준수하여야 한다.

제17조(감독) 관할 경찰서장은 매달 1회 이상 청원경찰을 배치한 경비구역에 대하여 다음 각 호의 사항을 감독하여야 한다.

1. 복무규율과 근무 상황
2. 무기의 관리 및 취급 사항

제18조(청원경찰의 신분) 청원경찰은 『형법』이나 그 밖의 법령에 따른 벌칙을 적용하는 경우와 법 및 이 영에서 특별히 규정한 경우를 제외하고는 공무원으로 보지 아니한다.

제19조(근무 배치 등의 위임) ① 『경비업법』에 따른 경비업자(이하 이 조에서 "경비업자"라 한다)가 중요 시설의 경비를 도급받았을 때에는 청원주는 그 사업장에 배치된 청원경

찰의 근무 배치 및 감독에 관한 권한을 해당 경비업자에게 위임할 수 있다.

② 청원주는 제1항에 따라 경비업자에게 청원경찰의 근무 배치 및 감독에 관한 권한을 위임한 경우에 이를 이유로 청원경찰의 보수나 신분상의 불이익을 주어서는 아니 된다.

제20조(권한의 위임) 지방경찰청장은 법 제10조의3에 따라 다음 각 호의 권한을 관할 경찰서장에게 위임한다. 다만, 청원경찰을 배치하고 있는 사업장이 하나의 경찰서의 관할구역에 있는 경우로 한정한다.

1. 법 제4조제2항 및 제3항에 따른 청원경찰 배치의 결정 및 요청에 관한 권한
2. 법 제5조제1항에 따른 청원경찰의 임용승인에 관한 권한
3. 법 제9조의3제2항에 따른 청원주에 대한 지도 및 감독상 필요한 명령에 관한 권한
4. 법 제12조에 따른 과태료 부과·징수에 관한 권한

제21조(과태료의 부과기준 등) ① 법 제12조제1항에 따른 과태료의 부과기준은 별표 2와 같다.

② 지방경찰청장은 위반행위의 동기, 내용 및 위반의 정도 등을 고려하여 별표 2에 따른 과태료 금액의 100분의 50의 범위에서 그 금액을 줄이거나 늘릴 수 있다. 다만, 늘리는 경우에는 법 제12조제1항에 따른 과태료 금액의 상한을 초과할 수 없다.

부칙 <제22269호, 2010. 7.12>

제1조(시행일) 이 영은 공포한 날부터 시행한다. <단서 생략>

제2조(다른 법령의 개정) ① 부터 <120> 까지 생략

<121> 청원경찰법 시행령 일부를 다음과 같이 개정한다.

제9조 중 "노동부장관"을 "고용노동부장관"으로 한다.

<122> 부터 <136> 까지 생략

청원경찰법 시행규칙

[시행 2010. 7. 1] [행정안전부령 제145호, 2010. 6.30, 전부개정]

경찰청 (경비과)02-3150-2657

제1조(목적) 이 규칙은 『청원경찰법』 및 같은 법 시행령에서 위임된 사항과 그 시행에 필요한 사항을 규정함을 목적으로 한다.

제2조(배치 대상) 『청원경찰법』(이하 "법"이라 한다) 제2조제3호에서 "그 밖에 행정안전부령으로 정하는 중요 시설, 사업장 또는 장소"란 다음 각 호의 시설, 사업장 또는 장소를 말한다.

1. 선박, 항공기 등 수송시설
2. 금융 또는 보험을 업(業)으로 하는 시설 또는 사업장
3. 언론, 통신, 방송 또는 인쇄를 업으로 하는 시설 또는 사업장
4. 학교 등 육영시설
5. 『의료법』에 따른 의료기관
6. 그 밖에 공공의 안녕질서 유지와 국민경제를 위하여 고도의 경비(警備)가 필요한 중요 시설, 사업체 또는 장소

제3조(청원경찰 배치신청서 등) ① 『청원경찰법 시행령』(이하 "영"이라 한다) 제2조에 따른 청원경찰 배치신청서는 별지 제1호서식에 따른다

② 법 제4조제2항에 따른 청원경찰 배치 결정 통지 또는 청원경찰 배치 불허 통지는 별지 제2호서식에 따른다.

제4조(임용의 신체조건) 영 제3조제2호에 따른 신체조건은 다음 각 호와 같다.

1. 신체가 건강하고 팔다리가 완전할 것
2. 시력(교정시력을 포함한다)은 양쪽 눈이 각각 0.8 이상일 것

제5조(임용승인신청서 등) ① 법 제4조제2항에 따라 청원경찰의 배치 결정을 받은 자[이하 "청원주"(청원주)라 한다]가 영 제4조제1항에 따라 지방경찰청장에게 청원경찰 임용승인

을 신청할 때에는 별지 제3호서식의 청원경찰 임용승인신청서에 그 해당자에 관한 다음 각 호의 서류를 첨부하여야 한다.

1. 이력서 1부
2. 주민등록증 사본 1부
3. 민간인 신원진술서 1부
4. 최근 3개월 이내에 발행한 채용신체검사서 또는 취업용 건강진단서 1부
5. 사진(모자 벗은 상반신 반명함판) 4장

② 제1항에 따른 신청서를 제출받은 지방경찰청장은 『전자정부법』 제36조제1항에 따라 행정정보의 공동이용을 통하여 해당자의 가족관계기록사항에 관한 증명서를 확인하여야 한다. 다만, 그 해당자가 확인에 동의하지 아니할 때에는 해당 서류를 첨부하도록 하여야 한다.

제6조(교육기간 등) 영 제5조제3항에 따른 교육기간은 2주로 하고, 교육과목 및 수업시간은 별표 1과 같다.

제7조(청원경찰 배치통보서 등) 영 제6조제1항에 따른 청원경찰 배치 통보 및 영 제6조제2항에 따른 청원경찰 전출 통보는 별지 제4호서식에 따른다.

제8조(청원경찰경비의 지급방법 등) 영 제12조에 따른 청원경찰경비의 지급방법 및 납부방법은 다음 각 호와 같다.

1. 봉급과 각종 수당은 청원주가 그 청원경찰이 배치된 기관·시설·사업장 또는 장소(이하 "사업장"이라 한다)의 직원에 대한 보수 지급일에 청원경찰에게 직접 지급한다.
2. 피복은 청원주가 제작하거나 구입하여 별표 2에 따른 정기지급일 또는 신규 배치 시에 청원경찰에게 현품으로 지급한다.
3. 교육비는 청원주가 해당 청원경찰의 입교(入校) 3일 전에 해당 경찰교육기관에 낸다.

제9조(복제) ① 영 제14조에 따른 청원경찰의 제복·장구(裝具) 및 부속물의 종류는 다음 각 호와 같다.

1. 제복: 정모(正帽), 기동모, 근무복(하복, 동복), 성하복(盛夏服), 기동복, 점퍼, 비옷, 방한복, 외투, 단화, 기동화 및 방한화
2. 장구: 허리띠, 경찰봉, 호루라기 및 포승(捕繩)
3. 부속물: 모자표장, 가슴표장, 휘장, 계급장, 넥타이핀, 단추 및 장갑

② 영 제14조에 따른 청원경찰의 제복·장구(裝具) 및 부속물의 제식(制式)과 재질은 다

음 각 호와 같다.

1. 제복의 제식 및 재질은 청원주가 결정하되, 경찰공무원 또는 군인 제복의 색상과 명확하게 구별될 수 있어야 하며, 사업장별로 통일하여야 한다. 다만, 기동모와 기동복의 색상은 진한 청색으로 하고, 기동복의 제식은 별도 1과 같이 한다.
2. 장구의 제식과 재질은 경찰 장구와 같이 한다.
3. 부속물의 제식과 재질은 다음 각 목과 같이 한다.
   가. 모자표장의 제식과 재질은 별도 2와 같이 하되, 기동모의 표장은 정모 표장의 2분의 1 크기로 할 것.
   나. 가슴표장, 휘장, 계급장, 넥타이핀 및 단추의 제식과 재질은 별도 3부터 별도 7까지와 같이 할 것.

③ 청원경찰은 평상근무 중에는 정모, 근무복, 단화, 호루라기, 경찰봉 및 포승을 착용하거나 휴대하여야 하고, 총기를 휴대하지 아니할 때에는 분사기를 휴대하여야 하며, 교육훈련이나 그 밖의 특수근무 중에는 기동모, 기동복, 기동화 및 휘장을 착용하거나 부착하되, 허리띠와 경찰봉은 착용하거나 휴대하지 아니할 수 있다.

④ 가슴표장, 휘장 및 계급장을 달거나 부착할 위치는 별도 8과 같다.

제10조(제복의 착용시기) 하복·동복의 착용시기는 사업장별로 청원주가 결정하되, 착용시기를 통일하여야 한다.

제11조(신분증명서) ① 청원경찰의 신분증명서는 청원주가 발행하며, 그 형식은 청원주가 결정하되 사업장별로 통일하여야 한다.

② 청원경찰은 항상 신분증명서를 휴대하여야 한다.

제12조(급여품 및 대여품) ① 청원경찰에게 지급하는 급여품은 별표 2와 같고, 대여품은 별표 3과 같다.

② 청원경찰이 퇴직할 때에는 대여품을 청원주에게 반납하여야 한다.

제13조(직무교육) ① 청원주는 소속 청원경찰에게 그 직무집행에 필요한 교육을 매월 4시간 이상 하여야 한다.

② 청원경찰이 배치된 사업장의 소재지를 관할하는 경찰서장(이하 "관할 경찰서장"이라 한다)은 필요하다고 인정하는 경우에는 그 사업장에 소속 공무원을 파견하여 직무집행에 필요한 교육을 할 수 있다.

제14조(근무요령) ① 자체경비를 하는 입초근무자는 경비구역의 정문이나 그 밖의 지정된 장소에서 경비구역의 내부, 외부 및 출입자의 움직임을 감시한다.

② 업무처리 및 자체경비를 하는 소내근무자는 근무 중 특이한 사항이 발생하였을 때에는 지체 없이 청원주 또는 관할 경찰서장에게 보고하고 그 지시에 따라야 한다.

③ 순찰근무자는 청원주가 지정한 일정한 구역을 순회하면서 경비 임무를 수행한다. 이 경우 순찰은 단독 또는 복수로 정선순찰(定線巡察)을 하되, 청원주가 필요하다고 인정할 때에는 요점순찰(要點巡察) 또는 난선순찰(亂線巡察)을 할 수 있다.

④ 대기근무자는 소내근무에 협조하거나 휴식하면서 불의의 사고에 대비한다.

제15조(무기대여 신청서) 영 제16조제1항에 따른 무기대여 신청은 별지 제5호서식에 따른다.

제16조(무기관리수칙) ① 영 제16조에 따라 무기와 탄약을 대여받은 청원주는 다음 각 호에 따라 무기와 탄약을 관리하여야 한다.

1. 청원주가 무기와 탄약을 대여받았을 때에는 경찰청장이 정하는 무기·탄약 출납부 및 무기장비 운영카드를 갖춰 두고 기록하여야 한다.
2. 청원주는 무기와 탄약의 관리를 위하여 관리책임자를 지정하고 관할 경찰서장에게 그 사실을 통보하여야 한다.
3. 무기고 및 탄약고는 단층에 설치하고 환기·방습·방화 및 총가(銃架) 등의 시설을 하여야 한다.
4. 탄약고는 무기고와 떨어진 곳에 설치하고, 그 위치는 사무실이나 그 밖에 여러 사람을 수용하거나 여러 사람이 오고 가는 시설로부터 격리되어야 한다.
5. 무기고와 탄약고에는 이중 잠금장치를 하고, 열쇠는 관리책임자가 보관하되, 근무시간 이후에는 숙직책임자에게 인계하여 보관시켜야 한다.
6. 청원주는 경찰청장이 정하는 바에 따라 매월 무기와 탄약의 관리 실태를 파악하여 다음 달 3일까지 관할 경찰서장에게 통보하여야 한다.
7. 청원주는 대여받은 무기와 탄약에 분실·도난·피탈(被奪) 또는 훼손 등의 사고가 발생하였을 때에는 지체 없이 그 사유를 관할 경찰서장에게 통보하여야 한다.
8. 청원주는 무기와 탄약이 분실·도난·피탈 또는 훼손되었을 때에는 경찰청장이 정하는 바에 따라 그 전액을 배상하여야 한다. 다만, 전시·사변·천재지변이나 그 밖의 불가항력적인 사유가 있다고 지방경찰청장이 인정하였을 때에는 그러하지 아니하다.

② 영 제16조에 따라 무기와 탄약을 대여받은 청원주가 청원경찰에게 무기와 탄약을 출

납하려는 경우에는 다음 각 호에 따라야 한다. 다만, 관할 경찰서장의 지시에 따라 제2호에 따른 탄약의 수를 늘리거나 줄일 수 있고, 무기와 탄약의 출납을 중지할 수 있으며, 무기와 탄약을 회수하여 집중관리할 수 있다.

1. 무기와 탄약을 출납하였을 때에는 무기·탄약 출납부에 그 출납사항을 기록하여야 한다.
2. 소총의 탄약은 1정당 15발 이내, 권총의 탄약은 1정당 7발 이내로 출납하여야 한다. 이 경우 생산된 후 오래된 탄약을 우선하여 출납하여야 한다.
3. 청원경찰에게 지급한 무기와 탄약은 매주 1회 이상 손질하게 하여야 한다.
4. 수리가 필요한 무기가 있을 때에는 그 목록과 무기장비 운영카드를 첨부하여 관할 경찰서장에게 수리를 요청할 수 있다.

③ 청원주로부터 무기와 탄약을 지급받은 청원경찰은 다음 각 호의 사항을 준수하여야 한다.

1. 무기를 지급받거나 반납할 때 또는 인계인수할 때에는 반드시 "앞에 총" 자세에서 "검사 총"을 하여야 한다.
2. 무기와 탄약을 지급받았을 때에는 별도의 지시가 없으면 무기와 탄약을 분리하여 휴대하여야 하며, 소총은 "우로 어깨 걸어 총"의 자세를 유지하고, 권총은 "권총집에 넣어 총"의 자세를 유지하여야 한다.
3. 지급받은 무기는 다른 사람에게 보관 또는 휴대하게 할 수 없으며 손질을 의뢰할 수 없다.
4. 무기를 손질하거나 조작할 때에는 반드시 총구를 공중으로 향하게 하여야 한다.
5. 무기와 탄약을 반납할 때에는 손질을 철저히 하여야 한다.
6. 근무시간 이후에는 무기와 탄약을 청원주에게 반납하거나 교대근무자에게 인계하여야 한다.

④ 청원주는 다음 각 호의 어느 하나에 해당하는 청원경찰에게 무기와 탄약을 지급해서는 아니 되며, 지급한 무기와 탄약은 회수하여야 한다.

1. 직무상 비위(非違)로 징계 대상이 된 사람
2. 형사사건으로 조사 대상이 된 사람
3. 사의(辭意)를 밝힌 사람
4. 평소에 불평이 심하고 염세적인 사람
5. 주벽(酒癖)이 심한 사람
6. 변태적 성벽(性癖)이 있는 사람

제17조(문서와 장부의 비치) ① 청원주는 다음 각 호의 문서와 장부를 갖춰 두어야 한다.

1. 청원경찰 명부
2. 근무일지
3. 근무 상황카드
4. 경비구역 배치도
5. 순찰표철
6. 무기·탄약 출납부
7. 무기장비 운영카드
8. 봉급지급 조서철
9. 신분증명서 발급대장
10. 징계 관계철
11. 교육훈련 실시부
12. 청원경찰 직무교육계획서
13. 급여품 및 대여품 대장
14. 그 밖에 청원경찰의 운영에 필요한 문서와 장부

② 관할 경찰서장은 다음 각 호의 문서와 장부를 갖춰 두어야 한다.

1. 청원경찰 명부
2. 감독 순시부
3. 전출입 관계철
4. 교육훈련 실시부
5. 무기·탄약 대여대장
6. 징계요구서철
7. 그 밖에 청원경찰의 운영에 필요한 문서와 장부

③ 지방경찰청장은 다음 각 호의 문서와 장부를 갖춰 두어야 한다.

1. 배치 결정 관계철
2. 청원경찰 임용승인 관계철
3. 전출입 관계철
4. 그 밖에 청원경찰의 운영에 필요한 문서와 장부

④ 제1항부터 제3항까지의 규정에 따른 문서와 장부의 서식은 경찰관서에서 사용하는 서식을 준용한다.

제18조(표창) 지방경찰청장, 관할 경찰서장 또는 청원주는 청원경찰에게 다음 각 호의 구분에 따라 표창을 수여할 수 있다.

1. 공적상: 성실히 직무를 수행하여 근무성적이 탁월하거나 헌신적인 봉사로 특별한 공적을 세운 경우
2. 우등상: 교육훈련에서 교육성적이 우수한 경우

제19조(감독자의 지정) ① 2명 이상의 청원경찰을 배치한 사업장의 청원주는 청원경찰의 지휘·감독을 위하여 청원경찰 중에서 유능한 사람을 선정하여 감독자로 지정하여야 한다.

② 제1항에 따른 감독자는 조장, 반장 또는 대장으로 하며, 그 지정기준은 별표 4와 같다.

제20조(경비전화의 가설) ① 관할 경찰서장은 청원주의 신청에 따라 경비를 위하여 필요하다고 인정할 때에는 청원경찰이 배치된 사업장에 경비전화를 가설할 수 있다.

② 제1항에 따라 경비전화를 가설할 때 드는 비용은 청원주가 부담한다.

제21조(주의사항) ① 청원경찰이 법 제3조에 따른 직무를 수행할 때에는 경비 목적을 위하여 필요한 최소한의 범위에서 하여야 한다.

② 청원경찰은 『경찰관 직무집행법』에 따른 직무 외의 수사활동 등 사법경찰관리의 직무를 수행해서는 아니 된다.

제22조(보고) 청원경찰이 법 제3조에 따라 직무를 수행할 때에 『경찰관 직무집행법』 및 같은 법 시행령에 따라 하여야 할 모든 보고는 관할 경찰서장에게 서면으로 보고하기 전에 지체 없이 구두로 보고하고 그 지시에 따라야 한다.

제23조(청원경찰 배치의 폐지·감축 통보) 법 제10조의5제2항에 따른 청원경찰 배치의 폐지 또는 감축의 통보는 별지 제6호서식에 따른다.

제24조(과태료 부과 고지서 등) ① 법 제12조제1항에 따른 과태료 부과의 사전 통지는 별지 제7호서식의 과태료 부과 사전 통지서에 따른다.

② 법 제12조제1항에 따른 과태료의 부과는 별지 제8호서식의 과태료 부과 고지서에 따른다.

③ 경찰서장은 과태료처분을 하였을 때에는 과태료 부과 및 징수 사항을 별지 제9호서식의 과태료 수납부에 기록하고 정리하여야 한다.

부칙 <제145호, 2010. 6.30>

제1조(시행일) 이 규칙은 2010년 7월 1일부터 시행한다.

제2조(복제 등에 대한 경과조치) 이 규칙 시행 당시 종전의 규정에 따라 착용 중인 청원경찰의 제복과 휴대 중인 신분증명서는 제9조제1항제2호 및 제11조제1항에도 불구하고 2010년 12월 31일까지 착용하고 휴대할 수 있다.

경비업체 보안업무 관리규칙

[시행 2009. 7.31] [훈령 제550호, 2009. 7.31, 제정]

경찰청 (경찰청_생활안전국_생활안전과)02-3150-2946

경찰청훈령 제550호(2009. 7.31)

경비업체 보안업무 관리규칙

제1조(목적) 이 규칙은『보안업무규정 시행규칙』제4조, 제69조제2항 및『보안업무규정 시행세부규칙』제15조에 따라 경비업체가 국가기밀에 속하는 보안업무를 수행하기 위하여 비밀취급 인가 및 관리 등에 관하여 필요한 사항을 규정함을 목적으로 한다.

제2조(정의) 이 규칙에서 사용하는 용어의 정의는 다음과 같다.

1. "경비업체"란『경비업법』제2조 및 제3조에 따라 국가중요시설 등 기타 경비를 요하는 시설 및 장소에서 화재, 도난 등의 위해발생을 방지하는 업무를 수행하기 위하여 지방경찰청장의 허가를 받아 설립된 법인체를 말한다.
2. "국가기밀"이란 그 내용이 누설될 경우 국가안전보장에 위해(危害)한 결과를 초래할 우려가 있는 국가기밀로서『보안업무규정 시행규칙』에 따라 비밀로 분류한 각종문서, 시설 및 장소를 말한다.

제3조(적용) 이 규칙은 사전에 국가정보원의 보안측정을 받아 지방경찰청에서 비밀취급인가를 받은 경비업체(이하 "업체"라 한다)에 적용한다

제4조(업체의 결격사유) 지방경찰청장은 업체의 대표자 및 이사급 중에서 다음 각호의 어느 하나에 해당하는 경우는 비밀취급을 인가할 수 없다.

1. 이 규칙을 위반하여 비밀취급인가가 해제된 후 2년을 경과하지 아니한 업체
2. 국가정보원 보안측정결과 부적합 판정을 받은 업체

제5조(업체의 비밀취급) ① 비밀을 취급하고자 하는 업체의 대표자는 지방경찰청장에게 비밀취급인가 신청을 하여야 한다.

② 업체의 대표자는 비밀취급인가를 신청할 때에는 업체현황에 관한 서류를 첨부하여야 한다.

제6조(비밀취급업체선정 심사) ① 지방경찰청장은 비밀취급 대상업체를 선정하기 위하여 지방경찰청 생활안전과에 비밀취급업체 선정 심사위원회(이하 "심사위원회"라 한다)를 구성 운영한다.

② 위원회는 위원장, 부위원장 각 1인을 포함하여 6인 이내의 위원으로 구성한다.

③ 위원장은 지방경찰청 생활안전과장으로 하고, 위원은 지방경찰청장이 지명하는 경감 이상의 경찰공무원으로 한다.

④ 위원회는 재적위원 과반수의 찬성으로 의결한다.

⑤ 위원회는 사무처리를 위하여 간사 1인을 둘 수 있으며, 간사는 지방경찰청 생활안전과의 경비업 담당자가 된다.

제7조(업체의 보안측정 요청) 업체가 비밀취급인가 신청을 하고자 할 때에는 다음 각호의 구비서류를 첨부하여 경찰청 생활안전과 분임 보안담당관을 경유하여 국가정보원에 보안측정을 요청하여야 한다.

1. 명칭 소재지 및 대표자와 이사급 성명(신원진술서 4부)
2. 연혁
3. 임무기능 및 능력
4. 시설의 평면도
5. 관할경찰서
6. 측정이유
7. 기타 참고사항

제8조(신원조사) ① 업체는 보안측정을 요청하기 전에 비밀작업에 종사하게 될 임직원에 대한 신원조사를 지방경찰청 생활안전과 분임 보안담당관(이하 "지방청보안담당관"이라 한다)에게 요청하여야 한다.

② 지방청보안담당관은 업체 임직원에 대한 신원조사를 실시하고 그 결과를 별지 제1호서식의 신원조회대장에 기록·관리한다. 이 경우 단기 잡역종사자에 대하여는 작업을 위장하며 비밀이 노출되지 아니하도록 보안조치를 한 후 신원증명서를 받고 신원조사를 생략할 수 있다.

③ 업체가 신원조사를 의뢰할 때에는 다음 각호의 서류를 지방청보안담당관에게 제출하여야 한다.

1. 별지 제2호서식의 대상자 연명부 1부
2. 별지 제3호서식의 신원진술서 5부
3. 사진(최근 3개월이내 촬영한 반명함판) 5매
4. 가족관계증명서 1통(기재사유가 생략되지 아니한 것)

④ 지방청보안담당관은 신원조사 결과의 적합여부를 업체에 통보하고, 업체의 대표자는 신원특이자가 비밀을 열람하거나 비밀작업에 종사하지 않도록 신상관리 책임을 진다.

제9조(업체의 비밀취급인가 및 해제) ① 지방경찰청장은 업체의 비밀취급인가 신청을 받은 때에는 심사위원회의 심의를 거쳐 국가정보원의 보안측정 결과, 적정판정이 된 업체에 대하여 서약서를 받고 비밀취급을 인가한다. 이 경우 유효기간은 2년으로 한다.

② 유효기간이 만료된 업체에 대한 재인가가 필요한 때에는 유효기간 2개월 전까지 제1항에 따라 재신청 하도록 하여야 한다.

③ 지방경찰청장은 업체가 다음 각호의 어느 하나에 해당하는 경우에는 비밀취급인가를 해제할 수 있다.

1. 보안점검결과 제24조 각호의 어느 하나에 해당하여 연2회 이상 경고처분을 받은 경우
2. 보안사고가 발생한 경우
3. 업체가 해체된 경우
4. 업체의 고의 또는 중대한 과실로 그 시설의 기능수행에 지장을 초래하게 한 경우
5. 정당한 사유없이 제19조에 따른 영업장소 이전 및 대표자 변경신고를 하지 않은 경우

④ 지방청보안담당관은 업체의 신규인가, 재인가 및 인가의 해제 사실을 업체의 대표에게 통보하여야 한다.

제10조(종사원의 등록증) ① 업체는 보안업무 및 보안을 요하는 시설에 종사하게 할 요원

에 대하여는 비밀취급을 인가하는 증명서인 비밀취급종사원등록증(이하 "종사원 등록증"이라 한다)을 발급받도록 하여야 한다.

② 업체는 제1항에 따라 종사원등록증을 발급받고자 할 때에는 별지 제4호서식의 종사원등록증 발급신청서를 지방청보안담당관에게 제출하여야 한다.

③ 지방청보안담당관은 제2항의 발급신청서를 제출받은 때에는 이를 심사하여 적합하다고 인정하는 자에 대하여는 별지 제5호서식의 서약서를 제출받은 후 별지 제6호서식의 종사원등록증을 발급하여야 한다.

④ 지방청보안담당관은 종사원등록증 발급대장을, 업체는 별지 제7호서식의 종사원등록대장을 비치하고 항시 기록 유지하여야 한다.

⑤ 비밀작업종사자는 작업할 때에는 종사원 등록증을 패용하여야 하며 작업이 끝나면 업체의 보안책임자에게 반납하여야 한다.

⑥ 업체의 대표는 업체의 해산, 인가의 해제, 종사원의 퇴직 기타 비밀취급을 할 필요가 없게 된 경우에는 지체없이 종사원등록증을 회수하여 지방청보안담당관에게 반납하여야 한다.

⑦ 지방경찰청장은 제6항에 따라 종사원등록증을 제출받은 경우에는 그에 대한 비밀취급 인가 해제조치를 하여야 한다.

제11조(보안담당관 및 비밀보관 책임자) ① 업체는 종사원등록증 소지자 중에서 이사급을 업체의 보안담당관(이하 "업체보안담당관"이라 한다)으로 임명하고, 작업자인 부장급을 업체의 분임 보안담당관(이하 "업체분임보안담당관"이라 한다)으로 임명하여, 지방청보안담당관에게 등록서를 제출하여야 한다.

② 업체보안담당관 및 업체분임보안담당관은 다음 각호의 임무를 수행한다.

1. 보안업무의 계획, 조정 및 총괄
2. 보안교육 실시
3. 서약의 집행
4. 비밀작업을 할 때에 자체보안 대책 강구
5. 자체보안 내규의 작성 및 시행
6. 종사원 등록증의 보관관리

③ 업체보안담당관은 업체의 비밀을 관리하기 위하여 종사원등록증을 소지한 실무부서 책임자 중에서 부장급으로 비밀보안책임자를 지정하고, 공사장에는 과장급으로 분임보안

책임자를 임명하여야 한다.

④ 비밀보안책임자 및 분임보안책임자는 다음 각호의 임무를 수행한다.

1. 비밀의 누설, 도난, 분실 및 손괴 등의 방지
2. 비밀을 최선의 상태로 보관하며 비밀관리기록부, 비밀열람기록전, 작업일지 및 대출부의 기록 유지

제12조(비밀의 관리) ① 경비 계약체결 대상 사업체로부터 비밀을 접수 또는 대여받은 업체의 비밀보관책임자는 별지 제8호서식의 비밀관리기록부를 비치 기록하고 비밀보관 용기에 보관하여야 한다.

② 비밀을 열람한 자는 별지 제9호서식의 비밀열람기록전에 기록하여야 하며, 비밀에서 분리할 경우에는 따로 편철하여야 한다.

③ 작업수행상 비밀이 내포된 내역서 등을 분리하여야 할 경우 비밀보관책임자는 분리하여 작업을 할 수 있으며, 일일작업이 끝나면 반드시 회수하여 보관하여야 한다.

④ 경비기기 설치작업이 완료된 비밀은 계약체결대상 사업체에 반납하고, 비밀관리 기록부에 수령인을 받아야 한다.

⑤ 업체에서 사용하고 있는 비밀작업 서식류의 기록은 가제목을 사용하여 비밀내용이 노출되지 않도록 하여야 한다.

⑥경비 시설공사 관련 비밀서류는 업체에서만 열람하는 것을 원칙으로 한다. 다만, 이를 공사현장에 가져가지 아니하고는 작업이 불가능한 경우에 한하여 업체보안담당관의 승인을 얻어 반출할 수 있고, 업체보안담당관은 공사현장에서의 보안대책 강구 실태를 확인한 후 이를 승인하여야 한다.

⑦ 비밀을 접수 또는 대여받은 업체는 이를 복제, 복사 또는 사신촬영을 할 수 없다. 다만, 작업의 수행상 부득이 복제, 복사하여야 할 사정이 있는 때에는 공사시행기관장의 승인을 얻어 복제 또는 복사하되 작업이 완료된 후에는 지체없이 업체보안담당관의 확인하에 파기하여야 한다.

⑧ 시공업체의 보안담당관은 비밀장비공사의 개시와 공사완료 또는 공사중단 상황을 지방청보안담당관에게 보고하여야 한다.

제13조(보관용기의 비치) ①업체는 비밀을 보관하기 위하여 금고 또는 이중장치가 된 견고

한 보관함을 비치하여야 한다.

② 제작이 완료된 비밀 장비는 도난, 화재 또는 파괴로부터 보호하고 비밀취급인가자 이외의 자의 접근을 방지할 수 있는 견고한 시설에 보관하여야 한다.

③ 업체는 비밀 장비가 설치된 지역을 통제구역으로 설정하여, 비밀취급인가자이외의 출입자를 통제하고, 이를 출입자명부에 기록 유지하여야 한다.

제14조(복제, 복사 또는 사진촬영 금지) ① 내역서 등은 복제, 복사 또는 사진촬영을 할 수 없다. 다만, 작업수행상 그 일부분을 복제, 복사 또는 사진촬영을 하여야 할 경우에는 업체보안담당관의 승인을 얻어 할 수 있으며, 작업이 완료된 후에는 업체보안담당관의 확인하에 소각 또는 반납하여야 한다.

② 업체는 비밀에 속하는 장비(시설물 포함)의 설명서, 기기동작 설명서 또는 사용설명서 등을 발간(인쇄, 프린트, 공판 등) 하고자 할 때에는 회사 대표의 사전 승인을 받아 계약체결 대상 사업체 보안담당관 입회하에 비밀발간업체에서 소요 최소부수만을 발간하여야 한다.

③ 비밀장비 제작 및 비밀공사(이하 장비제작 및 공사라 한다)에 따라 제작품, 비밀사항이 내포된 물품(장비의 설명서 및 기기동작 설명서를 포함한다) 및 시설도면 등은 견본, 작업실적, 기타 참고용 등의 명목으로 보관할 수 없다.

제15조(제작 및 공사) ① 시공업체는 경비 계약을 체결한 사항의 전부 또는 일부를 다른 업체에 하도급을 할 수 없다. 다만, 비밀이 아닌 사항에 대하여는 그러하지 아니한다.

② 시공업체의 보안담당관은 장비제작 및 공사에 투입되는 종사자의 인적사항을 확인하고 작업에 따른 자체보안 대책을 수립하여 사전에 계약체결 대상 업체의 보안담당관에게 제시하여야 하며, 종사원등록증 미소지자에 대하여는 작업장의 출입을 제한하여야 한다.

③ 비밀장비 및 시설공사에 투입되는 인원은 부득이한 경우를 제외하고는 공정별로 교체하여 공사전반에 대한 내용을 파악하지 못하도록 하여야 한다.

제16조(작업장의 설치) ① 비밀작업장은 일반작업장과 구분하여 설치하여야 하고, 업체보안담당관의 감독하에 출입인원을 제한하여야 한다.

② 비밀작업장 또는 작업수행상 중요한 시설에는 지정출입자 이외의 출입을 금지하며 출

입 현황을 별지 제10호서식의 통제구역 출입자명부에 기록 유지하여야 한다.

③ 업체는 공사완료일까지 매일 공정별 작업상황을 별지 제11호서식의 작업일지에 기록하여야 한다.

제17조(비밀의 전파 금지) ① 비밀작업에 종사한 자는 작업중에 알게된 사항을 일체 타인에게 전파, 누설, 공개 또는 유출하여서는 아니된다.

② 비밀작업에 종사하는 자에게 비밀에 해당하는 사항을 전화로 문의 또는 연락하여서는 아니 된다.

③ 지방청보안담당관은 업체의 보안업무에 관한 조정감독권을 가지며, 업체의 보안상태와 그 이행여부를 확인하기 위하여 정기 또는 불시에 보안지도 점검을 실시할 수 있으며, 필요할 때에는 업체에 관계서류의 제시를 요구할 수 있다.

④ 지방청보안담당관은 업체 인직원에 대하여 연 1회 이상 보안교육을 실시하여야 한다.

제18조(광고금지와 숙직원의 배치) ① 업체는 대외적으로 비밀공사업체임을 광고하여서는 아니 된다.

② 업체는 장비 제작 및 공사중에 비밀을 보관하고 있을 때에는 숙직원을 배치하고, 별지 제12호서식의 숙직일지를 비치·기록하여야 한다. 다만, 기계경비시설을 설치한 경우에는 그러하지 아니하다.

제19조(영업장소의 이전과 대표자 변경) 업체가 영업장소를 이전하거나 대표자를 변경할 때에는 그 사실을 3일 이내에 지방경찰청 생활안전과에 통보하고, 1개월 이내에 보안 측정을 요청하여야 한다.

제20조(비상시의 대비) ① 비밀작업중인 업체가 다음 각호의 어느 하나에 해당하는 경우에는 즉시 경찰서 및 지방청보안담당관에게 보고하여야 한다.

1. 보관중인 비밀과 작업중인 비밀을 도난 또는 분실한 경우
2. 공휴일 또는 야간에 비상사태가 발생한 경우
3. 화재가 발생한 경우

4. 기타 보안에 대한 사고 발생

② 업체는 제1항제2호에서 제4호까지의 비상사태에 대비하기 위하여 비밀안전지출 및 파기계획을 수립, 시행하여야 한다.

③ 업체는 야간에 비밀의 도난 및 화재예방을 위하여 비밀보관함에는 경보장치를 설치하고, 비밀보관장소와 숙직실간에 비상벨을 설치하는 등의 비밀보호 대책을 강구하여야 한다.

제21조(전산장비 이용 비밀작업시 보안관리) 전산장비를 이용하여 비밀자료를 입·출력할 때에는 『경찰 정보통신 운영규칙』에 정한 각종 보안대책을 성실히 이행하여야 한다.

제22조(보안지도 점검 및 교육) 지방경찰청장은 보안 특례업체에 대하여 연 1회 이상 보안지도 점검 및 교육을 실시하여야 한다.

제23조(업체의 준수사항) ① 업체보안담당관은 현실성 있는 자체 보안내규를 수립하여 지방청보안담당관에게 조정·검토를 받은 후 시행하여야 한다.

② 업체는 비밀공사를 할 때에는 사전 공사 준비단계, 작업단계 등 각 공정별로 보안대책을 수립, 시행하여야 한다.

제24조(불성실 업체에 대한 조치) 지방경찰청장은 업체가 이 규칙에 따른 명령, 지시, 의무규정 등을 위반하여 보안관리상 상당한 지장을 초래하였을 경우에는 경고조치를 할 수 있다.

제25조(보안사고 보고) ① 업체는 보안사고가 발생하였을 때에는 다음 각호의 사항을 지방경찰청장에게 보고하여야 한다.

1. 일시·장소
2. 사고자 인적사항
3. 사고내용(육하원칙에 따라 기재)
4. 조치사항

② 업체는 보안사고를 방관한 자 또는 사고의 발생을 인지하고도 보고하지 아니한 자에 대하여는 적절한 징계조치를 하여야 한다.

第26조(재검토기한) 이 규칙은『훈령·예규 등의 발령 및 관리에 관한 규정』(대통령훈령 제248호)에 따라 이 규칙 발령 후의 법령이나 현실여건의 변화 등을 검토하여 훈령 개정 등의 조치를 하여야 하는 기한은 2012년 7월 31일까지로 한다.

부칙(2009. 7.31)

第1조(시행일) 이 규칙은 발령한 날부터 시행한다.

第2조(다른 규칙의 폐지) 종전의『경비업체보안업무관리규칙』(경찰청훈령 제307호)은 이를 폐지한다.

경비업 손해배상책임공제약관

제1장 공제계약의 체결

제1조(공제계약의 성립) ① 이 공제계약(이하 『계약』이라 합니다)은 사단법인 한국경비협회(이하 『협회』라 합니다) 정관 제6조의 규정에 의한 회원이 공제가입신청을 하여 협회의 승낙을 받음으로써 이루어집니다.

② 협회는 그 회원의 공제가입신청을 받고 공제료 전액을 받은 경우에 신청일로부터 30일 이내에 승낙 또는 거절의 통지를 하여야 하며, 통지가 없으면 승낙한 것으로 봅니다. 또한, 협회가 신청을 승낙한 때에는 지체없이 공제가입증서를 회원에게 교부하여 드립니다.

③ 협회가 그 회원으로부터 공제가입신청과 함께 공제료 상당액의 전부 또는 일부를 받은 경우에 그 신청을 승낙하기 전에 회원에게 약관에서 정한 손해배상책임이 발생한 때에는 그 신청을 거절할 사유가 없는 한 협회는 약관상의 책임을 집니다.

④ 협회의 회원이 이 공제에 가입한 후 그 계약기간을 연장하거나 변경한 경우에는 협회는 공제가입증서에 그 사실을 기재함으로써 공제가입증서의 교부에 갈음할 수 있습니다.

제2조(보상하는 손해) 협회는 이 공제에 가입한 회원(이하『공제회원』이라 합니다)이 약관에서 정한 담보지역내에서 계약기간중에 공제가입증서상에 기재된 경비업무의 수행으로 생긴 우연한 사고(이하『사고』라 합니다)로 인하여 타인의 신체에 장해(이하 『신체장해』라 합니다)를 입히거나 타인의 재물을 망가뜨려(이하 『재물손해』라 합니다) 법률상 손해배상책임을 부담함으로써 입은 손해를 이 약관에 따라 보상합니다.

제3조(공제료) ① 공제료는 다른 서면 약정이 없으면 계약기간이 시작되기 전에 내어야 합니다.

② 계약기간이 시작된 후라도 다른 서면 약정이 없으면 공제료를 받기 전에 생긴 손해는 보상하지 아니합니다.

③ 공제가입증서에 기재된 공제료는 계약기간이 종료된 후에도 정산하거나 반환하지 아니합니다.

제4조(보상하는 손해의 범위) 협회가 보상하는 손해는 아래와 같습니다.

① 공제회원이 피해자에게 지급한 법률상 손해배상금

② 공제회원이 지출한 아래의 비용

1. 공제회원이 제15조제1항제1호의 방법을 강구하기 위하여 지급한 필요 또는 유익하였던 비용. 그러나 공제회원이 그 방법을 강구한 후에 배상책임이 없음이 판명된 때에는 그 비용중 응급처치, 긴급호송 또는 그 밖의 긴급조치를 위하여 지급한 비용과 지급에 관하여 미리 협회의 동의를 받은 비용만 보상합니다.
2. 공제회원이 제15조제1항제2호의 절차를 취하는데 지급한 필요 또는 유익하였던 비용
3. 공제회원이 미리 협회의 동의를 받아 지급한 소송비용, 변호사비용, 중재, 화해 또는 조정에 관한 비용
4. 공제가입증서상의 보상한도액내의 금액에 대한 공탁보증보험료. 그러나 그러한 보증을 제공할 책임은 부담하지 아니합니다.
5. 공제회원이 제16조제2항, 제3항의 협회의 요구에 따르기 위하여 지급한 비용

제5조(보상한도) ① 협회가 보상하는 손해배상금은 공제가입증서에 기재된 보상한도액을 한도로 합니다.

② 협회는 1회의 사고에 대하여 손해배상금이 공제가입증서에 기재된 자기부담액을 초과하는 경우에 한하여 그 초과분을 보상합니다. 그러나, 계약기간중에 발생하는 사고에 대한 협회의 보상총액은 공제가입증서에 기재된 총보상한도액을 한도로 합니다.

③ 협회는 위제2항의 손해배상금과 제4조제2항제1호내지제5호의 비용 전액을 보상합니다. 그러나, 손해배상청구금액이 공제가입증서상의 보상한도액을 초과하는 경우 제4조제2항제2호의 비용, 제3호의 비용중 소송비용의 인지대 및 변호사 비용과 제4호의 비용은 공제가입증서상의 보상한도액에 해당하는 금액에 대한 비용만 보상합니다.

제6조(보상하지 아니하는 손해) 협회는 공제회원이 아래에 기재된 배상책임을 부담함으로써 입은 손해를 보상하지 아니합니다.

1. 공제회원 또는 이들의 근로자의 업무수행과 관련이 없는 고의(공제회원과 그 대리인 또는 이들의 사용인이 행하거나 가담한 도난, 방화, 기타의 악행 또는 부정행위를 말합니다)로 생긴 손해에 대한 배상책임
2. 전쟁, 혁명, 내란, 사변, 폭동, 소요, 노동쟁의 기타 이들과 유사한 사태로 생긴 손해에 대한 배상책임
3. 지진, 분화, 홍수, 해일 등의 천재지변으로 생긴 손해에 대한 배상책임
4. 원자핵 물질(원자핵 물질에 의하여 오염된 물질과 원자핵 분열 생성물을 포함합니다)의 방사성, 폭발성, 방사선 조사 또는 방사능 오염 기타 유해한 특성 또는 이들의 특성에 의한 사고로 생긴 손해에 대한 배상책임
5. 공제회원과 타인간에 손해배상에 관한 약정이 있는 경우 그 약정에 의하여 가중된 손해배상책임. 그러나 약정이 없었더라도 법률규정에 의하여 부담하게 될 배상책임은 보상합니다.
6. 통상적이거나 급격한 사고에 의한 것인가의 여부에 관계없이 공해물질의 배출, 방출, 누출, 넘쳐흐름 또는 유출로 생긴 손해에 대한 배상책임 및 오염제거비용
7. 자동차, 항공기 및 선박의 소유, 사용, 관리로 생긴 손해에 대한 배상책임
8. 공동주택의 경비업무로 생긴 신체장해 및 재물손해에 대한 배상책임
9. 불특정 다수인의 출입이 허용되는 사업장의 근무시간중의 사고로 생긴 손해에 대한 배상책임
10. 전기적 사고로 생긴 화재, 폭발손해에 대한 배상책임
11. 경보, 기계경비에 있어서 경보, 기계설비의 고장으로 생긴 손해에 대한 배상책임
12. 호송(수송)경비의 경우를 제외하고 화폐, 수표, 유가증권, 인지, 금은 등의 보석류, 시계, 모피류, 글.그림류, 골동품, 설계도, 장부, 원고, 컴퓨터 소프트웨어에 입힌 손해에 대한 배상책임
13. 타인의 불법적인 체포, 구류, 구금, 유치, 무고, 명예훼손, 사생활 침해, 불법침입, 축출, 기타 다른 사적 점유권의 침해로 생긴 손해에 대한 배상책임
14. 총포류, 도검류, 경비견의 사용으로 생긴 손해에 대한 배상책임
15. 공제회원 또는 공제회원의 지시에 의한 폭행, 구타로 생긴 손해에 대한 배상책임
16. 행사, 경기, 흥행 등 다수대중이 참여 또는 관람하는 시설 및 장소의 경비업무로 생긴

손해에 대한 배상책임
17. 결격사유가 있는 경비원의 고용으로 생긴 손해에 대한 배상책임
18. 사실상 경비업무를 폐업 또는 휴업한 후에 생긴 손해에 대한 배상책임
19. 에너지 및 관리할 수 있는 자연력, 상표권, 특허권 등 무체물에 입힌 손해에 대한 배상책임
20. 공제회원이 경비하는 재물의 간접손해에 대한 배상책임
21. 공제회원이 소유, 임차, 사용하는 재물에 입힌 손해에 대한 배상책임
22. 공제회원의 근로자가 공제회원의 업무에 종사중에 입은 신체장해에 대한 배상책임
23. 공제회원의 채무불이행이나 이행지체로 생긴 손해에 대한 배상책임
24. 벌과금 및 징벌적 손해에 대한 배상책임

제7조(계약전 알릴 의무) 계약을 맺을 때에 공제회원 또는 이들의 대리인은 공제가입신청서(질문서를 포함합니다. 이하 같습니다)의 기재사항에 대하여 알고 있는 사실을 빠짐없이 그대로 협회에 알려야 합니다.

제8조(타인을 위한 공제계약) 협회의 회원은 다른 회원을 위하여 공제계약을 체결할 수 없습니다.

제2장 공제계약을 맺은 후의 변경사항

제9조(공제계약을 맺은 후의 변경사항) ① 계약을 맺은 후에 아래와 같은 사실이 생긴 경우에는 공제회원은 지체없이 서면으로 협회에 알리고 공제가입증서에 확인을 받아야 합니다.
1. 공제가입신청서의 기재사항을 변경하고자 할 때 또는 변경이 생겼음을 알았을 때
2. 이 계약에서 보상하는 위험과 동일한 위험을 보상하는 계약을 보험회사와 맺으려고 하는지 또는 이와 같은 계약이 있음을 알았을 때
3. 위 이외의 위험이 뚜렷이 증가할 경우

② 협회는 위제1항에 따라 위험이 감소된 경우에는 그 차액 공제료를 돌려드리며, 위험이 증가된 경우에는 통지를 받은 날로부터 1개월내에 공제료의 증액을 청구하거나 계약을 해지할 수 있습니다. 이 경우 받을 공제료에 대하여는 제3조제2항에 따릅니다.

제10조(계약의 무효) 계약에 관하여 아래와 같은 사실이 있으면 이 계약은 무효로 합니다.

1. 공제회원 또는 이들의 대리인의 사기행위가 있었을 경우
2. 계약을 맺을 때에 공제회원 또는 이들의 대리인이 공제사고가 이미 발생하였거나, 사고의 원인이 생긴 것을 알면서도 이를 사기의 목적으로 협회에 알리지 아니하였을 경우
3. 계약을 맺은 후에 이 계약에서 보상하는 위험과 동일한 위험을 보상하는 계약을 보험회사 등과 맺고서 이를 사기의 목적으로 알리지 아니하였을 경우

제11조(계약의 해지) ① 공제회원은 손해가 생기기 전에는 언제든지 계약의 일부 또는 전부를 해지할 수 있습니다.

② 협회는 아래와 같은 사실이 있을 경우에는 이 계약을 해지할 수 있습니다. 그러나, 공제회원 또는 이들의 대리인의 고의나 중대한 과실로 위험이 뚜렷하게 변경 또는 증가된 경우를 제외하고는 협회가 그 사실을 안 때로부터 1개월이 지났거나 협회의 중대한 과실로 알지 못한 때에는 계약을 해지할 수 없습니다.

1. 공제회원 또는 이들의 대리인의 고의나 중대한 과실로 공제가입신청서상의 기재사항에 관하여 사실 그대로 알리지 아니하였을 때
2. 뚜렷한 위험의 변경 또는 증가와 관련된 제9조에 정한 계약후 알릴 의무를 이행하지 아니하였을 때
3. 상당한 이유없이 제20조의 조사를 거부 또는 회피한 때

③ 협회가 위제2항의 사유로 사고가 발생한 후에 계약을 해지한 경우에도 그 손해를 보상하지 아니합니다. 그러나, 사고가 위제2항제1호나 제2호의 사실로 생긴 것이 아님을 공제회원이 증명한 때에는 보상합니다.

제12조(공제료의 환급) 이 계약이 무효, 효력상실 또는 해지된 때에는 아래와 같이 공제료를 돌려줍니다.

1. 공제회원의 책임없는 사유에 의하는 경우 : 무효의 경우에는 협회에 납입한 공제료 전액, 효력상실 또는 해지의 경우에는 경과하지 아니한 기간에 대하여 일단위로 계산한 공제료
2. 공제회원의 책임있는 사유에 의하는 경우 : 이미 경과한 기간에 대하여 단기요율로 계산

한 공제료를 뺀 잔액. 다만 공제회원의 고의 또는 중대한 과실로 인한 무효인 경우에는 공제료를 돌려주지 아니합니다.

제13조(양도) 이 공제의 목적의 양도는 협회의 서면동의 없이는 협회에 대하여 효력이 없으며, 협회가 서면 동의한 경우 계약으로 인하여 생긴 권리와 의무를 함께 양도하는 것으로 합니다. 그러나 공제회원이 사망한 경우에는 법정대리인과 법정대리인이 선임될 때 까지의 재산관리인을 그 의무범위내에서 공제회원으로 합니다.

제3장 사고의 발생과 공제금의 지급

제14조(사고의 발생과 통지) ① 공제회원은 아래와 같은 사실이 있는 경우에는 시체없이 그 내용을 협회에 서면으로 알려야 합니다.

1. 사고가 발생하였을 경우 사고발생의 때와 곳, 피해자의 주소와 성명, 사고상황 및 이들 사항의 증인이 있을 경우 그 주소와 성명
2. 제3자로부터 손해배상 청구를 받았을 경우
3. 손해배상책임에 관한 소송을 제기받았을 경우

② 공제회원이 위제1항제1호 및 제2호의 통지를 게을리하여 손해가 증가된 때에는 그 증가된 손해를 보상하여 드리지 아니하며 위제1항제3호의 통지를 게을리 한 때에는 소송비용과 협회가 손해배상책임이 없다고 인정되는 부분은 보상하여 드리지 아니합니다.

제15조(손해방지의무) ① 공제사고가 생긴 때에는 공제회원은 아래의 사항을 이행하여야 합니다.

1. 손해의 방지 또는 경감을 위한 일체의 방법을 강구하는 일
2. 제3자로부터 손해의 배상을 받을 수 있는 경우에는 그 권리의 보전 또는 행사를 위한 필요한 절차를 취하는 일
3. 손해배상책임의 전부 또는 일부를 승인하고자 한 때에는 미리 협회의 동의를 받는 일. 그러나, 피해자에 대한 응급처치, 긴급호송 또는 그 밖의 긴급조치는 그러하지 아니합니다.
4. 손해배상책임에 관하여 공제회원이 소송을 제기하려고 할 때에는 미리 협회의 동의를 받는 일

② 공제회원이 정당한 이유없이 위제1항의 의무를 이행하지 아니하였을 때에는 그 손해액을 아래

에 따라 결정합니다.

1. 위제1항제1호 및 제2호의 경우에는 손해를 방지 또는 경감할 수 있었다고 인정되는 부분은 뺍니다.
2. 위제1항제3호의 경우에는 협회가 손해배상책임이 없다고 인정되는 부분을 뺍니다.
3. 위제1항제4호의 경우에는 소송비용 및 변호사비용과 협회가 손해배상책임이 없다고 인정되는 부분을 보상하지 아니합니다.

제16조(손해배상청구에 대한 협회의 해결) ① 공제회원이 피해자에게 손해배상을 지는 사고가 생긴 때에는 피해자는 이 약관에 의하여 협회가 공제회원에게 지급책임을 지는 금액한도내에서 협회에 대하여 공제금의 지급을 직접 청구할 수 있습니다. 그러나, 협회는 공제회원이 그 사고에 관하여 가지는 항변으로써 피해자에게 대항할 수 있습니다.

② 협회가 위제1항의 청구를 받았을 경우에는 지체없이 공제회원에게 통지하여야 하며, 협회의 요구가 있으면 공제회원은 필요한 서류, 증거의 제출, 증언 또는 증인 출석에 협조하여야 합니다.

③ 공제회원이 피해자로부터 손해배상의 청구를 받았을 경우에 협회가 필요하다고 인정할 때에는 공제회원을 대신하여 협회의 비용으로 이를 해결할 수 있습니다. 이 경우에 협회의 요구가 있으면 공제회원은 이에 협력하여야 합니다.

④ 공제회원이 정당한 이유없이 위제1항 및 제2항의 요구에 협조하지 아니할 때에는 협회는 그로 인하여 늘어난 손해는 보상하지 아니합니다.

제17조(공제금의 청구 및 지급) ① 공제회원이 공제금을 청구할 때에는 다음의 서류를 협회에 제출하여야 합니다.

1. 공제금 청구서
2. 공제가입증서
3. 손해배상금 및 그 밖의 비용을 지급하였음을 증명하는 서류
4. 협회가 요구하는 그 밖의 서류

② 협회는 위제1항에 따른 공제금 청구를 받은 후 지체없이 지급할 공제금을 결정하고 지급할 공제금이 결정되면 10일 이내에 이를 지급하여 드립니다. 그러나 공제금 지급에 필요한 조사를 이 기간내에 마칠 수 없고 공제회원의 청구가 있을 때에는 협회가 추정한 공제금의 50% 이상을 가지

급공제금으로 지급합니다.

③ 협회는 위제2항의 지급공제금이 결정된 후 10일이 지나도록 공제금을 지급하지 아니하였을 때에는 지체된 날로부터 지급일까지 은행 1년만기 정기예금 이율에 의한 지연배상금을 지급합니다. 그러나 공제회원의 책임있는 사유로 지체된 경우에는 그러하지 아니합니다.

④ 협회는 공제회원이 위제1항의 서류중 기재사항에 관하여 허위로 기재하거나 어떠한 사실을 숨겼을 경우에는 일체의 공제금을 지급하지 아니합니다.

제18조(공제금의 분담) ① 이 계약에서 보상하는 위험과 같은 위험을 보상하는 다른 계약(보험계약을 포함합니다)이 있을 경우 각 계약에 대하여 다른 계약이 없는 것으로 하여 각각 산출한 보상책임액의 합계액이 손해액을 초과할 때에는 협회는 이 계약에 의한 보상책임액의 전기 합계액에 대한 비율에 따라 손해를 보상합니다.

② 공제회원이 다른 계약에 대하여 보상금 청구를 포기한 경우에도 협회의 위제1항에 의한 지급공제금 결정에는 영향을 미치지 아니합니다.

제4장 손해보상후의 절차

제19조(대위권) ① 협회가 공제금을 지급한 때에는 협회는 지급한 공제금의 한도내에서 아래의 권리를 가집니다. 다만, 협회가 보상한 금액이 공제회원이 입은 손해의 일부인 경우에는 공제회원의 권리를 침해하지 아니하는 범위내에서 그 권리를 가집니다.

1. 공제회원이 제3자로부터 손해배상을 받을 수 있는 경우에는 그 손해배상청구권
2. 공제회원이 손해배상을 함으로써 대위 취득하는 것이 있을 경우에는 그 대위권

② 공제회원은 위제1항에 의하여 협회가 취득한 권리의 행사 및 보전에 관하여 필요한 조치를 하여야 하며, 또한 협회가 요구하는 증거 및 서류를 제출하여야 합니다.

제5장 그 밖의 사항

제20조(조사) ① 협회는 계약기간중 언제든지 공제회원의 시설과 업무내용을 조사할 수 있고 필

요한 경우에는 그의 개선을 공제회원에게 요구할 수 있습니다.

② 협회는 위제1항에 따른 개선이 완료될 때까지 계약의 효력을 정지할 수 있습니다.

③ 협회는 이 계약의 중요사항과 관련된 범위내에서는 계약기간중 또는 계약기간 종료후 3년이내에는 언제든지 공제회원의 회계장부를 열람할 수 있습니다.

제21조(다툼의 조정) 이 계약의 내용 또는 공제금의 지급 등에 관하여 협회와 공제회원, 기타 이해관계인과의 사이에 다툼이 있는 경우에는 제22조에서 정한 관할법원의 화해결정, 조정, 중재 또는 판결에 따릅니다.

제22조(관할법원) 이 계약에 관한 소송은 협회의 본부 또는 지부소재지중 공제회원이 선택하는 법원을 합의에 따른 관할법원으로 합니다.

제23조(준거법) 이 약관에 정하지 아니한 사항은 대한민국법령을 따릅니다.

※ 용어풀이

신체장해	신체장해라 함은 신체의 장해, 질병 및 그로 인한 사망을 말합니다.
재물손해	재물손해라 함은 아래와 같습니다. 1) 물리적으로 망가뜨려진 유체물의 직접 손해 2) 물리적으로 망가뜨려진 유체물의 사용불능으로 생긴 간접 손해 3) 물리적으로 망가뜨려지지 아니한 유체물의 사용불능으로 생긴 간접 손해
담보지역	담보지역이라함은 아래와 같습니다. 1) 대한민국 2) 대한민국의 공해 또는 공공(公空). 그러나 사고가 대한민국에서 다른 국가로 또는 대한민국 외의 국가에서 대한민국으로 여행하거나 수송하는 중 공해 또는 공공에서 발생하는 경우에는 담보지역 에내에서의 사고로 보지 아니합니다.
사 고	사고라 함은 급격하게 발생하는 것을 포함하여 위험이 서서히, 계속적, 반복적 또는 누적적으로 노출되어 그 결과로 발생한 신체장해나 재물손해를 말합니다.
1회의사고	1회의 사고라함은 하나의 원인 또는 사실상 같은 종류의 위험에 계속적, 반복적 또는 누적적으로 노출되어 그 결과로써 발생한 사고로써 공제회원이나 피해자의 수 또는 손해배상청구의 수에 관계없이 1회의 사고로 봅니다.
자 동 차	자동차라 함은 도로상을 주행하기 위하여 설계된 것으로서 육상에서 사용하는 원동기를 부착한 차량, 트레일러 또는 반 트레일러 및 여기에 장착된 장치를 말합니다. 그러나 아래의 차량(여기에 부착된 기계나 장치를 포함합니다)은 자동차로 보지 아니합니다. 1) 공공도로 이외의 장소에서 사용하기 위하여 만든 차량 2) 공제회원이 소유, 임차한 구내에서만 사용하는 차량 3) 무한궤도로 주행하는 차량 4) 자체추진력의 유무와 관계없이 장소의 이동을 목적으로 아래의 기계를 항구적으로 부착한 차량 (1) 파워크레인, 쇼벨, 로다, 굴삭기, 천공기 (2) 그레이다, 스크레퍼, 로울러 등의 도로건설 또는 포장용 기계 위의 1) 내지 4)에 해당하지 않는 차량으로 자력으로 주행하지 못하고 다음 장비의 기동성을 갖추기 위한 목적으로만 사용되는 항구적으로 장착된 차량 (1) 에어콤프레셔, 펌프, 발전기(분무용, 용접용, 빌딩청소용, 지질조사용, 조명용 및 우물탐사용을 포함합니다) (2) 고소작업용 차량 및 작업원이 승강용 기계장치 5) 위 1)내지 4) 이외의 차량으로 주로 사람이나 물건운송 이외의 목적으로 사용하는 차량. 그러나 아래의 장치를 항구적으로 부착한 자력 주행차량은 자동차로 봅니다. (1) 제설, 도로의 보수관리(도로건설이나 포장공사는 제외합니다) 및 도로청소용 장치 (2) 작업원의 승강용 기계장치로서 자동차 또는 트럭의 차대에 장착된 고소작업용 차량 및 이와 유사한 장치 (3) 에어콤프레셔, 펌프, 발전기(분무용, 용접용 빌딩청소용, 지질조사용, 조명용 및 우물탐사용을 포함합니다)
법률상의 배상책임	법률상의 배상책임이라한은 법률규정에 따른 배상책임을 말하며 계약에 의하여 법률규정보다 가중된 배상책임(계약상의 가중책임)은 제외합니다.
공해물질	공해물질이라 함은 연기, 증기, 매연, 연무, 산, 알카리, 화학물질 및 폐기물(재생, 수리 또는 재활용되는 물질을 포함합니다)을 포함한 고체, 액체, 기체상태의 열성자극물이나 오염물질을 말합니다.

경찰청고시 제2009-1호

2009년도 청원경찰 경비기준액

청원경찰법 제6조 및 동법시행령 제6조의 규정에 의하여 2009년도 청원경찰 경비기준액을 다음과 같이 고시합니다.

2009년 3월 5일

경 찰 청 장

1. 청원경찰 경비기준액

가. 봉급 (월지급액, 단위 : 원)

호봉	금 액	호봉	금 액
1	895,200	16	1,618,700
2	943,500	17	1,656,200
3	994,700	18	1,691,300
4	1,049,000	19	1,725,600
5	1,104,000	20	1,758,500
6	1,160,300	21	1,789,400
7	1,214,300	22	1,819,200
8	1,266,500	23	1,847,400
9	1,316,700	24	1,874,700
10	1,365,000	25	1,900,500
11	1,411,300	26	1,924,000
12	1,456,000	27	1,944,200
13	1,498,700	28	1,963,600
14	1,540,300	29	1,982,500
15	1,580,100	30	2,000,600
		31	2,018,600

나. 감독자 직책 수당(월지급액)
- 대 장 : 50,000원
- 반 장 : 40,000원
- 조 장 : 30,000원

2. 청원경찰 경비의 최저부담 기준액

가. 봉급 : "1"호 "가"목으로 한다.
나. 수당 : "1"호 "나"목으로 한다.

3. 국가기관 및 지방자치단체에 근무하는 청원경찰에 대하여

가. "2"호 "가"·"나"목의 최저부담기준액 외에 정근수당, 가족수당, 정근수당가산금, 정액급식비, 교통보조비, 초과근무수당, 직급보조비, 명절휴가비, 자녀학비보조수당, 연가보상비, 가계지원비, 성과상여금을 경찰관 순경에 준하여 지급한다.
나. "가"목 이외의 기타 수당은 자체 예산이 편성된 항목 범위 내에서 지급한다.

4. 국영기업체 및 개인기업체에 근무하는 청원경찰에 대하여

제2호 "가"목, "나"목에 의한 최저부담기준액 이외의 기타 수당은 청원경찰이 배치된 사업장의 취업규칙이나 자체 내규에 의하여 지급한다.

5. 호봉간 승급기간

호봉승급에 필요한 기간은 취업규칙이나 자체 내규에 의하되, 이에 관한 취업규칙이나 자체 내규이 규정이 없을 때에는 경찰관인 순경의 승급에 관한 규정을 준용한다.

6. 교육비

가. 기본교육비 . 2주간 교육기준
- 하절기 : 149,140원
- 동절기 : 151,806원

나. 사격 훈련비(사격용 실탄구입)

- 년 2회(상·하반기) 30발 : 9,300원(K-2소총용 5.56㎜ 보통탄 기준)

7. 피복비

청원경찰의 피복은 청원경찰법시행규칙 제4조 제2호에 의하여 청원주가 제조 또는 구입하여 현품으로 지급한다.

8. 위 1호 내지 7호의 청원경찰 경비 외의 교육, 출장 기타 직무수행을 위한 여행을 하는 경우에 소요되는 여비는 국가기관 및 지방자치단체에서 근무하는 청원경찰은 공무원여비규정상의 경찰관 순경에 준하여 지급하고, 국영기업체 및 개인기업체에 근무하는 청원경찰은 배치된 사업장의 취업규칙이나 자체 내규에 의한다.

부 칙

이 고시는 고시한 날로부터 시행하되, 2009년 1월 1일부터 적용한다.

경찰법

[시행 2008. 6.13] [법률 제9114호, 2008. 6.13, 일부개정]

경찰청 (기획조정과)02-3150-2102

제1장 총칙

제1조 (목적) 이 법은 국가경찰의 민주적인 관리·운영과 효율적인 임무수행을 위하여 국가경찰의 기본조직 및 직무범위 기타 필요한 사항을 규정함을 목적으로 한다. <개정 2006.7.19>

제2조 (국가경찰의 조직 <개정 2006.7.19>) ①치안에 관한 사무를 관장하게 하기 위하여 행정안전부장관소속하에 경찰청을 둔다. <개정 1996.8.8, 2004.12.23, 2008.2.29>

②경찰청의 사무를 지역적으로 분담 수행하게 하기 위하여 특별시장·광역시장 및 도지사(이하 시·도지사라 한다)소속하에 지방경찰청을 두고, 지방경찰청장소속하에 경찰서를 둔다. <개정 1997.12.13>

③ 삭제 <1996.8.8>

제3조 (국가경찰의 임무 <개정 2006.7.19>) 국가경찰은 국민의 생명·신체 및 재산의 보호와 범죄의 예방·진압 및 수사, 치안정보의 수집, 교통의 단속 기타 공공의 안녕과 질서유지를 그 임무로 한다. <개정 2006.7.19>

제4조 (권한남용의 금지) 국가경찰은 그 직무를 수행함에 있어서 헌법과 법률에 따라 국민의 자유와 권리를 존중하고, 국민전체에 대한 봉사자로서 공정중립을 지켜야 하며, 부여된 권한을 남용하여서는 아니된다. <개정 2006.7.19>

제2장 경찰위원회

제5조 (경찰위원회의 설치) ①경찰행정에 관하여 제9조제1항 각호에 정한 사항을 심의·의결하기 위하여 행정자치부에 경찰위원회(이하 "위원회"라 한다)를 둔다. <개정 2004.12.23>

②위원회는 위원장 1인을 포함한 7인의 위원으로 구성하되, 위원장 및 5인의 위원은 비

상임, 1인의 위원은 상임으로 한다.

③제2항의 규정에 의한 위원중 상임위원은 정무직으로 한다. <**신설** 2004.12.23>

제6조 (위원의 임명 및 결격사유) ①위원은 행정안전부장관의 제청으로 국무총리를 거쳐 대통령이 임명한다. <**개정** 2004.12.23, 2008.2.29>

②행정안전부장관은 위원을 제청함에 있어서 국가경찰의 정치적 중립이 보장되도록 하여야 한다. <**개정** 2004.12.23, 2006.7.19, 2008.2.29>

③위원중 2인은 법관의 자격이 있는 자이어야 한다.

④다음 각호의 1에 해당하는 자는 위원이 될 수 없다. <**개정** 1999.1.21, 2006.7.19>

1. 당적을 이탈한 날부터 3년이 경과되지 아니한 자
2. 선거에 의하여 취임하는 공직에서 퇴직한 날부터 3년이 경과되지 아니한 자
3. 경찰·검찰·국가정보원직원 또는 군인의 직에서 퇴직한 날부터 3년이 경과되지 아니한 자
4. 『국가공무원법』 제33조 각호의 1에 해당하는 자

제7조 (위원의 임기 및 신분보장) ①위원의 임기는 3년으로 하며, 연임할 수 없다. 이 경우 보궐위원의 임기는 전임자의 잔임기간으로 한다.

②위원은 정당에 가입하거나 제6조제4항제2호 또는 제3호의 직에 취임 또는 임용되거나 제4호에 해당하게 된 때에는 당연히 퇴직된다.

③위원은 중대한 심신상의 장애로 직무를 수행할 수 없게 된 경우를 제외하고는 그 의사에 반하여 면직되지 아니한다.

제8조 (『국가공무원법』의 준용 <**개정** 2006.7.19>) 위원에 대하여는 『국가공무원법』 제60조 및 제65조의 규정을 준용한다. <**개정** 2006.7.19>

제9조 (위원회의 심의·의결사항) ①다음 각호의 사항은 위원회의 심의·의결을 거쳐야 한다. <**개정** 2004.12.23, 2006.7.19, 2008.2.29>

1. 국가경찰의 인사·예산·장비·통신등에 관한 주요정책 및 국가경찰업무발전에 관한 사항
2. 인권보호와 관련되는 국가경찰의 운영·개선에 관한 사항
3. 국가경찰 임무외의 다른 국가기관으로부터의 업무협조요청에 관한 사항
4. 제주특별자치도의 자치경찰에 대한 국가경찰의 지원·협조 및 협약체결의 조정 등에 관한 주요 정책사항
5. 기타 행정안전부장관 및 경찰청장이 중요하다고 인정하여 위원회에 부의한 사항

②행정안전부장관은 제1항의 규정에 의하여 심의·의결된 내용이 부적정하다고 판단될 때에는 재의를 요구할 수 있다. <개정 2004.12.23, 2008.2.29>

제10조 (위원회의 운영등) ①위원회의 사무는 경찰청에서 수행한다.

②위원회의 회의는 재적위원 과반수의 출석과 출석위원 과반수의 찬성으로 의결한다.

③이 법에 규정된 것외에 위원회의 운영 및 제9조제1항 각호에 정한 심의·의결사항의 구체적 범위, 재의요구등에 관하여 필요한 사항은 대통령령으로 정한다.

제3장 경찰청

제11조 (경찰청장) ①경찰청에 경찰청장을 두되, 경찰청장은 치안총감으로 보한다.

②경찰청장은 경찰위원회의 동의를 얻어 행정안전부장관의 제청으로 국무총리를 거쳐 대통령이 임명한다. 이 경우 국회의 인사청문을 거쳐야 한다. <개정 2003.2.4, 2003.12.31, 2008.2.29>

③경찰청장은 국가경찰에 관한 사무를 통할하고 청무를 관장하며 소속공무원 및 각급 국가경찰기관의 장을 지휘·감독한다. <개정 2006.7.19>

④ 삭제 <2003.12.31>

⑤경찰청장의 임기는 2년으로 하고, 중임할 수 없다. <신설 2003.12.31>

⑥경찰청장이 그 직무집행에 있어서 헌법이나 법률을 위배한 때에는 국회는 탄핵의 소추를 의결할 수 있다. <신설 2003.12.31>

[99헌마135 1999.12.23 경찰법(1991. 5. 31. 법률 제4369호로 제정되어 1997. 1. 13. 법률 제5260호로 개정된 것) 제11조 제4항 및 부칙 제2조는 헌법에 위반된다.]

제12조 (차장) ①경찰청에 차장을 두되, 차장은 치안정감으로 보한다.

②차장은 경찰청장을 보좌하며, 경찰청장이 부득이한 사유로 직무를 수행할 수 없을 때에는 그 직무를 대행한다. <개정 2004.12.23>

제13조 (하부조직) ①경찰청의 하부조직은 국 또는 부 및 과로 한다.

②경찰청장·차장·국장 또는 부장밑에 정책의 기획이나 계획의 입안 및 연구조사를 통하여 그를 직접 보좌하는 담당관을 둘 수 있다.

③경찰청의 하부조직의 명칭 및 분장사무와 공무원의 정원은 『정부조직법』 제2조제4항 및 제5항의 규정을 준용하여 대통령령 또는 행정안전부령으로 정한다. <개정 1998.2.28,

2006.7.19, 2008.2.29>

제4장 지방경찰

제14조 (지방경찰청장) ①지방경찰청에 지방경찰청장을 두되, 지방경찰청장은 치안정감·치안감 또는 경무관으로 보한다.

②지방경찰청장은 경찰청장의 지휘·감독을 받아 관할구역안의 국가경찰사무를 관장하고 소속공무원 및 소속국가경찰기관의 장을 지휘·감독한다. <개정 2006.7.19>

제15조 (차장) ①지방경찰청에 차장을 둘 수 있다.

②차장은 지방경찰청장을 보좌하여 소관사무를 처리하고 지방경찰청장이 부득이한 사유로 직무를 수행할 수 없을 때에는 그 직무를 대행한다. <개정 2004.12.23>

제16조 (치안행정협의회) ①지방행정과 치안행정의 업무조정 그 밖의 필요한 사항을 협의·조정하기 위하여 시·도지사(제주특별자치도지사를 제외한다) 소속하에 치안행정협의회를 둔다. <개정 2006.7.19>

②치안행정협의회의 조직·운영 기타 필요한 사항은 대통령령으로 정한다.

제17조 (경찰서장) ①경찰서에 경찰서장을 두되, 경찰서장은 총경 또는 경정으로 보한다. <개정 2000.12.20>

②경찰서장은 지방경찰청장의 지휘·감독을 받아 관할구역안의 소관사무를 관장하고 소속공무원을 지휘·감독한다.

③경찰서장소속하에 지구대 또는 파출소를 두고, 그 설치기준은 치안수요·교통·지리 등 관할구역의 특성을 고려하여 행정안전부령으로 정한다. 다만, 필요한 경우에는 출장소를 둘 수 있다. <개정 2004.12.23, 2008.2.29>

제18조 (직제) 지방경찰청 및 경찰서의 명칭·위치·관할구역·하부조직·공무원의 정원 기타 필요한 사항은『정부조직법』제2조제4항 및 제5항의 규정을 준용하여 대통령령 또는 행정안전부령으로 정한다. <개정 1998.2.28, 2006.7.19, 2008.2.29>

제5장 삭제 <1996.8.8>

제19조 삭제 <1996.8.8>

제20조 삭제 <1996.8.8>

제21조 삭제 <1996.8.8>

제22조 삭제 <1996.8.8>

제6장 국가경찰공무원 <개정 2006.7.19>

제23조 (국가경찰공무원 <개정 2006.7.19>) ①국가경찰공무원의 계급은 치안총감·치안정감·치안감·경무관·총경·경정·경감·경위·경사·경장·순경으로 한다. <개정 2006.7.19>

②국가경찰공무원의 임용·교육훈련·복무·신분보장등에 관하여는 따로 법률로 정한다. <개정 2006.7.19>

제24조 (직무수행) ①국가경찰공무원은 상관의 지휘·감독을 받아 직무를 수행하고, 그 직무수행에 관하여 서로 협력하여야 한다. <개정 2006.7.19>

② 경찰공무원은 구체적 사건수사와 관련된 제1항의 지휘·감독의 적법성 또는 정당성 여부에 대하여 이견이 있는 때에는 이의를 제기할 수 있다. <신설 2008.6.13>

③국가경찰공무원의 직무수행에 필요한 사항은 따로 법률로 정한다. <개정 2006.7.19, 2008.6.13>

제7장 비상사태시의 특별조치 <신설 2006.7.19>

제25조 (비상사태시 자치경찰에 대한 지휘·명령) ①경찰청장은 전시·사변, 천재·지변 그 밖에 이에 준하는 국가비상사태, 대규모의 테러 또는 소요사태가 발생하였거나 발생할 우려가 있어 전국적인 치안유지를 위하여 신속한 조치가 필요하다고 인정할 만한 충분한 사유가 있는 경우에는 제2항의 규정에 따라 제주특별자치도의 자치경찰공무원(이하 "자치경찰공무원"이라 한다)을 직접 지휘·명령할 수 있다. 다만, 제주특별자치도 지역 단위의 치안유지를 위한 경우에는 제주특별자치도지방경찰청장이 지휘·명령할 수 있다.

②경찰청장 또는 제주특별자치도지방경찰청장은 제1항의 규정에 따른 조치가 필요한 경우에는 미리 제주특별자치도지사에게 자치경찰공무원을 직접 지휘·명령하고자 하는 사유 및 내용 등을 적시하여 통보하여야 한다. 이 경우 제주특별자치도지사는 정당한 사유가 없는 한, 즉시 소속 자치경찰공무원에 대하여 경찰청장 또는 제주특별자치도지방경찰청장의 지휘·명령을 받을 것을 명하여야 한다.

③경찰청장 또는 제주특별자치도지방경찰청장이 제1항의 규정에 따라 지휘·명령권을 인수한 경우에는 경찰청장은 경찰위원회에 즉시 보고하여야 하고, 제주특별자치도지방경찰청장은『제주특별자치도 설치 및 국제자유도시 조성을 위한 특별법』제113조의 규정에 따른 관할 치안행정위원회에 즉시 통보하여야 한다.

④제3항의 규정에 따라 자치경찰공무원에 대한 지휘·명령권자의 변동사실을 보고받은 경찰위원회는 제1항에 규정된 사유에 해당되지 아니한다고 인정하는 때에는 그 지휘·명령권을 반환할 것을 의결할 수 있으며, 같은 사실을 통보받은 치안행정위원회는 제1항에 규정된 사유에 해당되지 아니한다고 인정하는 때에는 경찰청장 또는 제주특별자치도지방경찰청장에게 그 지휘·명령권의 반환을 건의할 수 있다.

⑤경찰청장 또는 제주특별자치도지방경찰청장은 제1항의 규정에 따라 경찰청장 또는 제주특별자치도지방경찰청장이 자치경찰공무원을 지휘·명령할 수 있는 사유가 해소된 때에는 자치경찰공무원에 대한 지휘·명령권을 즉시 제주특별자치도지사에게 반환하여야 한다.

⑥제1항 및 제2항의 규정에 따라 제주특별자치도의 자치경찰공무원이 경찰청장 또는 제주특별자치도지방경찰청장의 지휘·명령을 받는 경우 그 지휘·명령의 범위 안에서는 국가경찰공무원으로 본다.

[본조신설 2006.7.19]

부칙 <제9114호, 2008. 6.13>

이 법은 공포한 날부터 시행한다.

경찰관직무집행법

[시행 2006. 7. 1] [법률 제7849호, 2006. 2.21, 타법개정]

경찰청 (규제개혁법무과)02-3150-2204

제1조 (목적) ①이 법은 국민의 자유와 권리의 보호 및 사회공공의 질서유지를 위한 경찰관(국가경찰공무원에 한한다. 이하 같다)의 직무수행에 필요한 사항을 규정함을 목적으로 한다. <개정 2006.2.21>

②이 법에 규정된 경찰관의 직권은 그 직무수행에 필요한 최소한도 내에서 행사되어야 하며 이를 남용하여서는 아니된다.

제2조 (직무의 범위) 경찰관은 다음 각호의 직무를 행한다.

1. 범죄의 예방·진압 및 수사
2. 경비·요인경호 및 대간첩작전수행
3. 치안정보의 수집·작성 및 배포
4. 교통의 단속과 위해의 방지
5. 기타 공공의 안녕과 질서유지

제3조 (불심검문) ①경찰관은 수상한 거동 기타 주위의 사정을 합리적으로 판단하여 어떠한 죄를 범하였거나 범하려 하고 있다고 의심할 만한 상당한 이유가 있는 자 또는 이미 행하여진 범죄나 행하여지려고 하는 범죄행위에 관하여 그 사실을 안다고 인정되는 자를 정지시켜 질문할 수 있다.

②그 장소에서 제1항의 질문을 하는 것이 당해인에게 불리하거나 교통의 방해가 된다고 인정되는 때에는 질문하기 위하여 부근의 경찰서 · 지구대 · 파출소 또는 출장소(이하 "경찰관서"라 하되, 지방해양경찰관서를 포함한다)에 동행할 것을 요구할 수 있다. 이 경우 당해인은 경찰관의 동행요구를 거절할 수 있다. <개정 1988.12.31, 1996.8.8, 2004.12.23>

③경찰관은 제1항에 규정된 자에 대하여 질문을 할 때에 흉기의 소지여부를 조사할 수 있다.

④제1항 또는 제2항의 규정에 의하여 질문하거나 동행을 요구할 경우 경찰관은 당해인에

게 자신의 신분을 표시하는 증표를 제시하면서 소속과 성명을 밝히고 그 목적과 이유를 설명하여야 하며, 동행의 경우에는 동행장소를 밝혀야 한다. <개정 1991.3.8>

⑤제2항의 규정에 의하여 동행을 한 경우 경찰관은 당해인의 가족 또는 친지등에게 동행한 경찰관의 신분, 동행장소, 동행목적과 이유를 고지하거나 본인으로 하여금 즉시 연락할 수 있는 기회를 부여하여야 하며, 변호인의 조력을 받을 권리가 있음을 고지하여야 한다. <신설 1988.12.31>

⑥제2항의 규정에 의하여 동행을 한 경우 경찰관은 당해인을 6시간을 초과하여 경찰관서에 머물게 할 수 없다. <신설 1988.12.31, 1991.3.8>

⑦제1항 내지 제3항의 경우에 당해인은 형사소송에 관한 법률에 의하지 아니하고는 신체를 구속당하지 아니하며, 그 의사에 반하여 답변을 강요당하지 아니한다. <신설 1988.12.31>

제4조 (보호조치등) ①경찰관은 수상한 거동 기타 주위의 사정을 합리적으로 판단하여 다음 각호의 1에 해당함이 명백하며 응급의 구호를 요한다고 믿을 만한 상당한 이유가 있는 자를 발견한 때에는 보건의료기관 또는 공공구호기관에 긴급구호를 요청하거나 경찰관서에 보호하는 등 적당한 조치를 할 수 있다. <개정 1988.12.31>

1. 정신착란 또는 술취한 상태로 인하여 자기 또는 타인의 생명·신체와 재산에 위해를 미칠 우려가 있는 자와 자살을 기도하는 자
2. 미아·병자·부상자등으로서 적당한 보호자가 없으며 응급의 구호를 요한다고 인정되는 자. 다만, 당해인이 이를 거절하는 경우에는 예외로 한다.

②제1항의 긴급구호요청을 받은 보건의료기관이나 공공구호기관은 정당한 이유없이 긴급구호를 거절할 수 없다.

③제1항의 경우에 피구호자가 휴대하고 있는 무기·흉기등 위험을 야기할 수 있는 것으로 인정되는 물건은 경찰관서에 임시영치할 수 있다.

④경찰관이 제1항의 조치를 한 때에는 지체없이 이를 피구호자의 가족·친지 기타의 연고자에게 그 사실을 통지하여야 하며, 연고자가 발견되지 아니할 때에는 피보호자를 적당한 공중보건의료기관이나 공공구호기관에 즉시 인계하여야 한다.

⑤경찰관은 제4항의 규정에 의하여 피구호자를 공중보건의료기관 또는 공공구호기관에 인계한 때에는 즉시 그 사실을 소속 경찰서장 또는 지방해양경찰관서의 장에게 보고하여

야 한다. <신설 1988.12.31, 1996.8.8>

⑥제5항의 보고를 받은 소속 경찰서장 또는 지방해양경찰관서의 장은 대통령령이 정하는 바에 의하여 피구호자를 인계한 사실을 지체없이 당해 공중보건의료기관 · 공공구호기관의 장 및 그 감독행정청에 통보하여야 한다. <신설 1988.12.31, 1996.8.8>

⑦제1항의 규정에 의한 경찰관서에서의 보호는 24시간을, 제3항의 임시영치는 10일을 초과할 수 없다. <개정 1988.12.31>

제5조 (위험발생의 방지) ①경찰관은 인명 또는 신체에 위해를 미치거나 재산에 중대한 손해를 끼칠 우려가 있는 천재, 사변, 공작물의 손괴, 교통사고, 위험물의 폭발, 광견 · 분마류등의 출현, 극단한 혼잡 기타 위험한 사태가 있을 때에는 다음의 조치를 할 수 있다.

1. 그 장소에 집합한 자, 사물의 관리자 기타 관계인에게 필요한 경고를 발하는 것
2. 특히 긴급을 요할 때에는 위해를 받을 우려가 있는 자를 필요한 한도 내에서 억류하거나 피난시키는 것
3. 그 장소에 있는 자, 사물의 관리자 기타 관계인에게 위해방지상 필요하다고 인정되는 조치를 하게 하거나 스스로 그 조치를 하는 것

②경찰관서의 장은 대간첩작전수행 또는 소요사태의 진압을 위하여 필요하다고 인정되는 상당한 이유가 있을 때에는 대간첩작전지역 또는 경찰관서 · 무기고등 국가중요시설에 대한 접근 또는 통행을 제한하거나 금지할 수 있다.

③경찰관이 제1항의 조치를 한 때에는 지체없이 이를 소속경찰관서의 장에게 보고하여야 한다.

④제2항의 조치를 하거나 제3항의 보고를 받은 경찰관서의 장은 관계기관의 협조를 구하는 등 적당한 조치를 하여야 한다.

제6조 (범죄의 예방과 제지) ①경찰관은 범죄행위가 목전에 행하여지려고 하고 있다고 인정될 때에는 이를 예방하기 위하여 관계인에게 필요한 경고를 발하고, 그 행위로 인하여 인명 · 신체에 위해를 미치거나 재산에 중대한 손해를 끼칠 우려가 있어 긴급을 요하는 경우에는 그 행위를 제지할 수 있다.

②삭제 <1988.12.31>

제7조 (위험방지를 위한 출입) ①경찰관은 제5조제1항 · 제2항 및 제6조제1항에 규정한 위험한 사태가 발생하여 인명 · 신체 또는 재산에 대한 위해가 절박한 때에 그 위해를 방지하거나 피해자를 구조하기 위하여 부득이 하다고 인정할 때에는 합리적으로 판단하여 필

요한 한도 내에서 타인의 토지 · 건물 또는 선차 내에 출입할 수 있다.

②흥행장 · 여관 · 음식점 · 역 기타 다수인이 출입하는 장소의 관리자 또는 이에 준하는 관계인은 그 영업 또는 공개시간 내에 경찰관이 범죄의 예방 또는 인명 · 신체와 재산에 대한 위해예방을 목적으로 그 장소에 출입할 것을 요구한 때에는 정당한 이유없이 이를 거절할 수 없다.

③경찰관은 대간첩작전수행에 필요한 때에는 작전지역안에 있어서의 제2항에 규정된 장소안을 검색할 수 있다.

④제1항 내지 제3항의 규정에 의하여 경찰관이 필요한 장소에 출입할 때에는 그 신분을 표시하는 증표를 제시하여야 하며, 함부로 관계인의 정당한 업무를 방해하여서는 아니 된다.

제8조 (사실의 확인등) ①경찰관서의 장은 직무수행에 필요하다고 인정되는 상당한 이유가 있을 때에는 국가기관 또는 공사단체등에 대하여 직무수행에 관련된 사실을 조회할 수 있다. 다만, 긴급을 요할 때에는 소속경찰관으로 하여금 현장에 출장하여 당해 기관 또는 단체의 장의 협조를 얻어 그 사실을 확인하게 할 수 있다.

②경찰관은 미아를 인수할 보호자의 여부, 유실물을 인수할 권리자의 여부 또는 사고로 인한 사상자를 확인하기 위하거나 행정처분을 위한 교통사고조사상의 사실을 확인하기 위하여 필요한 때에는 관계인에게 출석을 요하는 사유 · 일시 및 장소를 명확히 한 출석요구서에 의하여 경찰관서에 출석할 것을 요구할 수 있다.

제9조 (유치장) 경찰서 및 지방해양경찰관서에 법률이 정한 절차에 따라 체포 · 구속되거나 신체의 자유를 제한하는 판결 또는 처분을 받은 자를 수용하기 위하여 유치장을 둔다. <개정 1996.8.8, 1999.5.24>

제10조 (경찰장비의 사용등) ①경찰관은 직무수행중 경찰장비를 사용할 수 있다. 다만, 인명 또는 신체에 위해를 가할 수 있는 경찰장비에 대하여는 필요한 안전교육과 안전검사를 실시하여야 한다.

②제1항의 "경찰장비"라 함은 무기, 경찰장구, 최루제 및 그 발사장치, 감식기구, 해안감시기구, 통신기기, 차량 · 선박 · 항공기등 경찰의 직무수행을 위하여 필요한 장치와 기구를 말한다.

③경찰장비를 임의로 개조하거나 임의의 장비를 부착하여 통상의 용법과 달리 사용함으로써 타인의 생명 · 신체에 위해를 주어서는 아니된다.

④제1항 단서의 경찰장비의 종류 및 그 사용기준, 안전교육 · 안전검사의 기준등에 대하여는 대통령령으로 정한다.

[본조신설 1999.5.24]

제10조의2 (경찰장구의 사용<개정 1999.5.24>) ①경찰관은 현행범인인 경우와 사형 · 무기 또는 장기 3년 이상의 징역이나 금고에 해당하는 죄를 범한 범인의 체포 · 도주의 방지, 자기 또는 타인의 생명 · 신체에 대한 방호, 공무집행에 대한 항거의 억제를 위하여 필요하다고 인정되는 상당한 이유가 있을 때에는 그 사태를 합리적으로 판단하여 필요한 한도내에서 경찰장구를 사용할 수 있다. <개정 1991.3.8, 1999.5.24>

②제1항의 "경찰장구"라 함은 경찰관이 휴대하여 범인검거와 범죄진압등 직무수행에 사용하는 수갑 · 포승 · 경찰봉 · 방패등을 말한다.<신설 1999.5.24>

제10조의3 (분사기등의 사용<개정 1999.5.24>) ①경찰관은 범인의 체포 · 도주의 방지 또는 불법집회 · 시위로 인하여 자기 또는 타인의 생명 · 신체와 재산 및 공공시설안전에 대한 현저한 위해의 발생을 억제하기 위하여 부득이한 경우 현장책임자의 판단으로 필요한 최소한의 범위안에서 분사기(총포 · 도검 · 화약류등 단속법의 규정에 의한 분사기와 최루등의 작용제) 또는 최루탄을 사용할 수 있다.<개정 1999.5.24>

②삭제 <1999.5.24>

[본조신설 1989.6.16]

제10조의4 (무기의 사용) ①경찰관은 범인의 체포 · 도주의 방지, 자기 또는 타인의 생명 · 신체에 대한 방호, 공무집행에 대한 항거의 억제를 위하여 필요하다고 인정되는 상당한 이유가 있을 때에는 그 사태를 합리적으로 판단하여 필요한 한도 내에서 무기를 사용할 수 있다. 다만, 형법에 규정한 정당방위와 긴급피난에 해당하는 때 또는 다음 각호의 1에 해당하는 때를 제외하고는 사람에게 위해를 주어서는 아니 된다.<개정 1988.12.31, 1999.5.24>

1. 사형 · 무기 또는 장기 3년 이상의 징역이나 금고에 해당하는 죄를 범하거나 범하였다고 의심할 만한 충분한 이유가 있는 자가 경찰관의 직무집행에 대하여 항거하거나 도주하려고 할 때 또는 제삼자가 그를 도주시키려고 경찰관에게 항거할 때에 이를 방지 또는 체포하기 위하여 무기를 사용하지 아니하고는 다른 수단이 없다고 인정되는 상당한 이유가 있을 때

2. 체포 · 구속영장과 압수·수색영장을 집행할 때에 본인이 경찰관의 직무집행에 대하여 항거하거나 도주하려고 할 때 또는 제삼자가 그를 도주시키려고 경찰관에게 항거할 때 이를 방지 또는 체포하기 위하여 무기를 사용하지 아니하고는 다른 수단이 없다고 인정되는 상당한 이유가 있을 때
3. 범인 또는 소요행위자가 무기·흉기등 위험한 물건을 소지하고 경찰관으로부터 3회 이상의 투기명령 또는 투항명령을 받고도 이에 불응하면서 계속 항거하여 이를 방지 또는 체포하기 위하여 무기를 사용하지 아니하고는 다른 수단이 없다고 인정되는 상당한 이유가 있을 때
4. 대간첩작전수행에 있어 무장간첩이 경찰관의 투항명령을 받고도 이에 불응하는 경우

②제1항의 "무기"라 함은 인명 또는 신체에 위해를 가할 수 있도록 제작된 권총 · 소총 · 도검등을 말한다.<신설 1999.5.24>

③대간첩 · 대테러작전등 국가안전에 관련되는 작전을 수행할 때에는 개인화기외에 공용화기를 사용할 수 있다.<신설 1999.5.24>

제11조 (사용등록의 보관) 제10조의3의 규정에 의한 분사기나 최루탄 또는 제10조의4의 규정에 의한 무기를 사용하는 경우 그 책임자는 사용일시 · 사용장소 · 사용대상 · 현장책임자 · 종류 · 수량등을 기록하여 보관하여야 한다.

[본조신설 1999.5.24]

제12조 (벌칙) 이 법에 규정된 경찰관의 의무에 위반하거나 직권을 남용하여 다른 사람에게 해를 끼친 자는 1년 이하의 징역이나 금고에 처한다.

[전문개정 1988.12.31]

제13조 (시행령) 이 법 시행에 관하여 필요한 사항은 대통령령으로 정한다.

부칙 <제7849호, 2006. 2.21> (제주특별자치도 설치 및 국제자유도시 조성을 위한 특별법)

제1조 (시행일) 이 법은 2006년 7월 1일부터 시행한다. <단서 생략>

제2조 내지 제39조 생략

제40조 (다른 법령의 개정) ①및 ②생략

③경찰관직무집행법 일부를 다음과 같이 개정한다.

제1조제1항 중 "경찰관"을 "경찰관(국가경찰공무원에 한한다. 이하 같다)"으로 한다.

④내지 <47>생략

제41조 생략

재난 및 안전관리 기본법

[시행 2010. 6. 8] [법률 제10347호, 2010. 6. 8, 일부개정]

행정안전부 (재난안전정책과)02-2100-2906

제1장 총칙 <개정 2010.6.8>

제1조(목적) 이 법은 각종 재난으로부터 국토를 보존하고 국민의 생명·신체 및 재산을 보호하기 위하여 국가와 지방자치단체의 재난 및 안전관리체제를 확립하고, 재난의 예방·대비·대응·복구와 그 밖에 재난 및 안전관리에 필요한 사항을 규정함을 목적으로 한다.

[전문개정 2010.6.8]

제2조(기본이념) 이 법은 재난을 예방하고 재난이 발생한 경우 그 피해를 최소화하는 것이 국가와 지방자치단체의 기본적 의무임을 확인하고, 모든 국민과 국가·지방자치단체가 국민의 생명 및 신체의 안전과 재산보호에 관련된 행위를 할 때에는 안전을 우선적으로 고려함으로써 국민이 재난으로부터 안전한 사회에서 생활할 수 있도록 함을 기본이념으로 한다.

[전문개정 2010.6.8]

제3조(정의) 이 법에서 사용하는 용어의 뜻은 다음과 같다.

1. "재난"이란 국민의 생명·신체·재산과 국가에 피해를 주거나 줄 수 있는 것으로서 다음 각 목의 것을 말한다.
   가. 태풍, 홍수, 호우(豪雨), 강풍, 풍랑, 해일(海溢), 대설, 낙뢰, 가뭄, 지진, 황사(黃砂), 적조(赤潮), 그 밖에 이에 준하는 자연현상으로 인하여 발생하는 재해
   나. 화재, 붕괴, 폭발, 교통사고, 화생방사고, 환경오염사고, 그 밖에 이와 유사한 사고로 발생하는 대통령령으로 정하는 규모 이상의 피해
   다. 에너지, 통신, 교통, 금융, 의료, 수도 등 국가기반체계의 마비와 전염병 확산 등으로 인한 피해
2. "해외재난"이란 대한민국의 영역 밖에서 대한민국 국민의 생명·신체 및 재산에 피해를 주거나 줄 수 있는 재난으로서 정부차원에서 대처할 필요가 있는 재난을 말한다.

3. "재난관리"란 재난의 예방·대비·대응 및 복구를 위하여 하는 모든 활동을 말한다.
4. "안전관리"란 시설 및 물질 등으로부터 사람의 생명·신체 및 재산의 안전을 확보하기 위하여 하는 모든 활동을 말한다.
5. "재난관리책임기관"이란 재난관리업무를 하는 다음 각 목의 기관을 말한다.
   가. 중앙행정기관 및 지방자치단체
   나. 지방행정기관·공공기관·공공단체(공공기관 및 공공단체의 지부 등 지방조직을 포함한다) 및 재난관리의 대상이 되는 중요시설의 관리기관 등으로서 대통령령으로 정하는 기관
6. "긴급구조"란 재난이 발생할 우려가 현저하거나 재난이 발생하였을 때에 국민의 생명·신체 및 재산을 보호하기 위하여 긴급구조기관과 긴급구조지원기관이 하는 인명구조, 응급처치, 그 밖에 필요한 모든 긴급한 조치를 말한다.
7. "긴급구조기관"이란 소방방재청·소방본부 및 소방서를 말한다. 다만, 해양에서 발생한 재난의 경우에는 해양경찰청·지방해양경찰청 및 해양경찰서를 말한다.
8. "긴급구조지원기관"이란 긴급구조에 필요한 인력·시설 및 장비, 운영체계 등 긴급구조능력을 보유한 기관이나 단체로서 대통령령으로 정하는 기관과 단체를 말한다.
9. "국가재난관리기준"이란 모든 유형의 재난에 공통적으로 활용할 수 있도록 재난관리의 전 과정을 통일적으로 단순화·체계화한 것으로서 행정안전부장관이 고시한 것을 말한다.

[전문개정 2010.6.8]

제4조(국가 등의 책무) ① 국가와 지방자치단체는 재난으로부터 국민의 생명·신체 및 재산을 보호할 책무를 지고, 재난을 예방하고 피해를 줄이기 위하여 노력하여야 하며, 발생한 재난을 신속히 대응·복구하기 위한 계획을 수립·시행하여야 한다.

② 제3조제5호나목에 따른 재난관리책임기관의 장은 소관 업무와 관련된 안전관리에 관한 계획을 수립하고 시행하여야 하며, 그 소재지를 관할하는 특별시·광역시·도·특별자치도(이하 "시·도"라 한다)와 시·군·구(자치구를 말한다. 이하 같다)의 재난 및 안전관리 업무에 협조하여야 한다

[전문개정 2010.6.8]

제5조(국민의 책무) 국민은 국가와 지방자치단체가 재난 및 안전관리업무를 수행할 때 최대한 협조하여야 하고, 자기가 소유하거나 사용하는 건물·시설 등으로부터 재난이 발생

하지 아니하도록 노력하여야 한다.

[전문개정 2010.6.8]

第6條(안전점검의 날 등) 국가는 대통령령으로 정하는 바에 따라 국민의 안전의식 수준을 높이기 위하여 안전점검의 날과 방재의 날을 정하여 필요한 행사 등을 할 수 있다.

[전문개정 2010.6.8]

第7條(안전관리헌장) ① 제9조제1항에 따른 중앙안전관리위원회의 위원장은 재난을 예방하고 재난이 발생할 경우 그 피해를 최소화하기 위하여 재난 및 안전관리업무에 종사하는 자가 지켜야 할 사항 등을 포함하는 안전관리헌장을 제정·고시하여야 한다.

② 재난관리책임기관의 장은 제1항에 따른 안전관리헌장을 실천하는 데에 노력하여야 하며, 안전관리헌장을 재난관리업무와 관련된 시설이나 지역에 항상 게시할 수 있다.

[전문개정 2010.6.8]

第8條(다른 법률과의 관계 등) ① 재난 및 안전관리에 관하여 다른 법률을 제정하거나 개정하는 경우에는 이 법의 목적과 기본이념에 맞도록 하여야 한다.

② 제3조제1호가목 재난의 예방·복구 등에 관하여는 이 법에서 정한 것 외에는『자연재해대책법』에 따른다.

③ 제3조제1호다목의 재난에 대하여는 제26조제1항제5호, 제27조, 제28조, 제30조, 제31조, 제67조, 제68조 및 제76조를 적용하지 아니한다.

[전문개정 2010.6.8]

제2장 안전관리기구 및 기능

第9條(중앙안전관리위원회) ① 안전관리에 관한 중요정책의 심의 및 총괄·조정, 안전관리를 위한 관계 부처 간의 협의·조정, 그 밖에 이 법에서 정하는 안전관리에 필요한 사항을 시행하기 위하여 국무총리 소속으로 중앙안전관리위원회(이하 "중앙위원회"라 한다)를 둔다.

② 중앙위원회의 위원장은 국무총리가 되고, 위원은 대통령령으로 정하는 중앙행정기관 또는 관계 기관·단체의 장이 된다.

③ 중앙위원회 회의에 부칠 의안의 검토, 재난의 대비·대응·복구(이하 "수습"이라 한다)를 위한 관계 부처 간의 협의·조정 사항 중 대통령령으로 정하는 경미한 사항의 협의·조정

등을 위하여 중앙위원회에 행정안전부장관을 위원장으로 하는 조정위원회(이하 "조정위원회"라 한다)를 둔다. 이 경우 조정위원회의 협의·조정을 거친 사항은 중앙위원회의 협의·조정을 거친 것으로 본다.

④ 중앙위원회와 조정위원회에 각각 간사위원 1명을 두되, 중앙위원회 간사위원은 행정안전부장관이, 조정위원회 간사위원은 행정안전부의재난업무를 관장하는 차관이 된다.

⑤ 중앙위원회의 업무를 효율적으로 운영하기 위하여 필요하면 분과위원회를 둘 수 있다.

⑥ 재난에 관한 예보·경보·통지나 응급조치 및 재난관리를 위한 재난방송이 원활히 수행될 수 있도록 중앙위원회에 재난방송협의회를 둘 수 있다.

⑦ 중앙위원회·조정위원회 및 분과위원회, 재난방송협의회의 구성과 운영 등에 필요한 사항은 대통령령으로 정한다.

[전문개정 2010.6.8]

제10조(중앙위원회의 기능 등) ① 중앙위원회는 다음 각 호의 사무를 수행한다. 이 경우 국가안전보장과 관련된 사무는 국가안전보장회의와 협의하여야 한다.

1. 안전관리에 관한 중요정책의 심의 및 총괄·조정
2. 제22조에 따른 국가안전관리기본계획 및 제23조에 따른 집행계획의 심의
3. 중앙행정기관이 수행하는 재난 및 안전관리업무의 협의·조정
4. 제25조의2에 따른 국가기반시설의 지정에 관한 사항의 심의
5. 제36조제1항에 따른 재난사태 선포 및 제59조에 따른 특별재난지역 선포에 관한 건의사항의 심의와 제36조제3항에 따른 재난사태 선포에 대한 승인
6. 다른 법령에 따라 중앙위원회의 권한에 속하는 사항의 처리
7. 그 밖에 위원장이 회의에 부치는 사항의 심의

② 중앙위원회는 그 소관 사무에 관하여 재난관리책임기관의 장이나 관계인에게 자료 제출, 의견 진술, 그 밖에 필요한 사항에 대하여 협조를 요청할 수 있다. 이 경우 요청을 받은 자는 특별한 사유가 없으면 요청에 따라야 한다.

[전문개정 2010.6.8]

제10조의3(개선 권고) ① 중앙위원회 위원장은 재난조사평가 결과 필요하다고 인정하는 사항에 대하여 재난관리책임기관의 장에게 기한을 정하여 개선을 권고할 수 있다.

② 제1항에 따라 개선 권고를 받은 재난관리책임기관의 장은 특별한 사유가 없으면 권고

에 따른 필요한 조치를 하여야 한다.

[본조신설 2010.6.8]

제11조(지역위원회) ① 지역별 안전관리에 관한 중요정책의 심의 및 총괄·조정, 지역별 안전관리업무의 협의·조정, 그 밖에 이 법에서 정하는 지역별 안전관리에 필요한 사항을 시행하기 위하여 특별시장·광역시장·도지사·특별자치도지사(이하 "시·도지사"라 한다) 소속으로 시·도 안전관리위원회(이하 "시·도위원회"라 한다)를 두고, 시장·군수·구청장(자치구의 구청장을 말한다. 이하 같다) 소속으로 시·군·구 안전관리위원회(이하 "시·군·구위원회"라 한다)를 둔다.

② 시·도위원회의 위원장은 시·도지사가 되고, 시·군·구위원회의 위원장은 시장·군수·구청장이 된다.

③ 시·도위원회와 시·군·구위원회(이하 "지역위원회"라 한다)의 회의에 부칠 의안을 검토하고, 관계 기관 간의 협조사항을 정리하는 등 지역위원회를 효율적으로 운영하기 위하여 지역위원회에 실무위원회를 둘 수 있다.

④ 관할 지역의 재난 발생 시 효과적인 재난방송 및 홍보를 위한 협조체제를 마련하기 위하여 지역위원회에 해당 지역을 관할하는 관계 행정기관, 지역 방송사업자 및 단체 등이 대표자로 구성된 지역재난방송협의회를 둘 수 있다.

⑤ 지역위원회와 실무위원회 및 지역재난방송협의회의 구성과 운영에 필요한 사항은 해당 지방자치단체의 조례로 정한다.

[전문개정 2010.6.8]

제12조(지역위원회의 기능) 지역위원회는 다음 각 호의 사무를 수행한다.

1. 해당 지역에서의 안전관리정책의 심의 및 총괄·조정
2. 해당 지역에서의 안전관리계획안의 심의
3. 해당 지역을 관할하는 재난관리책임기관(중앙행정기관과 상급 지방자치단체는 제외한다)이 수행하는 안전관리업무의 협의·조정
4. 다른 법령이나 조례에 따라 해당 지역위원회의 권한에 속하는 사항의 처리
5. 그 밖에 지역위원회의 위원장이 회의에 부치는 사항의 심의

[전문개정 2010.6.8]

제13조(지역위원회 등에 대한 지원 및 지도) 행정안전부장관(제3조제1호다목의 재난만 해

당한다)이나 소방방재청장은 시·도위원회의 운영과 지방자치단체의 안전관리업무에 대하여, 시·도지사는 관할 구역의 시·군·구위원회의 운영과 시·군·구의 안전관리업무에 대하여 필요한 지원과 지도를 할 수 있다.

[전문개정 2010.6.8]

제14조(중앙재난안전대책본부 등) ① 대통령령으로 정하는 대규모 재난의 예방·대비·대응·복구 등에 관한 사항을 총괄·조정하고 필요한 조치를 하기 위하여 행정안전부에 중앙재난안전대책본부(이하 "중앙대책본부"라 한다)를 둔다.

② 중앙대책본부의 본부장(이하 "중앙본부장"이라 한다)은 행정안전부장관이 되며, 중앙본부장은 중앙대책본부의 업무를 총괄하고 필요하다고 인정하면 중앙재난안전대책본부회의를 소집할 수 있다.

③ 제1항에 따른 대규모 재난으로 인하여 중앙대책본부를 둘 때에는 주무부처의 장 소속으로 중앙사고수습본부(이하 "수습본부"라 한다)를 둔다. 다만, 해외재난이 발생한 경우에는 외교통상부에 수습본부를 둔다.

④ 중앙본부장은 해외재난이 발생한 경우 필요하다고 인정하면 관계 중앙행정기관 및 관계 기관·단체의 임직원과 재난관리에 관한 전문가 등으로 정부합동 해외재난대책지원단을 구성하여 해외재난이 발생한 국가에 파견할 수 있다.

⑤ 제1항에 따른 중앙대책본부, 제2항에 따른 중앙재난안전대책본부회의 및 제4항에 따른 정부합동 해외재난대책지원단의 구성과 운영에 필요한 사항은 대통령령으로 정한다.

[전문개정 2010.6.8]

제15조(중앙본부장의 권한 등) ① 중앙본부장은 재난을 효율적으로 수습하기 위하여 관계 재난관리책임기관의 장에게 행정 및 재정상의 조치, 소속 직원의 파견, 그 밖에 필요한 지원을 요청할 수 있다. 이 경우 요청을 받은 관계 재난관리책임기관의 장은 특별한 사유가 없으면 요청에 따라야 한다.

② 제1항에 따라 파견된 직원은 재난의 수습에 필요한 소속 기관의 업무를 성실히 수행하여야 하며, 재난의 수습이 끝날 때까지 중앙대책본부에서 상근하여야 한다

③ 중앙본부장은 해당 재난의 수습에 필요한 범위에서 제16조제2항에 따른 지역본부장을 지휘할 수 있다.

④ 중앙본부장은 재난을 효율적으로 수습하기 위하여 중앙수습지원단을 구성하고, 필요

하다고 인정하면 중앙수습지원단을 현지에 파견할 수 있다.

⑤ 중앙대책본부가 설치되지 아니한 재난의 경우에는 제1항·제3항 및 제4항에 따른 중앙본부장의 권한을 주무부처의 장이 행사한다.

⑥ 중앙본부장은 재난의 효율적인 수습을 위하여 다음 각 호의 임무를 수행한다.

1. 국내외에서 발생한 재난 사례 및 수습체계의 분석
2. 재난유형별 수습 시나리오의 작성
3. 재난유형별 전문가의 데이터베이스 구축 및 상시 연락체제 구축
4. 재난유형별 물적 자원의 파악 및 데이터베이스 구축
5. 재난유형별 사고조사 기법·인력 및 장비의 개발
6. 그 밖에 재난수습을 효율적으로 하기 위하여 대통령령으로 정하는 사항

⑦ 제4항에 따른 중앙수습지원단의 구성과 운영에 필요한 사항은 대통령령으로 정한다.

[전문개정 2010.6.8]

제15조의2(안전관리업무의 심의·조정) ① 중앙행정기관의 장은 분야별로 시행하고 있는 안전관리업무 중 계획, 점검·검사, 교육·훈련, 평가, 기준 등에 관하여 기관 간 조정이 필요한 경우에는 행정안전부장관에게 조정을 요구할 수 있다.

② 행정안전부장관은 제1항에 따른 조정 요구를 받거나 필요한 경우 중앙위원회 또는 조정위원회의 심의를 거쳐 조정하여야 한다.

[본조신설 2010.6.8]

제16조(지역재난안전대책본부) ① 해당 관할 구역에서 재난관리에 관한 사항을 총괄·조정하고 필요한 조치를 하기 위하여 시·도지사는 시·도재난안전대책본부(이하 "시·도대책본부"라 한다)를 둘 수 있고, 시장·군수·구청장은 시·군·구재난안전대책본부(이하 "시·군·구대책본부"라 한다)를 둘 수 있다. 다만, 해당 재난과 관련하여 제14조에 따라 중앙대책본부를 두는 경우 시·도지사나 시장·군수·구청장은 시·도대책본부나 시·군·구대책본부(이하 "지역대책본부"라 한다)를 두어야 한다.

② 지역대책본부의 본부장(이하 "지역본부장"이라 한다)은 시·도지사 또는 시장·군수·구청장이 된다.

③ 지역대책본부의 구성과 운영에 필요한 사항은 해당 지방자치단체의 조례로 정한다.

[전문개정 2010.6.8]

제17조(지역본부장의 권한 등) ① 지역본부장은 재난의 수습을 효율적으로 하기 위하여 해당 시·도 또는 시·군·구를 관할 구역으로 하는 제3조제5호나목에 따른 재난관리책임기관의 장에게 행정 및 재정상의 조치나 그 밖에 필요한 업무협조를 요청할 수 있다. 이 경우 요청을 받은 재난관리책임기관의 장은 특별한 사유가 없으면 요청에 따라야 한다.

② 지역본부장은 재난의 수습을 위하여 필요하다고 인정하면 해당 시·도 또는 시·군·구의 전부 또는 일부를 관할 구역으로 하는 제3조제5호나목에 따른 재난관리책임기관의 장에게 소속 직원의 파견을 요청할 수 있다. 이 경우 요청을 받은 재난관리책임기관의 장은 특별한 사유가 없으면 즉시 요청에 따라야 한다.

③ 제2항에 따라 파견된 직원은 지역본부장의 지휘에 따라 재난의 수습에 필요한 소속기관의 업무를 성실히 수행하여야 하며, 재난의 수습이 끝날 때까지 지역대책본부에서 상근하여야 한다.

[전문개정 2010.6.8]

제18조(재난 신고) ① 누구든지 재난의 발생이나 재난이 발생할 징후를 발견하였을 때에는 즉시 그 사실을 시장·군수·구청장·긴급구조기관, 그 밖의 관계 행정기관에 신고하여야 한다.

② 제1항에 따른 신고를 받은 시장·군수·구청장과 그 밖의 관계 행정기관의 장은 관할 긴급구조기관의 장에게, 긴급구조기관의 장은 그 소재지 관할 시장·군수·구청장에게 통보하여 응급대처방안을 마련할 수 있도록 조치하여야 한다.

[전문개정 2010.6.8]

제19조(종합상황실 등의 설치·운영) ① 행정안전부장관, 소방방재청장, 시·도지사, 시장·군수·구청장 및 소방서장은 재난정보의 수집·전파, 신속한 지휘 및 상황관리를 위하여 상시 종합상황실을 설치·운영하여야 한다.

② 재난관리책임기관의 장은 제1항에 따른 상황관리를 위하여 상황실을 설치할 수 있다. 이 경우 재난관리책임기관의 장은 제1항에 따른 종합상황실과의 정보관리체계의 연계와 정보 공유를 위하여 협조하여야 한다.

[전문개정 2010.6.8]

제20조(재난상황의 보고) ① 시장·군수·구청장은 그 관할 구역에서 재난이 발생하거나 발생할 우려가 있으면 대통령령으로 정하는 바에 따라 즉시 그 재난상황과 응급조치 및 수습

의 내용을 시·도지사에게 보고하여야 하며, 시·도지사는 이를 행정안전부장관과 관계 중앙행정기관의 장에게 보고하여야 한다. 이 경우 제3조제1호 가목 및 나목에 해당하는 재난에 관하여는 소방방재청장에게 우선 보고하고, 소방방재청장은 이를 종합하여 행정안전부장관에게 보고하여야 한다. 다만, 대통령령으로 정하는 사항에 대하여는 긴급구조기관의 장이나 시장·군수·구청장이 행정안전부장관 및 소방방재청장에게 직접 보고하여야 하되, 긴급구조활동과 관련한 사항은 소방방재청장에게 우선 보고하여야 한다.

② 해양경찰서장은 해양에서 재난이 발생하거나 발생할 우려가 있으면 대통령령으로 정하는 바에 따라 즉시 그 재난상황과 응급조치 및 수습의 내용을 지방해양경찰청장과 관할 시장·군수·구청장에게 보고하거나 통보하여야 하고, 지방해양경찰청장은 해양경찰청장과 관할 시·도지사에게 보고하거나 통보하여야 하며, 해양경찰청장은 대통령령으로 정하는 재난일 경우에만 관계 중앙행정기관의 장과 행정안전부장관에게 보고하거나 통보하여야 한다.

③ 제3조제5호나목에 따른 재난관리책임기관의 장과 제25조의2제1항에 따른 국가기반시설의 장은 소관 업무 또는 시설에 관계되는 재난이 발생하면 대통령령으로 정하는 바에 따라 즉시 그 재난상황과 응급조치 및 수습의 내용을 관계 중앙행정기관의 장, 관할 시·도지사와 시장·군수·구청장에게 보고하거나 통보하여야 한다. 이 경우 관계 중앙행정기관의 장은 보고받은 사항이 제25조의2제1항에 따른 국가기반시설에 대한 것일 때에는 즉시 행정안전부장관에게 통보하여야 한다.

④ 시장·군수·구청장이나 소방서장은 재난이 발생한 경우 또는 재난 발생을 신고받거나 통보받은 경우에는 즉시 관계 재난관리책임기관의 장에게 통보하여야 한다.

[전문개정 2010.6.8]

제21조(해외재난상황의 관리) ① 재외공관의 장은 관할 구역에서 해외재난이 발생하거나 발생할 우려가 있으면 즉시 그 상황을 외교통상부장관에게 보고하여야 한다.

② 제1항에 따른 보고를 받은 외교통상부장관은 즉시 그 상황을 행정안전부장관과 소방방재청장 및 관계 중앙행정기관의 장에게 통보하여야 한다.

[전문개정 2010.6.8]

제3장 안전관리계획

제22조(국가안전관리기본계획의 수립 등) ① 국무총리는 대통령령으로 정하는 바에 따라 국가의 안전관리업무에 관한 기본계획(이하 "국가안전관리기본계획"이라 한다)의 수립지침을 작성하여 관계 중앙행정기관의 장에게 시달하여야 한다.

② 제1항에 따른 수립지침에는 부처별로 중점적으로 추진할 안전관리기본계획의 수립에 관한 사항과 국가재난관리체계의 기본방향이 포함되어야 한다.

③ 관계 중앙행정기관의 장은 제1항에 따른 수립지침에 따라 그 소관에 속하는 안전관리업무에 관한 기본계획을 작성한 후 국무총리에게 제출하여야 한다.

④ 국무총리는 제3항에 따라 관계 중앙행정기관의 장이 제출한 기본계획을 종합하여 국가안전관리기본계획을 작성하여 중앙위원회의 심의를 거쳐 확정한 후 이를 관계 중앙행정기관의 장에게 시달하여야 한다.

⑤ 중앙행정기관의 장은 제4항에 따라 확정된 국가안전관리기본계획 중 그 소관 사항을 관계 재난관리책임기관(중앙행정기관과 지방자치단체는 제외한다)의 장에게 시달하여야 한다.

⑥ 국가안전관리기본계획을 변경하는 경우에는 제1항부터 제5항까지를 준용한다.

⑦ 국가안전관리기본계획과 제23조의 집행계획, 제24조의 시·도안전관리계획 및 제25조의 시·군·구안전관리계획은 『민방위기본법』에 따른 민방위계획 중 재난관리분야의 계획으로 본다.

⑧ 국가안전관리기본계획의 구체적인 내용은 대통령령으로 정한다.

[전문개정 2010.6.8]

제23조(집행계획) ① 관계 중앙행정기관의 장은 제22조제4항에 따라 시달받은 국가안전관리기본계획에 따라 그 소관 업무에 관한 집행계획을 작성하여 행정안전부장관과 협의한 후 국무총리의 승인을 받아 확정한다.

② 관계 중앙행정기관의 장은 확정된 집행계획을 행정안전부장관에게 통보하고, 시·도지사 및 제3조제5호나목에 따른 재난관리책임기관의 장에게 시달하여야 한다.

③ 제3조제5호나목에 따른 재난관리책임기관의 장은 제2항에 따라 시달받은 집행계획에 따라 세부집행계획을 작성하여 관할 시·도지사와 협의한 후 소속 중앙행정기관의 장의 승인을 받아 이를 확정하여야 한다. 이 경우 그 재난관리책임기관의 장이 공공기관이나 공공단체의 장인 경우에는 그 내용을 지부 등 지방조직에 통보하여야 한다.

[전문개정 2010.6.8]

제24조(시ㆍ도안전관리계획의 수립) ① 행정안전부장관은 소방방재청장의 의견을 들어 제22조제4항에 따른 국가안전관리기본계획과 제23조제1항에 따른 집행계획에 따라 시ㆍ도의 안전관리업무에 관한 계획(이하 "시ㆍ도안전관리계획"이라 한다)의 수립지침을 작성하여 이를 시ㆍ도지사에게 시달하여야 한다.

② 시ㆍ도의 전부 또는 일부를 관할 구역으로 하는 제3조제5호나목에 따른 재난관리책임기관의 장은 그 소관 안전관리업무에 관한 계획을 작성하여 관할 시ㆍ도지사에게 제출하여야 한다.

③ 시ㆍ도지사는 제1항에 따라 시달받은 수립지침과 제2항에 따라 제출받은 안전관리업무에 관한 계획을 종합하여 시ㆍ도안전관리계획을 작성하고 시ㆍ도위원회의 심의를 거쳐 확정한다.

④ 시ㆍ도지사는 제3항에 따라 확정된 시ㆍ도안전관리계획을 행정안전부장관에게 보고하고, 제2항에 따른 재난관리책임기관의 장에게 통보하여야 한다.

[전문개정 2010.6.8]

제25조(시ㆍ군ㆍ구안전관리계획의 수립) ① 시ㆍ도지사는 제24조제3항에 따라 확정된 시ㆍ도안전관리계획에 따라 시ㆍ군ㆍ구의 안전관리업무에 관한 계획(이하 "시ㆍ군ㆍ구안전관리계획"이라 한다)의 수립지침을 작성하여 시장ㆍ군수ㆍ구청장에게 시달하여야 한다.

② 시ㆍ군ㆍ구의 전부 또는 일부를 관할 구역으로 하는 제3조제5호나목에 따른 재난관리책임기관의 장은 그 소관 안전관리업무에 관한 계획을 작성하여 시장ㆍ군수ㆍ구청장에게 제출하여야 한다.

③ 시장ㆍ군수ㆍ구청장은 제1항에 따라 시달받은 수립지침과 제2항에 따라 제출받은 안전관리업무에 관한 계획을 종합하여 시ㆍ군ㆍㆍ구안전관리계획을 작성하고 시ㆍ군ㆍ구위원회의 심의를 거쳐 확정한다.

④ 시장ㆍ군수ㆍ구청장은 제3항에 따라 확정된 시ㆍ군ㆍ구안전관리계획을 시ㆍ도지사에게 보고하고, 제2항에 따른 재난관리책임기관의 장에게 통보하여야 한다.

[전문개정 2010.6.8]

제4장 예방 및 대비 <개정 2010.6.8>

제25조의2(국가기반시설의 지정) ① 관계 중앙행정기관의 장은 소관 분야의 기반시설 중

제3조제1호다목에 따른 국가기반체계를 보호하기 위하여 계속적으로 관리할 필요가 있다고 인정되는 시설(이하 "국가기반시설"이라 한다)을 다음 각 호의 기준에 따라 중앙위원회의 심의를 거쳐 지정할 수 있다.

1. 다른 기반시설이나 체계 등에 미치는 연쇄효과
2. 둘 이상의 중앙행정기관의 공동대응 필요성
3. 재난이 발생하는 경우 국가안전보장과 경제·사회에 미치는 피해 규모 및 범위
4. 재난의 발생 가능성 또는 그 복구의 용이성

② 관계 중앙행정기관의 장은 제1항에 따른 지정 여부를 결정하기 위하여 필요한 자료의 제출을 소관 재난관리책임기관의 장에게 요청할 수 있다.

③ 관계 중앙행정기관의 장은 소관 재난관리책임기관이 해당 업무를 폐지·정지 또는 변경하는 경우에는 중앙위원회의 심의를 거쳐 국가기반시설의 지정을 취소할 수 있다.

④ 국가기반시설의 지정 및 지정취소 등에 필요한 사항은 대통령령으로 정한다.

[전문개정 2010.6.8]

제25조의3(국가기반시설의 관리 등) ① 제25조의2제1항에 따라 국가기반시설을 지정한 관계 중앙행정기관의 장은 지정결과를 지체 없이 중앙본부장에게 통보하여야 한다.

② 중앙본부장은 제1항에 따라 그 지정결과를 통보받은 경우에는 이를 기초로 국가기반시설에 대한 데이터베이스를 구축·운영하고, 중앙위원회 및 관계 중앙행정기관의 장이 재난관리정책의 수립 등에 이를 이용할 수 있도록 통합지원할 수 있다.

[전문개정 2010.6.8]

제26조(재난관리책임기관의 장의 재난예방조치) ① 재난관리책임기관의 장은 소관 관리대상 업무의 분야에서 재난 발생을 사전에 방지하기 위하여 다음 각 호의 조치를 하여야 한다.

1. 재난에 대응할 조직의 구성 및 정비
2. 재난의 예측과 정보전달체계의 구축
3. 재난 발생에 대비한 교육·훈련과 재난관리예방에 관한 홍보
4. 재난이 발생할 위험이 높은 분야에 대한 안전관리체계의 구축 및 안전관리규정의 제정
5. 재난이 발생할 위험이 높거나 재난예방을 위하여 계속적으로 관리할 필요가 있다고 인정되는 시설 및 지역(이하 "특정관리대상시설등"이라 한다)의 지정·관리 및 정비
6. 제35조에 따른 물자 및 자재의 비축, 재난방지시설의 정비와 장비 및 인력의 지정

7. 제25조의2에 따라 지정된 국가기반시설의 관리
8. 그 밖에 재난을 예방하기 위하여 필요하다고 인정되는 사항

② 재난관리책임기관의 장은 제1항에 따른 재난예방조치를 효율적으로 시행하기 위하여 필요한 사업비를 확보하여야 한다.

③ 재난관리책임기관의 장은 다른 재난관리책임기관의 장에게 재난을 예방하기 위하여 필요한 협조를 요청할 수 있다. 이 경우 요청을 받은 다른 재난관리책임기관의 장은 특별한 사유가 없으면 요청에 따라야 한다.

④ 재난관리책임기관의 장은 재난관리의 실효성을 확보할 수 있도록 제1항제4호에 따른 안전관리체계 및 안전관리규정을 정비·보완하여야 한다.

⑤ 재난관리책임기관의 장은 제1항제5호에 따른 조치결과를 대통령령으로 정하는 바에 따라 소방방재청장에게 보고하거나 통보하여야 한다.

⑥ 제1항제5호에 따른 특정관리대상시설등의 지정 기준·절차·방법 등에 필요한 사항은 대통령령으로 정한다.

[전문개정 2010.6.8]

제27조(특정관리대상시설등의 관리 등) ① 재난관리책임기관의 장은 제26조제1항제5호에 따라 특정관리대상시설등을 지정할 때에는 대통령령으로 정하는 바에 따라 다음 각 호의 조치를 하여야 한다.

1. 특정관리대상시설등으로부터 재난 발생의 위험성을 제거하기 위한 장기·단기 계획의 수립·시행
2. 특정관리대상시설등에 대한 안전점검 또는 정밀안전진단. 이 경우 다른 법령에 특정관리대상시설등에 대한 안전점검 또는 정밀안전진단에 관한 기준이 있는 경우에는 그 기준에 따르고, 다른 법령의 적용을 받지 아니하는 시설 등에 대하여는 행정안전부령으로 정하는 기준에 따른다.

② 소방방재청장은 제26조제5항에 따라 보고받거나 통보받은 사항을 대통령령으로 정하는 바에 따라 정기 또는 수시로 중앙위원회 위원장에게 보고하여야 한다.

③ 중앙위원회 위원장은 제2항에 따라 보고받은 사항 중 재난을 예방하기 위하여 필요하다고 인정하는 사항에 대하여는 관계 재난관리책임기관의 장에게 시정조치나 보완을 요구할 수 있다.

[전문개정 2010.6.8]

제28조(지방자치단체에 대한 지원 등) 소방방재청장은 지방자치단체가 제27조제1항에 따라 시행하는 재난예방을 위한 조치 등에 필요한 지원 및 지도를 할 수 있고, 관계 중앙행정기관의 장에게 협조를 요청할 수 있다.

[전문개정 2010.6.8]

제29조(재난관리체계 등의 정비·평가) ① 행정안전부장관(제3조제1호다목의 재난만 해당한다. 이하 이 조에서 같다)이나 소방방재청장은 대통령령으로 정하는 바에 따라 다음 각 호의 사항을 정기적으로 평가할 수 있다.

1. 제14조제1항에 따른 대규모 재난의 발생에 대비한 단계별 예방·대응 및 복구과정
2. 제26조제1항제1호에 따른 재난관리책임기관의 재난대응 조직의 구성 및 정비 실태
3. 제26조제4항에 따른 안전관리체계 및 안전관리규정

② 제1항에도 불구하고 공공기관에 대하여는 관할 중앙행정기관의 장이 평가를 하고, 시·군·구에 대하여는 시·도지사가 평가를 한다. 다만, 제4항에 따라 우수한 기관을 선정하기 위하여 필요한 경우에는 행정안전부장관이나 소방방재청장이 확인평가를 할 수 있다.

③ 행정안전부장관은 제1항과 제2항 단서에 따른 평가 결과를 중앙위원회에 종합 보고한다.

④ 행정안전부장관 또는 소방방재청장은 필요하다고 인정하면 해당 재난관리책임기관의 장에게 시정조치나 보완을 요구할 수 있으며, 우수한 기관에 대하여는 예산지원 및 포상 등 필요한 조치를 할 수 있다. 다만, 공공기관의 장 및 시장·군수·구청장에게 시정조치나 보완 요구를 하려는 경우에는 관할 중앙행정기관의 장 및 시·도지사에게 한다.

[전문개정 2010.6.8]

제30조(재난예방을 위한 긴급안전점검 등) ① 소방방재청장과 재난관리책임기관(행정기관만을 말한다. 이하 이 조에서 같다)의 장은 대통령령으로 정하는 시설 및 지역에 재난이 발생할 우려가 있는 등 대통령령으로 정하는 긴급한 사유가 있으면 소속 공무원으로 하여금 긴급안전점검을 하게 하고, 소방방재청장은 다른 재난관리책임기관의 장에게 긴급안전점검을 하도록 요구할 수 있다. 이 경우 요구를 받은 재난관리책임기관의 장은 특별한 사유가 없으면 요구에 따라야 한다.

② 제1항에 따라 긴급안전점검을 하는 공무원은 관계인에게 필요한 질문을 하거나 관계 서류 등을 열람할 수 있다.

③ 제1항에 따른 긴급안전점검의 절차 및 방법, 긴급안전점검결과의 기록·유지 등에 필요한 사항은 대통령령으로 정한다.

④ 제1항에 따라 긴급안전점검을 하는 공무원은 그 권한을 표시하는 증표를 지니고 이를 관계인에게 보여주어야 한다.

⑤ 소방방재청장은 제1항에 따라 긴급안전점검을 하면 그 결과를 해당 재난관리책임기관의 장에게 통보하여야 한다.

[전문개정 2010.6.8]

제31조(재난예방을 위한 긴급안전조치) ① 소방방재청장과 재난관리책임기관(행정기관만을 말한다. 이하 이 조에서 같다)의 장은 제30조에 따른 긴급안전점검 결과 재난 발생의 위험이 높다고 인정되는 시설 또는 지역에 대하여는 대통령령으로 정하는 바에 따라 그 소유자·관리자 또는 점유자에게 다음 각 호의 안전조치를 할 것을 명할 수 있다.

1. 정밀안전진단(시설만 해당한다). 이 경우 다른 법령에 시설의 정밀안전진단에 관한 기준이 있는 경우에는 그 기준에 따르고, 다른 법령의 적용을 받지 아니하는 시설에 대하여는 행정안전부령으로 정하는 기준에 따른다.
2. 보수(補修) 또는 보강 등 정비
3. 재난을 발생시킬 위험요인의 제거

② 제1항에 따른 안전조치명령을 받은 소유자·관리자 또는 점유자는 안전조치를 하고, 행정안전부령으로 정하는 바에 따라 그 결과를 소방방재청장과 재난관리책임기관의 장에게 통보하여야 한다.

③ 소방방재청장과 재난관리책임기관의 장은 제1항에 따른 안전조치명령을 받은 자가 그 명령을 이행하지 아니하거나 이행할 수 없는 상태에 있고, 재난의 예방을 위하여 긴급하다고 판단하면 그 시설 또는 지역에 대하여 사용을 제한하거나 금지시킬 수 있다. 이 경우 그 제한하거나 금지하는 내용을 보기 쉬운 곳에 게시하여야 한다.

④ 소방방재청장과 재난관리책임기관의 장은 제1항제2호 또는 제3호에 따른 안전조치명령을 받아 이를 이행하여야 하는 자가 그 명령을 이행하지 아니하거나 이행할 수 없는 상태에 있고, 재난예방을 위하여 긴급하다고 판단하면 그 명령을 받아 이를 이행하여야 할 자를 갈음하여 필요한 안전조치를 할 수 있다. 이 경우 『행정대집행법』을 준용한다.

⑤ 소방방재청장과 재난관리책임기관의 장은 제3항에 따른 안전조치를 할 때에는 미리 해당 소유자관리자 또는 점유자에게 서면으로 이를 알려 주어야 한다.

[전문개정 2010.6.8]

제32조(특정관리대상시설 등의 실명관리) 재난관리책임기관(행정기관만을 말한다)의 장은 제27조제1항제2호에 따른 안전점검이나 제30조제1항에 따른 긴급안전점검을 하는 경우에는 안전점검이나 긴급안전점검을 한 소속공무원의 실명(實名)을 기록·관리하여야 한다.

[전문개정 2010.6.8]

제33조(안전관리전문기관에 대한 자료요구 등) ① 소방방재청장은 재난 예방을 효율적으로 추진하기 위하여 대통령령으로 정하는 안전관리전문기관에 안전점검결과, 주요시설물의 설계도서 등 대통령령으로 정하는 안전관리에 필요한 자료를 요구할 수 있다.

② 제1항에 따라 자료를 요구받은 안전관리전문기관의 장은 특별한 사유가 없으면 요구에 따라야 한다.

[전문개정 2010.6.8]

제34조(재난예방교육·홍보) 행정안전부장관 또는 소방방재청장은 대통령령이 정하는 바에 의하여 재난의 예방을 위한 교육·홍보를 정기 또는 수시로 실시하여야 한다. 다만, 다른 법령에 재난의 예방교육 및 홍보에 관하여 특별한 규정이 있는 경우에는 그 법령에 의하여 실시할 수 있다. <개정 2007.1.26, 2008.2.29>

제5장 응급대책

제35조(물자·자재의 비축 등) ① 재난관리책임기관의 장은 관계 법령 또는 제3장의 안전관리계획에서 정하는 바에 따라 소관 업무와 관계되는 재난응급대책을 수립·시행하고 재난 복구에 필요한 물자 및 자재를 비축하며 대통령령으로 정하는 재난방지시설을 정비하여야 한다.

② 시장·군수·구청장이나 재난관리책임기관의 장(제3조제1호다목의 재난만 해당한다)은 재난 발생에 대비하여 관계 기관·소유자 또는 지정·관리 대상이 되는 자와 협의하여 제37조에 따라 응급조치에 일시 사용할 장비와 인력을 지정·관리할 수 있다.

[전문개정 2010.6.8]

제36조(재난사태 선포) ① 중앙본부장은 대통령령으로 정하는 재난이 발생하거나 발생할 우려가 있는 경우 사람의 생명·신체 및 재산에 미치는 중대한 영향이나 피해를 줄이기 위

하여 긴급한 조치가 필요하다고 인정하면 중앙위원회의 심의를 거쳐 다음 각 호의 구분에 따라 국무총리에게 재난사태를 선포할 것을 건의하거나 직접 선포할 수 있다. 다만, 중앙본부장은 재난상황이 긴급하여 중앙위원회의 심의를 거칠 시간적 여유가 없다고 인정하는 경우에는 중앙위원회의 심의를 거치지 아니하고 국무총리에게 재난사태를 선포할 것을 건의하거나 직접 선포할 수 있다.

1. 재난사태 선포 대상지역이 3개 시·도 이상인 경우: 국무총리에게 선포 건의
2. 재난사태 선포 대상지역이 2개 시·도 이하인 경우: 중앙본부장이 선포

② 제1항에 따라 건의를 받은 국무총리는 해당 지역에 대하여 재난사태를 선포할 수 있다.

③ 국무총리가 제1항 단서에 따라 재난사태를 선포하거나 중앙본부장이 제1항 단서에 따라 재난사태를 선포한 경우에는 지체 없이 중앙위원회의 승인을 받아야 하며, 승인을 받지 못하면 선포된 재난사태를 즉시 해제하여야 한다.

④ 중앙본부장과 지역본부장은 제1항이나 제2항에 따라 재난사태가 선포된 지역에 대하여 다음 각 호의 조치를 할 수 있다.

1. 재난경보의 발령, 인력·장비 및 물자의 동원, 위험구역 설정, 대피명령, 응급지원 등 이 법에 따른 응급조치
2. 해당 지역에 소재하는 행정기관 소속공무원의 비상소집
3. 해당 지역에 대한 여행 자제 권고
4. 그 밖에 재난예방에 필요한 조치

⑤ 국무총리 또는 중앙본부장은 재난이 추가적으로 발생할 우려가 없어진 경우에는 제1항이나 제2항에 따라 선포된 재난사태를 즉시 해제하여야 한다.

[전문개정 2010.6.8]

제37조(응급조치) ① 제50조제2항에 따른 시·도긴급구조통제단 및 시·군·구긴급구조통제단의 단장(이하 "지역통제단장"이라 한다)과 시장·군수·구청장은 재난이 발생할 우려가 있거나 재난이 발생하였을 때에는 즉시 관계 법령이나 시·도 또는 시·군·구의 안전관리계획에서 정하는 바에 따라 수방(水防)·진화·구조 및 구난(救難), 그 밖에 재난 발생을 예방하거나 피해를 줄이기 위하여 필요한 다음 각 호의 응급조치를 하여야 한다. 다만, 지역통제단장의 경우에는 제2호 중 진화에 관한 응급조치와 제4호 및 제6호의 응급조치만 하여야 한다.

1. 경보의 발령 또는 전달이나 피난의 권고 또는 지시

2. 진화수방·지진방재, 그 밖의 응급조치와 구호
3. 피해시설의 응급복구 및 방역과 방범, 그 밖의 질서 유지
4. 긴급수송 및 구조 수단의 확보
5. 급수 수단의 확보, 긴급피난처 및 구호품의 확보
6. 현장지휘통신체계의 확보
7. 그 밖에 재난 발생을 예방하거나 줄이기 위하여 필요한 사항

② 시·군·구의 관할 구역에 소재하는 재난관리책임기관의 장은 시장·군수·구청장이나 지역통제단장이 요청하면 관계 법령이나 시·군·구안전관리계획에서 정하는 바에 따라 시장·군수·구청장이나 지역통제단장의 지휘 또는 조정하에 그 소관 업무에 관계되는 응급조치를 실시하거나 시장·군수·구청장이나 지역통제단장이 실시하는 응급조치에 협력하여야 한다.

[전문개정 2010.6.8]

제38조(재난 예보·경보의 발령 등) ① 중앙본부장과 지역본부장은 대통령령으로 정하는 재난으로 인하여 사람의 생명·신체 및 재산에 대한 피해가 예상되면 그 피해를 예방하거나 줄이기 위하여 재난에 관한 예보 또는 경보를 발령할 수 있다. 다만, 다른 법령에 특별한 규정이 있을 때에는 그러하지 아니하다.

② 중앙본부장과 지역본부장은 재난에 관한 예보·경보·통지나 응급조치를 실시하기 위하여 필요하면 다음 각 호의 조치를 요청할 수 있다. 다만, 다른 법령에 특별한 규정이 있을 때에는 그러하지 아니하다.

1. 전기통신시설의 소유자 또는 관리자에 대한 전기통신시설의 우선 사용
2. 『전기통신사업법』 제5조에 따른 기간통신사업자 중 대통령령으로 정하는 주요 기간통신사업자에 대한 필요한 정보의 문자 송신 또는 음성 송신
3. 『방송법』 제2조제3호에 따른 방송사업자에 대한 필요한 정보의 신속한 방송

③ 제2항에 따른 요청을 받은 전기통신시설의 소유자 또는 관리자, 기간통신사업자와 방송사업자는 특별한 사유가 없으면 요청에 따라야 한다.

[전문개정 2010.6.8]

제38조의2(재난 예보·경보체계 구축 종합계획의 수립) ① 시장·군수·구청장은 제41조에 따른 위험구역 및 『자연재해대책법』 제12조에 따른 자연재해위험지구 등 재난으로 인하

여 사람의 생명·신체 및 재산에 대한 피해가 예상되는 지역에 대하여 그 피해를 예방하기 위하여 시·군·구 재난 예보·경보체계 구축 종합계획(이하 이 조에서 "시·군·구종합계획"이라 한다)을 5년 단위로 수립하여 시·도지사에게 제출하여야 한다.

② 시·도지사는 제1항에 따른 시·군·구종합계획을 기초로 시·도 재난 예보·경보체계 구축 종합계획(이하 이 조에서 "시·도종합계획"이라 한다)을 수립하여 소방방재청장에게 제출하여야 하며, 소방방재청장은 필요한 경우 시·도지사에게 시·도종합계획의 보완을 요청할 수 있다.

③ 시·도종합계획과 시·군·구종합계획에는 다음 각 호의 사항이 포함되어야 한다.

1. 재난 예보·경보체계의 구축에 관한 기본방침
2. 재난 예보·경보체계 구축 종합계획 수립 대상지역의 선정에 관한 사항
3. 종합적인 재난 예보·경보체계의 구축과 운영에 관한 사항
4. 그 밖에 재난으로부터 인명 피해와 재산 피해를 예방하기 위하여 필요한 사항

④ 시·도지사와 시장·군수·구청장은 각각 시·도종합계획과 시·군·구종합계획에 대한 사업시행계획을 매년 수립하여 소방방재청장에게 제출하여야 한다.

⑤ 시·도지사와 시장·군수·구청장이 각각 시·도종합계획과 시·군·구종합계획을 변경하려는 경우에는 제1항과 제2항을 준용한다.

⑥ 시·도종합계획, 시·군·구종합계획 및 사업시행계획의 수립 등에 필요한 사항은 대통령령으로 정한다.

[전문개정 2010.6.8]

제39조(동원명령 등) ① 중앙본부장과 지역본부장은 재난이 발생하거나 발생할 우려가 있다고 인정하면 다음 각 호의 조치를 할 수 있다.

1. 『민방위기본법』 제26조에 따른 민방위대의 동원
2. 응급조치를 위하여 재난관리책임기관의 장에 대한 관계 직원의 출동 또는 제35조에 따른 물자 및 지정된 장비·인력의 동원 등 필요한 조치의 요청
3. 동원 가능한 장비와 인력 등이 부족한 경우에는 국방부장관에 대한 군부대의 지원 요청

② 제1항에 따라 필요한 조치의 요청을 받은 기관의 장은 특별한 사유가 없으면 요청에 따라야 한다.

[전문개정 2010.6.8]

제40조(대피명령) ① 시장·군수·구청장과 지역통제단장(대통령령으로 정하는 권한을 행사하는 경우에만 해당한다. 이하 이 조에서 같다)은 재난이 발생하거나 발생할 우려가 있는 경우에 사람의 생명 또는 신체에 대한 위해를 방지하기 위하여 필요하면 해당 지역 주민이나 그 지역 안에 있는 사람에게 대피할 것을 명할 수 있다.

② 제1항에 따른 대피명령을 받은 사람은 즉시 명령에 따라야 한다.

[전문개정 2010.6.8]

제41조(위험구역의 설정) ① 시장·군수·구청장과 지역통제단장(대통령령으로 정하는 권한을 행사하는 경우에만 해당한다. 이하 이 조에서 같다)은 재난이 발생하거나 발생할 우려가 있는 경우에 사람의 생명 또는 신체에 대한 위해 방지나 질서의 유지를 위하여 필요하면 위험구역을 설정하고, 응급조치에 종사하지 아니하는 사람에게 다음 각 호의 조치를 명할 수 있다.

1. 위험구역에 출입하는 행위나 그 밖의 행위의 금지 또는 제한
2. 위험구역에서의 퇴거 또는 대피

② 시장·군수·구청장과 지역통제단장은 제1항에 따라 위험구역을 설정할 때에는 그 구역의 범위와 제1항제1호에 따라 금지되거나 제한되는 행위의 내용, 그 밖에 필요한 사항을 보기 쉬운 곳에 게시하여야 한다.

[전문개정 2010.6.8]

제42조(강제대피조치) 시장·군수·구청장과 지역통제단장(대통령령으로 정하는 권한을 행사하는 경우에만 해당한다. 이하 이 조에서 같다)은 제40조제1항에 따른 대피명령을 받은 사람 또는 제41조제1항제2호에 따른 위험구역에서의 퇴거나 대피명령을 받은 사람이 그 명령을 이행하지 아니하여 위급하다고 판단되면 그 지역 또는 위험구역 안의 주민이나 그 안에 있는 사람을 강제로 대피시키거나 퇴거시킬 수 있다.

[전문개정 2010.6.8]

제43조(통행제한 등) ① 시장·군수·구청장과 지역통제단장(대통령령으로 정하는 권한을 행사하는 경우에만 해당한다)은 응급조치에 필요한 물자를 긴급히 수송하거나 진화·구조 등을 하기 위하여 필요하면 대통령령으로 정하는 바에 따라 경찰관서의 장에게 도로의 구간을 지정하여 해당 긴급수송 등을 하는 차량 외의 차량의 통행을 금지하거나 제한하도

록 요청할 수 있다.

② 제1항에 따른 요청을 받은 경찰관서의 장은 특별한 사유가 없으면 요청에 따라야 한다.

[전문개정 2010.6.8]

제44조(응원) ① 시장·군수·구청장은 응급조치를 하기 위하여 필요하면 다른 시·군·구나 관할 구역에 있는 군부대 및 관계 행정기관의 장에게 소속 공무원 등의 파견 등 필요한 응원(應援)을 요청할 수 있다. 이 경우 응원을 요청받은 군부대의 장과 관계 행정기관의 장은 특별한 사유가 없으면 요청에 따라야 한다.

② 제1항에 따라 응원에 종사하는 사람은 그 응원을 요청한 시장·군수·구청장의 지휘에 따라 응급조치에 종사하여야 한다.

[전문개정 2010.6.8]

제45조(응급부담) 시장·군수·구청장과 지역통제단장(대통령령으로 정하는 권한을 행사하는 경우에만 해당한다)은 그 관할 구역에서 재난이 발생하거나 발생할 우려가 있어 응급조치를 하여야 할 급박한 사정이 있으면 해당 재난현장에 있는 사람이나 인근에 거주하는 사람에게 응급조치에 종사하게 하거나 대통령령으로 정하는 바에 따라 다른 사람의 토지·건축물·인공구조물, 그 밖의 소유물을 일시 사용할 수 있으며, 장애물을 변경하거나 제거할 수 있다.

[전문개정 2010.6.8]

제46조(시·도지사가 실시하는 응급조치 등) ① 시·도지사는 다음 각 호의 경우에는 제40조부터 제45조까지의 규정에 따른 응급조치를 할 수 있다.

1. 관할 구역에서 재난이 발생하거나 발생할 우려가 있는 경우로서 대통령령으로 정하는 경우
2. 둘 이상의 시·군·구에 걸쳐 재난이 발생하거나 발생할 우려가 있는 경우

② 시·도지사는 제1항에 따른 응급조치를 하기 위하여 필요하면 이 장에 따라 응급조치를 하여야 할 시장·군수·구청장에게 필요한 지시를 하거나 다른 시장·군수·구청장에게 응원을 요청할 수 있다.

[전문개정 2010.6.8]

제47조(재난관리책임기관의 장의 응급조치) 제3조제5호나목에 따른 재난관리책임기관의 장은 재난이 발생하거나 발생할 우려가 있으면 즉시 그 소관 업무에 관하여 필요한 응급

조치를 하고, 이 장에 따라 시·도지사, 시장·군수·구청장 또는 지역통제단장이 실시하는 응급조치가 원활히 수행될 수 있도록 필요한 협조를 하여야 한다.

[전문개정 2010.6.8]

제48조(지역통제단장의 응급조치 등) ① 지역통제단장은 긴급구조를 위하여 필요하면 중앙본부장, 지역본부장 또는 시장·군수·구청장에게 제37조, 제38조, 제39조 및 제44조에 따른 응급대책을 요청할 수 있고, 중앙본부장, 지역본부장 또는 시장·군수·구청장은 특별한 사유가 없으면 요청에 따라야 한다.

② 지역통제단장은 제37조에 따른 응급조치 및 제40조부터 제43조까지와 제45조에 따른 응급대책을 실시하였을 때에는 이를 즉시 해당 시장·군수·구청장에게 통보하여야 한다.

[전문개정 2010.6.8]

제6장 긴급구조

제49조(중앙긴급구조통제단) ① 긴급구조에 관한 사항의 총괄·조정, 긴급구조기관 및 긴급구조지원기관이 하는 긴급구조활동의 역할 분담과 지휘·통제를 위하여 소방방재청에 중앙긴급구조통제단(이하 "중앙통제단"이라 한다)을 둔다.

② 중앙통제단에는 단장 1명을 두되, 소방방재청장이 단장이 된다.

③ 중앙통제단장은 긴급구조를 위하여 필요하면 긴급구조지원기관 간의 공조체제를 유지하기 위하여 관계 기관·단체의 장에게 소속 직원의 파견을 요청할 수 있다. 이 경우 요청을 받은 기관·단체의 장은 특별한 사유가 없으면 요청에 따라야 한다.

④ 중앙통제단의 구성·기능 및 운영에 필요한 사항은 대통령령으로 정한다.

[전문개정 2010.6.8]

제50조(지역긴급구조통제단) ① 지역별 긴급구조에 관한 사항의 총괄·조정, 해당 지역에 소재하는 긴급구조기관 및 긴급구조지원기관 간의 역할분담과 재난현장에서의 지휘·통제를 위하여 시·도의 소방본부에 시·도긴급구조통제단을 두고, 시·군·구의 소방서에 시·군·구긴급구조통제단을 둔다.

② 시·도긴급구조통제단과 시·군·구긴급구조통제단(이하 "지역통제단"이라 한다)에는 각각 단장 1명을 두되, 시·도긴급구조통제단의 단장은 소방본부장이 되고 시·군·구긴급

구조통제단의 단장은 소방서장이 된다.

③ 지역통제단장은 긴급구조를 위하여 필요하면 긴급구조지원기관 간의 공조체제를 유지하기 위하여 관계 기관·단체의 장에게 소속 직원의 파견을 요청할 수 있다. 이 경우 요청을 받은 기관·단체의 장은 특별한 사유가 없으면 요청에 따라야 한다.

④ 지역통제단의 기능과 운영에 관한 사항은 대통령령으로 정한다.

[전문개정 2010.6.8]

제51조(긴급구조) ① 지역통제단장은 재난이 발생하면 소속 긴급구조요원을 재난현장에 신속히 출동시켜 필요한 긴급구조활동을 하게 하여야 한다.

② 지역통제단장은 긴급구조를 위하여 필요하면 긴급구조지원기관의 장에게 소속 긴급구조지원요원을 현장에 출동시키는 등 긴급구조활동을 지원할 것을 요청할 수 있다. 이 경우 요청을 받은 기관의 장은 특별한 사유가 없으면 즉시 요청에 따라야 한다.

③ 제2항에 따른 요청에 따라 긴급구조활동에 참여한 민간 긴급구조지원기관에 대하여는 대통령령으로 정하는 바에 따라 그 경비의 전부 또는 일부를 지원할 수 있다.

④ 긴급구조활동을 하기 위하여 회전익항공기(이하 이 항에서 "헬기"라 한다)를 운항할 필요가 있으면 긴급구조기관의 장이 헬기의 운항과 관련되는 사항을 헬기운항통제기관에 통보하고 헬기를 운항할 수 있다. 이 경우 관계 법령에 따라 해당 헬기의 운항이 승인된 것으로 본다.

[전문개정 2010.6.8]

제52조(현장지휘) ① 재난현장에서는 시·군·구긴급구조통제단장이 긴급구조활동을 지휘한다. 다만, 치안활동과 관련된 사항은 관할 경찰관서의 장과 협의하여야 한다.

② 제1항에 따른 현장지휘는 다음 각 호의 사항에 관하여 한다.

1. 재난현장에서 인명의 탐색·구조
2. 긴급구조기관 및 긴급구조지원기관의 인력·장비의 배치와 운용
3. 추가 재난의 방지를 위한 응급조치
4. 긴급구조지원기관 및 자원봉사자 등에 대한 임무의 부여
5. 사상자의 응급처치 및 의료기관으로의 이송
6. 긴급구조에 필요한 물자의 관리
7. 현장접근 통제, 현장 주변의 교통정리, 그 밖에 긴급구조활동을 효율적으로 하기 위하

여 필요한 사항

③ 시·도긴급구조통제단장은 필요하다고 인정하면 제1항에도 불구하고 직접 현장지휘를 할 수 있다.

④ 중앙통제단장은 대통령령으로 정하는 대규모 재난이 발생하거나 그 밖에 필요하다고 인정하면 제1항 및 제3항에도 불구하고 직접 현장지휘를 할 수 있다.

⑤ 재난현장에서 긴급구조활동을 하는 긴급구조요원은 제1항·제3항 및 제4항에 따라 현장지휘를 하는 각급 통제단장의 지휘·통제에 따라야 한다.

⑥ 중앙통제단장과 지역통제단장은 재난현장의 긴급구조 등 현장지휘를 효과적으로 하기 위하여 재난현장에 현장지휘소를 설치·운영할 수 있다. 이 경우 긴급구조활동에 참여하는 긴급구조지원기관의 현장지휘자는 현장지휘소에 대통령령으로 정하는 바에 따라 연락관을 파견하여야 한다.

[전문개정 2010.6.8]

제53조(긴급구조활동에 대한 평가) ① 중앙통제단장과 지역통제단장은 재난상황이 끝난 후 대통령령으로 정하는 바에 따라 긴급구조지원기관의 활동에 대하여 종합평가를 하여야 한다.

② 제1항에 따른 종합평가결과는 시·군·구긴급구조통제단장은 시·도긴급구조통제단장 및 시장·군수·구청장에게, 시·도긴급구조통제단장은 소방방재청장에게 보고하거나 통보하여야 한다.

[전문개정 2010.6.8]

제54조(긴급구조대응계획의 수립) 긴급구조기관의 장은 재난이 발생하는 경우 긴급구조기관과 긴급구조지원기관이 신속하고 효율적으로 긴급구조를 수행할 수 있도록 대통령령으로 정하는 바에 따라 재난의 규모와 유형에 따른 긴급구조대응계획을 수립·시행하여야 한다.

[전문개정 2010.6.8]

제55조(재난대비능력 보강) ① 국가와 지방자치단체는 재난관리에 필요한 인력·장비·시설의 확충, 통신망의 설치·정비 등 긴급구조능력을 보강하기 위하여 노력하고, 필요한 재정상의 조치를 마련하여야 한다.

② 긴급구조기관의 장은 긴급구조활동을 신속하고 효과적으로 할 수 있도록 긴급구조지휘대 등 긴급구조체제를 구축하고, 상시 소속 긴급구조요원 및 장비의 출동태세를 유지하여야 한다.

③ 긴급구조업무와 재난관리책임기관(행정기관 외의 기관만 해당한다)의 재난관리업무에 종사하는 사람은 대통령령으로 정하는 바에 따라 긴급구조에 관한 교육을 받아야 한다. 다만, 다른 법령에 따라 긴급구조에 관한 교육을 받은 경우에는 이 법에 따른 교육을 받은 것으로 본다.

④ 소방방재청장은 제3항에 따른 교육을 담당할 교육기관을 지정할 수 있다.

[전문개정 2010.6.8]

第56조(해상에서의 긴급구조) ① 해양경찰청장은 해상에서 선박이나 항공기 등의 조난사고가 발생하면 『수난구호법』 등 관계 법령에 따라 긴급구조활동을 하여야 한다.

② 해양경찰청장은 긴급구조를 효율적으로 하기 위하여 필요하다고 인정하면 중앙행정기관의 장이나 소방방재청장에게 구조대의 지원이나 그 밖에 필요한 협조를 요청할 수 있다. 이 경우 요청을 받은 중앙행정기관의 장이나 소방방재청장은 특별한 사유가 없으면 요청에 따라야 한다.

[전문개정 2010.6.8]

第57조(항공기 등 조난사고시의 긴급구조 등) ①국방부장관은 항공기 또는 선박의 조난사고가 발생한 때에는 관계법령에 의하여 긴급구조업무에 책임이 있는 기관의 긴급구조활동에 대한 군의 지원을 신속하게 할 수 있도록 다음 각호의 조치를 취하여야 한다.

1. 탐색구조본부의 설치·운영
2. 탐색구조부대의 지정 및 출동대기태세의 유지

②제1항제1호의 규정에 의한 탐색구조본부의 구성 및 운영에 관하여 필요한 사항은 국방부령으로 정한다.

第58조(해외재난 등의 발생 시 긴급구조) ① 소방방재청장은 해외재난이 발생하여 대한민국 국민을 구조하는 경우와 다른 나라의 대형재난으로 인한 인명구조를 위하여 필요한 경우에는 외교통상부장관과 협의하여 국제구조대를 구성하여 현지에 파견할 수 있다.

② 국제구조대의 편성에 필요한 사항은 대통령령으로 정한다.

[전문개정 2010.6.8]

제7장 재난의 복구 <개정 2010.6.8>

제59조(특별재난지역의 선포 건의) 중앙본부장은 대통령령으로 정하는 재난의 발생으로 인하여 국가의 안녕 및 사회질서의 유지에 중대한 영향을 미치거나 그 재난으로 인한 피해를 효과적으로 수습 및 복구하기 위하여 특별한 조치가 필요하다고 인정하면 중앙위원회의 심의를 거쳐 해당 지역을 특별재난지역으로 선포할 것을 대통령에게 건의할 수 있다.

[전문개정 2010.6.8]

제60조(특별재난지역의 선포 등) ① 제59조에 따라 특별재난지역의 선포를 건의받은 대통령은 해당 지역을 특별재난지역으로 선포할 수 있다.

② 재난관리책임기관의 장은 제1항에 따라 특별재난지역이 선포되면 재난복구계획을 수립·시행할 수 있다.

[전문개정 2010.6.8]

제61조(특별재난지역에 대한 지원) 국가나 지방자치단체는 제60조에 따라 특별재난지역으로 선포된 지역에 대하여는 대통령령으로 정하는 바에 따라 응급대책 및 재난구호와 복구에 필요한 행정상·재정상·금융상·의료상의 특별지원을 할 수 있다.

[전문개정 2010.6.8]

제61조의2(재난합동조사단) ① 중앙본부장은 제3조제1호나목 및 다목에 해당하는 대규모 재난이 발생하면 관계 재난관리책임기관과 합동으로 재난합동조사단을 편성하여 재난 피해 상황을 조사하고, 재난복구계획을 수립할 수 있다.

② 중앙본부장은 제1항에 따른 재난합동조사단을 편성하기 위하여 관계 재난관리책임기관의 장에게 소속 공무원이나 직원의 파견을 요청할 수 있다. 이 경우 요청을 받은 관계 재난관리책임기관의 장은 특별한 사유가 없으면 요청에 따라야 한다.

③ 제1항에 따른 재난합동조사단의 구성과 운영에 필요한 사항은 대통령령으로 정한다.

[전문개정 2010.6.8]

제8장 재정 및 보상 등

제62조(비용의 부담) ① 재난관리에 필요한 비용은 이 법 또는 다른 법령에 특별한 규정이

있는 경우 외에는 이 법 또는 제3장의 안전관리계획에서 정하는 바에 따라 그 시행의 책임이 있는 자가 부담한다. 다만, 제46조에 따라 시·도지사나 시장·군수·구청장이 다른 재난관리책임기관이 시행할 재난의 응급조치를 시행한 경우 그 비용은 그 응급조치를 시행할 책임이 있는 재난관리책임기관이 부담한다.

② 제1항 단서에 따른 비용은 관계 기관이 협의하여 정산한다.

[전문개정 2010.6.8]

제63조(응급지원에 필요한 비용) ① 제44조제1항에 따라 응원을 받은 자는 그 응원에 드는 비용을 부담하여야 한다.

② 제1항의 경우 그 응급조치로 인하여 다른 지방자치단체가 이익을 받은 경우에는 그 수익의 범위에서 이익을 받은 해당 지방자치단체가 그 비용의 일부를 분담하여야 한다.

③ 제1항과 제2항에 따른 비용은 관계 기관이 협의하여 정산한다.

[전문개정 2010.6.8]

제64조(손실보상) ① 국가나 지방자치단체는 제39조 및 제45조(제46조에 따라 시·도지사가 행하는 경우를 포함한다)에 따른 조치로 인하여 손실이 발생하면 보상하여야 한다.

② 제1항에 따른 손실보상에 관하여는 손실을 입은 자와 그 조치를 한 중앙행정기관의 장, 시·도지사 또는 시장·군수·구청장이 협의하여야 한다.

③ 제2항에 따른 협의가 성립되지 아니하면 대통령령으로 정하는 바에 따라 『공익사업을 위한 토지 등의 취득 및 보상에 관한 법률』 제51조에 따른 관할 토지수용위원회에 재결을 신청할 수 있다.

④ 제3항에 따른 재결에 관하여는 『공익사업을 위한 토지 등의 취득 및 보상에 관한 법률』 제83조부터 제86조까지의 규정을 준용한다.

[전문개정 2010.6.8]

제65조(치료 및 보상) ① 재난 발생 시 긴급구조활동과 응급대책·복구 등에 참여한 자원봉사자, 제45조에 따른 응급조치 종사명령을 받은 사람 및 제51조제2항에 따라 긴급구조활동에 참여한 민간 긴급구조지원기관의 긴급구조지원요원이 응급조치나 긴급구조활동을 하다가 부상을 입은 경우에는 치료를 실시하고, 사망(부상으로 인하여 사망한 경우를 포함한다)하거나 신체에 장애를 입은 경우에는 그 유족이나 장애를 입은 사람에게 보상금을 지급한다. 다만, 다른 법령에 따라 국가나 지방자치단체의 부담으로 같은 종류의 보상

금을 받은 사람에게는 그 보상금에 상당하는 금액을 지급하지 아니한다.

② 재난의 응급대책·복구 및 긴급구조 등에 참여한 자원봉사자의 장비 등이 응급대책·복구 또는 긴급구조와 관련하여 고장나거나 파손된 경우에는 그 자원봉사자에게 수리비용을 보상할 수 있다.

③ 제1항에 따른 치료 및 보상금은 국가나 지방자치단체가 부담하며, 그 기준과 절차 등에 관한 사항은 대통령령으로 정한다.

[전문개정 2010.6.8]

第66條(국고보조 등) ①국가는 재난관리의 원활한 실시를 위하여 필요한 때에는 대통령령이 정하는 바에 의하여 그 비용(제65조제1항의 규정에 의한 보상금을 포함한다)의 전부 또는 일부를 국고에서 부담하거나 지방자치단체 그 밖의 재난관리책임자에게 보조할 수 있다. 다만, 제39조제1항(제46조제1항의 시·도지사가 행하는 경우를 포함한다) 또는 제40조제1항의 대피명령을 방해하거나 위반하여 발생한 피해에 대하여는 그러하지 아니하다.

②제1항의 규정에 의한 재난복구사업의 재원은 대통령령이 정하는 재난의 구호 및 재난의 복구비용 부담기준에 따라 국고의 부담금 또는 보조금과 지방자치단체의 부담금·의연금 등으로 충당하되, 지방자치단체의 부담금중 시·도 및 시·군·구가 부담하는 기준은 행정안전부령으로 정한다. <개정 2008.2.29>

③국가 및 지방자치단체는 이재민의 생계안정을 위하여 다음 각호의 지원을 할 수 있다.

1. 이재민의 구호
2. 중학생 및 고등학생의 학자금 면제
3. 농림어업자금의 상환기한 연기 및 그 이자의 감면
4. 정부양곡의 무상지급
5. 그 밖에 중앙재난안전대책본부회의에서 결정한 사항

第67條(재난관리기금의 적립) ① 지방자치단체는 재난관리에 드는 비용에 충당하기 위하여 매년 재난관리기금을 적립하여야 한다.

② 제1항에 따른 재난관리기금의 매년도 최저적립액은 최근 3년 동안의 「지방세법」에 의한 보통세의 수입결산액의 평균연액의 100분의 1에 해당하는 금액으로 한다.

[전문개정 2010.6.8]

第68條(재난관리기금의 운용 등) ① 재난관리기금에서 생기는 수입은 그 전액을 재난관리

기금에 편입하여야 한다.

② 재난관리기금의 용도·운용 및 관리에 필요한 사항은 대통령령으로 정한다.

[전문개정 2010.6.8]

제9장 보칙 <개정 2010.6.8>

제69조(재난상황의 기록 관리) ① 재난관리책임기관의 장은 소관 시설·재산 등에 관한 피해상황 등을 기록하고, 이를 보관하여야 한다. 이 경우 시장·군수·구청장을 제외한 재난관리책임기관의 장은 그 기록사항을 시장·군수·구청장에게 통보하여야 한다.

② 재난상황의 작성·보관 및 관리에 필요한 사항은 대통령령으로 정한다.

[전문개정 2010.6.8]

제70조(안전문화활동의 육성·지원) ① 국가와 지방자치단체는 국민의 안전의식을 높이고 안전문화를 창달하기 위하여 노력하여야 한다.

② 행정안전부장관 또는 소방방재청장은 국민이 안전문화활동과 응급상황 시 구조·구호활동에 참여하고 일상생활에서 안전문화를 실천할 수 있도록 안전 관련 자원봉사기관 및 주민 자치활동을 육성·지원할 수 있다.

③ 국가와 지방자치단체는 국민이 안전을 지키기 위한 활동에 참여하고 일상생활에서 안전문화를 실천할 수 있도록 안전체험에 관한 시설을 설치·운영할 수 있다.

[전문개정 2010.6.8]

제71조(안전관리에 필요한 과학기술의 진흥 등) ① 정부는 재난의 예방·원인조사 등을 위한 실험·조사·연구·기술개발 및 전문인력 양성 등 안전관리에 필요한 과학기술의 진흥 시책을 마련하여야 한다.

② 정부는 제1항에 따라 안전관리에 필요한 학술조사·연구 및 기술개발에 필요한 지원을 할 수 있다.

[전문개정 2010.6.8]

제72조(안전 관련 산업의 육성 및 지원 등) ① 정부는 안전 관련 산업의 건전한 발전과 육성을 위하여 필요한 시책을 마련하고 시행하여야 한다.

② 소방방재청장은 『중소기업기본법』 제2조에 따른 중소기업의 안전관리 등과 관련된 기

술의 개발·사업화에 대하여 필요한 지원을 할 수 있다.

③ 소방방재청장은 제2항에 따라 개발한 기술을 사업화하여 매출이 발생하면 그 사업자로부터 기술료를 받을 수 있다. 이 경우 기술료의 납부기준, 납부절차, 용도 등에 관한 사항은 대통령령으로 정한다.

[전문개정 2010.6.8]

제73조(재난대비훈련) ① 행정안전부장관(제3조제1호다목의 재난만 해당한다), 시·도지사, 시장·군수·구청장 및 긴급구조기관의 장은 대통령령으로 정하는 바에 따라 정기 또는 수시로 재난관리책임기관·긴급구조지원기관 및 군부대 등 관계 기관과 합동으로 재난대비훈련을 실시할 수 있다.

② 제1항에 따른 재난대비훈련에 참여할 것을 요청받은 기관의 장은 특별한 사유가 없으면 요청에 따라야 한다.

③ 제1항에 따라 재난대비훈련을 할 때에는 제54조에 따른 긴급구조대응계획과 제74조에 따른 표준화된 재난관리에 관한 사항이 포함되어야 한다.

④ 시장·군수·구청장과 긴급구조기관의 장은 제1항에 따른 훈련을 한 후에는 그 훈련결과를 대통령령으로 정하는 바에 따라 평가하여 재난관리책임기관의 장과 관계 긴급구조지원기관의 장에게 통보하여야 한다.

[전문개정 2010.6.8]

제74조(재난관리의 표준화 등) ① 행정안전부장관(제3조제1호다목의 재난만 해당한다)이나 소방방재청장은 재난관리업무를 효율적으로 하기 위하여 대통령령으로 정하는 바에 따라 재난관리에 단계별로 적용할 수 있는 표준화된 지원프로그램을 개발·보급할 수 있다.

② 재난관리책임기관·긴급구조기관 및 긴급구조지원기관의 장은 재난관리업무를 효율적으로 추진하기 위하여 정보통신체계를 구축할 수 있다.

[전문개정 2010.6.8]

제75조(안전관리자문단의 구성·운영) ① 지방자치단체의 장은 재난 및 안전관리업무의 기술적 자문을 위하여 민간전문가로 구성된 안전관리자문단을 구성·운영할 수 있다.

② 제1항에 따른 안전관리자문단의 구성과 운영에 관하여는 해당 지방자치단체의 조례로 정한다.

[전문개정 2010.6.8]

제76조(재난 관련 보험 등의 개발·보급) ① 국가는 국민과 지방자치단체가 자기의 책임과 노력으로 재난에 대비할 수 있도록 재난 관련 보험·공제를 개발·보급하기 위하여 노력하여야 한다.

② 국가는 예산의 범위에서 대통령령으로 정하는 바에 따라 보험료와 공제회비의 일부, 보험 및 공제의 운영과 관리 등에 필요한 비용의 일부를 지원할 수 있다.

[전문개정 2010.6.8]

제77조(재난관리에 대한 문책 요구 등) ① 행정안전부장관(제3조제1호다목의 재난만 해당한다. 이하 이 조에서 같다), 소방방재청장, 시·도지사 및 시장·군수·구청장은 재난응급대책·안전점검·재난상황관리 등의 업무를 수행할 때 지시를 위반하거나 부과된 임무를 게을리한 재난관리책임기관의 공무원 또는 직원의 명단을 그 소속 기관 또는 단체의 장에게 통보할 수 있다.

② 중앙통제단장과 지역통제단장은 제52조제5항에 따른 현장지휘에 따르지 아니하거나 부과된 임무를 게을리한 긴급구조요원의 명단을 그 소속 기관이나 단체의 장에게 통보할 수 있다.

③ 제1항과 제2항에 따라 통보를 받은 소속 기관의 장 또는 단체의 장은 해당 공무원 또는 직원에 대한 문책 등 적절한 조치를 하고 그 결과를 해당 기관의 장에게 통보하여야 한다.

[전문개정 2010.6.8]

제78조(권한의 위임 및 위탁) ① 이 법에 따른 행정안전부장관이나 소방방재청장의 권한은 그 일부를 대통령령으로 정하는 바에 따라 시·도지사에게 위임할 수 있다.

② 행정안전부장관이나 소방방재청장은 제29조에 따른 평가 등의 업무의 일부와 제72조에 따른 안전 관련 산업의 육성 및 지원에 관한 업무를 대통령령으로 정하는 바에 따라 전문기관 등에 위탁할 수 있다.

[전문개정 2010.6.8]

제10장 벌칙 <개정 2010.6.8>

제79조(벌칙) 다음 각 호의 어느 하나에 해당하는 자는 1년 이하의 징역 또는 500만원 이하의 벌금에 처한다.

1. 정당한 사유 없이 제30조제1항에 따른 긴급안전점검을 거부 또는 기피하거나 방해한 자
2. 제31조제1항에 따른 안전조치명령을 이행하지 아니한 자
3. 정당한 사유 없이 제41조제1항제1호(제46조제1항에 따른 경우를 포함한다)에 따른 위험구역에 출입하는 행위나 그 밖의 행위의 금지명령 또는 제한명령을 위반한 자

[전문개정 2010.6.8]

第80조(벌칙) 정당한 사유 없이 제45조(제46조제1항에 따른 경우를 포함한다)에 따른 토지·건축물·인공구조물이나 그 밖의 소유물의 일시 사용 또는 장애물의 변경이나 제거를 거부하거나 방해한 자는 200만원 이하의 벌금에 처한다.

[전문개정 2010.6.8]

第81조(양벌규정) 법인의 대표자나 법인 또는 개인의 대리인, 사용인, 그 밖의 종업원이 그 법인 또는 개인의 업무에 관하여 제79조 또는 제80조의 위반행위를 하면 그 행위자를 벌하는 외에 그 법인 또는 개인에게도 해당 조문의 벌금형을 과(科)한다. 다만, 법인 또는 개인이 그 위반행위를 방지하기 위하여 해당 업무에 관하여 상당한 주의와 감독을 게을리하지 아니한 경우에는 그러하지 아니하다.

[전문개정 2010.6.8]

第82조(과태료) ① 다음 각 호의 어느 하나에 해당하는 사람에게는 200만원 이하의 과태료를 부과한다.

1. 제40조제1항(제46조제1항에 따른 경우를 포함한다)에 따른 대피명령을 위반한 사람
2. 제41조제1항제2호(제46조제1항에 따른 경우를 포함한다)에 따른 위험구역에서의 퇴거명령 또는 대피명령을 위반한 사람

② 제1항에 따른 과태료는 대통령령으로 정하는 바에 따라 시·도지사 또는 시장·군수·구청장이 부과·징수한다.

[전문개정 2010.6.8]

부칙 <제10347호, 2010. 6. 8>

①(시행일) 이 법은 공포한 날부터 시행한다. 다만, 제10조의2, 제34조, 제34조의2, 제55조의2, 제57조 및 제66조제4항의 개정규정은 공포 후 6개월이 경과한 날부터 시행하

고, 제34조의3의 개정규정은 공포 후 1년이 경과한 날부터 시행한다.

②(중앙재난조사평가협의회의 구성에 관한 경과조치) 제10조의2의 개정규정 시행 당시 운영 중인 중앙재난조사평가협의회는 제10조의2의 개정규정에 따라 구성· 운영 중인 것으로 본다.

참고문헌

1. 국내문헌

경찰공제회. (2006), 『일반경비』.

경찰청. (2005), 『경비업 업무처리 매뉴얼』.

공배완. (2008), "민간경비 역할제고를 위한 청원경찰법과 경비업법의 단일화 방안에 관한 논의", 『법학연구』, 30: 445-467.

곽윤직. (2002), 『민법총칙』, 서울: 박영사.

김남철. (2007), "교통법규위반행위의 유형 및 제재수단의 법적 문제 -한국과 독일의 도로교통법령의 비교를 중심으로-", 『토지공법연구』, 35: 419-435.

김성언. (2005), 『민간경비의 성장과 함의』, 한국학술정보(주).

김정환·서진석, (2009), 『한국경비산업발전사』, 백산출판사.

김형배. (2007), 『노동법』, 서울: 박영사.

박병식. (1996), 『민간경비론』, 법률출판사.

박봉진. (2004), "청원경찰법과 경비업법에 대한 소고", 『민간경비학회보』, 4: 173-195.

『에스원 이십년사』. (2001), 에스원.

윤정일 외 (2007), 『교육행적학 원론』, 학지사

이상국. (2007), "사용자의 징계권에 관한 연구", 『한양법학』, 21: 593-621.

이은영. (2002), 『민법 Ⅱ』, 서울: 박영사.

서재근. (1991), "민간경비의 육성과 방범능력 증대방안 연구", 『연구보고서 90- 04』, 한국형사정책연구원.

송호영. (2009), "소속사원에 대한 단체의 징계권에 대한 연구", 『재산법연구』, 26(2): 1-32.

중앙경찰학교. (2008), 『경찰관직무집행법, 여성·청소년경찰』

최선우. (2008), 『민간경비론』, 도서출판 진영사.

허경미. (2008), 『경찰학개론』, 박영사.

홍정선. (2006a), 『행정법원론(상)』, 박영사.

_____. (2006b), 『행정법원론(하)』, 박영사.

2. 국외문헌

Anderson, T. (2007). "Legal Reporter", *Security Management,* January: 88-93.

Moran, M. (2007). "What Are You Worth?", *Security Management,* August: 67-73.

Hamilton, B. A. (2006). *Outsourcing Security: Concerns Growing,* ASIS Online.

Heady, R. J. (1968). *Design for Security,* New York: John Wiley and Sons.

Hess, K. M. and Wrobleski, H. M. (1996), *Introduction to Private Security,* New York: West Publishing Company.

Hess, K. M. (2009). *Introduction to Private Security,* Belmont, CA: Wadsworth.

Kaye, M. S. (1987). "Residential Security in the Year 2000", In *Security in the Year 2000 and Beyond,* by L. A. Tyska

and L. J. Fennelly. Palm Springs, CA: ETC Publications.
Occupational Outlook Handbook. (2006). U. S. Department of Labor, Bureau of Labor Statistics, Washington, D. C.: U. S. Government Printing Office.
Reith, C. (1975). *Blind Eye of History,* Montclair, New Jersey: Patterson, Smith.
________ (1940). *Police Principles and the Problems of War,* London: Oxford University Press.
Piazza, P. (2006). "Looking for Secure Outsource Partners", *Security Management,* July: 46-48.
Shearing, C. D. and Stenning, P. C. "Modern Private Security: Its Growth and Implications", in B. Goold and L. Zedner(eds.). *Crime and Security,* Burlington, VT: Ashgate Publishing Company
Somerson, I. S. (2005). "Insight about Outsourcing", *Security Management,* March: 44-48.

3. 판례

대판 2000.5.26, 98두5972.
대결 2004.8.24, 2000마1350.
부산지법 2006.8.23, 2005가합17047 손해배상(기).
서울고법 2006.3.10, 2005나60019
헌재결 2002.4.25, 2001헌마614.
헌재결 1999.5.7. 97헌마368
헌재결 2008.7.31. 2004헌바9
헌재결 2010.2.25. 2008헌바160

4. 기타자료

『경비지도사시험위탁및응시수수료책정고시』(2004. 6. 14, 경찰청고시 제2004-2호)
『민간경비 교육기관 지정고시』(2005. 12. 7, 경찰청고시 제2005-6호)
법률신문 2008.1.14.
법제처 1991.11.13.
법제처 2002.6.25.
법제처 2006.1.27, 05-0157.
법제처 2006.12.29, 06-0328.
법제처 2006.12.29, 06-0329.
법제처 2007.3.23, 07-0041.
법제처 2007.4.13, 07-0075.
법제처 2010.6.21, 10-0176.
http://biz.heraldm.com/common/Detail.jsp?newsMLId=20101108000321
http://www.lawtimes.co.kr/LawNews/News/NewsContents.aspx?serial=36286
http://www.ksan.or.kr/company/company_01.asp
http://news.kukinews.com/article/view.asp?page=1&gCode=kmi&arcid=0004317539&cp=nv
http://100.naver.com/100.nhn?docid=154723

찾아보기